Dieter Hattrup

Die Wirklichkeitsfalle

Dieter Hattrup

Die Wirklichkeitsfalle

Vom Drama der Wahrheitssuche
in Naturwissenschaft und Philosophie

Wissenschaftliche Buchgesellschaft

Lizenzausgabe
für die Wissenschaftliche Buchgesellschaft

Bestellnummer 17286-8

Satz: SatzWeise, Föhren
Gesetzt in der Aldus und Gill Sans
Druck und Bindung: freiburger graphische betriebe 2003
Gedruckt auf umweltfreundlichem, chlorfrei gebleichtem Papier

INHALT

Vorwort

Das 20. Jahrhundert hat viele Wahrheiten zerstört, an die Menschen geglaubt haben. Die wichtigste Revolution kam auf sehr leisen Sohlen daher: Das für unumstößlich gehaltene Kausalitätsprinzip der Wissenschaften gilt nicht grenzenlos, weil nicht alle Wirklichkeit Natur ist.

Die Wirklichkeitsfalle beschreibt das Ringen um die Wahrheit in der Neuzeit als Ringen um die Wirklichkeit. Was prägt unser Denken? Einstein wollte keinen würfelnden Gott haben, aber die Wirklichkeit beugte sich seinem Wunsche nicht: Der Zufall ist aus der Natur nicht zu vertreiben. Unser Denken gerät häufig in eine solche Falle – eine Falle, die von den Naturwissenschaften mit ihrer Wirklichkeitsdefinition gelegt und von der Philosophie weitgehend übersehen wurde. Wer *das Drama der Wahrheitssuche in Naturwissenschaften und Philosophie* nicht beachtet, verwechselt schließlich Wunsch und Wirklichkeit.

Diese Suche läßt sich auch als Ringen zwischen Wahrheit und Interesse beschreiben. Wir müssen nach der Wahrheit fragen, auch wenn wir die Wahrheit nicht besitzen und die Welt nicht von Interessen freiräumen können. Was Interesse ist, läßt sich leicht sagen, es ist der Wille zum eigenen Leben. Was Wahrheit ist, läßt sich nur schwer oder gar nicht sagen, soviel aber immerhin, daß sie das Leben für alle will. Insofern ist das Ringen zwischen Wahrheit und Interesse, wie sich im folgenden zeigen wird, ein Ringen auf Leben und Tod.

Mit zahlreichen Beispielen aus Kunst, Wissenschaft und Leben weicht das Buch keinem Denkschritt aus, selbst dort nicht, wo sich das Denken schließlich in Gott verliert, der die Wahrheit ist und alle Interessen versöhnt. Das Buch endet daher in einem Dialog mit Gott, in dem die personale Seite der Wirklichkeit offenbar wird. Das war letztlich die Wirklichkeitsfalle der Neuzeit: Sie ließ das Gesicht des Mitmenschen nicht sehen und die Stimme Gottes nicht hören.

Herzlich danke ich den Mitarbeitern meines Lehrstuhles an der Theologischen Fakultät Paderborn für ihre Hilfe bei der Fertigstellung des Buches. Weiter geht mein Dank an Prof. Dr. Norbert Fischer,

PD Dr. Axel Schmidt, Präfekt Gregor Tuszynski und Pastor Thomas Möllenbeck für ihre selbstlosen Dienste. Einen besonderen Dank schulde ich Dr. Peter Suchla vom Verlag Herder, der sich stark für dieses Buch engagiert hat.

Gewidmet sei das Buch Sr. Eminenz Karl Kardinal Lehmann, der es an der Zeit findet, an Gott zu denken.

Paderborn, Allerheiligen 2002 *Dieter Hattrup*

Es lebte im Lande China ein König.
Alle vier Monate bringt er dem Meer ein Opfer dar. Dazu fährt er mit einem Löwengespann eine Meile weit ins Meer hinaus. Vor dem Vorderteil seines Wagens weicht die Wassermasse zurück und flutet wieder heran, wenn er zurückfährt. Kann wohl in der ganzen Welt durch natürliche Kraft das gewaltige Meer zum Zurückweichen gebracht werden?
Nein, antwortete der Schüler, nicht einmal bei einem Teich wäre dies möglich.
Auf solche Weise, antwortet der Lehrer, wirkt die Wahrheit. Es gibt nichts, was nicht durch die Kraft der Wahrheit zu erreichen ist.

Aus den buddhistischen Fragen des Milindo

Wenn Gott die Liebe ist, darf die Liebe keine Grenzen haben, da auch die Gottheit nicht in Grenzen eingeschlossen werden kann.

Papst Leo der Große: Sermo de passione Domini 66

Die Gegenwart des Unendlichen ist die Person.

Teil I
Die Geschichte der Wahrheit

1. Wahrheit ohne Interesse

Was ist Wahrheit? (Pilatus)

1.1 Ein Gespräch über Wahrheit und Skepsis

These 1.1: Wahrheit und Interesse[1] treten wie Licht und Schatten immer zusammen auf. Die Skepsis will die Ansprüche der Wahrheit abwehren und die versteckten Interessen des Ich aufdecken, die bislang keinen Platz in der Gestalt der Wahrheit gefunden haben.

Im Meer der Interessen. Das 20. Jahrhundert hat alle Utopien der Neuzeit zum Scheitern gebracht, der letzte Rest ist in Krieg und Genozid aufgegangen. Die Menschen sind nicht zu Brüdern und Schwestern geworden, auch hat die Versöhnung mit Natur und Umwelt kaum einen Schritt nach vorn getan. Beide Seiten, Mensch und Natur, werden heute kaum anders als nach Zweck und Nutzen beurteilt, die Utopien sind aufgesogen worden von Individualismus und Ökonomismus.

Die neuzeitliche Utopie hatte stark von der christlichen Nächstenliebe gelebt, sie wollte diese endlich realisiert sehen. In der Nächstenliebe soll einer den anderen mindestens so hoch schätzen wie sich selbst. Weil das so schwierig ist, wollten die säkularen Utopien ohne solche Überforderung auskommen und riefen die Utopie als Heuchelei aus. Ja, selbst der Papst hatte sich 1699, schon ganz vom neuzeitlichen Geist durchdrungen, gegen die reine Liebe erklärt, weil es in der Welt, wie er sagte, ohne Beimischung von Interessen nicht gehen kann.[2] Es gibt keinen Zustand der reinen Liebe, in dem ein Mensch jede Hoffnung auf das eigene Interesse verlieren könne. Nichts für sich selbst zu wollen ist in der Weltordnung nicht vorgesehen, erläuterte er seinen Spruch.

Das haben sich seine säkularisierten Erben nicht zweimal sagen lassen. Sie schlossen aus der gedrosselten christlichen Nächstenliebe: Wenn es schon in der Religion keine reine Liebe gibt, dann in der Welt noch viel weniger: Dann gibt es nur reine Interessen! Sie begannen das Leben zu erklären, als sei es *einzig* auf das Fundament des

Interesses gebaut. Sie verkürzten jeden Anflug von Liebe auf einen Anschein, der aus dem Interesse geboren ist. Der Stärkste überlebt, war seitdem die siegreiche Maxime in der Politik, in der Wirtschaft, in der Biologie. Der Reichtum der Nationen, der Kampf der Klassen, das Überleben des Stärkeren, das waren die neuen Signalrufe einer vom Interesse geleiteten Welt. Die aufgeklärten, säkularen Vordenker einer neuen Zeit waren gezwungen, die Gemeinschaft immer mehr auf das Prinzip Eigennutz zu gründen und damit Feuer und Wasser zu vermählen, eine ernüchterte Zweckgemeinschaft, fern aller Utopie. Die Ideen der Aufklärung stammten zwar aus dem Vorrat der geschichtlich überlieferten Religion, die Aufklärung war deshalb der Versuch, den utopischen Gehalt der Religion unter den Umständen der Neuzeit zu verwirklichen, als ob es Gott nicht gäbe, aber der Vorrat hat sich in den Katastrophen des 20. Jahrhunderts weitgehend aufgezehrt. Diese finstere Epoche der Menschgeschichte fühlte sich nicht nur berechtigt zu töten, was sie für schuldig hielt, sondern auch, was sie für unschuldig hielt. So handelt das Interesse, das sich von der Wahrheit emanzipiert hat! Nicht der individuelle Frevel einer Untat wurde mit dem scharfen Schwert bestraft, sondern der Frevel der Untat, einem falschen Kollektiv anzugehören. Das hatte es seit der Antike nicht mehr gegeben! Und das alles im Namen einer enttäuschten Utopie, die nur mehr auf dem Weg des reinen Interesses zum Ziel kommen wollte.

Zu Anfang der Neuzeit erweckte Thomas Morus die Gemüter mit seinem Staatsroman *Utopia*. Aber am Ende stehen alle Utopisten vor den Trümmerhaufen ihrer realisierten Träume. Oder soll ich sagen: ihrer realitätsfernen Treue zur Erde? Neue Unübersichtlichkeit nach dem Vergilben der Pläne! Das Prinzip Eigennutz ist allein übrig geblieben, weil es naturresistent ist. Als Kundenwunsch ist es zum Willen Gottes geworden und wird ökonomisch bewirtschaftet. Der Kundenwunsch ist ganz rein, weil er nur sich selbst will, ohne Beimischung eines Wunsches nach Versöhnung mit irgend jemand anderem, solange der andere sich nur friedlich verhält und die Warenströme ungestört fließen läßt. Der Wille zum Leben, der Wille zum Willen, das private Interesse herrschen unbegrenzt oder sind nur taktisch begrenzt. Das heißt, sie herrschen der Theorie nach, da alle säkularen Theorien der Neuzeit, die Versöhnung versprochen hatten, mit großen Kosten gescheitert sind. Wo soziale Pflichten heute eine Rolle spielen, wo es eine Rücksicht auf den anderen gibt, ist es die Vorsicht, die mein aktuelles Interesse dämpft. Der kleine Verzicht von heute ermöglicht das Zweckbündnis von morgen, das dem Interesse meines Ich noch mehr dient. Vermutlich stehen die Sozialverträge aus diesem Grunde schon nach einer Generation vor dem Scheitern. Sie leben von einer Solidarität, deren Quellen sie versiegen lassen.

In der Gesinnung ist der Mensch dem anderen Menschen nur immer ein Wolf, im Handeln übt er praktische Diskursdisziplin, soviel hat die Menschheit inzwischen gelernt. **Die großen Kriege von heute würden auch den Sieger zum Verlierer machen.** Wenn ich nur mein Interesse durchsetzen will, sagt sich der kluge Mensch, will es der andere auch, das kann nicht in meinem Interesse liegen. Also lasse ich den blanken Egoismus sein, denn mit dem geschmeidigen komme ich weiter.

Der Beobachter kann in der Rücknahme des Interesses ein gesteigertes Interesse für das eigene Ich wahrnehmen. Auch theoretisch hat das Interesse die Oberhand gewonnen. Alles Leben ist vom Interesse des Überlebens gesteuert, sagen die Evolutionslehrer unserer Tage, nirgends kann es Wahrheit geben, nichts, gar nichts, was nicht, und wenigstens von ferne, mir selbst nützen soll. Diesem Willen zum eigenen Leben untreu zu werden, galt im 20. Jahrhundert als Blasphemie, als Gotteslästerung, dem Tode Gottes zum Trotz, der im 19. ausgerufen worden war.[3] Ein Tabu hatte das andere abgelöst, und beide taten ihre Beschränktheit kund. Ein Gott löst immer den anderen ab. Auch die Nicht-Existenz eines Gottes, wenn sie meinem Willen vorausgeht, ist noch immer die Herrschaft eines Gottes. Er schwingt sein Zepter im Interesse der Macht und spottet: Was ist Wahrheit?

Skepsis und Retorsion. Wenn ich hier eine Geschichte erzählen will, die Geschichte der Wahrheit, so meine ich keine Geschichte in Raum und Zeit. Dort hat sie zwar ihre Spuren hinterlassen, aber nicht ihren Ursprung genommen. Erzählen will ich in erster Linie die Bewegung der Gedanken, die in den sichtbaren Gestalten der Geschichte ihren Ausdruck gefunden haben. Auf solche Weise soll hier die Geschichte der Wahrheit erzählt werden. Gedanken sind Lebensmächte, daher erregt jedes ausgesprochene Wort den Gegensinn. Widerspruchsgeist ist Lebensgeist, wenn auch in unerlöster Form! Er spricht den Verdacht gegen eine unbedingte Wahrheit aus, die es nach seiner Ansicht in endlicher Gestalt nicht geben kann. Von einer Seite aus gesehen hat die Stimme recht: Jede endliche Gestalt lebt nur, wenn sie ihr

Interesse wahrnimmt. Keine Wahrheit ist absolut, solange das Leben sterblich ist. Selbst diese meine Sterblichkeit kann ich nicht als Wahrheit ausrufen, denn ich habe den Beweis dafür noch nicht angetreten.

›Wenn ich das Gegenteil gesagt hätte, wäre es ebenso richtig‹, ruft der leibhaftige Skeptiker und trifft die Wahrheit damit genauer auf den Kopf als der identitätssichere Lehrer. Allerdings, der bloße Skeptiker ist auch nicht weiter erleuchtet, er ist eben nur das Sprachrohr einer Wahrheit, die durch ihn spricht.[4] Die Bindung an das interessierte Leben kann er nicht beurteilen. Um zu mehr Einsicht zu kommen, müßte er den skeptischen Blick auch auf sich selbst richten. Dann würde er sehen, wie er in dem Augenblick, da er die Wahrheit verspottet, einen Pfeil abschießt, der auf die Wahrheit zielt und sie treffen soll. Wohin anders sollte er auch die Richtung genommen haben, wenn es nicht eine Wahrheit gäbe, die als Ziel seiner Mühe wert ist, mit mir über dieses und jenes zu sprechen? Es will keiner so gänzlich ganz und gar nichts behaupten, wenigstens will der Skeptizist noch wissen, wo er am nächsten Tag sein Brot essen soll. Das ist das Argument der *Retorsion*, das sich regelmäßig in den Lehrbüchern der Schulphilosophie findet. Der Retorquist ruft: ›Der Schuß geht nach hinten los! Ihr zielt auf Wahrheit und wollt sie zugleich leugnen!‹ So redet der Lehrer gegen die Skepsis. Er verabscheut von Natur aus den Relativismus. Wenn er ihm verfiele, müßte er seine Überzeugung und womöglich seinen Beruf an den Nagel hängen. Er wird also sagen: Wer als wahr behauptet, alle allgemeinen Aussagen seien kulturbedingt, wer meint, höchstens den Naturwissenschaften komme allgemeine Geltung zu, der widerspricht sich selbst, und das gleich auf doppelte Weise. Denn zum einen soll der Skeptizismus gelten und alle Kulturen verbinden, zum anderen sollen die Naturgesetze ganz allgemein richtig sein. Also sollen der Skeptizismus und die Naturgesetze von der Skepsis ausgenommen sein. Aber auch der Gegner des Retorquisten, der Skeptiker, wird nicht stumm bleiben und etwas zu entgegnen wissen.

Gespräch mit dem Skeptiker. Das Gespräch zwischen einem Wahrheitsfreund und einem Skeptiker könnte wie folgt aussehen.[5] Der Skeptiker wird sagen: »War das nicht gerade der alte Fehlschluß? Ihr Wahrheitsfreunde werft mir einen inneren Widerspruch vor, wenn ich wie Sokrates sage: ›Ich weiß, daß ich nichts weiß.‹ Denn wenigstens das muß ich als Wissen ja behaupten, sagt ihr.

Schauen wir uns diesen Verdacht einmal genauer an! Nur nach

eurem dogmatischen Vorurteil erfordert das sokratische Wissen des Nichtwissens eine absolute Entscheidung zwischen Ja und Nein. Weder die Aussage noch die Reflexion darüber will ich als Skeptiker mit Gewißheit behaupten. Nur Wahrscheinlichkeiten halte ich für möglich. Und redet nicht auch die Quantentheorie von Wahrscheinlichkeiten? Nur so, sagt sie, läßt sich die Wirklichkeit wirklich beschreiben. Wenn ihr darauf wieder euren Reflexionstrick anwendet, dann beharre ich und sage: Die wiederholte Reflexion auch auf der dritten Stufe behauptet nur Wahrscheinlichkeiten, nicht Gewißheiten. Damit ist die Beweislast umgekehrt. Ihr müßt zeigen, wie überhaupt etwas mit absoluter Gewißheit entschieden werden kann, unabhängig von Kultur, Sprache und Gesellschaft. Was passiert denn in der Sprache? Will der Sprecher eine absolute Wahrheit verkünden, die über der Zeit steht? Das meint ihr in eurem Wahn. Sprechen ist einfach eine gesellschaftliche Lebensäußerung in einer bestimmten Kultur, es ist von derselben Art wie Essen und Trinken. Und wie viele Tischsitten gibt es! Wer etwas redet, will einfach die Einigkeit mit der anderen Seite herstellen.[6] Wir Zweifler sind so westlich gesonnen wie ihr, wir gebrauchen mit euch die gleiche Logik. Nur behaupten wir nicht, damit der absoluten Wahrheit näher gekommen zu sein als etwa ein Hopi-Indianer. Oder als ein Hindu, dem es keine Mühe macht, einen Widerspruch in der Lebenspraxis stehen zu lassen. Oder als ein Zen-Buddhist bei der Meditation eines Koan, der im Zerbrechen der Logik die Erleuchtung spürt.«

Der Wahrheitsfreund wird antworten: »Gut gebrüllt, Löwe, vorzüglich! Den Anfang mit Sokrates zu machen ist geschickt, aber nicht für euch, sondern für mich. Was wir von Sokrates wissen, ist eben nicht nur seine Rede: Ich weiß, daß ich nichts weiß. Die Geschichte berichtet uns noch einiges mehr. Hat er nicht lebenslang die Sophisten bekämpft, das heißt die Relativisten von damals? Ruft das bei euch keine Bedenken hervor?

Lassen wir zunächst einmal das Wort *absolut* beiseite, reden wir nicht von absoluter Gewißheit oder Wahrheit! Das ist eine idealistische Vorstellung, aber nicht die Vorstellung von Leuten, die wie ich auch sagen, es gibt Wahrheit. Laßt in eurer Rede überall das Wort *absolut* weg, dann sind wir einiger, als ihr denkt. Das Absolute gehört ja in den philosophischen Höhepunkten der abendländischen Metaphysik, bei Platon und Hegel, nicht zu den Einzelaussagen, sondern zu den Grenzen der Aussagen. Das Absolute ist eine Vorstellung, aber kein Besitz. Vielleicht sollte ich noch besser sagen, es berührt meine Vorstellungen, es soll meine Sätze leiten. Das Absolute kann, wie ich meine, nicht deckungsgleich sein mit einem meiner Sätze. Es ist eher eine Grenze für den menschlichen Wissensbesitz. Ähnlich wohl in der indischen Philosophie! Das sollte man beim Wort *absolut* beachten, sowohl beim Gebrauch wie bei der Ablehnung des Wortes.

Wahrheit ist eine ganz einfache Erscheinung: Ich meine etwas, wenn ich rede; ihr meint etwas, wenn ihr redet; jeder meint etwas, wenn er den Mund auftut. Ich will nicht nur den anderen irgendwie überreden, ich will ihn mit einem bestimmten Inhalt überzeugen. Die Philosophen vom Fach nennen es Intention, aber wir können die Fremdwörter weglassen, wir fürchten uns nicht davor, verstanden zu werden. Bleiben wir also beim deutschen *Meinen* oder *Beabsichtigen*! Der Retorsionseinwand gegen den Skeptiker ist nur im Munde eines Dogmatikers falsch, der von dem Streben nach Wahrheit auf ihren Besitz schließt. Eigentlich bedeutet dieser Einwand nur die Frage an den Skeptiker, ob er nicht doch etwas meint, wenn er uns von seinem Relativismus überzeugen will. Sollte er andernfalls nicht besser schweigen? Und zwar meint er mehr das, was er sagt, als das Gegenteil davon! Gebt ihr das zu, so gebt ihr zu, *Wahrheit zu beabsichtigen*. Diese gemeinsame Ausrichtung auf Wahrheit ist die Grundlage eines jeden Gesprächs, in dem einer den anderen überzeugen will. Indem ihr mit uns redet, gebt ihr durch die Tat zu, was ihr mit Worten bestreitet.«

Das Glücken eines Gespräches. Der Skeptiker: »Im Gegenteil, ganz im Gegenteil. Die Grube, die ihr für mich gegraben habt, in die fallt ihr selbst hinein. Ihr verzichtet leichtfertig auf den Besitz von absoluten Wahrheiten? Dann gebt ihr alles zu, was wir behauptet haben. Das Gegenteil von *absolut* ist *relativ*! Ihr sagt dann dasselbe wie wir: Jeder Satz ist nur aussagbar in einer speziellen Sprache und Kultur. Also ist der damit angemeldete Wahrheitsanspruch auch relativ. Wenn wir mit euch reden, dann ist das eine gesellschaftliche, kulturelle Aktivität, die unter Umständen glückt. Mehr haben wir nicht behauptet! Die Wahrheit ist der Konsens von Personen, die an dem Diskurs einer Gruppe teilgenommen haben.«

Der Wahrheitsfreund: »Doch, ihr habt mehr behauptet, als ihr zugeben wollt. Aber ihr bemerkt es nicht, was euch in gewisser Weise entschuldigt. Erstens: Was heißt, das Gespräch *glückt*? Im Unterschied von *glücken* und *mißglücken* liegt der Unterschied des Wahren und Falschen verborgen, um den es uns geht. Zweitens ...«

Der Skeptiker: »Halt! Bleiben wir einen Augenblick beim ersten Punkt. Meint ihr, jedes Gespräch, das zur Einigung führt, hat zur Wahrheit geführt? Bestätigen sich Menschen nicht gegenseitig so gern in ihrem Irrtümern?«

Der Wahrheitsfreund: »Bitte verzeiht die Erinnerung an den formalen Einwand: Indem ihr argumentiert, man könne sich auch auf Irrtümer einigen, gebt ihr den Unterschied von Wahrheit und Irrtum wiederum zu. Um eine Gültigkeit zu bestreiten, nehmt ihr sie als Möglichkeit in Anspruch. Wer von Irrtum spricht, setzt die reale Möglichkeit von Wahrheit voraus. Das nennt man transzendentale Denkweise.«

Der Skeptiker: »Nein, ich habe nur euer Argument ad absurdum geführt. Gerade ihr dürft euch nicht auf eine Einigung im Gespräch berufen, das kann für euch kein Beweis der Existenz von Wahrheit sein. Ich unterscheide das Glücken und Mißglücken der Einigung, und was ihr Irrtum nennt, nenne ich dann vielleicht eine kleine Einigung, die sich nicht auf die ganze Gesellschaft übertragen läßt, sagen wir, eine Einigung im Privaten.«

Der Wahrheitsfreund: »Ich bitte noch einmal, genau zu hören, sonst rennt ihr offene Türen ein. *Nicht den Besitz der Wahrheit behaupte ich, sondern die Absicht auf Wahrheit!* In jeder Gesprächseinigung gibt es diesen Pfeil, der auf Wahrheit zielt, weil sich diesem Ziel beide Seiten verpflichtet fühlen. Ich behaupte das, indem ich euch das Phänomen vor Augen führe. Betrachten wir eine Gesellschaft, in der Euthanasie erlaubt ist, eine andere, in der sie verboten ist. Ihr sagt, das sind kulturelle Absprachen, keine hat mehr Anspruch auf Wahrheit als die andere. Das sage ich auch, von außen gesehen ist es so. Aber wir Wahrheitsfreunde sagen noch etwas anderes: In dem einen oder dem anderen Entscheid ist eine Aussage über die Lage des Menschen enthalten, über die Wahrheit des Menschen, deren Leitbild einmal die Schmerzfreiheit, das andere Mal die Unverfügbarkeit des Lebens ist. Das Verlangen nach Schmerzfreiheit ist eure Wahrheitsabsicht, sie soll jedenfalls in euren Augen besser sein als die Unverfügbarkeit des Lebens. Ich habe jetzt noch nicht das eine Leitbild für besser erwiesen als das andere, vielleicht gibt es dafür keinen Beweis. Aber da sich beide Linien nicht vertragen, jedenfalls immer wieder in Konflikt geraten, deshalb kann man für das eine oder das andere kämpfen. Das heißt, es wird überindividuelle Gültigkeit beabsichtigt. Das nenne ich die Absicht auf Wahrheit und die Rolle der Wahrheit.

Übrigens habe ich euch gerade eine Neigung zur Freigabe von Abtreibung und Euthanasie unterstellt. Ganz formal sollte das Recht auf Leben bei euch die gleichen Chancen haben wie bei uns. Hat es aber faktisch nicht. Das zeigt, was ihr mit eurem Relativismus der Wahrheit beabsichtigt: Meine Schmerzfreiheit ist mir wichtiger als das Leben einer anderen Person. Denn die Unverbindlichkeit gegenüber dem Leben einer anderen Person ist selbst ein Anspruch von allgemeiner Gültigkeit, also von Wahrheit.«

Wahrheit als Konsens? Der Skeptiker: »Die Tendenz in der Frage des Lebensrechtes ist richtig beobachtet, aber nichtssagend. Kein Mensch ist völlig unabhängig von der Gesellschaft, in der er lebt, also hat er auch kein unabhängiges, absolutes Recht auf Leben. Die Gesellschaft entscheidet in den Fragen der Justiz, also auch in den Fragen des Lebensrechtes. Der Staat ist die Institution aller Institutionen. Er bündelt die Interessen und gleicht sie ab, damit das Leben für einige Zeit glücken kann oder etwas Spaß macht, wenn ihr daran keinen Anstoß nehmt. Wartet ab, bis die Gesellschaft aufgeklärt ist und alle Leute die kulturelle Bedingtheit von Wahrheitsansprüchen erkannt haben. Dann werden wir schon sehen, ob eine Einigung nur unter speziellen Bedingungen glückt oder in einer ganzen Gesellschaft glücken kann.«

Der Wahrheitsfreund: »Hier liegt euer Zugeständnis im *kann.* Wahr für unser menschliches Leben ist das, worauf vernünftige Menschen sich einigen *können.* Ihr verwechselt dauernd innen und außen. Historisch betrachtet sind alle Wahrheitsansprüche formal ähnlich. Historisch, sage ich, und von außen gesehen! Ich wiederhole: Von außen! Oder wollt ihr bald wieder die kultischen Menschenopfer der Azteken oder das indische Mitverbranntwerden der Witwen einführen? Seht ihr! *Indem ihr einen Anspruch bevorzugt, verlaßt ihr die Außenperspektive, geht nach innen und beabsichtigt Wahrheit.* Ihr gehört dann immer noch zum wimmelnden historischen Personal, von dem jeder das gleiche Recht auf Meinungsfreiheit hat. Von außen! Aber zugleich stellt ihr euch als Richter darüber und urteilt! Von innen!«

Der Skeptiker: »Ihr seid mir schöne Freunde der Wahrheit! Jetzt seid ihr ganz beim Pragmatismus gelandet. Manchmal können wir uns einigen, manchmal nicht. Das ist ja gerade das, was ich behaupte. Was da innen oder außen ist, geht mich nichts an. Ich bin ein nüchterner Beobachter der Szene und stelle einfach fest, was ich sehe. Manchmal glückt die Einigung, manchmal nicht.«

Der Wahrheitsfreund: »Warum soll ich nicht pragmatisch sein? Im *kann* liegt die Gesetzmäßigkeit. Die Idee ist das Gesetz dessen, was in der Erfahrung glücken und gefunden werden *kann*. Pragmatismus gibt es nur im Horizont der Wahrheit.«

Der Skeptiker: »Und wer entscheidet, was glücken kann? Was ist euer Maßstab der Vernünftigkeit bei der Einigung?«

Der Wahrheitsfreund: »Diese Frage kann ich euch zurück geben. Ihr scheint entscheiden zu können, ob eine Einigung in der ganzen Gesellschaft glücken kann. Wie macht ihr das?«

Der Skeptiker: »Die Reflexion zur Reflexionsstufe hatten wir schon. Auch darüber, was eine Einigung ist, muß man sich versuchen zu einigen. Mißglückt der Versuch, so mißglückt er, und wir wissen nicht einmal, ob wir einig sind oder nicht.«

Der Wahrheitsfreund: »Ja, wir sind auf der nächsten Reflexionsstufe wieder an die gleiche Stelle gelangt, wir sitzen wieder fest. Der bloße Versuch, sich darüber zu einigen, worüber man sich einigen kann, enthält das, was wir die Absicht auf Wahrheit nennen. Wollt ihr die vielen geglückten Versuche leugnen? Die Gesetzmäßigkeit dieses Glückens schauen wir uns an, wenn wir sagen, es gibt die Absicht auf Wahrheit. Wenn wir nicht wissen, was wir sagen wollen, reden wir gerade im Augenblick nur leeres Stroh.«

Der Skeptiker: »Wir scheinen die gleichen Erscheinungen mit verschiedenen Worten zu beschreiben. Unser Streit wird unfruchtbar, weil wir die Realität aus dem Auge verlieren. Ich meine die Vielheit der Sprachen und die in ihnen mögliche Einigung.«

Verstehen fremder Kulturen. Der Wahrheitsfreund: »Davon wollte ich vorhin nach dem *erstens* ansetzen. Ihr bringt Beispiele für verschiedene Sprachformen, die ein verschiedenes Wirklichkeitsverständnis ausdrücken, ihr sprecht vom Buddhisten, vom Hindu, vom Hopi-Indianer. Haltet ihr diese Beispiele für wichtig?«

Der Skeptiker: »Ja, natürlich, sonst hätte ich sie ja nicht genannt.«

Der Wahrheitsfreund: »Glaubt ihr, ihr versteht eure eigenen Beispiele?«

Der Skeptiker: »Was soll das heißen? Das will ich doch hoffen.«

Der Wahrheitsfreund: »Ihr solltet es aber nicht hoffen, wenn ihr an eure eigenen Thesen glaubt und von der Relativität der Kulturen überzeugt seid. Heute redet man wohl auch von der Pluralität der Kulturen. Wie können wir Europäer eine fremde Kultur verstehen, wenn wir Relativisten sind? Wie können wir in einer indogermanischen Sprache sagen, was die Sprachen anderer Kulturen bedeuten?«

Der Skeptiker: »Wir können die fremde Kultur nicht ganz und gar von innen verstehen, die fremde Sprache nicht ganz angemessen in der unseren wiedergeben. Aber wir können genug davon verstehen und wiedergeben, um den Unterschied zu unserer Kultur und Sprache deutlich zu machen.«

Der Wahrheitsfreund: »Das reicht mir vollständig aus! Also *kann* man in der einen Kultur etwas von der anderen verstehen. Also *kann* man in einer Sprache sinnvoll über andere Sprachen sprechen. Es ist schwer, ja, aber das schadet nichts. Alle Erkenntnis ist schwer. Aber könnt ihr diesem Erkenntnisfortschritt Schranken setzen? Eure pluralistische These konnte überhaupt nur aufkommen, als man die Verschiedenheit der Sprachen und Kulturen ernst nahm und über der Größe des Problems an der Lösung verzweifelte. Das war so zu den Zeiten des Sokrates, als die Griechen die weite Welt entdeckten, das ist heute so. Euer Relativismus ist ein Durchgangsproblem in den Zeiten großer Horizonterweiterung, in denen sich Kulturen begegnen, die vorher kaum voneinander gehört haben. Da stellt sich die schmerzliche Wahrheitsfrage: Was ist besser? Was sollen wir machen? Der Frage entgeht man nicht durch Beliebigkeit, die ausruft: Alle dürfen die bleiben, die sie bisher waren! Alle dürfen weitermachen, was sie bisher gemacht haben! Das können sie gar nicht! Das wäre die bloße Außensicht. Man kann den Hopi-Indianern nicht raten, an die Stelle der westlichen Wissenschaft und Technik wieder ihre Regentänze zu setzen. Das wäre ein Verbrechen an den Hopis, weil man ihnen damit den Totenschein ausstellen würde. Die Hopis haben keine Wahl und müssen den Wetterbericht lesen.

Ihr wollt den Schmerz in der Theorie vermeiden, was euch nicht gelingen kann, und erzeugt ihn in der Wirklichkeit, was ihr nicht wollt. Denn faktisch habt ihr in Richtung auf eine Wahrheit entschieden, als ihr euch entschieden habt, dieselben zu bleiben wie bisher und lieber nicht wie die Hopi um Regen zu tanzen. Obwohl ihr behauptet habt, viele neue andere Lebensmöglichkeiten entdeckt zu haben. Der soziale Vorteil der Regentänze ist bekannt, die Hopis lebten nicht so isoliert wie die westlichen Menschen, daher waren sie vielleicht glücklicher. Warum wollt ihr kein Hopi werden und endlich glücklich sein?«

Der Skeptiker: »Ihr macht Scherze. Gebt ihr die kulturelle Bedingtheit der bisherigen abendländischen Logik zu?«

Der Wahrheitsfreund: »Kulturbedingt, aber wahr. Kulturbedingt, weil sie in dieser Kultur und Sprache leichter gefunden werden konnte als in einer anderen. Ich gebe zu, ihre geschichtliche Darstellung und die Richtung ihres Wachstums trägt die Spuren ihres Entstehungsmilieus deutlich an sich. Aber Scherze mache ich nicht. Das kommt nur bei euch so an. Ich nehme euch ernst, aber euch selbst nehmt euch nicht ernst, deshalb erscheine ich euch als ein Ironiker. Der Ironiker ist nur für einen Relativisten wie euch ein Ironiker. Für sich selbst strebt er nach der Wahrheit, die er nicht besitzt. **Der Scherz lebt von der Distanz zur Wahrheit, einmal aus Achtung vor ihr, das andere Mal aus Verachtung.**«

Vorteile in der Wahrheitssuche. Der Skeptiker: »Wollt ihr im Ernst behaupten, die griechische Sprache sei besser befähigt, Wahrheiten zu erkennen, als andere Sprachen?«

Der Wahrheitsfreund: »Für die spezielle Wahrheit der zweiwertigen Logik und der Mathematik ja, das will ich im Ernst behaupten. Die Grammatik der griechischen Sprache oder, wenn ihr wollt, der indogermanischen ist besser dafür eingerichtet als die der Hopis.«

Der Skeptiker: »Wie wollt ihr das beweisen?«

Der Wahrheitsfreund: »Nun, laßt uns über die Wahrheit der Logik diskutieren. Glaubt ihr an den Satz vom Widerspruch? Das ist das Denkmittel, das Sokrates immer anwendet. Der Widerspruch ist bei ihm der Ausdruck einer unmöglichen Rede, in der Sein und Schein verwechselt werden. Sokrates ist der Patron, auf den ihr euch zu Anfang berufen habt.«

Der Skeptiker: »Wir sind Europäer. Unser Glaube beweist nichts. Unsere Skepsis ist durch den Sprachrelativismus prinzipiell ausgedrückt, auch wenn wir unsere Sprachschranken nicht überschreiten können.«

Der Wahrheitsfreund: »Ihr könnt sie überschreiten, denn ihr habt sie schon mehrmals überschritten. Sind euch das Alte Testament der Israeliten, die Vedanta der Hindus, der Zen-Buddhismus oder die Mentalität des Hopi-Indianers ganz unverständlich?«

Der Skeptiker: »Ich habe schon gesagt, wir meinen etwas von ihnen zu verstehen. Aber das sind andere Beispiele als die Logik.«

Der Wahrheitsfreund: »Nach der Lehre eurer Meister ist gerade die Logik und die westliche Wissenschaft überhaupt durch den

Sprachrelativismus und den Hinweis auf die östlichen Philosophien als sprachgebunden enthüllt.«

Der Skeptiker: »Laßt uns den Spieß umdrehen! Ihr haltet doch die Logik für evident wahr. Dann ist das Angebot, über ihre Wahrheit zu diskutieren, eine Spiegelfechterei. Die Wahrheit der Logik könnt ihr nur logisch beweisen. Das aber wäre nach der Logik zu urteilen ein Teufelskreis.«

Der Wahrheitsfreund: »Wer sagt denn, wir hielten die Logik für evident wahr? Ich sage nur, die griechische Grammatik ist besser für die formale Logik eingerichtet als etwa eine Indianergrammatik. Das liegt am Abstraktionsgrad, der im Griechischen möglich ist.«

Der Skeptiker: »Ist das nicht die traditionelle Ansicht seit Aristoteles? Ich denke, ein Wahrheitsfreund muß die Logik für evident wahr halten, sonst schwankt ja schon seine Grundlage.«

Der Wahrheitsfreund: »Das ist die traditionelle Ansicht über Aristoteles, aber nicht die von Aristoteles selber. Er hat die Logik begründet, aber damit zugleich ihren Charakter als Werkzeug und Organ gesehen. Was meint ihr, könnte nicht gerade die Öffnung des kulturellen Horizonts *und* der Fortschritt der westlichen Wissenschaft uns im 21. Jahrhundert zum erstenmal seit Platon wieder in die Lage versetzen, über die Wahrheit der Logik zu diskutieren?«

Der Skeptiker: »Worüber denn zum Beispiel?«

Der Wahrheitsfreund: »Um einen bescheidenen Anfang zu machen, über das *Tertium non datur.* Es gibt in der Logik eine Richtung, die sich intuitionistisch nennt und das *Tertium non datur* in Frage stellt. Die Mathematik ist im 20. Jahrhundert in Schwierigkeiten gekommen, als sie ihre Grundlagen befestigen wollte, wohl aus der unbegrenzten und vielleicht unbedachten Anwendung des *Tertium non datur.* Oder wir könnten über die Logik zeitlicher Aussagen nachdenken, gemäß dem Gedanken der Quantenlogik. Ich vermute etwa, wir verwenden im alltäglichen Sprechen für die Zukunft eine andere Logik als für die Vergangenheit.«

Der Skeptiker: »Wird das weit genug führen, um unser Problem der Kulturbedingtheit des Denkens zu beleuchten?«

Der Wahrheitsfreund: »Das muß das Ergebnis zeigen. Wir können jetzt anfangen!«

Das Tertium non datur. Ein erstes Beispiel aus der Physik zeigt, wie die Wahrheit universell gültig sein kann, auch wenn sie an einem bestimmten Ort gefunden wurde. Das ist der Fall, wenn sie auf eine

Sache bezogen ist und von dieser abhängt. Dennoch kann sie zugleich ablösbar sein von ihren Kulturbedingungen, insofern gilt sie dann universell. Die sachbezogene Lokalität schmälert aber die Geltung der Wahrheit nicht. Das Fallgesetz für Steine und andere Körper wurde von Galilei gefunden, in der Atmosphäre der Florentiner Spätrenaissance. Es gilt aber auch in Amerika bei den Hopi-Indianern und es galt dort schon immer. Keiner wußte es, aber jeder machte unbewußt vielfachen Gebrauch davon. Die Naturwissenschaften sind das kräftigste Beispiel für den Unterschied zwischen sachlicher Universalität und kultureller Lokalität. Mir scheint, der Skeptiker hat seine Argumente vor allem aus der Gleichsetzung von sachlicher und kultureller Relativität bezogen.

Hier ein weiteres Beispiel für eine sachbezogene Relativität! Das logische Prinzip des *Tertium non datur* gilt nicht für alle Erfahrungen. Für ein zukünftiges Ereignis A gilt nicht in jedem Fall: Entweder A oder nicht-A! Denn künftige Ereignisse kann ich nach der Vorhersage von A oder nicht-A noch einige Zeit lang beeinflussen, bis das vorhergesagte Ereignis seinen Termin hat. Also kann ich eventuell A als Ergebnis erreichen, wenn mein Kontrahent nicht-A voraussagt, und ich kann nicht-A erreichen, wenn er A ansagt. Es gilt also nicht: Entweder A oder nicht-A!

Das heißt aber nicht, dieses logische Prinzip sei kulturbedingt. Es ist sachbedingt und insofern lokal und relativ. Zur Beschreibung mancher Sachverhalte ist es nicht so gut geeignet wie für andere. In jeder Kultur, Hopi, Zen oder Judentum, ist die Aussage über ein Ereignis der Vergangenheit entweder richtig oder falsch. Ein Drittes gibt es nicht. Aber nicht alle diese Kulturen hielten die Erkenntnis für sehr wichtig, daher formulierten sie diese nicht eigens in einem Prinzip. Vielleicht war auch ihre Sprache dazu nicht gut genug eingerichtet. Das bedeutet nicht die Kulturabhängigkeit des *Tertium non datur*. Das Prinzip ist sachabhängig: Bei gewissen Arten von Ereignissen ist es gültig, bei anderen nicht. Das mag es heißen, wenn oben von der Gültigkeit der Logik die Rede war, die im 21. Jahrhundert wieder zur Diskussion ansteht.

Am Ende des 20. Jahrhunderts erschienen viele relativistische Theorien in der philosophischen und theologischen Öffentlichkeit. Sie waren der Gegenschlag oder die Erschöpfung im abendländischen Denken und eine erste Notfallmaßnahme angesichts einer globalisierten Welt. Der darin vorgestellte Pluralismus hinkt stark, weil er sich auf eine verborgene Absolutheit stützen muß, nämlich die der

Wissenschaft. Vor allem die Naturwissenschaft gilt bei den Relativisten als absolute Wahrheit. Sie sind fanatische Anhänger der Physik und noch mehr der Evolutionslehre. Darin sind sie unvorsichtiger als die gescholtenen Metaphysiker und Theologen. Für diese, wenn sie über das Stadium des Lehrlings hinaus sind, ist die Absolutheit Gottes nicht greifbar, sondern entzogen als das ewige Mehr der Wirklichkeit, das alle Begriffe der Wissenschaft übersteigt. Gerade das unterscheidet sie von den Naturwissenschaftlern, welche die Wirklichkeit unter dem Gesichtspunkt betrachten, insofern sie begreifbar ist. Die Skeptiker und Relativisten sind nun in dem Fall volle Absolutisten, wenn sie die Natur als die einzig existierende Wirklichkeit behaupten. Sie ideologisieren die Wissenschaft.

Darin liegt ein doppeltes Mißverständnis. Denn weder behauptet die Theologie die Absolutheit Gottes als Besitz des Menschen, noch ist die Absolutheit durch die Wissenschaft wirklich vom Himmel auf die Erde gelangt. Die Grundlagenkrisen von Physik, Mathematik und Biologie haben die Unmöglichkeit bewiesen, den Glauben an Gott durch den Glauben an die Wissenschaft zu ersetzen. Die Erschöpfung zeigt sich in den relativistischen Theorien der Kulturen, die den Pluralismus als letzten Horizont der beschränkten Wahrheitsmöglichkeit für den Menschen preisen.

Dominus Iesus. Dagegen Bedenken anzumelden hielt im Jahr 2000 sogar der Vatikan für notwendig. Er könnte damit in der Denkgeschichte Epoche machen. Das erstaunliche Dokument *Dominus Iesus* unterscheidet in einer bisher nicht bekannten Weise zwischen Außen- und Innensicht. ›Die Parität, die Voraussetzung für den Dialog ist, bezieht sich auf die gleiche personale Würde der Partner, nicht auf die Lehrinhalte und noch weniger auf Jesus Christus, den menschgewordenen Sohn Gottes.‹[7] Von außen gesehen, im Diskurs ihrer Rede, sind alle Kulturen als gleichwertig anzusehen, par a pari, darin kann der Wahrheitsfreund ganz mit dem Skeptiker übereinstimmen. Von außen betrachtet sind die tanzenden Hopi-Indianer den konsumierenden Westkulturen gleich zu achten. Aber nicht von innen! Und innen heißt, ich stehe vor der Frage: Will ich ein Hopi werden oder will ich doch, trotz aller Bedenken, ein Westler bleiben? Will ich ein Christ sein oder nicht? Von außen schaue ich alle möglichen Lebensarten an, innerlich habe ich mich immer schon für die eine oder andere Art entschieden. Und selbst wenn ich von außen her gesehen tausendmal festgelegt bin, wenn ich tausendmal von meiner Umgebung bestimmt bin und der Statistik unterliege, so sind das objektivierende Außenbilder, die über das Ich, das ich selber bin, nicht alles aussagen. Wie auch sollte alle subjektive Wirklichkeit zum Objekt gemacht werden können? Hat das einer bewiesen? Gerade im Gegenteil! Die Quantentheorie des 20. Jahrhunderts hat die Unmöglichkeit einer begrifflichen Objektivierung aller Wirklichkeit gezeigt. Also gibt es keine Gründe mehr für die Auflösung des Ich. Also sollte ich sagen: Ich selbst war es, der sich entschieden hat, und die Statistik spielte keine Rolle, als ich mich so oder so entschieden habe. Entschied ich mich nach dem, was andere vor mir getan haben? Aber es gibt so viele verschiedene andere! Was tat ich, als ich wie Herakles am Scheidewege stand? Selbst wenn ich mich nach dem Vorbild dieser oder jener Gruppe gerichtet habe, so habe ich mich doch entschieden, mich nach dem Maßstab dieser Gruppe zu richten. Das heißt, selbst wenn ich meine Fähigkeit leugne, mich frei auf eine Richtung hin entscheiden zu können, eröffnet die Reflexion immer von neuem den Raum, in dem ich dieses Etwas für ein wenig besser hielt als das andere Etwas. Beabsichtigt ist die Wahrheit, indem ich überhaupt irgend etwas beabsichtige!

Aber war es nicht einfach die Lust, die mich am Scheideweg die Tugend oder die Schönheit wählen ließ? Das kann sein, insofern die Lust der Maßstab des Interesses ist, mit dem ich mich in der Welt behaupten will. Aber insofern ich darüber nachsinne, dies Wohlbefinden in der Lust andauern zu lassen, führe ich ein neues Prinzip, ein Kriterium ein, das nicht mehr auf Interessen gegründet ist, sondern auf Wahrheit zielt. **Interessen habe ich, die Wahrheit beabsichtige ich**. Nur was endlich ist, läßt sich besitzen, die Wahrheit aber, wenn sie ist, was sie besagt, hat keine Grenze. Also nicht Besitz von Wahrheit, aber Gegenwart von Wahrheit, die mich leitet und auf die ich ziele! Die Wahrheit kann verfehlt sein, sie kann sich zur großen Lüge gewandelt haben, aber auch in der Lüge möchte ich noch etwas, was ich nicht für Lüge halte. Denn die Lüge soll ja glücken. Mit diesem Glücken ziele ich auf die Nichttäuschung für mich hin. Die absolute Lüge, die alles anders meint, als sie sagt, ist unmöglich. Die Lüge lebt von der Wahrheit, nicht umgekehrt, wie auch das Interesse von der Wahrheit lebt, nicht umgekehrt. Es ist sinnlos, beides auf eine Stufe zu stellen und nur auf den einen Punkt zu achten, in dem sie eine Gemeinsamkeit haben: Beide wollen recht haben. Das allerdings haben Wahrheit und Lüge gemeinsam, nur darin erschöpfen sie sich nicht. Außer, wenn man die Wahrheit als bloßen Konsens versteht! Dann kann man sich auch auf die Lüge einigen.

Wir hängen in der Grammatik! Und solange wir sie nicht los geworden sind, beabsichtigen wir Wahrheit im Reden. Und wenn wir sie los sind, beabsichtigt niemand mehr etwas zu sagen, beabsichtigt niemand mehr etwas zu leben. Der Selbstmord ist möglich, aber auch er ist noch von der Grammatik der Sprache bestimmt, er will noch etwas besagen. Ich kann mich erschießen, wie man einen Hasen erschießt. Aber gerade daher ist der Selbstmord unmöglich. Ich will aller Welt kundtun, wie sinnlos das Leben ist. Auf diese Wahrheit will ich mich mit ihr im Selbstmord einigen.

Vielleicht ist es nicht so wichtig, einen Formalismus wie die mathematische Logik zu besitzen. Aber die Griechen haben ihn ins Leben gerufen und damit den abendländischen Geist geprägt. Endlich sogar, in der Form von Wissenschaft und Technik, haben sie damit die ganze Welt angefüllt. Übrigens waren die Erfinder der Logik wenig an Eroberung interessiert. Sokrates war ganz, Platon ziemlich an Athen gebunden und Aristoteles an das griechische Land. Aber sein Schüler Alexander vollbrachte eine Welteroberung, auch weil er von der Überlegenheit der lokal entstandenen griechischen Kultur überzeugt war. Und wiederum ließen sich viele Eroberte diese Eroberung gern gefallen, weil sie ihnen neue Horizonte erschloß, allerdings auch einige verschloß.

All das beweist nicht die absolute Wahrheit der Logik, auch nicht die Gültigkeit des Prinzips *Tertium non datur*, ohne das weder Wissenschaft noch Technik funktionieren. Vielleicht ist der westlich argumentierende und die Welt erobernde Geist auf Dauer lebensgefährlich. Aber all das läßt das Prinzip bestehen: Es gibt viele Ereignisse des Lebens, in denen das zweiwertige logische Prinzip des *Tertium non datur* gültig ist, selbst wenn strittig ist, welche Ereignisse dies genau sind. Wie immer: Die Wahrheit ist anwesend, sie lenkt die Bewegung von Geist und Körper und ist zugleich nicht annähernd erfaßbar. Gewisse Formen der Wahrheit können nur kulturbedingt erkannt werden, dennoch ist der Inhalt der erkannten Wahrheit nicht notwendig kulturbedingt. Wahrheiten sind relativ, insofern die Bedingungen ihres Auffindens von bestimmten Kulturen gefördert werden, von anderen nicht. In erster Linie sind sie sachbedingt, weil sie über dieselbe Welt und über dieselbe Lage des Menschen in der Welt reden.

Die Sache der Wahrheit. Über welche Sache aber redet die Wahrheit? Der abendländische Geist oder einige Geister im Abendland hatten lange Zeit gemeint, sie rede über das An-Sich-Sein der Dinge, über die Substanzen, über die endlichen substantiellen Dinge und, in etwas verschiedener Form, auch über die unendliche göttliche Substanz. So bis heute jedenfalls die Polemik derer, die das nicht mögen![8] Sie stellen die Schülermeinung als die Lehre der Meister dar, um sie bequemer bekämpfen zu können. Zuerst ist der philosophische Gott in Zweifel gekommen. Es zieht sich eine lange Spur von Metaphysikkritik durch die neuere Geistesgeschichte, die bis in die Theologie hinein reicht und dort die Dogmen- und Bibelkritik erzeugt hat.

Als Ersatz für die Metaphysik sollte lange Zeit die Physik dienen. Daher war die Physik der harte Kern der Neuzeit. Aber auch in die Physik ist der Zweifel eingekehrt, sie hat kaum mehr von der objektiven Identität bewahrt als die metaphysische Welt. Spätestens seit dem 20. Jahrhundert ist die Krise der Objektivität offenbar. Der harte Kern der Neuzeit war die Physik und ihr größter Erfolg war die Quantentheorie. Diese zeigt aber, wie begrenzt das Reden über rein objektive Dinge ist. Immer geht der Beobachter mit in seine eigene Rede ein, immer ist er es auch, der die Situation herstellt, über die er redet: Zwischen einem Blickwinkel auf existierende Objekte und einem Existieren der Objekte durch den Blickwinkel sind alle Stufen möglich. **Zwischen dem Erblicken der Gegenstände und dem Erstellen der Gegenstände durch den Blick werden alle Zustände eingenommen.** Gerade weil ich auf die Beobachtung Einfluß nehmen kann, ist die Beobachtung nicht eindeutig.

Die Krise der Objektivität ist die Geburtsstunde des Zweifels. Der gut bekannte methodische Zweifel bei einem feststellbaren Objekt bewegt sich allerdings nur an der Oberfläche der Dinge, denn in dem Maße, wie es feststellbare Objekte gibt, sind nur Genauigkeit und Methode notwendig, um zur Objektivität einer Wahrheit zu gelangen. Aber wenn sich das Subjekt nicht genügend vom Objekt trennen kann? Wenn es immer einen Aspekt in der Erkenntnis gibt, die den Erkennenden mit dem Erkannten unlösbar verbindet? Dann gibt es den Zweifel nicht nur methodisch, sondern eingeboren in jede endliche Erkenntnis, und das Ziel einer universalen Objektivität geht verloren. Dann erhebt sich das Sein der Wirklichkeit über alles, was gedacht werden kann. Was war das Ziel der Wissenschaft gewesen? Was sollte die alte oder neue Objektivität sicherstellen? Das wird zu klären sein.

Dabei ist der Zweifel der ständige Begleiter der Wissenschaft in der Neuzeit gewesen, vor dem sie sich in Sicherheit zu bringen gesucht hatte, mit dem sie umgekehrt alle anderen Denkarten vor das Gericht der Wissenschaftlichkeit ziehen wollte. Mit Zweifeln hatte Descartes angefangen, mit Zweifeln über sich und über die Welt; dann hatte er Gott gegen sie zu Hilfe genommen und so den Übergang bereitet von der Metaphysik zur Physik. Er hat das Signal gesetzt und den Weg frei gemacht für eine methodisch gesicherte Erforschung objektiver und technisch nutzbarer Wahrheiten, mit quantitativ großem, aber qualitativ mäßigem Erfolg. Seine Nachfolger versuchten es umgekehrt, sie suchten die Sicherheit der Welt zu garantieren und Gott in Zweifel zu ziehen, auch das nur mit mäßigem Erfolg. Die Quantenphysik hat das naive Objektivitätsideal beendet, das sich oftmals so selbstsicher als Kritik aller Vernunft gebärdet hatte. Welch ein Konflikt zwischen der Sicherheit im Endlichen und im Unendlichen besteht, wird weiter unten zu klären sein. Aber der Konflikt zwischen Metaphysik und Physik verläuft nicht mehr an der alten Scheidelinie, das sollte deutlich geworden sein.

Nach dem Ende der Objektivität in Metaphysik und Physik wird die Welt dann so wahrgenommen: Die Erkenntnis von der nicht vollen Objektivierbarkeit der Welt befestigt mein Mißtrauen gegen die Wirklichkeit der materiellen Erscheinungen und läßt mich in einem einzigen Gedanken die Ruhe finden: Es gibt zwei und nur *zwei Wesen*, die völlig und von einleuchtender Selbstverständlichkeit sind, ›ich selbst und mein Schöpfer‹.[9] In die Sprache der Philosophie übersetzt wird diese Erfahrung erlebt als die Spannung zwischen dem Selbst und der Andersheit. Die Andersheit Gottes und der Menschen hält das Leben in Bewegung. Dieser Gott, der so erfahren wird, ist nicht mehr der Gott der Philosophen, auch nicht der Gott der Physiker. Diese müssen, um die Vernunft gebrauchen zu können, Anspruch auf Objektivität und Universalität machen, was sich weder so noch so halten läßt. Die Objektivität der Metaphysik und Physik war der Versuch gewesen, sich selbst einen sicheren Platz in der Welt anzuweisen.

Die beiden Geschichten von der einseitigen Wahrheit will ich hier erzählen, die eigentlich nur eine Geschichte sind, so wie eigentlich Metaphysik und Physik vom gleichen Verlangen nach unabhängiger objektiver Wahrheit angetrieben waren. Das heißt, so war es bei den Schülern und späteren Nachfolgern. Bei den Begründern des Denkens und den periodenweisen Erneuerern waltet eine Vorsicht, die zwar große und wachsende Mittel bereitstellt, die Wirklichkeit zu erfassen, die aber zugleich vor dem Mißverständnis warnt, durch Erfahrung und Theorie der Wirklichkeit nähergekommen zu sein und die Welt besser in Händen zu halten. Die Objektivität im Verlangen nach der Wahrheit war ein Verlangen nach Totalität, und diese hat sich durch politische Praxis und theoretische Forschung außer Debit und Kredit gebracht.

Sehfehler des Relativismus. Auch nach einigen Jahrtausenden der Anstrengung im Forschen, Denken und Betrachten der Philosophie beginnt eine kritische Theorie der Wahrheit immer ganz von vorne. Fortschritte wie beim sicheren Gang der Wissenschaft kann es in ihr nicht geben. Denken ist die Bewegung auf dem Punkte, und in die Tiefe dringt nur, wer jeden Schritt vorwärts mit einem Schritt zurück verbindet. Es bewegt sich etwas, aber das Denken erkennt noch eine andere Bewegung als die des Gegenstandes oder des Erkennenden.

Viel Neues wurde schon angekündigt und später als alt beiseite gelegt. Das ist eine Tatsache, sie muß uns nicht stören. Die Gegenwart ist die Versammlung der Vergangenheit! Jeder Versuch, auch mein eigener, wird im Sammellager des Lebens abgestellt werden. Das stört nicht nur nicht, sondern muß so sein, wenn Wahrheit und Interesse so eng miteinander verschlungen sind, wie hier dargelegt wird. Wer nicht den Besitz, sondern die Wirklichkeit der Wahrheit behauptet, die größer ist als jeder Besitz, wird mit der Geschichtlichkeit der Wahrheit wenig Probleme haben. Er sieht mehr, als seine Vorgänger gesehen haben, nicht weil er bessere Augen hätte, aber weil er auf ihren Schultern steht. Einen klareren Blick oder ein größeres Herz hat er damit noch nicht, damit ist er auch nicht weiser als sie. Gewiß werden die Geschichte der Welt und ihr Erhalter noch mehr Licht bereit halten als das vom Drama der Wahrheitssuche in Naturwissenschaft und Philosophie, aber dieses ist jetzt an der Reihe. Ja, so eingeordnet in die Geschichtlichkeit der Wahrheit, kann ich zugleich jeden skeptischen Relativismus verpönen und ihn zum Anwalt für das unabtrennbare Interesse in der Wahrheit machen. Der Relativismus ist ein Sehfehler, der darauf beruht, die Standbilder, die wir von der Welt machen, nicht zum Laufen bringen zu wollen. Der Relativist sieht viele historische Einzelbilder, aber wie sie zusammen gehören, das will er nicht sehen, das kann er nicht sehen. Der Relativismus ist das Merkmal einer Wachstumskrise, er wächst in einer

Epoche, in der sich große Kulturen begegnen, ohne einander beurteilen zu können.

In der europäischen Neuzeit hat sich weder die Behauptung der Wahrheit noch schließlich ihre Verwerfung halten können. Wie mit der Wahrheit so auch mit Gott! Weder die Behauptung Gottes noch seine Leugnung hat schon die Bewegung erkennen lassen, die im Menschengeschlecht ein solches Gefallen an der objektiven Wirklichkeit des einen oder anderen erzeugt hat. Die Gottesbeweise wollten etwas sichern und die wissenschaftlichen Beweise wollten es auch. Aber was? Die Wahrheit? Warum nicht lieber die Lüge? Das verbindet die Wahrheit mit der Lüge, sie will ihrem Benutzer einen lebenswerten Vorteil bringen. Der Unterschied ist der Horizont. Das Interesse will im Horizont dieser Welt zu Nutzen und Leben kommen, deshalb sind ihm Wahrheit und Lüge gleich. Die Wahrheit kann sich damit nicht abfinden.

Gottesbeweise und andere Beweise. Immer umweht mich der gleiche Hauch, wenn ich vom Beweisen reden höre. So verschieden sie sind, es ist der gleiche Duft, den ich verspüre, in den Gottesbeweisen von Anselm, Thomas von Aquin oder Descartes, in der Grundlegung der Logik von Cantor, Russell und Frege, in den Weltformeln von Laplace, Einstein und Hawking, in der geschützten Sprechweise der Theologen im 20. Jahrhundert. Vier verschiedene Gebiete, doch immer soll etwas festgehalten, nachgewiesen, begründet, einsichtig gemacht werden, was seiner Natur nach vielleicht auch fest ist, aber seine Festigkeit nicht zum Erbfall machen will. Wer versucht hat, der sicheren Wahrheit habhaft zu werden, wurde bald eines Besseren belehrt, entweder weil ihm so wenige glaubten und kaum Beifall spendeten, oder weil er seine Selbstbegründung bald selbst nicht mehr glauben wollte, oder weil die praktischen Folgen verheerend waren. So sind alle Sicherstellungen der Wahrheit gescheitert, die immanenten Versuche noch ein wenig mehr als die transzendenten. Der herbe Duft all dieser Anstrengungen, der zu Anfang ein süßer Rausch zu werden versprach, muß eine versteckte Quelle haben, die alle Feststellungsversuche antreibt, die sie vorwärts jagt und dann zugrunde richtet. Hat eine dieser vier Bewegungen ihr Ziel je erreicht?

Festigkeit müßte sich ausdrücken in formaler Widerspruchsfreiheit und in allgemeiner Zustimmung, vielleicht auch im praktischen Erfolg. Aber weder mit Gott noch mit der Wissenschaft hat sich die Erhaltung des endlichen Ich erreichen lassen. Mit charakteristischen

Unterschieden allerdings! Während der Gott der Offenbarung einigen Anspruch auf Widerspruchsfreiheit machen kann und die Welt auch voll von Religion ist, fordert die Immanenz der Wissenschaften eine lückenlose formale Integrität, die weder von der Mathematik noch von der Physik erreicht werden kann. Dennoch erfreut sich die *scientific community* einer allgemeinen Zustimmung. Jedenfalls ist sie weniger in Religionen und Konfessionen gespalten als der Glaube an einen sich offenbarenden Gott. Ein Faktum der Geistesgeschichte, das der Erwähnung wert ist und auf seine Erklärung wartet!

Die Leidenschaft, mit der eine Wahrheit behauptet oder verworfen wird, läßt hier einen verborgenen Antrieb vermuten, der mit den Titeln Wahrheit, Gültigkeit und Objektivität noch nicht ausgesprochen ist, ja der mit diesen Titeln vielleicht gerade verdeckt werden soll.

Wahrheit und Besitz. Der Skeptiker in dem Gespräch oben hatte den Sokrates zu seinem Patron angerufen. In der Tat, Sokrates war ein Skeptiker. Aber ein Skeptiker gegen die Wahrheit, oder vielmehr ein Skeptiker gegen den Besitz von Wahrheit? Der Besitz ist allerdings nicht das gleiche wie die Wahrheit selbst, noch weniger ist es das Verlangen nach dem Besitz. Beide können sich leicht als das Gegenteil der Wahrheit erweisen, denn der Wille zum Leben ist noch nicht das Leben selbst, sonst müßte er es nicht wollen. Wer den Willen zum Leben als Inhalt des Lebens nimmt, lebt als Hungerleider. Der Hunger ist wirklich in dürftigen Zeiten das Hauptthema des Lebens, aber ist er selbst schon oder seine abstrakte Variante der einzige Inhalt des Lebens?

Die Gegenwart einer Wahrheit nachzuweisen, die über das natürliche Fressen und Gefressenwerden hinaus ging, fiel Sokrates nicht schwer. Denn selbst die Sophisten wollten aus Eigennutz wenigstens einigen anderen nützlich sein. Warum nicht gleich allen? Aber ebenso leicht konnte er nachweisen, wie sehr alle die Wahrheit verfehlen. Als er Handwerker, Politiker und Dichter prüfte, da legten sie ihr großes Wissen und Können an den Tag. In ihrem Fach! Mit ihrer Technik! Sie können Schuhe machen, Befehle erlassen und Gedichte schreiben. Aber wie man die Gerechtigkeit verwirklicht und wie man die Jugend zum Guten erzieht, das wußten sie nicht. Jeder von ihnen redete darüber, alle wollten gehört werden, alle glaubten sich auch befähigt dazu. Spezialwissen war da, aber kein Wissen vom Allgemeinen, keine Weisheit von der Lage des Menschen in der Welt.

Hier tut sich die Struktur des Wissens auf: Vom Endlichen gibt es Wissen als Besitz. Aber in welcher Form gibt es Wissen vom Unendlichen? Auch Sokrates weiß in dieser Lage nicht das Nichtwissen ins Wissen umzukehren, er weiß um sein Unwissen. Aber im Licht der anwesenden, allgemeinen Wahrheit kann er sein Unwissen über diese allgemeinsten Dinge feststellen. Die Wahrheit ist anwesend, sonst hätte er nicht mit ihr das allgemeine Unwissen und sein eigenes feststellen können. Besitzen tut sie keiner, denn sie kann nicht besessen werden. Er allein aber hält die Situation aus: Die Wahrheit ist gegenwärtig und lenkt die Welt, aber ich kann sie nicht in Besitz nehmen. Sie hat mich in Besitz. **Die Wahrheit besitzen kann nur heißen, von der Wahrheit in Besitz genommen zu sein.** Ich sehe, wie die Welt um mich herum nur leben kann, wenn sie meint, im Besitz der Wahrheit zu sein. Oder wenn sie meint, das Dasein von Wahrheit leugnen zu müssen. In beiden herrscht der Wille zum Leben, der nicht leben kann!

Die Frage lautet jetzt: Warum ist der Besitz der Wahrheit nicht möglich, obwohl es sie gibt und sie anwesend ist? Um mit dieser selten bemerkten, aber immer vorhandenen Wirklichkeit vertraut zu machen, sei sie an einem Beispiel erläutert. Viele Wahrheiten werden im Aussprechen umgedreht und verwandeln sich dabei in eine Lüge. Das tun sie zwar in verschiedenen Graden, aber bei einiger Aufmerksamkeit ist die Verkehrung in jedem Sprechen bemerklich. Sollte sich die Umkehrung der Wahrheit im Aussprechen nachweisen lassen, hätten wir ein erstes Beispiel für die Gegenwart einer Wahrheit gewonnen, die sich nicht besitzen läßt und die als Lüge aufschreit, wenn ihre Besitznahme versucht wird.

Lüge als ausgesprochene Wahrheit. Ich nehme ein Beispiel aus der Bibel, ein Wort aus dem Munde Jesu. ›Wer sein Leben zu bewahren sucht, wird es verlieren; wer es dagegen verliert, wird es gewinnen.‹[10] Das ist eine tiefe Wahrheit, die das Leben von der angeborenen Blindheit der Natur heilen kann. Aber sie kann sich im Aussprechen auch um hundertachtzig Grad drehen und zur Lüge werden.

Zuerst die Wahrheit des Spruches! Das persönliche Ich bin ich selber, ich lebe in der Zeit und kann mich von keinem zeitlosen Ich vertreten lassen, etwa von der Gesellschaft oder von der Wissenschaft. Ich werde also mein Leben verlieren und sterben, solange ich in der Konkurrenz stehe. Die Blindheit der Natur treibt mich in die Konkurrenz, in ihr gewinne ich die Mittel zum Leben, verliere sie in ihr aber auch wieder, weil ich selbst die Bedingungen schaffe, unter denen mein Leben zerrieben wird. Wenn ich mein Leben bewahren will, gegen den einen Anderen, das ist Gott, oder die vielen anderen, das sind Millionen von Menschen und andere Lebewesen, werde ich es verlieren. Umgekehrt, wenn ich mich nicht um jeden Preis in der Welt erhalten will, kehre ich mein Verhältnis zu dem Anderen und den anderen um. Ich erkenne die Ursprünglichkeit der Andersheit vor meinem Ich an und lasse ihr im Grundsatz den Vortritt. Gott zu gehorchen und sein Leben in der Welt zu verlieren ist daher das gleiche. Wenn ich die Konkurrenz in der Welt verlasse, habe ich zwar augenblicklich den Eindruck zu sterben, ich werde begraben, wie es bei Paulus heißt, aber ich gewinne mein Ich auf neue Weise zurück.[11] Denn jetzt kann ich die Andersheit als die Quelle anerkennen, von der ich das Leben habe. Das neue Leben nach diesem geistlichen Tod unterliegt keiner zeitlichen Grenze mehr, es hat sein Leben auf ewig gewonnen.

Jetzt die Verdrehung der Wahrheit in die Lüge! Die strahlende Wahrheit im Worte Jesu vom Gewinn und Verlust des Lebens kann trübe werden, wenn sie ausgesprochen wird. Sie verwandelt sich in Lüge, wenn sie in Gebrauch genommen wird. Das ist die Folge der Asymmetrie zwischen Ich und Du! Zwar soll mich die Umkehrung von Gewinn und Verlust aus der Konkurrenz befreien, aber ich kann das Wort auch zum scharfen Kampfmittel in dieser Konkurrenz machen. Wenn ich etwa, von tückischer Absicht erfüllt, in meiner Umgebung Anhänger für diese Lebensweisheit der Selbstentäußerung finde, dann werden alle neu gewonnenen Gläubigen ihren zeitlichen Interessen weniger nachgehen als vorher, also kann ich mich leichter in ihrer Umgebung bewegen. Ich werde vielleicht sogar verehrt und umsorgt als der Gründer ihrer Identität, habe also meine zeitlichen Interessen gut gepflegt. Mißbrauch des Dienstes und ewiges Recht der Ideologie- und Religionskritik! Ich predige Wasser und trinke den dadurch verbilligten Wein! Der Satz Jesu ist nur in dem Raum aussprechbar, in dem ich ihn zu mir selbst spreche, dort also, wo der andere vor meinem natürlichen Egoismus sicher sein kann.

1.2 Das Schicksal von Metaphysik und Physik

These 1.2: Die Metaphysik hat ihre Bindung an die Interessen des Ich wenig erkannt. Dadurch hat sie den antimetaphysischen Furor der Neuzeit ausgelöst. An die Stelle der Metaphysik sollte in der Neuzeit die Physik treten. Auch sie hat die Bindung an die Interessen wenig erkannt und ihr Versprechen als Universalwissenschaft nicht eingelöst.

Alte und neue Religionskritik. Die dichte These bedarf der Entfaltung, obwohl sie noch um eine weitere Prophezeiung verdichtet werden könnte. Nach dem Abwurf der beiden Atombomben am Ende des 2. Weltkriegs über Japan ging unter Physikern das scharfe Wort um: Nach dem Ende des 3. Weltkriegs wird man die Physiker hängen. Das ist sehr gut möglich, auch wenn ein solcher Krieg zur Zeit nicht wahrscheinlich ist. Allerdings könnte sich der Warnruf auf andere Weise erfüllen. Nach einer Serie großer ökologischer Katastrophen könnte es ein weltweites Bündnis gegen Wissenschaftler und Techniker geben, dann könnte es in gebildeten Kreisen zum ungeschriebenen Gesetz werden, auf Wissenschaft und Technik keine großen Hoffnungen zu setzen. Es könnte der Wissenschaft in Zukunft ähnlich ergehen wie der Religion heute, wo ihr in gewissen Kreisen nur Verachtung entgegen gebracht wird. Über Gott in öffentlicher Gesellschaft zu sprechen gilt in den westlichen Gesellschaften als Tabubruch. Der Grund ist mehr der öffentliche als der persönliche Unglaube. Ja, selbst der muß nicht einmal Unglaube sein, nicht einmal Uninteressiertheit, sondern die fehlende Übersicht über das, was die Wahrheit der Religion sein könnte. Nach 500jähriger neuzeitlicher Belehrung über die Geschichte von Glaube, Kirche und Sekten, nach dem Zeitalter Hegels und des Historismus, in dem noch das kleinste Papierschnipsel umgedreht wurde, nach den Enthüllungen der Psychoanalyse wagt kaum ein gebildeter Mensch, öffentlich für die Wahrheit der Religion einzutreten. Entsprechend wagt er nicht, sich zu ihr zu bekennen. Zu tief ist jedes hohe Wort in den Abgrund gefallen, zu wenig hat die Wahrheit, auch die metaphysische und religiöse, ihre Schattengestalt im Interesse wahrgenommen. **Aus Rache für seine Nichtbeachtung hat sich das blanke Interesse auf den Thron der Herrschaft gesetzt.**

Viele spüren zwar den Trost oder den Nutzen der Religion, sie ahnen auch etwas von ihrer Unvermeidlichkeit, bekennen sich privat halb und halb zu ihr, aber in unmittelbarer Weise den Glauben zu preisen, wagt heute öffentlich niemand, der ernst genommen werden will. Und wie es möglich ist, zugleich von der Wahrheit und den Schatten zu reden, die um so größer werden, je größer die Wahrheit ist, diese Kunst beherrscht heute noch niemand. Entsprechend konnte sich bisher keine Kultur dieser Kunst bilden. Ohne jeden Schatten die

Religion als Wahrheit zu preisen, solch eine Stimme würde unter den Verdacht des Fundamentalismus gestellt und damit kaum mehr gehört. Einzig über die sozialen Dienste läßt sich unmittelbar und ohne Scheu von der Religion reden. Der Dalai Lama oder Mutter Teresa genießen öffentliche Anerkennung, obwohl sie religiöse Gestalten sind. Sie sind das glaubwürdige, naive Bild der Wahrheit, die den anderen mehr liebt als sich selber. In diesen beiden können sich auch die westlichen Gesellschaften die Anerkennung der Religion erlauben, weil diese Gestalten zeitlich und räumlich weit genug entfernt leben, um die vage Stelle zu besetzen, an der sich die konsumorientierten Gesellschaften ihres praktischen Atheismus nicht ganz sicher sind.

Die Reserve gegen die Religion hat ihr Recht mit tausend Gründen! Aus der heidnischen Antike hallt der Ruf des Lukrez bis in unsere Tage hinein: ›Tantum religio potuit suadere malorum.[12] – Zu welch schrecklichen Taten konnte die Religion nicht überreden!‹ Jedenfalls konnte die Religion noch zu Anfang des 21. Jahrhunderts zwei Wolkenkratzer-Türme mitten in New York in Schutt und Asche zu legen.

Im Europa der Neuzeit hat der Ruf des Lukrez breiten Nachhall gefunden und die mächtige Bewegung der Ideologiekritik ausgelöst. Der Hauptangriff der Kritik richtete sich auf das Bündnis von Thron und Altar, denn das Band zwischen Interesse und Wahrheit hatte im westlichen Europa tausend Jahre lang diese Gestalt angenommen. Die eine Seite stützt die andere, für eine gewisse Zeit im Bündnis von Thron und Altar, für alle Zeit im Bund zwischen Wahrheit und Interesse. Das Bündnis des *Ancien régime* war eine Lebensgestalt, die Anspruch auf Wahrheit machte und dabei die Interessen verdeckte. Noch lange nach ihrem Ende zog sie den Spott auf sich: ›Wo bliebe auch die Gelegenheit zur Wohltätigkeit und zum guten Werke christlichen Sinnes, wenn es nicht Armut und Elend gäbe?‹[13] So etwa deuteten sich die feinen Leute der Adels- und höheren Bürgerwelt den Unterschied der Stände, ironisch oder zynisch, weil schwebend zwischen Wissen und Unwissen um die Gerechtigkeit. Die zweischneidige Grundlage hat ihr nach einiger Zeit, das heißt nach mehr als 1000 Jahren, die Geltung entzogen. Solange die Interessen mit Wahrheit umkleidet waren, konnte das Gebilde stehen. Danach versank es. Die neuere Zeit versuchte, nach dem Ende aller säkularen Utopien, anders zu leben. Sie verschrie die Wahrheit als Lüge, was wohl nur erklärlich ist als Reaktion auf den Untergang des alten Regimes, wie aller anderen großen und kleinen Reiche auf der Erde. Wer das einmal gesehen und vor sich ausgesprochen hat, wird behutsam in seinem Urteil sein. Weder wird er nostalgisch von alten Zeiten träumen, noch wird er auf die bloße Zukunft setzen und von dem Fortschritt in der Zeit ein messianisches Heil erwarten. Das Interesse der Individuen ist zwar streng und starr mit der Chronologie des Früher und Später verbunden, aber die Wahrheit durchschlägt diese Interessen und setzt sich aus einer anderen Wirklichkeit gegenwärtig, die nicht der Zeit unterworfen ist.

Auch die Ideologiekritik konnte sich nur solange halten, wie sie den Eindruck erweckte, auf festem Fundament zu stehen. Ebenso wie das Bündnis von Thron und Altar keine Kritiker dulden konnte, sondern als Ketzer verfolgte, so konnte die Ideologiekritik die Kritik nicht auf sich selbst anwenden und blieb daher in ihrer Wahrheit beschränkt. Sie erkannte wiederum die Bindung an ihre eigenen Interessen nicht. Am Ende definierte sie Wahrheit als das Interesse selbst, bei anderen und bei sich selber. Sie hielt das Interesse und den Willen zum Leben für die letzte aller Wahrheiten, weil sie nirgendwo Wahrheit ohne Interesse antreffen konnte. Sie wollte nicht an Wahrheit glauben, wenn sie in einer Gestalt erschien, die auch ein Interesse vertrat. Bizarre Logik: Weil keine Gestalt in der Welt ohne Interesse ist, soll keine Wahrheit sein und nur das Interesse herrschen. Merkwürdige Schwarz-Weiß-Entscheidungen ohne Sinn für die Zwischentöne! Inversion der Teleologie zur Selbsterhaltung und zur Konkurrenz der Individuen! Die Kritik der Religion stand dabei an erster Stelle, denn die Religion verspricht dem Menschen das Heil, das heißt hier die Erlösung aus der zwanghaften Welt der Interessen, allerdings nicht aus eigener Leistung, sondern aus Gnade. Kurzerhand setzte die Ideologiekritik die Wahrheit mit der Lüge gleich, zwar nicht mit Recht, aber doch mit einer gewissen Berechtigung. Denn wer vermag den Glanz der Wahrheit verbunden mit seinem Schatten, der im Interesse besteht, zu denken? Wer vermag die Balance zu halten? Wir wollen es versuchen!

Dazu soll zunächst der antimetaphysische Furor eine gewisse Zustimmung erfahren. Zunächst!

Recht der Metaphysikkritik. Metaphysik ist der Versuch, die allgemeinsten Bedingungen des Seins zu klären oder, wie Aristoteles gemeint hat, sie ist die Untersuchung des Seienden als solchen. Die Seinswissenschaft will nicht spezielle Eigenschaften von seienden

Dingen feststellen, sondern das, was allen Seienden gemeinsam ist. In neuerer Wendung heißt das dann, sie sucht den Sinn des Seins zu bestimmen, wenn vom Seienden die Rede ist.

Die Physik der Neuzeit versuchte ganz ähnliches zu tun, indem sie ihren Bereich verließ und die metaphysischen Fragen gleich selbst beantworten wollte, nämlich als physikalische. Sie ersetzte dabei das allgemeine Sein durch das natürliche Sein und hoffte so, *alle* Seiten der Wirklichkeit aufdecken zu können, in einer mehr beweisbaren und erfolgreicheren Weise als die Metaphysik. Jedenfalls hatten das einige ihrer führenden Vertreter im Sinn gehabt. Die meisten Physiker und Naturwissenschaftler des 20. Jahrhunderts hielten die Natur wohl für alle Wirklichkeit, wenigstens im Alltag und im Labor. Aber am Samstagabend beim Wein oder bei einem zufälligen Besuch in einer Kirche sind nicht wenigen Zweifel an der eigenen Sicherheit gekommen. Die Besseren erkannten in der Natur die nur endliche Wirklichkeit, die nicht alle Wirklichkeit sein kann. Sollte damit nach der Metaphysik auch die Physik aufgegeben haben? Hat sie ihren geheimen Wunsch, alles sicher zu wissen, fallengelassen, wobei die Betonung auf *alles* und auf *sicher* liegt? Ja, ich meine, die Physik hat aufgegeben, und die sehr guten Physiker sagen das auch. Wir wissen nicht, wie man vorhersagen kann, was unter gegebenen Umständen passieren wird. Und viele Physiker meinen heute, es ist unmöglich, daß wir das jemals können. Man muß zugeben, dies ist eine Einschränkung des früheren Ideals der Physik, die Natur vollständig zu verstehen. Es mag für die Naturforscher ein Schritt zurück sein, doch niemand hat eine Möglichkeit gesehen, ihn zu vermeiden.[14]

Das zweite Jahrtausend besaß neben der Natur ein zweites großes philosophisches Thema: Gott, der eine Gott. Erst nachdem sich das wimmelnde Götterwesen der Antike verzogen hatte, konnten sich die Geister dem schwindeligen Gedanken von der Einheit und Einzigkeit Gottes zuwenden. Diese Einheit war vielleicht das größte, vielleicht sogar das einzige Thema des Jahrtausends, und die Einheit der Natur war nur ein Randthema und eine Krise des Gottesgedankens. Jedenfalls dann, wenn der Inhalt der Weltgeschichte der Kampf zwischen Glaube und Unglaube ist. Seine stärksten geistigen Kräfte hat das Jahrtausend eingesetzt zum Beweis oder zur Widerlegung Gottes, zum Beweis und zur Widerlegung einer Weltformel. Unaufhörlich denkt der Mensch an Gott, für oder gegen ihn. Und nur der eine und einzige Gott kann diese Wirkung ausüben, nicht die vielen Götter. Gottesbeweise und Atheismus gibt es erst ab dem 2. Jahrtausend.

Im 11. Jahrhundert begann die Bewegung mit der Entdeckung des bekannten anselmianischen Argumentes, das in immer neuen Varianten die Denker des Jahrtausends erschreckt, erschüttert und erregt hat. Anselm fragte sich, ob es nicht möglich sei, durch einen einzigen Gedanken und rein aus der Vernunft Gott zu beweisen. Gottes Existenz sollte auf einen Schlag einsichtig sein und ohne Berufung auf eine Autorität auskommen. Selbst die hl. Schrift wollte er ausschließen, denn jede Autorität ist die Verdunkelung des aus sich selbst strahlenden Lichtes. Gottes Offenbarung sollte keine Voraussetzung Gottes sein. Und das im Dienst des Glaubens an Gott! Dem ist zuzustimmen: Erst bei Selbstevidenz gibt es keine Gegenargumente mehr. Wenn die Wahrheit erscheint, fällt die kritische Rückfrage nach der Möglichkeit von Wahrheit fort. Die Wirklichkeit erweist ihre Möglichkeit durch ihr Erscheinen. Aber wer, wem sie so erschienen ist, konnte diesen Übergang festhalten?

Eine schiere Unmöglichkeit angesichts der Wirklichkeit Gottes, da Gott nicht in den Möglichkeiten der Welt aufgeht. Die Sicherstellung Gottes durch ein einziges Argument wurde unmöglich gemacht, weil Anselm den Glauben an Gott voraussetzte, bevor er Gottes Dasein in der Vernunft bewies. Sein ganzer Beweis ist ein einziges Gebet. Er strebt nicht die Ersetzung der göttlichen Aktivität in der Offenbarung durch menschliche Aktivität an, sondern die Aufhebung des Gegensatzes zwischen menschlichem und göttlichem Tun. Wer die Gegebenheit der Vernunft anerkennt, erkennt in ihr den Gabecharakter der Gnade an. Aber hat das ganze Unternehmen nicht zu viele Voraussetzungen? Kann ich wirklich an seine Evidenz glauben?

Gottesbeweise wollte die Neuzeit im allgemeinen nicht zulassen. Der Beweis, den sie bei Descartes zugelassen hatte, diente nur dazu, Gott erst still zu legen und dann abzuschaffen. Statt dessen versuchte sie die Selbstevidenz in der Physik oder im Idealismus zu finden, an den beiden Polen der cartesischen Wirklichkeitszerlegung. Aber in beiden Bereichen haben sich inzwischen schwere Bedenken aufgetürmt. Die Hoffnung auf Selbstevidenz dürfte überall geschwunden sein. Die Grundlagenkrisen in Physik, Mathematik und Biologie, sowie auf der anderen Seite die Selbstdekonstruktion der Vernunft dürften jeden Anschein von Evidenz verjagt haben.

Die Suche nach der Selbstgegebenheit war im 20. Jahrhundert so verschieden nicht von der Suche im 11. Jahrhundert. Nur die Methode sollte anders sein, daher war am Ende auch das Ziel ein anderes. Die Brücke zur Unendlichkeit, zum ganz Anderen, zum Selbst, zum vollen Wissen, zur Weltformel, zu Gott, alle diese Namen sind Wollungen auf ein unbekanntes Ziel hin. Es sollte, mit Anselm beginnend, auch von der anderen Seite angeschaut werden. Das allerdings ist ein Unterschied zur tausendfachen Namensgebung des Menschen. Während Anselm im Kloster um Erleuchtung betete, betrieb die Neuzeit in ihren Laboratorien die Forschung ohne Bitten und Warten. Wo war ihre Evidenz? Sie war delegiert, auf die Vergangenheit, auf die Zukunft oder auf die Fachleute dafür, die in die Grundlagen wohl schon eine rechte Ordnung hinein bringen würden. Die wissenschaftliche Vertröstung dauert seit Jahrhunderten an, auch darin imitiert sie die Religion. Vielleicht ist Selbstevidenz nur individuell und persönlich möglich. Der Zeuge weiß, was er gesehen hat, alle anderen nicht. Der Zeuge streitet nicht über das Ereignis, bei dem er zugegen war, seine Hörer streiten über ihn als Zeugen. Erst wenn der Gegensatz zwischen dem Wissenden und dem Gewußten aufgehoben ist, kommt es zur Selbstevidenz, in der die Brücke zwischen dem Erkennenden und dem Erkannten geschlagen ist. Das ist die wesentliche Eigenschaft des Zeugen: Er tastet sich nicht an das Ereignis heran, da es sich unmittelbar vor ihm aufgebaut hat. Das Ereignis ist vielleicht ein objektiver Vorgang, weil es aber das Subjekt des Wissens in sich verschlingt, kann es nicht in objektiven Formen zum Lehrinhalt gemacht werden. Wesentliche Ereignisse sind einmalig, sie verweigern sich der Wiederholung. Die Einmaligkeit oder Singularität ist das erste Band, das zwischen Wahrheit und Interesse geknüpft ist. Der Verstand ist eine Form des Wissens und lernt aus der Vergangenheit für die Zukunft die wiederholbaren Ereignisse. Die einmaligen Ereignisse erscheinen diesem Verstand als ein Risiko. Sie bringen jedenfalls die Andersheit des Anderen zur Geltung, die Andersheit des einen Gottes und die Andersheiten der vielen Menschen. Sie begrenzen meinen Überblick und schränken mein Erhaltungswissen ein.

Anselm meinte, eine solche Evidenz mit seinem *Unum argumentum* gefunden zu haben. Die persönlichen Umstände weisen darauf hin. Er hat die Evidenz wie eine Offenbarung in Empfang genommen. Wenn Gott nämlich das Größte ist, über das hinaus nichts gedacht werden kann, so bringt dieser Gedanke, der sich rein *im Geist* des Menschen aufhält und im Kopf zweifellos existiert, die Existenz *in der Wirklichkeit* mit sich – das war seine Offenbarung im Denken. Natürlich hatte der Gedanke historische Vorläufer, so bei Augustinus oder in der Stoa, auch hat er logische und ontologische Voraussetzungen, die seiner Selbstevidenz zusetzen, wenn er öffentlich vorgetragen wird. Zum Beispiel ist Anselms *Argumentum* ein Widerspruchsbeweis, macht also Gebrauch vom gar nicht so selbstverständlichen *Tertium non datur.* Zum anderen geht das ontologische Ordo-Denken in ihn ein, nach dem alle Dinge eindeutig durch die Beziehung von größer und kleiner gegliedert werden können, was auch nicht ohne Voraussetzungen ist.

Hochzeit von Himmel und Erde. Die mangelnde objektivierbare Selbstevidenz ist allerdings nicht die wichtigste Einzelheit in dem Gedanken des Anselm von Canterbury. Er wird dadurch noch nicht aus dem Sattel gehoben. Der offenbare Gott rückt jedenfalls bei Anselm mit dem höchsten Anspruch der Rationalität ins Zentrum des Denkens. Der eine Gott soll beweisbar sein und zugleich sich selbst offenbaren! Diese Mischung ist explosiv. Die Vernunft soll Offenbarung, die Offenbarung soll Vernunft sein. Es ist die Bewegung zwischen dem Selbst und der Andersheit Gottes. Diese zwei-eine Doppelbewegung enthält einen Anspruch auf Geltung ohne Schranke. Sie hat aber eine offene Flanke, denn sie hat eine endliche Gestalt, wenn sie ausgesprochen wird. Daher muß der Offenbarungscharakter, ohne verloren zu gehen, in die Vernunft eingebettet werden. Wer so die Offenbarung vernünftig gemacht hat, feiert die Hochzeit von Himmel und Erde, von Feuer und Wasser. Er hat zugleich die Vernunft erlöst, die sich selbst eine Last ist, weil sie sich selbst nicht erklären kann und periodisch ihrer selbst überdrüssig wird. Eine solche Hochzeit ist nur selten zu feiern, sie kann zu keiner Gesamtgestalt einer *public community* werden. Sie ist ein einzelnes Ereignis, weil sie zwar höchste Vernunft, aber auch höchste Offenbarung ist. So entzieht sie sich, so gibt sie sich.

Aber nicht nur an öffentlicher, theoretischer Selbstevidenz mangelt es dem Anselmianischen Gedanken, sondern auch an praktischer Evidenz. Zuerst jedenfalls und so weit davon geschichtlich etwas wirksam geworden ist! Was treibt den Benediktinermönch Anselm zu dem angestrengten Gedanken? Was folgt aus der gewissen Existenz Gottes? Der andere Mönch seiner Zeit, Gaunilo, spricht den klassischen, wenn auch falschen Verdacht aus, nach dem durch die Vorstellung von der schönsten Insel der Welt diese keinesfalls existieren muß, obwohl sie nach Anselm existieren müßte, wie er meinte. Falsch ist der Verdacht, weil es für Inseln keine unübertrefflichen Maximalitäten gibt. Es gibt keine größte Insel, über die hinaus keine größere gedacht werden kann. Auf Inseln läßt sich der Anselmsche

Gedanke der Steigerung nicht anwenden. Der Begriff vereinigt im Falle der Insel nicht alle positiven denkbaren Eigenschaften in sich. Dennoch konnte Anselms Gedanke zum Klassiker der Denkgeschichte werden, weil er das verdeckte Interesse an den Tag bringt, das beim Hören eines solchen Beweises erregt wird. Ein namhafter Philosoph nahm 700 Jahre nach Gaunilo das Argument wieder auf, sprach statt von Inseln lieber von hundert Talern, die vorzufinden in seiner Tasche er vergeblich gehofft hatte, nachdem er an die größten hundert Taler der Welt gedacht hatte, über die hinaus keine Taler gedacht werden können, und glaubte die Lacher auf seiner Seite zu haben. Hundert wirkliche Taler, sagt er, enthalten im Gedanken nicht das mindeste mehr als hundert mögliche. Da die gedachten Taler seinem Vermögensstande nicht aufgeholfen haben, muß das Argument Anselms falsch sein, schloß er.[15] Zur Strafe sprach er vom ontologischen Argument, da das Wort *Ontologie* in seiner transzendentalen Philosophie einen schlechten Klang hatte.

Interesse der Objektivität. Indem Insel und Taler so unmittelbar an die Stelle Gottes treten, zeigen sie den praktischen Wert des Beweises. Immobiler und liquider Besitz sind Funktionen des Ich, die meinen Interessen dienen. Mit Besitz kann ich mein Ich auf einige Zeit im Sein erhalten.

Der erste Eindruck der Objektivität scheint allerdings ein anderer zu sein. Der besagt einfach: Ein Beweis stellt die Wahrheit als sichere Gültigkeit dar. So und so ist es, dem kann weder so noch so eine Meinung etwas anhaben. Und ist Objektivität nicht das Absehen vom Interesse? Aber der Schein ist nur ein Anschein, der sich bei näherem Hinsehen als falscher Schein erweist. Die von meiner Meinung unabhängige Objektivität ist Voraussetzung für das interessegeleitete Handeln meines Ich. Der zweite Eindruck zeigt die *intentio obliqua*, die Schieflage der Objektivität: An erster Stelle steht die Sicherung des Ich, dem die objektive Sachlichkeit einer bewiesenen Wahrheit als Fundament im technischen und wirtschaftlichen Handeln dienen soll.

Gewißheit war im neuzeitlichen Denken zum Schlüsselbegriff aufgestiegen und sollte den Besitzstand des Subjekts garantieren. Gewiß sein, das sollten nacheinander Gott, die Erkenntnis, die Physik, die Mathematik, die Politik, der Friede. Nicht die unverstellte Wahrnehmung der Wirklichkeit war das Hauptziel der Neuzeit gewesen, wie der wissenschaftliche Anspruch auf den ersten Blick gern vermuten läßt, sondern der mögliche Nutzen des Wissens, um es für das Ich in Besitz zu nehmen. Kant, der Philosoph, der sich durch die gedachten hundert Taler nicht reicher vorkam als ohne sie, war einer der vielen Philosophen der Gewißheit und wollte säuberlich das sichere vom unsicheren Wissen trennen. Dabei hatten ihm Galilei, Descartes, Spinoza, Leibniz und andere Vorarbeit geleistet. Er wollte mit seiner Kritik der Vernunft die ehrwürdige, aber wankende Metaphysik auf den sicheren Gang einer Wissenschaft bringen.[16] Aus Not sollte sie sich wie die Naturwissenschaft auf ein begrenztes Gebiet beschränken. Die Erkenntnis der wenigen Wahrheiten, die der Mensch begriffen hat, sollte nach Meinung dieser führenden Geister der Neuzeit der objektiven Gewißheit der göttlichen Erkenntnis gleich kommen. Wer die Notwendigkeit einer Sache eingesehen hat, der kann keine höhere Stufe der Gewißheit erlangen. Dafür war in der Neuzeit das Geschäft der Naturwissenschaft das große Vorbild gewesen.

Die Philosophen der bloßen Sicherheit wollten neben der Sicherheit keinen anderen Wert gelten lassen. Nur war Kant etwas umsichtiger als sie und kehrte den Gedanken noch einmal um: Gerade im unsicheren Wissen könnte die lebensentscheidende Wirklichkeit zu finden sein, dachte er. Wenn auch nur die transzendentale Kritik die Sicherheit der Erkenntnis verbürgen kann, gibt es doch vielleicht eine dunkle Wirklichkeit, Ding an sich genannt, die ebenso wirksam ihre Gegenwart in der Welt zeigt wie die gesicherte Erkenntnis. Gerade die Anforderungen an die Gewißheit und die Beschränkung in der Erkenntnis lassen die Frage dringlich werden, ob eine solche Möglichkeit besteht.

Land der Wahrheit. Kant wußte von dem Inselcharakter des Landes, das er auf sicheren Wegen bis zur Gewißheit erforschen wollte. Es ist durch seine eigene Natur fest in unveränderliche Grenzen eingeschlossen. Er benannte es mit einem reizenden Namen: Das Land der Wahrheit! Es ist umgeben von einem weiten, stürmischen Ozean, dem eigentlichen Sitz des Scheins, wo manche Nebelbank und manches bald wegschmelzende Eis neue Länder vorgaukeln. Aber wenigstens dieses uns zugewiesene Inselland wollte er mit der transzendentalen Philosophie gegen die Stürme der See befestigen.

Das ist bei dem Königsberger Philosophen edel gemeint, weil er mehr gesehen hat als seine Schüler, die alle Gebiete des Lebens mit einem System des transzendentalen Idealismus in Besitz nehmen wollten. Einige davon wähnen sich als Spätidealisten noch heute im Besitz der kritischen Vernunft. In dem Augenblick, wo die Grenze zwischen Sicherheit und Wirklichkeit übersehen wird, kippt die Kritik und wird zur Ideologie, weil sie mit dem einmal gewählten Maßstab der Sicherheit alles Land, das heißt alle Wirklichkeit ausmessen will. Die angemaßte Sicherheit macht die idealistischen Philosophien von Fichte, Hegel, Schelling so verführerisch, so rauschhaft, so totalitär und so ersatzreligiös. Darum schlägt der Idealismus schnell in einen Materialismus um, weil er mit ihm auf dem gleichen Holz gewachsen ist, das da heißt: Sicherung des Subjekts und Sicherung des Objekts. Wer von Hegel auf Kant schaut, den überkommt das Gefühl, ein treues und beschränktes Männlein in seiner Höhle zu erblicken, das neue Taler schmiedet, ganz handwerklich, Stück für Stück, nicht industriell und als Massenware. Das Ich sollte bei Kant nicht mehr betrogen sein durch Metaphysik und Theologie, es sollte aber auch sich selbst nicht betrügen. Daher wählte Kant die kritische Vernunft zum Maßstab, an dem jeder metaphysische und religiöse Wahrheitsanspruch gemessen wurde, wie Zeitgenossen meinten. Sie priesen Kant als Alleszermalmer. Das war er, wie seine praktische Philosophie zeigt, keineswegs. Gerade umgekehrt setzte er dem naturwissenschaftlichen Anspruch eine Grenze. Kant kennt Forderungen an den Menschen, die dieser nicht abweisen kann, weil sie aus einer Wirklichkeit kommen, die nicht delegiert werden kann, nicht an ein wissenschaftliches Wissen, nicht an einen politischen Stellvertreter. Kant erkennt die Wirklichkeit, die größer ist als die kritisch sichernde Vernunft. Mit der praktischen Frage: *Was soll ich tun?* hob er das Wissen auf, um Platz für den Glauben zu schaffen.[17]

Diese Begrenzung gibt es bei Hegel nicht. Bei ihm ist der alte theologische Zugriff auf das göttliche Ganze wieder da, allerdings ohne die Vorsicht der Theologie. Diese weiß, daß zwischen dem Schöpfer und dem Geschöpf keine Ähnlichkeit festgestellt werden kann, ohne daß zwischen ihnen nicht eine noch größere Unähnlichkeit festzustellen wäre. Was bei der Theologie der Glaube ist, das ist bei Hegel das Wissen, was bei ihr die Offenbarung ist, ist bei ihm die Wissenschaft. Ihn könnte man viel eher als Kant einen Alleszermalmer nennen. Ein Student hielt ihm entgegen: ›Aber Herr Professor, in Südamerika gibt es eine Pflanze, die paßt nicht zu Ihrer Definition von Pflanzen.‹ Er erwiderte: ›Um so schlimmer für die Pflanze!‹ Um so schlimmer war in der Tat die Wirkung, die von seinem mit Gewißheit vorgetragenen System ausging, weil es die behauptete Gewißheit nicht besaß. Nach ihm sollte auch die Geschichte und nach seinem Usurpator Marx auch die Politik den sicheren Weg der Wissenschaft einschlagen. Was man durch vorsichtiges Denken am Anfang des 19. Jahrhunderts hätte feststellen können, was auch einige festgestellt haben, das wurde durch die praktischen Versuche der wissenschaftlichen Menschenlenkung am Ende des 20. Jahrhunderts zur Gewißheit: Es kann keine Gewißheit geben, die der Mensch theoretisch vor Augen und praktisch in der Hand hätte. Ohne Ethik wird das beste Wissen zur Katastrophe. Weder kann der Mensch seiner Verantwortung für die Wahrheit dadurch entfliehen, daß er sie leugnet, noch kann er sie loswerden, indem er sie mit seiner partikularen Vernunft gleichsetzt. Im Kern der neuzeitlichen Aufklärung steckte der Gewißheitswunsch der Naturwissenschaften. Aber weil die aufklärende Vernunft nicht kritisch genug auf sich selbst geschaut hat, kann sie nicht der Maßstab aller Wirklichkeit sein. Sie hat die theologische Wahrheit nicht abgelöst, deshalb wandelt sich die Moderne zur Postmoderne und leugnet jetzt lieber die Existenz der Wahrheit, als sich vor ihr zu verantworten. Weder die physikalische noch die biologische Natur sind geräumig genug, um alle Wirklichkeit zu umfassen. Die Wirklichkeit, die sich in der Natur bemerkbar macht, ist größer als von den Wissenschaften erfaßt werden kann.

Die Grenze der Gewißheit. Noch einmal gesagt: Kant ist für den Mißbrauch, den Hegel und andere Idealisten mit der Vernunftsicherung der Wirklichkeit betrieben haben, nicht verantwortlich. Allerdings hat er die Mittel und das Verlangen nach absoluter, vom Menschen garantierter Gewißheit wirkmächtig gefördert. Ist ein Mensch nicht für das verantwortlich, was er bewirkt, aber nicht gewollt hat? Die Grenze der Gewißheit, die nicht die Grenze der Wirklichkeit ist, konnte Kant nicht mit der gleichen Deutlichkeit aufzeigen wie die transzendentale Bedingtheit allen Wissens. Dazu hätte er die Gewißheit Gottes gebraucht, die nicht in der Hand eines Menschen liegt. **Die Grenze der Gewißheit ist die Endlichkeit, sie ist nicht die Grenze der Wirklichkeit.** Den Weg dorthin wußte Kant nicht mehr zu gehen. Seine praktische Philosophie macht zwar einige Schritte in diese Richtung, aber gegen das überstarke theoretische Licht in der Kritik der reinen Vernunft wirkt das Licht seiner praktischen Philosophie blaß.

Anstatt die bewegliche, aber immer vorhandene Begrenzung des Endlichen zu studieren, fühlten sich nach ihm viele Philosophen und

Wissenschaftler im 19. und 20. Jahrhundert vom Verlangen getrieben, jede Grenze, ja die Grenzenhaftigkeit selbst der Welt niederzulegen. Die Wissenschaft wollte die alte Schiffahrt wieder aufnehmen und die Unendlichkeit befahren, wie einst die Argonauten getan hatten, als sie zur Suche nach dem Goldenen Vlies aufgebrochen waren. Sie gaben es als Programm der Zukunft aus, weil sie das Scheitern in der Vergangenheit vergessen machen wollten. Wir können nicht alles wissen? Wir können nicht alles machen? Wer will uns daran hindern! Wir setzen neue Mittel ein, und jede Ferne beugt sich unserem Griff.

Mit diesen Beispielen vor Augen fällt es mir nicht mehr schwer, die Interessenbindung der Objektivität nachzuweisen. Die Bindung gab es unerkannt in der klassischen Metaphysik, und es gab sie in der klassischen Physik. Beide gerieten in einen scharfen Bruderkonflikt, in dem sich die später aufgetretene mechanische Physik der früheren Metaphysik im Punkt der Sicherheit überlegen dünkte. Die Metaphysiker, so meinten die Physiker der Neuzeit, stellten unsichere Behauptungen über eine weit entfernte Übernatur auf; die Physiker aber stellen beweisbare Behauptungen über eine allseits anwesende Natur auf.

Das ist zur Hälfte wahr, und zur anderen Hälfte nicht gelogen, wenn auch falsch. Aus subjektiver Überzeugung hatten viele Anhänger der Naturwissenschaft erhofft, es möge sich so verhalten, wie ihre Meinung es ausdrückt. **Die von der Metaphysik versprochene Einsicht in das Wesen aller Dinge sollte in der Physik verwirklicht werden als Einsicht in die Bewegung aller Dinge.** Eine Erfahrung konnte die Ablösung der Metaphysik durch die Physik niemals sein, aber sie war lange Zeit eine vernünftig begründete Hoffnung. Die Quantentheorie hat hier eine völlige Umwälzung bewirkt. Zwischen der Physik und der Metaphysik, so macht sie deutlich, hat ein Bruderkonflikt um eine Erbschaft getobt. Allerdings nicht über die wissenschaftliche Sicherheit, – das zu meinen war die Blindheit auf beiden Seiten –, sondern über das Interesse des Ich, das sich in der Objektivitäts- und Sicherheitsforderung verbarg. Weil die Physik der Neuzeit die versprochene Sicherheit nie besessen und im 20. Jahrhundert auch als Hoffnung verloren hat, deshalb ist das Konfliktfeld von Metaphysik und Physik noch einmal von vorne aufzurollen.

Es gibt einen Unterschied zwischen Metaphysik und Physik. Dieser liegt nicht in der erkenntnistheoretischen Sicherheit des Wissens, sondern in seiner Verwendbarkeit. Der Wissenschaft folgt eine Technik nach, welche die Welt verändert, der Metaphysik ein Lebensstil, der die Welt als Gegenstand unverändert läßt. Die Wissenschaft will die Welt als Objekt einrichten, um sie technisch handhabbar zu machen, die Metaphysik bringt es nur zum Staunen angesichts des unverfügbar Unveränderlichen. Das auch unterscheidet ihre Wirksamkeit im Interesse des Ich. Der Metaphysiker denkt sich in die allgemeinsten Regionen des Seins hinein und bringt dort sein Ich auf verschiedene Weise unter, mit dieser oder jener Hoffnung zum Weiterleben. Der Naturwissenschaftler kann Rezepte zum Handeln in der endlichen Welt anbieten, die dem Ich eine Fristverlängerung in der Zeit gewähren. Für das Ich insgesamt bringt dieser Fortschritt natürlich nichts ein oder nur das, was auch schon die alte Metaphysik gebracht hat, eine Resignation oder einen Unterschlupf im allgemeinen Sein. Das hat deutlich Einstein gesehen, der das Ich bis in die letzten Wochen seines Lebens eine Illusion genannt und dafür einen unpersönlichen Platz im ewigen Einssein der stehenden Zeit gesucht hat. **Nur um diesen kleinen Punkt ist die neue Physik besser gewesen als die alte Metaphysik, als sie dem Ich etwas mehr Aufschub in der Zeit gebracht hat.** Dafür hat sie alle weitere Hoffnung fahren lassen. Ein klassischer Teufelspakt! Praktische Wirkung der Naturwissenschaften und der Technik: Fristverlängerung in der Zeit! Theoretische Wirkung: Objektivierung der Wirklichkeit zum Gegenstand! Ob das gelohnt hat oder noch lohnt? Ja und nein! Aber so ist der Mensch, er hängt am Leben, und solange er die Vorstellung des Ich hat, will er das ewige Leben. Das heißt, zunächst einmal will er ein verlängertes Leben.

Die Weltmacht des Ich. Das Ich ist sich selbst die realste aller Wahrnehmungen, es ist die größte aller Weltmächte, denn ihm kann und soll, ja muß alle Welt dienen. Von außen gesehen zeigt sich diese Macht allerdings nur indirekt, in den Plänen, mit denen das Ich seine Welt überzieht. Das Ich, das sich selbst bemerkt, ist noch nicht das wirkliche Ich, das seine Handlungen in die Welt setzt. Das empirische und das wirkliche, zentrale Ich stehen eher in der Beziehung von Wirkung und Ursache, wobei nur die Wirkung, nicht aber die Ursache in Augenschein genommen werden kann. Das empirische Ich zeigt sich zumeist auch nur kollektiv als Macht der Menschheit, die sich Erde und Weltall und alle Natur unterwerfen will, um diesem unfaßbaren, winzigen Dirigenten, der sich Ich nennt, zu Diensten zu sein. Direkt erfahrbar ist das zentrale Ich von außen nicht. Mein Ich gibt es nur für mich, für andere bin ich ersetzbar, und selbst für mich bin ich in allen aussagbaren Eigenschaften auswechselbar. *Individuum est ineffabile,* raunt es durch die Zeitläufte. Wenn ich die Einmaligkeit des anderen Ich anerkenne, so geschieht das durch einen Akt des Glaubens, nicht der Erfahrung. Die Selbstwahrnehmung meines Ich bringe ich als Gabe nach außen, weil auch ich mein Ich als Gabe empfangen habe. Allerdings, ohne Glaube wird meine Erfahrung zerstört, einmalig zu sein. Ohne Glaube zeigt sich nichts Einmaliges, sondern nur der störende Zufall. Ohne Glaube werde ich von der Welt als austauschbar behandelt, gegen meine innere Selbsterfahrung. Das Ergebnis schlägt sich nieder in der Anthropologie der Neuzeit, im Kampf aller gegen alle, im *bellum omnium contra omnes.* Der Krieg zeigt das wirkliche Ich in der säkularen Welt, die an die Einmaligkeit der Person nicht glauben will!

Zwar erfahre ich mein Ich als einmalig, aber die Einmaligkeit der Welt und der Menschen in der Welt erfahre ich nicht. Ich kann sie an gewissen Störungen einer vernunftgeleiteten Notwendigkeit vermuten, aber es bedarf einer Entscheidung, sie anzuerkennen. Die Entscheidung ist der Glaube an eine Wirklichkeit, die durch meine Entscheidung gegenwärtig wird. Wenn ich nur auf die Wissenschaft und ihre Logik setze, werde ich mein Ich auf Dauer als Illusion leugnen, wie es der folgerichtige und tragische Albert Einstein getan hat. Dem widerspricht allerdings ein Dreifaches. **Erstens** die Selbsterfahrung der Einmaligkeit in meinem Ich. **Zweitens** die Wissenschaft selbst, die seit der Quantentheorie keine durchgehende, determinierende Vernunft mehr garantieren kann und nur fälschlicherweise bisher glaubte, sie garantieren zu können. Und **drittens** widerspricht es dem Verlangen des Lebens selbst, das mit Allgewalt die vergebliche und immer weiter verstärkte Verlängerung des Lebens betreibt. Was bitte, ist jetzt die Illusion, was ist die Wirklichkeit?

Die Entscheidung wird mir nicht abgenommen, ich kann sie niemandem übertragen, nur der Rausch kann sie mir vertreiben. Was werde ich an die erste Stelle der Wirklichkeit setzen? Die Einmaligkeit des begrenzten, endlichen Ich, das sich als vorgegeben findet, aber damit nicht abfinden will, oder die objektive Welt, die das Ich auf seine Empirie reduziert, damit es sich in ihr hantierend bewegen kann? Beide Möglichkeiten sind illusionär, wie auch die Alternative, zwischen ihnen wählen zu müssen.[18]

Theologie und Glaube. Erst Theologie und Glaube kehren das säkulare Verhältnis von Illusion und Wirklichkeit um. Das taten sie auch früher schon, wie der Blick in vergangene Zeiten lehrt. Die klassische Theologie lief nicht parallel zur klassischen Metaphysik, sondern widersprach ihr in wesentlichen Punkten. Nur aus der Ferne und weil beide mit so ähnlichen Worten reden, erscheinen sie als parallel. Aus der Ferne übersieht man leicht den Abstand zwischen Metaphysik und Theologie, der in den kleinen Wörtlein *nicht* oder *un*– sichtbar wird.

Ich erläutere das am Aristotelismus, der das bekannteste Beispiel eines metaphysischen Systems darstellt. Als dieses Weltsystem im 13. Jahrhundert modern wurde und ins abendländische Denken strömte, haben die Theologen an Methode und Inhalt viel von Aristoteles übernommen, gerade seine Spitzenaussagen aber nicht. Der damalige Aristotelismus und wohl auch der historische Aristoteles lehrten die Ewigkeit der Welt, die Existenz einer einzigen Vernunftseele und die Unausweichlichkeit des künftigen Schicksals. Bekanntlich war Aristoteles sogar stolz darauf, als erster die Ewigkeit der Welt vorgetragen zu haben. Der Stagirite liefert also eines der bekanntesten Modelle der Metaphysik. Und das Ergebnis? Es ist das gleiche wie bei Einstein, dem Physiker: Das Ich verschwindet, es ist nach Aristoteles wie nach Einstein eine Illusion in der Zeit.

Deshalb hat die klassische Scholastik auch an entscheidender Stelle das Wörtchen *nicht* gesprochen. Sie hat viel in Parallele, aber zuerst und zuletzt kräftig im Widerspruch an Aristoteles angeknüpft. Der Sinn der theologischen Korrektur ist die Rettung des Menschen. Denn wenn die Welt ewig ist, kann der Mensch in ihr nur ein Zufallsprodukt oder vielleicht nur ein Betriebsunfall sein. Wenn es nur eine einzige Seele gibt, kann dieser Erdenbürger zwar rechnen und planen, er kann sprechen und sich informieren, diese Geistigkeit hat er, aber die Einmaligkeit ist ihm abgesprochen. Seine Seele wäre nur der Anwendungsfall einer allgemeinen Vernünftigkeit im Weltgeschehen. Und drittens, bei der Schicksalsnotwendigkeit wäre es ebenso. Wenn die Gedanken, Worte und Werke keinen Einfluß auf sein Schicksal hätten, dann wäre seine Freiheit und Verantwortung, dann wäre der Mensch als Person verloren.

Die Ähnlichkeit von Physik und Metaphysik ist beeindruckend. Auf verschiedene Weise wollten beide das Ich sichern, konnten es aber nur um den Preis seiner Leugnung in der Theorie tun, damit es praktisch ein wenig länger bestehen kann.

Proslogion Nr. 15. Und Anselm, der das zweite Jahrtausend mit einer Gottessicherung eröffnet hatte? Er betritt das 2. Jahrtausend als erster Denker und stellt seinen Gottesbeweis als Ausdruck eines neuen Sicherheitsverlangens an die Spitze. Aber Anselm ist nur zur Hälfte Philosoph und Metaphysiker. Vor allem ist er Theologe und Mönch, der die Grenze des Endlichen mit Achtung angesehen hat. Als Philosoph benutzt er die Vernunft ohne Angst vor der Berührung mit ihr, er will sogar, wie er sagt, *sola ratione* vorgehen, allein mit der Vernunft. Er entwirft mit diesem Programm einen Gottesbeweis, der viel Ähnlichkeit mit der späteren Idee einer physikalischen Weltformel hat. Gott ist nach Anselm das größte, das gedacht und im Geist des Menschen abgebildet werden kann, wie auch die Weltformel das ganze Geschehen der Welt als mathematisches Abbild in sich enthalten und dem Geist des Menschen zur Verfügung stellen sollte.

Das wäre die naive Vorstellung hier: Gott oder die Welt oder die Natur oder was ich sonst für das Ganze halte, vollkommen abzubilden. Das ist auch der natürliche Traum des endlichen Menschen, vom Kinde angefangen bis zum Greis, vom simplen Sammeln bis zum systematischen Nachdenken. Nur ist die Abbildung bis heute nicht gelungen, weil die naive Vorstellung sich selbst nicht in den Blick bekommt. Wer bei einer Allformel nicht die Grenze ihrer Anwendbarkeit angibt, der hat die Reichweite des Begriffs mißverstanden, der hat ohne Bedenken die Reichweite seines Denkens mit der Reichweite der Wirklichkeit verwechselt. Und wenn er halb die Differenz doch bemerkt hat und halb nicht bemerken wollte, dann fängt er an zu betrügen, zu schimpfen, zu klagen oder zu polemisieren. In der Schrift *Proslogion,* in der Anselm seinen berühmten Gottesbeweis führt und in der er Gott dasjenige Sein nennt, über das hinaus Größeres nicht gedacht werden kann, schränkt er diesen Gedanken wieder ein oder dreht ihn geradezu um. Das ist wenig bekannt, vor allem bei seinen alten und neuen Kritikern. Aber auch seine Freunde leisten ihm keinen guten Dienst, wenn sie diese Differenz zwischen Begriff und Wirklichkeit übersehen. Die Wahrheit geht nicht in der Repräsentation des Gedachten im Denken auf. Anselm nennt Gott am Ende seiner Schrift den, *der größer ist als alles, was gedacht werden kann.* Diese Grenze der Vernunft beweist er noch einmal rein aus der Vernunft, *sola ratione,* wie er es sich vorgenommen hatte. Wenn Gott nicht größer wäre als meine Vernunft, sagt er, dann ließe sich Größeres denken, als was ich denken kann. Da Gott aber seinem Namen nach das Größte von allem sein soll, besitzt er alle positiven Eigenschaften von Größe, unter anderem die Eigenschaft der Existenz und die Eigenschaft, meine Denkmöglichkeiten zu übertreffen. Damit ist Gott das Größte in meinem Denken und zugleich größer als alles, was ich denken kann.

Wir brauchen nicht auf alle Einzelheiten einzugehen, weil das wahrnehmende Denken hier über das sichernde hinaus gegangen ist. Aber ist das nicht die Mindestanforderung an kritisches Denken, in jedem Augenblick seine Grenze zu kennen und sie nicht titanisch zu leugnen? In dieser Höhenlage erst wird das Denken zu freiem Atem kommen und wieder genesen. Philosophie geheilt durch Theologie! Indem Anselm einen Unterschied zwischen sich und dem anerkennt, was über sein Begreifen hinausliegt, erkennt er den Gottesunterschied an. Jetzt braucht er nicht mehr titanisch zu sein, was übrigens auch unmöglich ist, da es niemandem im 2. Jahrtausend gelungen ist, sein Leben zu erhalten und aus eigener Kraft unsterblich zu werden. Nur wenn die Welt oder das Ganze des Lebens lückenlos abbildbar wären, hätte der Mensch die Fäden seines Lebens in der Hand. Erst dann könnte er sich selbst erschaffen und grenzenlos am Leben erhalten.

Gesundung der Naturwissenschaft. Was heißt das für die Physik des 20. Jahrhunderts und für die von ihr erträumte Weltformel? Nachdem die Biologie am Anfang das 21. Jahrhunderts vor gewaltig gewachsenen praktischen Möglichkeiten steht, ist ihr theoretisch durch die Physik der Boden entzogen worden, wenn es ihr darum gehen sollte, den Menschen nach eigenen Plänen zu schaffen. Es geht dem Ich in Wissenschaft und Technik um seine Selbsterhaltung, aber bei der Züchtung kommt ein Ich heraus, das in seiner Einmaligkeit gerade nicht planbar war und selbst wieder vor dem nicht einlösbaren Wunsch steht, unbegrenzt weiter leben zu wollen. Die Unmöglichkeit, das einmalige Ich zu berechnen und zu planen, entzieht der Züchtung des Menschen das Ziel. Die Einmaligkeit seines Ich kann der Mensch nicht in den Griff bekommen.

Die Physik kommt erst dann auf das Niveau, das ihr zusteht, wenn sie ihr Schicksal in der Metaphysik wiedererkennt. Das gilt auch für die anderen Wissenschaften wie die Mathematik, die Biologie, die Psychologie. Die Krise der Metaphysik wurde vormals von der Theologie aufgedeckt. Die antike Metaphysik nannte die Welt insgesamt ewig, nur in dieser selbst sollte Zeit sein, sie selbst aber wäre ohne Zeit. Theologie und Glaube antworteten: Das ist ein Kopfprodukt, die Erfahrung ist anders. Sie läßt sich in dem Satz aussprechen: Die Welt hat einen Anfang, nur Gott ist ewig, er ist die Wirklichkeit vor und nach meinem Begriff. Dieser Glaubenssatz ist reine Erfahrung zusammen mit der Entscheidung, diese Erfahrung für gut zu halten. Der Glaube an eine innerweltliche Ewigkeit, so zeigt die Erfahrung, ist ein haltloser Wunsch. Eine zeitliche Ewigkeit nützt dem Ich nichts, obwohl es seine Hoffnungen immer neu an ein Weiterleben ohne Tod gehängt hat. Die Manipulation des Ewigen in der Welt will nicht gelingen. Physik und Metaphysik scheitern auf die gleiche Weise. Der Glaubende sagt: Es ist nicht schlimm. Das ist die vertrauensvolle Deutung; die nicht-vertrauensvolle ist die Verzweiflung und der Selbstmord. Gott ist ewig, sagt der Glaubende, nicht die Welt ist es, und er gibt damit der allgegenwärtigen Erfahrung einen Namen. Damit kann ich immer noch an das ewige Leben für mein Ich glauben, aber nicht mehr auf säkulare Weise, nicht mehr in der Art einer technischen oder medizinischen oder metaphysischen Manipulation. Der Vernunft kann an dieser Stelle einleuchten: Wenn ich mir mein Ich schon nicht selbst gegeben habe, wieso sollte ich seine Vollendung von mir und von diesem Ich erwarten?

Die Metaphysik ist mit ihrem Wunsch von der Ewigkeit der Welt gescheitert. Die Welt hat nicht Substanz genug, um das Jetzt des Augenblicks oder die Einmaligkeit eines Ereignisses zu erhalten. Die Schöpfungslehre konnte die Kontingenz der Ereignisse zulassen und der Metaphysik ihre Endlichkeit zeigen. Und die Physik? Desgleichen! Auch sie ist an der Ewigkeit der Welt gescheitert. Gott würfelt nicht, hatte Einstein im 20. Jahrhundert hartnäckig gegen alle Erfahrung behauptet. Das ist die aristotelische Vorstellung einer ewig rollenden Welt. Aber die Physik des 20. Jahrhunderts hat Einstein widerlegt: Gott würfelt doch. Das heißt, es treten in der Natur reale und natürliche Ereignisse auf, die nicht vorhergesagt werden können. Das sind Bewegungen, die nicht in der Zeit zu tilgen sind. Damit steht die Ewigkeit der Welt wieder in Frage, aus physikalischen Gründen. Daraus müßte der nachdenkliche Mensch den Schluß ziehen: *Nicht alle Wirklichkeit ist Natur.* Natur ist das, was sich gemäß den Gesetzen der Naturwissenschaften bewegt, die Wirklichkeit ist das, was sich überhaupt bewegt oder Bewegungen erzeugt.[19] Und jetzt kommt die Entscheidung: Sehe ich diese Wirklichkeit, die sich da meinem Zugriff nicht beugen will, als grotesk oder als vertrauenswürdig an? Das ist die Entscheidung, auf die alle geistige Mühe des Lebens hinzielt, die Entscheidung zwischen Unglaube und Glaube.

Damit beenden wir das 1. Kapitel oder die Geschichte der *Wahrheit ohne Interesse.* Die beiden Großversuche Metaphysik und Physik wollten eine Wahrheit finden, die ohne jedes Interesse auftritt, das reine Sein oder die reine Natur genannt. Der Versuch, die Reinheit aus der Zeit zu extrahieren, war nicht erfolgreich. Aber auch das versteckte Interesse ließ sich nicht verwirklichen, nämlich dem wissenden Ich seine Selbsterhaltung zu garantieren. Mit dem 20. Jahrhundert ist diese Phase in der Geschichte der Wahrheit abgeschlossen. Die beiden Großerzählungen Metaphysik und Physik und alle vormals für exakt gehaltenen Wissenschaften sind an ihre Grenze gekommen, ohne die Wirklichkeit erschöpft zu haben. Die Wahrheit ohne Interesse zeigt sich durchsetzt von Interesse und unauflöslich damit verbunden.

Möglicherweise wird jetzt ein neuer Anlauf genommen, eine Epoche zu begründen, in der Interesse ohne Wahrheit gelebt werden soll. Nicht das Gelingen ist zu befürchten, denn gegen die ewige Wahrheit des Unendlichen zu leben, gelingt nur zeitweise, also letztlich gar nicht. Zu befürchten ist die Katastrophe aus dem Scheitern dieses Versuchs. Das nächste Kapitel setzt sich auf dieses Ziel hin in Bewegung. Das *Interesse ohne Wahrheit* macht Gebrauch von der Wahrheit, ohne sie sehen zu wollen.

2. Interesse ohne Wahrheit

2.1 Im Römischen Reich Deutscher Nation

These 2.1: Das Römische Reich Deutscher Nation bestimmte für ein Jahrtausend die Geschichte Europas. Es war der Versuch, einen Bund zwischen Wahrheit und Interesse zu schließen. Der Bund wollte das Interesse der Natur mit der Wahrheit des Geistes zähmen, unterwarf aber in der Ökonomie der Neuzeit die Wahrheit dem Interesse.

Pars et altera audiatur! Wie das letzte Kapitel endete, so beginnt dieses: Die andere Seite soll gehört werden. Wir machen hier einen Anfang mit dem Versuch, die Epoche nach der Neuzeit nicht in der Rebellion untergehen zu lassen. Das Denken dient der Befreiung aus dem Protest gegen die Utopie der Wahrheit.

Nicht nur leichtfertig waren die Gründe, mit denen die Neuzeit den Aufstand gegen die Wahrheit geprobt hatte. Wahrheit ist das, was wir selbst machen, hatte Francis Bacon zu Anfang groß verkündet, *verum quia factum*. Das Interesse findet in der reinen Wahrheit tatsächlich keinen Platz, obwohl auch das Interesse seine Wahrheit hat und das endliche Leben nährt. Was aber ist die Wahrheit des Interesses? Lange Zeit wollte die abendländische Metaphysik, aber auch später die Physik, zu endgültiger Vollkommenheit aufsteigen und die Wahrheit des Seins ganz rein erfassen. Für das Interesse ist in der objektiven Wahrheit von Metaphysik oder Physik kein Platz vorgesehen, das Ich kann darin nur als Illusion erscheinen. Aristoteles und Einstein leugneten ohne großes Bedauern das persönliche Ich; der eine bemerkte es nicht, der andere löste es einfach auf. Beide hatten es verpönt, das Merkmal wahrzunehmen, mit dem das endliche Leben als Ich existiert. Vielleicht waren die beiden Arten der Physik von der Leidenschaft für die reine Wahrheit getrieben, vielleicht aber betrieben die Grundlagenphilosophien versteckte Vorteilnahme für das eigene Ich. Metaphysik und Physik sind Extreme, aber sie berühren sich im Verlangen nach objektivem Wissen und bekämpfen sich in einem klassischen Bruderkonflikt. Beide Seiten konnten oder wollten das Interesse nicht sehen, das in der Rede von der objektiven Wahrheit verborgen liegt. Wer einen Teil der Wahrheit nicht sehen will, stellt sich diesen Teil nach altem Gesetz in der Gestalt eines Gegners vor Augen. In den Augen der Metaphysik betrieb die Physik ein oberflächliches Geschäft der Seinsvergessenheit, da die Physik die geschichtliche Herkunft der Welt nicht sehen wollte. Für die Physik der Neuzeit war die Metaphysik alter und neuer Zeit ein leeres Gerede. Die Philosophen galten den Physikern als Fachleute fürs Unklare. Die Metaphysik sieht von den Bewegungen in Raum und Zeit ab, kann die Zukunft nicht voraussagen und ist deshalb für experimentelle Prüfungen und technische Anwendungen untauglich.

Aber geht es umgekehrt? Gibt es ein Leben ohne Wahrheit? Kann das Interesse allein das Leben aufrecht erhalten? Das erscheint noch unmöglicher. Mir kommt der Sturmlauf gegen das Wort **Wahrheit** wie das narzistische Aufbegehren eines begabten Kindes gegen seine Eltern vor, die es zum verantwortlichen Leben erzogen haben, und das nun merkt, daß auch sie mit Interessen leben und gelegentlich gegen die Grundsätze ihrer Moral verstoßen. Die Empörung des Kindes ist die Lust, sich selbst mit dem Bade auszuschütten. Wenn schon keine reine Wahrheit, dann überhaupt keine Wahrheit, dann nur noch das dumpfe Walten der Interessen! Warum dann nicht lieber gleich die Lüge! Die Reife beginnt erst, wenn die Wahrheit dem Interesse nicht mehr entgegen gesetzt, sondern nach einem Ausgleich zwischen ihnen gesucht wird, wenn es sein muß, ohne Bedauern, auch lebenslänglich.

Einmalige Dekonstruktionen. Im Aufstand läßt sich das Alte und Fromme, die Legende der Wahrheit leicht belächeln und parodieren. Das Kabarett lebt von den Belachten, nicht von den Lachern. Die Wahrheit sondert im zynischen Gebrauch noch immer einige Lebenskraft ab, zunehmend weniger allerdings, und wenn der Parasit seinen Wirt ausgesaugt hat, geht er mit ihm zugrunde. **Die Neuzeit war der Verbrauch der Wahrheit ohne Auffüllung ihres Vorrates.** Das Ende der Neuzeit geht einher mit dem Ende dieses Vorrates. Die Säkularisierung lebte von Voraussetzungen, die sie selbst nicht garantieren konnte. Sie nährte sich von einem Gottesreich auf Erden, das sie vom Gottesreich im Himmel abzulösen versucht hat, ohne zu bemerken, daß mit der Ablösung des Kapitals die Zinsen zu fließen aufhören. Die Aufklärung zum Selbstbesitz gehört zu den schwindelerregenden Großtaten des Menschengeschlechtes, sie wurde vorbereitet und vollendet von der abendländischen Neuzeit, aber sie hatte eine Dialektik im Gefolge, die kein Ende nehmen will. Die Weltbevölkerung explodiert, aber der Teil, der durch die Aufklärung geprägt ist, implodiert.[1] Warum erlahmt die Lebenskraft im Erfolg? Auch die Dekonstruktionen der großen Erzählungen gibt es wie im Kabarett nur sekundär und zum einmaligen Gebrauch. Solche einfachen Erkenntnisse sind bekannt, ich setze sie hier voraus.[2]

Dennoch will ich eine Rede auch für das Interesse und die Schattenseite des Lichtes halten, für die Legitimität des Aufstandes gegen die Wahrheit und die Kraft der Empörung. Das Leben geht weiter und verlangt nach Nahrung, entweder von der Seite der Wahrheit oder der Gegenseite. So wenig sich auf das Interesse allein ein Reich Gottes gründen läßt, so wenig läßt es sich auf die Wahrheit allein ohne Interesse bauen. Während die eine Seite das Brot herbeischaffte und einen ansehnlichen Teil in asketischer Mahnung dem Verzehr wieder entziehen wollte, empfahl die andere die irdische Lust in tiefer, tiefer Ewigkeit. Zucht bringt Reichtum, Reichtum zerstört Zucht. **Wie die Leugnung der Wahrheit das Leben ins Schlingern bringt, so auch die Leugnung des Interesses, da diese wieder zur Leugnung der Wahrheit führt**. Der religiöse Kern des Christentums, die Lehre von Sünde und Gnade, lebt von der Wahrheit, die unter dem harten Beschuß des Interesses steht. Ein wesentliches Wissen verschwindet nicht, wie auch das Rad oder die Schrift nach ihrer Erfindung nicht vergessen wurden. Zur Erhellung dieser Einsicht ist die Betrachtung des Versuches wertvoll, das Vergessen dennoch in Gang zu setzen. Wie wird eine Welt *contra possibilitatem* aussehen, eine Welt ohne Gestalt der Wahrheit, eine Welt, die auf das Interesse und das individuelle Glück gebaut sein soll? Sie wird so aussehen wie das 20. Jahrhundert! An diesem Abbauprodukt der Neuzeit suchen wir das Gesicht und die Züge des reinen Interesses zu studieren, um in den Stand gesetzt zu werden, ihm seinen Platz in der Wahrheit einzuräumen. Wir nehmen einen weiten Anlauf und gehen zehn Jahrhunderte zurück, vom Höhepunkt eines Reiches der gewollten, aber nicht realisierten Wahrheit bis zum Höhepunkt eines Reiches der Interessen, dem jede Utopie der Wahrheit ein Graus ist. Die tausend Jahre sind nicht die einzig mögliche Wahl, aber stellvertretend und im Fragment zeigen sie den unabgeschlossenen Sieg des

Interesses an, der die Mittel der Ökonomie zum Kampf gegen die Wahrheit einzusetzen versucht hat.

Deutsches Kaiserreich. Zu Beginn steht in Europa das Kaiserreich der Franken und Ottonen, das Heilige Römische Reich Deutscher Nation.[3] Es wurde vor reichlich 1200 Jahren begründet und noch einige Male neu begründet, bis es halbwegs sichtbar war. Es war in seinen Anfängen der Versuch, zwischen Adel und Christentum eine Balance zu schaffen. Der Adel ist der Träger der weltlichen Interessen; das Christentum ist der Träger einer überweltlichen Wahrheit, die ein umfassendes Reich des Friedens errichten will, halb wissend, daß es in dieser Welt nicht zu erreichen ist, halb wissend aber auch, daß die Suche nach dem Reich des Friedens zu den Lebensbedingungen des Menschen gehört.

Nach der Völkerwanderung liegt die politische Macht in Europa fast ganz in den Händen des germanischen Adels, und dieser ist im wesentlichen Blutsadel. Das Blut verbindet die herrschenden Sippen und gewährt Anrecht auf Herrschaft. In gleicher Weise lebt der niedere Adel. Die zweite Bindung in dieser Welt ist ebenfalls persönlicher Art, es ist die Treue zwischen Führer und Gefolgsmann. Die öffentliche Ordnung stützt sich auf das Lehnssystem. **Der Adel ist heidnisches Erbe.** Das Heidentum kennt nicht die Gleichheit aller Menschen, es kennt keine Erwählung durch den Geist. Das Christentum dagegen lehrt beides gegen allen Augenschein. Die Christen haben diese Sicht des Lebens, die nicht von der Welt ist, in der Welt bekannt gemacht und damit den Brand eines unlöschbaren Durstes erzeugt, die Sehnsucht nach einem Paradies allseitiger Versöhnung. Der Versuch, den Adel zu christianisieren, verleiht dem alten Gegensatz zwischen Natur und Geist eine historische und sichtbare Gestalt. Nie zuvor ist eine Religion so bis in die letzten Winkel der Wirklichkeit gestiegen, um ihre Dunkelheit mit Licht zu erfüllen. Jesus Christus ist in die Welt gekommen, um ein Feuer zu entzünden. Es ist das Feuer des Geistes, das die Natur verzehrt. Er ist nicht gekommen, den Frieden zu bringen, sondern das Schwert.[4] Christentum und Adelswelt sind im Streit wie Endlichkeit und Unendlichkeit, wie Gnade und Natur, wie Wahrheit und Interesse.

Mythos von Sisyphos. Wer die umfassende Versöhnung verwirklichen will, muß ein Paradox bestehen, er muß eine Kugel auf der Spitze eines Kegels im Gleichgewicht halten. Ein Hauch von Bewegung bringt sie aus der Balance. Wer vermag die Kugel auf der Spitze zu balancieren? Die Antike hatte im Mythos von Sisyphos vor der Aufgabe kapituliert. Das Mittelalter versuchte sich von neuem daran und verhüllte sich den Streit von Macht und Gnade, um die beiden wenigstens zum Teil zu versöhnen. Die Neuzeit enthüllte wieder einmal den Gegensatz und ließ die Konsequenzen rollen.

Zunächst allerdings stabilisierte das Christentum das Reich und seinen Adel, der beständig mit sich selbst in Fehde lag. Karl der Große konnte ein europaweites Reich des Friedens errichten, um den Preis allerdings, beständig Krieg führen zu müssen. **Natura destruit naturam, gratia sanat et perficit eam. – Die Natur zerstört die Natur, die Gnade heilt und vollendet sie.** In der Person Karls kann sich der Adel auf einen europaweiten Kaiser einigen, der vom Papst seine Legitimität erhält. Die christliche Liebe schafft ein neues Band außerhalb von Blut und Gefolgschaftstreue. Neben die Großen dieser Welt stellt die Kirche die Großen einer anderen Welt, neben die Helden die Heiligen. Das Reich wäre nicht über Jahrhunderte haltbar gewesen, wenn es nicht eine gemeinsame Wirklichkeit gäbe, die Welt und Himmel verbindet, die das Interesse zu einem Teil der Wahrheit macht.

Die Erwartung eines versöhnten Reiches aller Weltkräfte läßt im Mittelalter immer neu reformierte Orden entstehen, bis hin zu den Bettelorden, die um der Wahrheit eines universalen Friedens willen am Wettlauf der Interessen nicht teilnehmen wollen. Es ist ein neuzeitlicher Selbstschutz, zu meinen, der Kontemplative leiste seinen Mitmenschen keinen Dienst. Seine Leistung ist seine Kontemplation, er stabilisiert durch seine Muße die Aktivität der Welt, er gibt dem Handeln Kraft und Sinn. Ein ethisch und intellektuell so schwankendes Gebilde wie die menschliche Gesellschaft kann die Selbstzerstörung nur aufhalten, wenn einige in ihr leben, welche die Teilnahme an den Interessen der Macht verweigern. Sie ermöglichen den Verlierern der Konkurrenz, die Selbstachtung zu wahren, die Niederlage zu überleben und auf Revanche zu verzichten.

Um aber in der brutalen Natur der verdeckten und offenen Interessen anwesend zu sein, schließt die Kirche viele Kompromisse mit der Welt. Bischöfe nehmen Lehen von den Königen, Adlige gründen Klöster, werden Mönche und Äbte. Indem sie dienen und herrschen, handeln sie wie Adlige, sie unterstehen zugleich einem himmlischen und einem irdischen Herrn. Innen und außen, politisch und seelisch hängt die Kirche von Kräften ab, deren Motive nicht allein aus dem

Glauben stammen. Das Eigenkirchenwesen der fränkischen und ottonischen Zeit ist Ausdruck des Kompromisses mit Betonung auf der weltlichen Seite. Der Grundherr erbaut ein Gotteshaus, und seiner Herrschaft untersteht es in der Folge. Er verfügt nicht nur über das Vermögen der Gemeinde, er besitzt auch die volle Leitung und bestellt den Pfarrer. Mit dem germanischen Eigenkirchenwesen befestigte der Adel seine Herrschaft, die gewollt oder ungewollt immer auch Ungerechtigkeiten erzeugte. Das mußte ihn in Konflikt mit der neuen Religion bringen, die auf ein Reich ohne ungerechte Herrschaft, ja ohne jede weltliche Herrschaft wartet. Christentum und Politik können nur zeitweilige Bündnisse schließen, ihr Streit tritt immer wieder hervor.

Die Reform von Cluny. Im 11. Jahrhundert, in der Klosterreform von Cluny, brach der Bund von Macht und Gnade zum ersten Mal auseinander. Eine Anzahl führender Mönche war nicht länger bereit, den Kompromiß mitzutragen. Das geistliche und das adlige Ideal waren für sie nicht länger zu vereinen. Das ist diesen Mönchen als Erkenntnis aufgegangen, gerade weil ihre führenden Köpfe aus dem Adel stammten und ein rein geistliches und von Interessen unabhängiges Leben führen wollten. Die Gnadenlehre wurde in dem Augenblick politisch, als sie versuchte, sich von aller Politik zu reinigen. Was der Christ an Wert hat, stammt nicht von ihm selbst oder von seinen Vätern, sondern ist die Gabe des einen Vaters im Himmel. Mit diesem Grundsatz der Gnadenlehre ist keine Interessenpolitik mehr vereinbar, obwohl das Leben ohne Interessen nicht auskommt. **Der Christ befindet sich mitten im Angriff gegen die ungerechte Natur oder er verrät Christus.** In seinem persönlichen Leben ist er kompromißlos, soweit seine Sündhaftigkeit es zuläßt. Insofern die Natur sich weiter behauptet, blickt er auf sie in Ergebung und Erwartung eines nahen Gerichtes. Doch Cluny war nur eine Episode. Es unterlag dem harten Gesetz der Welt, von dem es selbst Erlösung suchte: Zucht bringt Reichtum, Reichtum zerstört Zucht.

Aus dem Geist von Cluny geht hundert Jahre später die Gregorianische Kirchenreform hervor. Im Papsttum Gregors VII. bündelt sich von neuem der christliche Geist gegen die unverwandelte Natur. Auf der unteren Ebene werden Nikolaitismus und Simonie, also Priesterehe und Ämterkauf unerträglich, die Bestellung der Bischöfe durch den Kaiser auf der oberen Ebene. Die Kirche will sich in einem neuen Anlauf aus der Natur befreien.

Der Adel war zu tief in der Natur begründet, als daß seine Interessen durch eine Kirchenreform umgeworfen werden konnten. Der Adel blieb bestehen, hatte sich aber im Kaisertum eine Spitze geschaffen, die geistig genug war, um als Gegner im Kampf erkennbar zu sein. Mit dem Kaiser hatte sich der Papst selbst einen bekämpfbaren Gegner geschaffen. Der Investiturstreit zwischen ihnen trifft das Kaisertum ins Mark und versetzt dem Kompromiß zwischen Macht und Gnade den Todesstoß. Auch wenn es noch Jahrhunderte dauern sollte, bis Thron und Altar wirklich getrennt waren, ist von jetzt an eine geistlich gestützte Herrschaft in Europa keine Möglichkeit mehr. Die Säkularisierung als Trennung vom Staat entspringt dem Willen der Kirche zur Freiheit für ihre Revolution der Liebe. Entsprechend beginnt der Auflösungsprozeß des Kaisertums, sichtbar schon im 13. Jahrhundert. Das Papsttum bleibt erhalten, zwar unter Protest, der zunächst nicht die Existenz des Papstes bekämpft, sondern das Ideal eines Friedenspapstes verwirklicht sehen möchte. Das späte Mittelalter ist durchzogen von dem Wunsch nach einem engelhaften Papst, einem *Papa angelicus*, der nicht in die Interessen der Welt verwickelt ist. Erst die Neuzeit bestreitet dem Papst die Existenz überhaupt. Auf dem Höhepunkt der realisierten Neuzeit wird Pius VII. von Napoleon in Ketten gelegt, der sowenig ein Kaiser ist, wie der Papst von einem politischen Herrscher gefangen genommen werden kann. Das Papsttum überlebt, das Kaisertum nicht. Warum? Die Neuzeit konnte an die Existenz einer durch die Wahrheit verwandelten Natur, deren Symbol der Papst ist, nicht glauben, weil ihr die Spaltung von Subjekt und Objekt den Glauben an eine wirkliche Verwandlung unmöglich gemacht hatte. Wer an das Urteil der Neuzeit nicht gebunden war, konnte weiter zum Papst halten, wurde aber äußerlich gesehen zu einer Partei im konfessionellen Streit. Daher in der Neuzeit die wesentliche Defensive der Kirche, der Rückzug der Papstkirche in die Wartestellung. Erst das Ende der Neuzeit läßt den Papst wieder hervortreten. Das Interesse des Kaisertums im Bündnis mit der Kirche war beschränkt, es nahm Gestalt an und verfiel wie alle Endlichkeit. Das Papsttum symbolisiert die Wahrheit ohne Grenzen, deshalb überlebt es die verschiedenen Gestalten, mit denen es Bündnisse eingeht.

Der Reiz zur Lästerung. Die Cluniazensische Reform aus den Herzen einiger Mönche war auf die politische Bühne getreten und hatte von neuem die Zweideutigkeit des Christentums in der Welt enthüllt.

Das konservative Christentum hatte einen Bund mit den Göttern der vorchristlichen Natur geschlossen, so daß die Blutsbande des Adels weiter regieren konnten. Ebenso drängt das konservative Christentum von heute auf ein Bündnis mit den derzeit Mächtigen, seien es Diktatoren oder Demokraten, und ihren technischen Möglichkeiten, um an der Gestaltung der Welt teilnehmen zu können. Aber demokratische wie aristokratische Herrschaft sind Götterherrschaft, beide gründen auf endlichen Interessen, die soviel Leben erzeugen, wie sie Leben vernichten.

Das revolutionäre Christentum verbündete sich damals wie heute mit dem Teufel. Dem Teufel verfällt, wer die irdischen Götter verliert und den Gott der Liebe nicht findet. Verzweiflung, Empörung, Verbrechen, Nihilismus: Im 19. und 20. Jahrhundert hat der Teufel eine breite Spur seiner Gegenwart hinterlassen. Der eine Gott der Liebe regt den Lästerungsreiz gegen sich auf. Goethe schleudert sein Prometheus-Gedicht gegen Zeus, den einen Gott. Gegen eine Vielzahl von Göttern hätte Prometheus nicht aufbegehren können, er war selbst einer von ihnen. **Wer die Ordnung des Blutes verlassen hat, ohne in die Ordnung der Liebe einzutreten, wird dämonisch. Er hängt zwischen Natur und Gnade**. Aus diesem Zwiespalt ging die Neuzeit hervor, die wachsend das Interesse gegen die Wahrheit gestellt hat und dennoch von der Idee der Wahrheit nicht lassen konnte. Das Interesse ist die Ordnung von Blut und Boden, von Klasse und Kapital, von Wohlfahrt und Globalisierung, die Wahrheit ist die Ordnung der Liebe, in der alle ohne Konkurrenz zum Leben berufen sind. Aber die Naturmächte müssen selbst geistig werden, um bemerkt zu werden. Die bloße Natur gegen den Geist zu stellen, hat keinen Sinn mehr, wenn der Geist seinen Sieg erst im Kaiser, dann im Papst schon errungen hat. Der Geist bündelt die Interessen, während die Natur nur vereinzelte Interessen in den Kampf schicken kann, was ihr keine Chance läßt. Die späte Neuzeit versuchte das Paradestück und stellte den Geist gegen seinen Sinn, gegen die Liebe, um der Natur zu huldigen. Daher der Grundzug der Empörung, Lästerung und Revolte der westlichen Zivilisation in der Neuzeit. **Der Naturalismus der Neuzeit ist eine geistige Entscheidung zugunsten des Nicht-Geistes.** Der Naturalismus will zur Natur zurück und entfernt sich auf diese Weise noch weiter von ihr. Die fehlende Selbstwahrnehmung erzeugt die psychischen Energien zur Revolte.

Die Geburt der Ökonomie. Die Gregorianischen Päpste des Mittelalters radikalisierten die Politik durch die Gnadenlehre. Die christlichen Ideale sollen nicht mehr durch die rohe Natur des Menschen befleckt werden. Damit tritt die Möglichkeit eines politischen Christentums hervor. Der Kaiser ist aus dem geistlichen Zentrum verdrängt, er wird der moderne und heimatlose Mensch, der zwischen Natur und Gnade umherirrt. Kaiser Heinrich VI. im 12. Jahrhundert hat als Folge des Investiturstreits die reine Machtpolitik erfunden. Macht muß an und für sich nicht böse sein, sondern ist offen in ihren Zielen. Sie wird nicht böse, wenn sie etwas anderes will als sich selbst. Macht an sich aber ist böse, weil sie sich selbst will. Sie muß die Vernichtung all derer wollen, die sich ihrer Macht widersetzen. Wiederum liegen die eindrücklichsten Beispiele im 19. und 20. Jahrhundert. Verstärkt beginnt sich am Ende des Mittelalters neben dem Interesse und der Wahrheit eine dritte Wirklichkeit zu entfalten. Diese vom Menschen gemachte Wirklichkeit umfaßt Wissenschaft, Kultur, Politik, Kunst und vieles andere; ich nenne sie hier die Ökonomie.[5] Die Ökonomie ist eine dritte Wirklichkeit zwischen Wahrheit und Interesse, sie erwächst aus der mit Interesse bearbeiteten Wahrheit. Sie schöpft aus der Gnade, schafft sie aber zu Zwecken der Natur um, nämlich zu ihrem Hauptzweck, zur vermehrten Selbsterhaltung. Erst das Christentum hatte dem Mittelalter eine Distanz zur Welt verschafft, die eine universale Eroberung denkbar machte. Die Ökonomie verhilft dem Menschen zu einem neuen Besitz, aber sie gefährdet seine Identität sowohl in der Natur wie in der Gnade. Deshalb hat die Ökonomie eine dämonische Tendenz, im Zwischenreich von Natur und Gnade zu verbleiben.

Wir verfolgen die Ökonomie in diesem Raum zwischen Wahrheit und Interesse, zwischen den Mächten des Christentums und der Natur.

Der Papst symbolisiert die Macht zur Überwindung der Welt. Statt die Welt zu überwinden, überwindet er zunächst einmal den Kaiser, das Symbol der Welt. In Vorformen kennt auch die Antike diesen Vorgang: Der Überwinder der Welt wird mit der Herrschaft über sie betraut. Viele klösterlich gesinnte Bischöfe müssen im zerfallenden Römischen Reich lokale politische Aufgaben wahrnehmen. Wie gebraucht nun der Papst des Mittelalters die weltliche Gewalt? Er vergißt die Warnung Jesu: Mein Reich ist nicht von dieser Welt! Er regiert mit dem theokratischen Grundsatz, daß kein weltlicher Herrscher über die Kirche herrschen darf. Nach dieser Ansicht ist die Welt in dem Fall gut verwaltet, wenn die Macht von der Allmacht Gottes gelenkt wird, also hier vom Stellvertreter Christi. Aber wie der priesterliche Kaiser wurde auch der kaiserliche Priester von der Ökonomie eingeholt. Die Theokratie ist ein Rückfall in das Heidentum und eine Karikatur des Christentums, das einen in der Welt leidenden Gott verehrt und die herrschenden Naturgötter entzaubert. Theokratie ist einer der vielen Götternamen dieser Welt. In keiner Religion ist der Priesterkönig unmöglicher als im Christentum. Das Christentum, wenn es sich selbst versteht, zerstört den Mythos und enthüllt die dämonische Natur jeder Macht, schließlich auch der geistlichen Macht. Vollständig enthüllt wird die verderbliche Macht erst im letzten Gericht. Deshalb lebten die Christen der damaligen Zeit, wenn sie das Reich Gottes über das politische Papsttum stellten, in der unmittelbaren Erwartung des Weltendes. So etwa um 1200 Joachim von Fiore und später die Spiritualen, die sich auf ihn beriefen. Gegenüber diesen geistig gesonnenen Männern und radikalen Nachfolgern des hl. Franziskus machte sich der Papst von Avignon zum Anwalt der Ökonomie.

Äußerlich siegte das politische Papsttum. Geistig war der Papst nun auch eine überholte Möglichkeit. Als Teilnehmer in der Ökonomie war er den partikularen Mächten ausgeliefert, die er überwinden sollte. **Der Papst war stärker als der Kaiser, aber der französische König war stärker als der Papst.** Es hätte nicht anders kommen können: Gegen die größere Macht gewinnt er, gegen die kleinere verliert er. Im einen Falle kämpft er mit den Mitteln des Glaubens, im anderen Falle mit denen der Politik. Das mittelalterliche Drama ist entschieden. Jede Partei erficht einen Sieg und tritt nach der nächsten Niederlage ab.

Der erste Anlauf, die Welt zu christianisieren, ist mißlungen. Die Ordnung der Liebe, die jede Konkurrenz überwinden wollte, wird zu einem Teilnehmer in der Konkurrenz. Was folgt, ist die Neuzeit. Die Neuzeit ist wesentlich Verfallszeit des Mittelalters, die Entfaltung der Ökonomie aus dem Geist der Wissenschaften. Der Kern der Neuzeit war die Naturwissenschaft, weil sie aus dem Bündnis zwischen der Wahrheit des Geistes und dem Interesse der Natur gebildet war.

Ökonomie und Neuzeit. Die Ökonomie ist nicht die Natur selbst, sie ist durch einen Willensakt von ihr getrennt. Der Mensch stellt sich der Natur gegenüber auf, macht sie zum Objekt und begehrt sie. Wer Ökonomie betreibt, hat trotz des Bekenntnisses zur Natur aufgehört,

Natur zu sein. Die Ökonomie ist das Erbe des unvollendeten christlichen Angriffs auf die Natur, es ist das halbe Paradies, aber darum die halbe Hölle. Anstelle des Paradieses hat sie die technische Entwicklung und den Wohlfahrtsstaat gebracht. Der heidnische Adel ist Natur, ein christlicher Orden ist es nicht, auch die Schar der Wissenschaftler, die sich durch die Naturwissenschaft definiert, ist nicht Natur. Die Ökonomie steht zwischen Natur und Gnade und zehrt aus beiden Quellen, aus der einen willig, aus der anderen unwillig. Deshalb trägt sie einen dämonisch gespaltenen Charakter, sie will etwas anderes sein, als sie sein kann. Statt ein festes Ziel zu haben, schiebt sie es als Fortschritt hinaus. Die Waffen der Ökonomie in ihrem Angriff auf die Natur entstammen der griechischen Rationalität, ihr Gebrauch ist wesentlich christliches Säkularisationsgut.

Die Theologie wurde zur ersten Wissenschaft, indem sie ab dem 13. Jahrhundert die Bibel mit Aristoteles las. Das war ein Spagat zwischen Gnade und Natur, zwischen Wahrheit und Interesse. Die Wissenschaft präpariert ihren Gegenstand, um ihn ergreifen zu können, während der Glaube sich die Welt als Schöpfung geben läßt. In Gott wird die Spannung zwischen Subjekt und Objekt und die Konkurrenz der Subjekte gemindert, im Fall der Liebe sogar aufgehoben. Die Wissenschaft kann schwerlich in die Tiefe der Offenbarung eindringen, sie kann ihr Tun erst beginnen, wenn die Offenbarung schon gegeben ist, deshalb kann sie den Gabecharakter der Welt nicht wirklich wahrnehmen. Umgekehrt hat die Offenbarung alle Mühe, in einer Welt der alten Gegebenheiten auf den Charakter der Gabe aufmerksam zu machen, denn was vor langer Zeit einmal eine Gabe war, hat sich faktisch in Besitz verwandelt. Die Theologie stand an der Spitze der im Mittelalter gegründeten Fakultäten, die Universitäten setzten die antiken Philosophenschulen fort. Im Erbstreit mit ihr haben die anderen Wissenschaften gelernt und ihre Gestalt gefunden. Die Kirche war die erste Institution nach dem Imperium Romanum, die ein universales, objektives Recht besaß. Die absolute Disziplin haben die Mönche erfunden, das Wort Kadavergehorsam stammt vom hl. Franziskus. Die Ritterorden betrieben als internationale, unabhängige, präzise Organisationen die ersten Banken Europas.

Die Ökonomie schuf sich zu Beginn der Neuzeit einen eigenen Mythos: Sie sah sich als verurteilt an, in einer entgötterten Welt zu leben. Diese Sicht der Welt erlaubte ihr nicht zu bemerken, in welcher Weise sie über eine unverfügbare Gnade zu verfügen begann, die sie in Natur zu verwandeln suchte. Die Natur trägt in ihrem ursprünglichen Zustand göttliche Züge, zu der sich der Mensch anders verhält als zur Göttlichkeit des sich offenbarenden Gottes. Die ursprüngliche Natur erfährt er als Gabe und Besitz in einem. Sich über sie zu stellen, kann einem frühen Menschen nicht einfallen. Aber der Schöpfungsgedanke des Christentums bereitet dafür den Boden, obwohl er dem Menschen zunächst allen Eigenbesitz beschneidet. Die Welt oder die Natur kann sich der Mensch als seinen Besitz denken, wenn er an einen Schöpfer glaubt, an dessen Stelle er sich setzen will. Dann kann er versuchen, was an der Natur Gabe ist, abzustreifen, also die Gabe ohne ihren Gabecharakter anzunehmen. Das heißt, er kann versuchen, die Göttlichkeit der Natur zu beerben. Die Göttlichkeit der Offenbarung kann er nicht beerben, sondern nur anerkennen, was er eher widerwillig und durch harte Erfahrung belehrt tut. Die Wirklichkeit der Welt zeigt beide Züge: Es sind Eroberungen in der Natur möglich, die Grenzen können immer weiter nach vorne geschoben werden. Aber ist Besitz die einzige Form, sich zur Welt zu verhalten? Läßt sich alle Wirklichkeit erobern? Das Ende der deterministischen Physik sollte den Traum beendet haben, die Andersheit der Wirklichkeit, die in der Natur erscheint, beerben zu wollen.

Unmythischer Mythos. Mit der zu erbenden Göttlichkeit schuf sich das moderne Bewußtsein einen eigenen Mythos, den es dem christlichen Mythos entgegen stellte. Auch das Christentum hatte mythische Gestalt, solange seine Bekenner mythisch denkende Menschen waren, die zwischen der begriffenen und unbegriffenen Wirklichkeit nicht zu unterscheiden wußten. Der Beginn der Neuzeit ist bezeichnet durch den Konflikt zweier Mythen, die in ihrem Kern unmythisch sind. Sie treffen um so feindseliger aufeinander, als sie ihrer Gestalt nicht sicher sind. Ein Mythos erzählt von einer Wirklichkeit, die seine Fähigkeiten zur Besitznahme übersteigt. Wenn der Wille zur unverstellten Wirklichkeit dem Mythos zur Seite tritt, dann ist er unmythisch in der Gestalt des Mythos. In diesem Sinne sind Christentum und Wissenschaft unmythische Mythen mit dem Willen zur vollen Wirklichkeit, die sie beide nicht in Besitz haben. Sie unterscheiden sich durch die Stellung, die sie zu ihrer eigenen unsicheren Gestalt einnehmen. Das eine Mal wird die Differenz als Unterschied zwischen Schöpfer und Geschöpf anerkannt, weil die volle Wirklichkeit nicht gegeben ist, das andere Mal soll die Differenz als Pantheismus oder Atheismus aufgehoben werden, in der Meinung, alle Wirklichkeit sei schon als Natur gegeben.

Der Mythos der Ökonomie ist gebrochener als der christliche Mythos. Er kann nur leben, wenn er Erfolg hat. Auf Dauer muß er den vollen Besitz einer ergriffenen Welt vorweisen und vorläufig einen wachsenden Besitz. Dagegen sieht der Glaube im partiellen Erfolg des weltlichen Lebens die Wirklichkeit des Lebens gespiegelt, die sich nicht zum vollen Erfolg eines todlosen Lebens erweitern läßt. Die Ökonomie steht in der Situation des Antichristen, denn sie verspricht das Heil auf der Erde. Descartes meinte, die Wissenschaft könne am Ende sogar Körper und Geist des Menschen vor Altersschwäche bewahren, wenn sie nur hinreichende Erkenntnisse von der Natur besäße.[6] Subjektiv, soweit sie nicht in nackten Zynismus umschlägt, hüllt sich die Wissenschaft in den ästhetischen Mantel einer Verbindung von Natur und Wille. Mit dem Fortschreiten der Neuzeit ist es dann nicht mehr ihre Göttlichkeit, sondern ihr Naturcharakter, an den man mythisch glaubt. Der durch keine Erfahrung belehrbare Kult um die Weltformel allen Wissens symbolisiert die Spitze dieses Mythos. Er hat etwa diese Form: Das Universum wird von rationalen Gesetzen regiert. Also muß es die vollständige Menge dieser Gesetze geben. Das ist der Mythos von der Tatsächlichkeit der Tatsachen. Er hält sich selbst für unmythisch, um sich den Charakter des Entwurfes bei der Konstruktion der Tatsächlichkeit verhehlen zu können.

Instinkt gegen Galilei. Mit sicherem Instinkt hat die Kirche diesen Glauben an die Wissenschaft in der Gestalt Galileis bekämpft. Er war der Schwärmer in diesem Konflikt. Er wollte die Kopernikanische Lehre nicht als mathematische Hypothese verstehen, sondern als letztgültig richtig. Und *letztgültig richtig* heißt hier als endgültige Inbesitznahme eines Stückes Wirklichkeit unter Abstreifung ihres Gabecharakters. Er behauptete mehr, als er beweisen konnte. Er behielt recht, obwohl sein entscheidender Beweis für die Erdbewegung falsch war. **Nach den Grundsätzen sauberer Wissenschaft war er methodisch im Unrecht, physikalisch im Recht, metaphysisch im Unrecht.** Er konnte die Erdbewegung nicht sicher beweisen und führte falsche Beweise an, etwa indem er als Ursache für Ebbe und Flut die Bewegung der Erde ausgab. Galilei meinte, wenn der Erdball unbeweglich sei, so kann von Natur aus keine Ebbe und keine Flut stattfinden. Bewegt sich die Erde aber, so muß diese Bewegung Ebbe und Flut erzeugen.[7]

Die Erdbewegung vereinfachte die Sicht auf die Wirklichkeit wesentlich, wofür sich später die physikalischen Beweise fanden. Metaphysisch unrecht aber hatte er wieder darin, daß er sich alle Wirklichkeit als meßbare Natur vorstellte, was zwar den Naturwissenschaftler belebt, aber mit erdrückender Wahrscheinlichkeit falsch ist. Wenn man den Gedanken transzendental umkehrt, wird er einsichtig: Die Naturwissenschaft ist insoweit eine Wissenschaft, als sie mathematische Gesetze aufstellen kann. Dafür hat später Kant die Grundlagen gelegt. Objektivität und Mathematik sind im wesentlichen dasselbe. Es ist höchst merkwürdig, daß im 20. Jahrhundert Physik und Mathematik, beide zugleich und auf gleiche Weise, an die Grenze der Objektivierbarkeit gekommen sind. Die Mathematik selbst läßt sich nicht auf eine sichere und vollständige Grundlage stellen, ist also nicht streng objektivierbar. Und in der Physik der Quanten zeigt sich zugleich, daß nicht alle Wirklichkeit im mathematischen Naturgesetz darstellbar ist.

Das Wachstum der Ökonomie ließ das Christentum schrumpfen, wenigstens in der Quantität. Wer kein religiöser Virtuose war, sondern sich höchstens einen Nutzen von der Religion versprach, ging auf Abstand. Die Kirche verlor ihren gesellschaftlichen Vorrang, kam aber vielleicht tiefer in ihre Wahrheit hinein, weil sie weniger verwechselbar wurde. Wie ihr Herr so hat auch sie keinen Ort in der Welt, wohin sie ihr Haupt legen kann. Gegen alle Gewohnheit läßt sich sagen, daß das Mittelalter nicht besonders kirchlich war, weil die Kirche wegen ihres Erfolges ein wesentliches Merkmal verloren hatte, ihre Sendung. In der öffentlichen Rückstufung während der Neuzeit konnte sie wieder zu ihrem Wesen finden. Jedenfalls legt das die Deutung des Vaticanum II nahe, das die Kirche ganz als Sendung in der Welt bestimmt, ohne von der Welt zu sein.

Im Spätmittelalter lag die Spitze der christlichen Bewegung in der Mystik. Der Mystiker verzichtet; er will nicht auf die Welt einwirken, aktiv wie die Bischofskirche oder passiv wie die Bettelmönche. Die scharfen Interessen in der Welt, denkt der Mystiker, verhindern, daß es besser wird. Die Wahrheit sucht er deshalb tief im Inneren des einzelnen Menschen, in der Seele, wo ein Fünklein den ewigen Frieden Gottes widerspiegelt.

Sieg der Ökonomie. Der Sieg der Ökonomie über alles, was mit ihr in Berührung kommt, ist unausweichlich. Die Natur kennt keine Siege, dazu ist sie zu dumpf; sie kennt keine Individuen, dazu ist sie zu blind. Die Gnade kennt auch keine Siege, denn ihr Sieg heißt Erlösung. Sie befreit aus der Konkurrenz, in der die Sieger einmal triumphieren wollten. Falls es eine Erlösung gibt, kann sie nur auf sich aufmerksam machen, indem sie sich aus der Konkurrenz vertreiben läßt.[8] Die Ökonomie kennt nur Sieger, weil sie jeden Verlierer für immer von sich ausschließt. Das Vorbild der Ökonomie ist die biologische Evolution, wie diese in der Ökonomie ihr Urbild hat. Die Evolution läßt in der Geschichte nur Enkel von Siegern im Kampf ums Dasein zu, keine Enkel von Verlierern.

Der eigentliche Ort der Siege ist die Ökonomie. Aber der Sieg hat seinen Preis. Er bringt die Ungeborgenheit des modernen Lebens hervor. Siege geben keine Heimat, weil jeder eroberte Platz dem Risiko ausgesetzt ist, selbst erobert zu werden. Der moderne Mensch verliert seine Heimat in dem Maße, wie er sich dem Erfolg aussetzt. Die Plätze in der Welt der Konkurrenz sind knapp, deshalb ist es verständlich, wenn jeder Teilnehmer an der Konkurrenz versucht, so viel Heimat für sich zu retten wie möglich. Allerdings, schon der Wille zur Natur entfremdet von der Natur, kann also auch keine Heimat geben. Wo die Natur auf Ökonomie stößt, wird sie verschlungen; übrig bleibt einzig die Ökonomie.

Die Geschichte der Naturschutzbewegungen in den westlichen Ländern zeigt das Dilemma. Ein Reservat gibt keine Geborgenheit, sondern erzeugt einen ständigen Kampf um seine Existenz, bringt also das Gegenteil von Heimat hervor. Der kulturelle Kampf um die Natur kehrt periodisch wieder und verschärft den Kampf ums Dasein. Die täglichen Nachrichten von Kriegen, Wirtschaftskrisen, Attentaten spiegeln diese Ungewißheit der Lage, also die Heimatlosigkeit des modernen Menschen wider. Dadurch nimmt die noch vorhandene Natur weiter ab. Der Versuch, eine Balance zwischen Ökonomie und Natur aufzurichten, endet mit dem Sieg der Ökonomie. Der biologische Evolutionismus, der den Menschen rein als Produkt einer natürlichen Evolution bestimmt, gibt keinen Schutz gegen die Eroberung der Natur durch die Ökonomie, sondern gehört selbst zu dieser Eroberung. Die Nazis haben nicht etwa das natürliche deutsche Blut rein gehalten, sondern wollten Menschen züchten. Die Genforscher des 21. Jahrhunderts versprechen den gesunden natürlichen Menschen, aber was sie hervorbringen, ist der künstliche Mensch mit gewünschten Eigenschaften. Und der ist weiter als je von einer bloßen Natur entfernt. Die Ökonomie kann nur siegen, dennoch fühlen sich die Nutznießer nicht wohl in ihrer Haut. Seit Jahrhunderten erzeugt sie eine Romantik zur Rückkehr in die Natur, deren Gefühlswärme im Kampf mit der Ökonomie immer unterliegt.

Auch in die Gnade und das Christentum kann man nicht fliehen, um sich vor dem Einbruch der realen Ökonomie zu schützen. Während die Natur blind an der Realität scheitert, kann der Christ seine Lage kennen. Es ist ein Mißverständnis, wenn man sich dem Christentum aus konservativer Gesinnung zuwendet. Die Kirche kann zwar auch einmal die Ökonomie stabilisieren, aber ihren Sinn hat sie nicht darin. Die Gnade ist ein Angriff auf die Natur und zugleich auf die Ökonomie, welche die Natur bewirtschaftet. Die Kirche ist nicht dazu gedacht, die Kultur, die Wirtschaft oder den Staat zu schützen, auch wenn diese Aufgaben ihr periodisch zufallen. Dem Christen ist die Welt nicht als Ort seiner Siege bestimmt. Die Nachfolge Christi ist ein Leben im Widerspruch zur Ökonomie, und das Leiden Christi setzt sich in den Niederlagen des Christen fort. Versprochen ist ihm, daß er in dem Angstwettlauf der Ökonomie keine Sorgen zu haben braucht, weil die Wahrheit, die keine Konkurrenz kennt, anwesend ist und im rasenden Lauf der Welt nicht untergeht. Zum baldigen Untergang bestimmt sind die Sieger in der Ökonomie: Noch in dieser Nacht wird man dein Leben von dir zurückfordern, heißt es im Gleichnis Jesu.[9]

Der Mensch der Ökonomie. Wie sieht der Mensch der Ökonomie aus? Er ist dasjenige Wesen in der Natur, das den Willen zum Leben in sich trägt und von ferne weiß, daß dieser Wille vernichtet wird. Das ist seine Unerlöstheit. Das Individuum muß anderes Leben töten, um zu leben, und gleichwohl muß es schließlich selbst das Leben lassen. Dieses Wissen wird zwar immer wieder im Kampf um die Selbstbehauptung vergessen, steigt aber auch wieder dumpf daraus hervor. Daher die beiden Existentialien des modernen Menschen, um seine Lage zu vergessen, die Arbeit und das Vergnügen. Der Wille zum Leben verhindert den Blick in den Abgrund, und wo er ihn nicht verhindern kann, zieht er einen Schleier darüber. Der Mensch kann aus eigener Kraft den Schleier nicht lüften, wenn er nicht einen Blick über das Interesse der Ökonomie hinaus getan hat, wo er eine Wahrheit ohne Konkurrenz erblickt. Diesen Blick zu tun und im Leben auszuhalten, ist das Opfer des Seinswillens, das zur christlichen Umkehr gehört. Mit ihm öffnen sich die Quellen der Gnade. Ich kann jetzt ein Leben anschauen, von dessen Existenz ich früher nicht einmal gewußt habe. In der Ökonomie gibt es nur geplante oder abgewehrte Übernahmen, jetzt kann ich im Anderen den Mitmenschen entdecken. Er macht mir deutlich, daß ich mein Leben aus einer unerschöpflichen göttlichen Andersheit beziehe, aus der alles Leben stammt und die ohne Konkurrenz lebt. Das Christentum nennt das die Einheit von Gottes- und Menschenliebe. Die Liebe öffnet den Zugang zu einer neuen Art von Leben, das gewöhnlich das ewige Leben heißt. Der Tod gehört zur Stufe der Ökonomie, wo es nur Sieger gibt, die vorläufig noch nicht besiegt sind. Der Tod ist der Kunstgriff der Natur, mehr Leben zu haben. Er ist das Nebenprodukt der Konkurrenz und ihrer Siege.

Subjekt-Objekt-Trennung. Der Mensch der Ökonomie kennt kein ewiges Leben, obwohl er es erringen will. Um erfolgreich zu sein, muß er die Liebe mindern und die Erkenntnis steigern. Erkenntnis ohne Liebe aber schafft einen Abstand, der nicht zu überbrücken ist. Deshalb war die Neuzeit beherrscht von der Subjekt-Objekt-Trennung. Sie verschärfte die in der Wirklichkeit mögliche Unterscheidung theoretisch bis zur Trennung, denn diese Trennung ist zugleich Vorbedingung des Erfolgs in der Ökonomie. Das Wissen um den konstruierten Charakter der Objektivität würde seinen Erfolg mindern. Was aber ist das Subjekt? Wie steht der Mensch der Ökonomie zu sich selber?

Solange er reine Natur ist, bleibt er stabil, denn er weiß nichts von sich selbst, eben weil er als Subjekt fast ganz in die Natur und seinen Stamm eingebunden ist. Das Erwachen der Seele kann man als die Trennung des Selbst vom Anderen beschreiben. Damit wird es möglich, sich von den vielen anderen zu trennen und alles als Gegenstand anzuschauen. Wird der Mensch sich selbst zum Objekt? Das Subjekt kann sich auch auf das Subjektive richten und es zum Objekt machen. Was kann es finden? Es findet die Objekte der Ökonomie als wertfreie psychische Tatsachen. Der äußere Blick erkennt das Ich und hebt zugleich seine Unverwechselbarkeit auf. Auf das Ich von außen geblickt, wird das wesentliche Innenleben in wiederholbare Erscheinungen umgesetzt. Statt der Einmaligkeit gibt es verschieden zusammengesetzte Charaktere. Die Natur erkennt nicht, solange sie keine Trennung kennt; sie besteht nur und ist im wesentlichen die Möglichkeit der Trennung. Also ist die Erkenntnis nicht nur aus der Natur gespeist, wenn mit Natur eine objektivierbare Erfahrung gemeint sein sollte. Erkenntnis ist Wahrnehmung der Natur ohne Zustimmung zur Ermöglichung der Wahrnehmung, also ohne Zustimmung zur Gnade. Die bloße Erkenntnis ist deshalb kalt und tötet das Ich. Vom Christentum ist zwar im Kampf gegen die Natur die Selbstentäußerung gefordert, aber diese Entäußerung soll das Ich zur Gnade führen und nicht in der Natur aufgehen lassen.

Das Ich in der Welt lebt zwischen der Natur und der Gnade. Mit der Gnade wird eine Liebe möglich, die nicht mit der blinden Liebe des Blutes, sondern mit der sehenden des Geistes begabt ist. Ohne Konkurrenz ist die Selbstliebe das gleiche wie die Nächstenliebe, das heißt sie ist Gottesliebe, die Zustimmung zum ganzen Leben. Das Gebot der Gottes- und Nächstenliebe ist also die höchste Form der Wahrheit, weil sie am weitesten vom konkurrierenden Interesse entfernt ist. Mache ich mir in der Konkurrenz der Welt meinen Willen, meine Liebe, meine Schuld zum Objekt, so sind sie nicht mehr mein Wille, meine Liebe, meine Schuld, sondern Tatsachen nach dem Tode des Ich. Objektivität gibt es nur an toten Gegenständen.

Der Weg aus der Konkurrenz wird unter großen Widerständen beschritten, die ganze Natur des Menschen lehnt sich empört gegen diese Zumutung auf, weil der Mensch einen Instinkt besitzt, wie er den Enkeln von Siegern im Kampf ums Dasein zu eigen ist. Der Weg ist das, was die christliche Erfahrung als geistlichen Tod beschreibt. Wißt ihr denn nicht, heißt es bei Paulus, daß wir alle, die wir auf Christus Jesus getauft wurden, auf seinen Tod getauft sind?[10] Dieses Wissen spaltet den Willen des Menschen, weil er schon immer gespalten ist zwischen dem Willen zum Leben und der Erkenntnis des Todes. Die freie Abkehr aus der Welt der Konkurrenz ist die schwerste Arbeit, der sich ein Mensch in der Welt unterziehen kann. Der natürliche Wille zum Leben fühlt die Gefahr, die ihm aus der geistigen Entscheidung und durch die Umkehr droht. Noch im Untergang legt diese Stimme in ihm den Willen zur Macht als Sieg aus. Dieser Wille will Natur sein und ist es nicht. Der Widerspruch führt schließlich zum Untergang eines jeden, der an einer solchen Ökonomie teilnimmt.

Der Zyniker. Eine Form, in der das Leben das unverwechselbare Ich tötet, um den landläufigen Seinswillen nicht opfern zu müssen, ist der Massenmensch. Seine Erlebnisse sind auswechselbare psychische Tatsachen. Gerade weil sie bekannt sind, fällt auf sie kein Nachdenken. Dazu bedürfte es des Staunens, mit dem alles Denken beginnt. So wird die Frage nach dem Sinn nicht gestellt und der allgemeine Seinswille bleibt unbedroht. Dieser Mensch ist vortrefflich als Objekt geeignet, weil er seine Subjektivität aufgegeben hat. Er läßt sich leicht am kurzen Seil der politischen Propaganda oder der konsumtiven Werbung führen.

Der Höhlenmensch ist zufrieden, wie schon Platon gesehen hat, weil er von keiner anderen Wirklichkeit wissen will als von seinen Ketten. Diese hält er nicht für Ketten, sondern für alle Realität, weil ihm eine andere Wirklichkeit nicht bekannt ist. Aber wenigstens die Funktionäre in der Ökonomie wissen von einer anderen Wirklichkeit. Sie mögen dasselbe Leben führen wie ihre Kunden, sie können aber nicht ganz vermeiden, von der Sinnlosigkeit des vom Ich entkernten Lebens zu wissen. In der Propaganda und Werbung allerdings müssen sie sich streng hüten, von dieser dunklen Seite etwas verlauten zu lassen. Der sensible Mensch verspürt in jeder Werbeszene den Zynismus, der als Schleier vor die dunklen Seiten des Lebens gezogen wird. Der Funktionär ohne Reserve gegen die Ökonomie verfällt dem Zynismus, weil er nicht ganz die Reflexion auf sein zielloses Tun vermeiden kann. **Zynismus ist eine Verzweiflung, die darauf verzichtet hat, konsequent zu sein**. Die zynische Hellsicht in Worten kompensiert die gewollte Blindheit, welche die eigene Ziellosigkeit nicht sehen will. Woran verzweifelt die Verzweiflung? Anders als die Natur mit Leid und Tod wird die bloße Ökonomie durch ihre Sinnlosigkeit entwertet. Der Gott der vollendeten Ökonomie ist das Nichts. Erst der eingestandene Nihilismus könnte eine überzeugende Weltanschauung sein. Er setzt wenigstens den Mut voraus, sich seiner Verzweiflung zu stellen. Die echte Verzweiflung ist eine stumme Frage, die manchmal eine Antwort erhält. Wer dagegen in der Ökonomie verbleibt, kommt über die zynische Sicht des Zwielichts nicht hinaus.

Der Heilige. Das Gegenbild des Zynikers ist der edle Mensch oder der Heilige. Er ist bereit, den Seinswillen zu opfern, um das Ich in seiner Verantwortung zu halten. Merkwürdige Dialektik: Der am Konsum orientierte Mensch leugnet sein Ich in der Theorie, keineswegs aber ist er bereit, ihm Opfer der Entsagung zuzumuten. Umgekehrt der Heilige, der gerade sein Ich nicht leugnet, sondern es zu opfern bereit ist.

Seinswille und Ichwille sind Gegenpole. Wenn im Massenmenschen und im Zyniker das Ich dem Seinswillen geopfert wird, so um der Verantwortung zu entgehen. Wo es kein Ich gibt, sondern nur namenlose Mächte, kann es keine Last für das Ich geben. Gerade umgekehrt im Fall des heiligen Menschen! Er bejaht sein Ich und damit seine Existenz, von jetzt an bis in Ewigkeit. Zu seiner ersten Erkenntnis gehört die Unmöglichkeit eines vollständigen Lebens in der Natur, da ein noch so scharfer Wille zum Willen das endliche Leben nicht erhalten kann. Entsprechend kann zum eigenen Ich nur ja sagen, wer zugleich seinen Tod bejaht, also den Seinswillen geopfert hat. Wo das Opfer wirklich gelingt, spricht man vom Heiligen, wo es wenigstens bejaht wird, vom Gläubigen. Im anderen Fall, wo das Ich für den Seinswillen geleugnet wird, wartet dennoch der Tod auf dieses Ich, dem es sich durch zyklische Wiedergeburten oder durch die ewige Wiederkehr der Dinge entziehen will.

Dem heiligmäßigen Menschen fällt es zu, den Weg vorzubereiten, der aus dem Schattenreich der Ökonomie heraus führt. Über sein Verhältnis zur Ökonomie kann man nicht viel ausmachen, vielleicht nur dies eine: Auch er lebt in der Welt; aber da er nicht von der Welt ist, nimmt er die Ökonomie nicht als letzten Maßstab seines Handelns. Deshalb kann er der Angst entgehen. Angst ist das Gegenteil des Glaubens, sie ist die verschwiegene Erkenntnis, in der Konkurrenz auf Dauer nicht bestehen zu können. Die innere Unabhängigkeit entläßt den Glaubenden zwar nicht aus den Ketten der Welt, mit denen er an die Ökonomie gefesselt ist, aber sie lockert ihm die Ketten so weit, daß er umkehren und die konkurrenzlose oder schattenlose Wirklichkeit erblicken kann. Ja, der Glaubende mag auch noch Angst haben, eine Art sekundärer Angst, ob im Einzelfall der betretene Weg der richtige ist. Aber solche Angst führt den Trost mit sich, nicht allein zu sein. Wie im Garten Gethsemane nähert sich dieser Angst eine Gegenwart, die nicht als Konkurrenz auftritt. Im Trost tritt die Wirklichkeit hervor, die nicht zur Konkurrenz treibt, die deshalb die Bedrängnis wegnimmt.

Das Beispiel eines solchen heiligmäßigen Menschen finden wir mitten in der Neuzeit im französischen Bischof Fénelon. Vor allem finden wir bei ihm den Versuch zur Reflexion über das Heilige unter den scharfen Bedingungen der Neuzeit. Seine Lehre von der reinen Liebe ist der reinste, wenn auch sehr bedrängte Ausdruck zu Beginn einer stürmischen Ökonomie.

2.2 Die reine Liebe

These 2.2: Einen letzten Schub, das Interesse in den Gegensatz zur Wahrheit zu bringen, empfing die Neuzeit 1699 durch die päpstliche Verwerfung der Lehre von der reinen Liebe. Diese Lehre selbst war ein Versuch, die universale Wahrheit des Lebens präsent zu halten.

Die Welt der Konkurrenz. Am 12. März 1699 endete durch römischen Spruch eine der großen theologischen Debatten der Neuzeit. Jahrelang hatte das geistige Europa darüber den Atem angehalten. Endlich schreiben die Journale wieder von etwas anderem, ruft Leibniz erleichtert aus.[11] Durch ein Breve entscheidet Papst Innozenz XII., daß François de Fénelon, seit 1695 Erzbischof von Cambrai in Flandern, in seinen Gedanken und Ausdrücken zum Lob der reinen Gottesliebe zu weit gegangen ist. Dreiundzwanzig Sätze seiner Schrift *Explication des Maximes des Saints sur la vie intérieure – Erläuterung der Grundsätze der Heiligen über das innere Leben* aus dem Jahr 1697 werden als anstößig, übel klingend, fromme Ohren verletzend, in der Praxis verderblich und irrig bezeichnet.[12] Bekannt geworden ist aber auch das Wohlwollen, das der gleiche Papst dem Verurteilten bekundet hat. Fénelon nämlich hatte die Entscheidung vorbehaltlos angenommen, worüber Innozenz XII. sich hoch erfreut zeigte. Noch im gleichen Jahr scheint der Papst die Absicht gehegt zu haben, diesen Erzbischof zum Kardinal zu ernennen, eine Ehre, die er dem Gegenspieler Fénelons, dem Bischof Bossuet, hartnäckig verweigerte. Nur feinfühlige Rücksicht bestimmte ihn schließlich davon abzulassen, da Fénelon in diesem Fall den ganzen Zorn Ludwigs XIV. zu kosten bekommen hätte.

Die Lehre von der reinen Liebe erwies sich als ein echtes Dilemma. Nach außen verstrickte sie die politischen Kräfte in einen zähen Konflikt, nach innen entzweite sie die Geister. **Das Herz des christlichen Lebens, die Einheit von Gottes- und Menschenliebe, konnte unter den Denkgesetzen der Neuzeit nicht angemessen formuliert werden.** Das gereichte in der Folgezeit, wie sich zeigte, sowohl der Liebe wie den Denkgesetzen zum Schaden. Aber niemand wußte die Denkbahnen zu verlassen, die von der Philosophie der Neuzeit vorgezeichnet waren, niemand wußte der Physik der Neuzeit zu entfliehen, die zur Leitwissenschaft aufgestiegen war. Fénelon ist in seiner Person eine Verkörperung dieses Dilemmas.

Ursprung der Konkurrenz. Um welche philosophische oder theologische Frage geht es bei dem Streit um die reine Liebe? Ich meine, es läßt sich erkennen, daß die Vorstellung von der reinen Liebe der Versuch einer Lösung in schwerer seelischer Bedrängnis war. In diese Not mußte ein feinfühliger Mensch wie Fénelon geraten, wenn er das Herz des christlichen Lebens, die Liebe, in seiner Zeit gegenwärtig halten wollte. Er betrieb Inkulturation. Aber wie sein Beispiel zeigt, ist nicht jede Kultur gleichermaßen geeignet, dem Evangelium von der universellen Liebe Gottes den Boden zu bereiten. Die Theorie der reinen Liebe ist ein Gewaltakt, um den Geist der Neuzeit für diese Botschaft zu befähigen.

Seit dem Apostel Paulus und noch mehr seit Augustinus ist dem westlichen Menschen bekannt, daß er nicht aus eigener Kraft das Gute tun kann. Seine Natur ist von den Siegerinstinkten der Selbsterhaltung geprägt. Trotzdem fühlt er sich in seiner Natur nicht wohl, da ihm der Tod sicher bevor steht. In höchster Erkenntnis der Religion kann er sehen, daß eben sein Siegerdasein sein Unglück ist, daß seine Sünde den Tod in die Welt gebracht hat. Um ein anderes Ziel zu haben als sich selber, bedarf er der Gnade, also eines Anstoßes, einer Ermöglichung, einer Verwirklichung der Möglichkeit, die der Mensch nicht aus sich selbst vollbringen kann. Allerdings muß er mitwirken, denn es soll ja seine eigene Tat sein. Sein Wirken ist aus einer Quelle gespeist, die von jenseits seiner Wirklichkeit kommt. Der Mensch, sagt die Theologie, wird nicht durch gute Werke gerecht, die er aus sich selbst vollbringt, sondern erlangt durch eine ihm selbst unerreichbare Tat Gottes den Frieden und die Gerechtigkeit, das heißt das Leben ohne Tod. Gott ist es, der in euch das Wollen und das Vollbringen bewirkt, noch über euren guten Willen hinaus, heißt es beim Apostel Paulus.[13]

Allerdings waren die Zeiten um 1700 andere geworden. In der Neuzeit konnte sich das Ziel aufspalten. Das Gute ist zwar noch immer das Ziel des Wollens, aber es bekommt zwei Gesichter, die sich nicht miteinander vertragen. Und was sich einmal spalten kann, spaltet sich danach endlos weiter. In das Verhältnis des Menschen zu Gott dringt die Konkurrenz ein und zersetzt das eine Ziel des Guten. In der Neuzeit tritt die Gottesliebe in den Gegensatz zur Selbstliebe. **Die eine Liebe hat jetzt zwei Ziele: Entweder Gott oder ich!** Entweder der andere oder ich! Daß die Ehre Gottes auch das Heil des Menschen ist, diese Harmonie galt der theologischen Tradition bis zur Neuzeit als gewiß und sinnvoll. Die Ehre Gottes, so heißt es bei einem Kirchenvater, ist der lebendige Mensch, und das Leben des Menschen ist die Anschauung Gottes.[14] Natürlich ist das Aussprechen der Einheit schon von dem Gedanken berührt, daß eine Spaltung drohen könnte. Das zentrale Problem der Neuzeit läßt sich auf einem Nebenschauplatz in jeder Epoche finden. In der Neuzeit aber ließ sich der Graben zwischen dem Interesse für den anderen und dem Interesse für mich selbst nicht mehr zuschütten, nicht einmal eine Brücke ist herstellbar. Der Gegensatz lautete: Entweder das eine – oder das andere! Die Konkurrenz mit Gott spiegelt die Konkurrenz in der Welt wider. An keiner Stelle sonst ist in der Neuzeit der Gegensatz zwischen Wahrheit und Interesse so deutlich hervor getreten wie im Verhältnis zu Gott. Ja, Wahrheit ist ein anderer Name für Gott, und Interesse ein anderer Name für Welt. Die Liebe zu Gott ist die Anerkennung der Wahrheit, die das menschliche Vermögen überschreitet, sie ist die freie Achtung vor dem, der über mein Leben verfügt. Im Interesse wende ich mich vom anderen ab und beziehe mich auf mich selber. Da zeige ich mich als ein Mensch, der nach Heil für sich selbst in Zeit und Ewigkeit strebt und darin einen Gegensatz zum Heil des anderen sieht.

Die Geschichte der Neuzeit läßt sich als der Versuch verstehen, dem Dilemma zu entkommen, zwischen dem Selbst und dem Anderen wählen zu müssen. Natürlicherweise hat der Mensch nur Frieden, wenn er nicht wählen muß, wenn ihm die Qual der Wahl abgenommen ist und er sich auf das Friedensreich einer einfach gegebenen Notwendigkeit berufen kann. Es gibt drei Möglichkeiten: Ich kann die Andersheit des Anderen, ich kann das eigene Selbst oder ich kann das Dilemma verschwinden lassen. Die letzte Wahl dürfte die schwerste sein, sie würde die Neuzeit und jedes Zeitalter überschreiten, denn das natürliche Leben bezieht seine Nahrung aus der Spannung zwischen dem eigenen und dem fremden Leben. Die Reformation, die Gnadenstreite der Theologie, das Autonomieverlangen der Aufklärung, die politischen Revolutionen gegen Thron und Altar, sie alle spalten den Willen auf und machen eine denkerische Vorentscheidung zu einem philosophischen Problem. Die Spaltung der Ziele stiftet eine Konkurrenz, für die dann verschiedene politische, philosophische und theologische Lösungen angeboten werden. Bei Fénelon ist es das Angebot, selbst nicht mehr aufzutreten, sondern das eigene Ich verschwinden zu lassen.

Erhebung und Ergebung. Der Quietismus, dem Fénelon nahe stand, ist der Versuch, das Dilemma von der einen Seite her zu lösen. Die Grundfigur ist einfach: Ich will nichts mehr für mich, sondern alles nur noch für den Anderen, für Gott oder den anderen Menschen. Das kann eine Möglichkeit sein, Frieden zu erlangen. Damit könnte der Konflikt zwischen der Ehre Gottes und dem Heil des Menschen beigelegt werden. Man kann auch sagen, der Quietismus ist der Versuch, reinen Tisch zu machen und das ewig gereizte Verhältnis zwischen Fremd- und Selbstbestimmung mit einem Schlage ruhig zu stellen. Wenn ich meinen Seinswillen ausstreiche und die Konkurrenz verlasse, werde ich ein entspanntes Leben führen. Vor Gott bedeutet das: Ich streiche mein Heil durch, ich verlange nichts mehr für mich selbst, weder in der Zeit noch in der Ewigkeit. Die reine Liebe triumphiert über die unreine Liebe, die nur liebt für ein ›um zu‹. Die unreine Liebe liebt, um ein Gebot zu erfüllen, um ein gutes Gewissen zu haben, um Ruhm und Ansehen zu bekommen oder um das ewige Leben zu erlangen. Alle diese Lebensformen des ›um zu‹, neben denen man noch nie etwas anderes gesehen hat, erscheinen ein wenig verächtlich in den Augen der Leute, die ebenfalls nach diesen Prinzipien leben und sie bei anderen dennoch verurteilen. Der Anhänger der reinen Liebe sagt dagegen: Ich gebe mich auf, ich halte auch die linke Wange hin, wenn mich einer auf die rechte schlägt, dadurch komme ich in keinen Konflikt mehr. Diese Entscheidung bestätigt allerdings noch einmal die Konkurrenz, es löst sie nicht auf. Mein Heil oder mein Unheil nehme ich als Willen Gottes ohne Auflehnung an. Daher der Hang in der Neuzeit zur theologischen Prädestination oder zur physikalischen Determination! Das entlastet den Druck aus der Freiheit, die das Ich mit gleicher Sehnsucht erstrebt. Die Sehnsucht nach Freiheit und Zwang in einem Atemzug, das war der Stempel der Neuzeit!

Fénelon entscheidet sich so: Ich wähle freiwillig die Niederlage, deshalb werde ich keine Niederlage mehr erleiden, es gibt für mich keinen Kampf mehr. Wenn ich das Begehren zum Schweigen gebracht habe, schweigt auch das Befürchten. Der Lohn ist der Friede des Einverstandenseins mit allem und jedem, was mich betrifft.

Auf das irdische Glück verzichtet jeder Mensch, der eine ernsthafte Bekehrung hinter sich hat, wenigstens ist er im Konflikt zum Verzicht bereit. Warum leidet ihr nicht lieber Unrecht?[15] Warum laßt ihr euch nicht lieber ausrauben, ruft Paulus erzürnt den Korinthern zu. Sich nicht wehren, nicht um sein Glück fürchten zu müssen, ist in den Hochformen der Religion die Quelle des Friedens. Das ist eine alte Erkenntnis, und man findet sie in vielen Formen und an vielen Orten. Neu ist bei Fénelon, daß er auch bereit ist, auf das *ewige* Heil zu verzichten. So mächtig war der Druck der Konkurrenz, daß in diesem edlen Menschen die Spannung der Neuzeit nur durch die Bereitschaft zum Selbstopfer aufgelöst werden konnte, zu einem Selbstopfer nicht nur in der Zeit, sondern in alle Ewigkeit.

Hier drängt sich der Gedanke der Projektion auf. Bleibt die Konkurrenz der endlichen Welt weiter bestehen, wirklich bis in alle Ewigkeit? Die Selbstverständlichkeit erstaunt, mit der hier Gott in der Konkurrenz auftritt und als Rivale des Menschen erscheint. Das ist ein Hinweis darauf, wie unlösbar der Konflikt der Subjekte um die Anteile des Lebens in der Neuzeit war, wie tief auch Fénelon in diesen Zwist versunken war. Wenn der Kampf aller gegen alle universal ist, dann, so schloß er, kann auch in Gott dieser Kampf nicht aufgehoben sein, sondern hat in ihm seine Quelle. Statt sein Selbst zu wählen und in die Konkurrenz einzutreten, verwirft Fénelon dieses Selbst, tritt aus dem Wettbewerb heraus und erlangt den anders nicht zu erlangenden Frieden. Dieser Friede ist zerbrechlich, denn er hat die Verbindung mit dem Sein der Dinge aufgegeben und entspringt rein dem Willen, weshalb er beständig erneuert und der eigenen Ich-süchtigen Natur abgerungen werden muß.

Anders die Lösung auf der anderen Seite. Der feindliche Bruder der reinen Liebe ist die Revolte, von der die Neuzeit wesentlich mehr Gebrauch gemacht hat. Nach der einen Wange auch die andere hinzuhalten, scheint doch schmerzhafter zu sein, als sich gegen das Leben zu empören. **Die Revolte entsagt lieber der Liebe zum anderen als der Liebe zu sich selber**. Im Aufstand gegen die Andersheit Gottes und des Menschen sucht das Selbst hier den Platzmangel zu beheben, der in der Konkurrenz herrscht. In verschiedenen Gestalten will der Aufruhr sich Raum verschaffen, gegen Gott, gegen die Natur, gegen die andere Nation, gegen den Nachbarn. Wie die Liebe ist auch die Revolte grenzenlos, wenn einmal das Urteil gefällt ist, der andere sei die Hölle. Die Revolte bringt den Unwillen an den Tag: Ich will mein Ich nicht in der Art bejahen, wie es ist, ich will das Ich anders, ich will etwas ganz anderes. Das Ziel der Empörung muß so andersartig sein, daß es unmöglich zu erreichen ist. Erst dann finde ich einen Augenblick der Ruhe. Im Finden müßte ich von der Empörung ablassen, also mich selbst wandeln, statt die Wandlung von anderen zu fordern. Ich will aber mein Ich, wie ich es will, nicht wie ich wirklich bin. Da das Ziel nicht zu erreichen ist, kann ich den Kampf dafür auch auf morgen verschieben und mir heute die Oase des Friedens gönnen. Deshalb leugne ich mein Ich, wie es ist, und entwerfe mir ein Gegen-Ich. Das ist das Grundmuster der Empörung. Nur als Hilfsmittel dient dabei der Versuch, meinen Willen durchzusetzen und dem anderen aufzuerlegen, denn an und für sich interessiert mich kein anderer. Der Wille zum Leben, der Wille zum Willen, der Wille zur Macht sind meine einzigen Losungsworte!

Hegel bereitete der Aufklärung vor 200 Jahren ein Ende, als er ihr die Leere ihrer Ideale nachwies. Gott, Seele, Unsterblichkeit, sagte er, seien den Aufklärern nicht die Sterne der Wahrheit, nach denen sie ihr Leben ausgerichtet hätten, sondern leere Worthülsen, die einer schlichten Ich-Erhaltung dienen, an deren Erfüllung sie selbst kaum glaubten. Seit Hegel ist die Revolte in der Welt und kann sich rechtfertigen, damit auch das Mißtrauen gegen die eigenen Ziele und gegen sich selbst. Das zügellose Kind der Aufklärung, die französische Revolution, hatte so grausam gewütet, weil es nicht an die eigene Wahrheit glauben konnte, ja weil es an keine Wahrheit glauben wollte. Ein Leben ohne Wahrheit wird zum Terror, weil das Band zwischen den Individuen ohne Frieden ist. Die Philosophen lehren seitdem die Trennung des Menschen von der Wahrheit, seine weltallweite Einsamkeit und die Hinfälligkeit der Moral. Das ist folgerichtig. Wenn es keine Wahrheit gibt, dann gibt es auch keine Moral. Wie sollte ich von mir oder anderen etwas fordern, das über die bloße Selbsterhaltung hinaus ginge? Mit der abweisenden Gebärde wird das Reich der Gnade zerstört, welche das Leben gibt, ohne vorher um Erlaubnis gefragt zu haben. Statt dessen suchten sie irdische Reiche aufzurichten, wo das Gesetz ihrer eigenen Wahl herrschen würde. Einige Reichsgründungen hat es in den letzten 200 Jahren gegeben, alle ohne Bestand. Als Konkurrent des Schöpfers sollte der Mensch folgerichtig die Schöpfung aus eigener Kraft neu erschaffen.[16]

Es wird sich weiter unten zeigen, daß weder die Rebellion noch die Ergebung das Leben ausschöpfen können. Beide Haltungen leben von der Voraussetzung eines Gegensatzes zwischen dem Selbst und der Andersheit, sie leben von dem scharfen Vorurteil der Neuzeit.

Gestalten der Ergebung. Der Verzicht auf die Rebellion ist das Kennzeichen des religiösen Menschen. Ohne mit der anderen Seite zu verschmelzen, tritt der **Homo religiosus** in das Selbstlob Gottes ein und spricht mit ihm: Siehe, es ist alles sehr gut. Das ist die Entscheidung, die auf den Menschen wartet. Was werde ich tun: Ablehnen oder dem Leben zustimmen? Unter dem Druck der zersplitterten Wirklichkeit allerdings spaltet sich die Entscheidung auf. Es lassen sich wenigstens drei Formen unterscheiden.

Der **rigorose Quietismus** macht aus dem Verzicht auf das Ich die Beliebigkeit des Willens. Was mit mir passiert, soll mir gleichgültig sein, ich lasse mich treiben und wehre mich gegen keinerlei Einwirkungen. Ich habe keinen Willen mehr, oder ich tue beliebige Dinge. Das Dämonische oder Böse selbst soll mich nicht erschrecken, ungeachtet dessen, ob ich es austeile oder erleide. Dem Ich in seiner Gottesliebe, das nur will, was ihm geschieht, kann der Dämon unter solchen Bedingungen scheinbar nichts anhaben, weil er ohne tätigen Willen im Menschen sein Werk nicht vollbringen kann. Ein Dämon kann einen Willen nur verfälschen, erzeugen kann er ihn nicht. Ohne Wille ist der Dämon nicht vorhanden. So hat der Quietist seinen Frieden, wie er meint.

Anders der **halbe Quietismus**, zu dem auch der Fénelon der *Maximes des Saints* zu zählen ist. Diese Form des Quietismus ist doppeldeutig. Faktisch ist das Ich dort diszipliniert, weshalb es im Umkreis dieser Lehre auch zu keinen Exzessen gekommen ist, aber der Theorie nach hängt es in der Luft: Ich will nichts für mich, aber was will ich dann? Für welches Ziel setze ich mich ein? Ich besitze einen Willen, und der soll leer laufen? Widerrufe ich nicht meine Zustimmung zum Dasein, wenn ich meinen Willen nur noch zur Aufhebung des Ich gebrauche?

Erst im **gereinigten Quietismus**, in der Lehre der reinen Liebe, wie Fénelon sie später dargestellt hat, die auch keine Zensur mehr erfahren hat, fällt die Doppeldeutigkeit weg: Das Ich will den Willen Gottes und darin eingeschlossen will es auch sein eigenes Heil, weil Gott es will. Die Einheit von Gott und Mensch ist gefunden, wenn auch unter den Bedingungen der Neuzeit. Von Natur aus steht der Mensch gegen Gott, aber im Willen kann er Frieden haben, mit Gott und den anderen Menschen. Nur die eine Unruhe bleibt in diesem Frieden zurück: Gott hätte auch anders wollen können, er hätte mich auch zur Hölle verwünschen können, auch dort hätte ich ihn lieben müssen, wenn ich mit ihm in Frieden leben wollte. Anders wären meine Liebe und mein Friede unter diesen Umständen nicht echt.

Der rigorose Quietismus hatte eine Tendenz zur Entartung. In den Schriften ihrer Vertreter finden sich Sätze dieser Art: Ijob lästerte, und dennoch sündigte er nicht mit seinen Lippen; denn es geschah infolge des Zwangs der Dämonen.[17] Das ist eine Anspielung auf eine Stelle im Buch Ijob, allerdings eine falsche. Im Original widersteht der Dulder den Forderungen seiner Frau, die ihn zum Lästern auffordert, nachdem Ijob in die Asche gekommen ist. Trotz seines großen Unglückes lästert er nicht. Die Indifferenz gegenüber dem Heil des eigenen Ich setzt große Energien frei, denn die Sorgen um das zeitliche *und* das ewige Heil fallen im rigorosen Quietismus weg. Aber dürfen sie wegfallen? Das Ich ist vorhanden, und es kann nicht so tun, als sei es in der endlichen Welt nicht anwesend. Das Ich gibt seinen Seinswillen in der Welt nicht auf, wenn es seinen Willen aufgibt, dies oder das zu tun, es gibt nur die Mühe auf, diesen Willen zu kontrollieren. Ein unkontrolliertes Ich, das seinen dämonischen Taten tatenlos zuschaut, weil ihm der Dämon scheinbar nichts anhaben kann, versetzt das Ich in einen Traumzustand. Entsprechend muß der geistliche Stoizismus fast notwendig schlimme Verbrechen in der Welt anrichten. Wenn mein Ich durch das Leben in der Welt so wenig berührt wird, daß Lästerungen aus dem eigenen Mund mir keine Bedenken machen, dann unterdrücke ich die Zweifel, die mir das Gewissen bereiten muß, ob mein Lebenswandel recht ist oder nicht.

Halber Quietismus. Der halbe Quietismus ist über diese Gefahr hinaus. Das Ich wird hier nicht als gleichgültig behandelt, so daß es sich nach Belieben tummeln darf, sondern soll von sich absehen und weder nach zeitlichem noch nach ewigem Heil streben. Wenn das Ich sich als Kämpfer um einen Platz im Sein, im **esse** versteht, wenn es sich halten will, dann ist diese Selbstbehauptung das **Inter-esse** des Ich. Der Fénelon der *Maximes des Saints* erkennt diesen Daseinswillen als Hauptmerkmal des Menschen in der Neuzeit und sucht ihm beizukommen. Im vollkommenen Zustand der Kontemplation, sagt er, geht jeder interessierte Beweggrund verloren. Wo Furcht und Hoffnung schweigen, schweigt auch das Interesse. Fénelon weiß, daß er das eigentlich nicht sagen darf, denn Furcht oder Hoffnung sind nach der hl. Schrift die Kennzeichen der Kinder Gottes. Deshalb läßt er die Worte bestehen, entkernt sie aber und behauptet, daß im Zustand der Versenkung in Gott die Seele jeden interessierten Beweggrund der Hoffnung oder Furcht verliert.[18] Aber worauf richten sich die Hoffnung oder die Furcht, wenn sie grundlos geworden sind? Die Worte sind zu bloßen Worten geworden!

Diese Konstruktion ist 1699 zurecht als irrig abgewiesen worden. Die biblische Hoffnung ist der Sache nach bei Fénelon verschwunden.

Er ist in seinem Streben nach Vollkommenheit grenzenlos, und da die Vollkommenheit an der zersplitternden Zeit ihre Grenze hat, geht er auch darüber hinaus. Er ist zwar so vorsichtig, die Vollendung nicht als Tatsache zu behaupten, allerdings will er sie auch nicht in eine ferne Zukunft verschieben. Deshalb nimmt er die Gefahr in Kauf, die Hoffnung verschwinden zu lassen. Ein Kämpfer gegen die christliche Hoffnung, das war der Hauptvorwurf seiner Gegner. Fénelon kennt das brennende Gefühl der Interessen in dieser Welt, ihre scharfe Würze, und er kennt den grenzenlosen Frieden im Augenblick des Verzichts. Aber die Wirklichkeit dieses Friedens ist mehr, sie läßt sich mit dem bloßen Gegensatz von Interesse und Desinteresse nicht aussagen. Fénelon kann diesen Frieden nicht angemessen darstellen.

Auch andere extreme Formulierungen wurden mißbilligt. Fénelon meinte etwa, der Mensch könne das Opfer des ewigen Heils bringen, wenn seine Liebe nur ganz rein sei. In diesem Zustand vermöchte die Seele, sogar aus der Hölle mit Gott einverstanden zu sein. Der Mensch könne, wie er schreibt, dem Verlust des eigenen Interesses und der gerechten Verurteilung, die ihm, wie er glaubt, von Gott auferlegt wurde, einfach zustimmen.[19]

Alle diese Aussagen versuchen, dem Gegensatz zwischen meinem Interesse und dem Interesse, das von der anderen Seite ausgeht, zuvor zu kommen. Der Mißgriff Fénelons, so meine Vermutung, besteht darin, daß er die Konkurrenz in der Welt auf den Urheber der Welt übertragen hat. In der Welt ist es edel, den Platz an der Sonne für einen anderen zu räumen, ein solches Leben nennen wir heilig. Aber was in der Welt edel und heilig ist, ist es möglicherweise nicht mehr in Gott, denn im Unendlichen sind die Plätze nicht knapp. Also kann ein Verzicht auf die ewige Seligkeit nicht nur ein Verstoß gegen den Willen Gottes sein, der das Heil aller Menschen will, sondern auch gegen die Natur des Menschen, dessen letzte Bestimmung keine Konkurrenz mehr kennt.

Fénelon versteht als Schüler der Mystiker die Entzweiung der Neuzeit. Jeder Mystiker sucht nach Einheit, soweit sie möglich ist. Um so mehr empfindet er die Entzweiung als schwere Last. Fénelon weiß von dem schmerzlichen Riß im Inneren der Seele. Das Motiv des menschlichen Wollens und das Lebensziel des allgemeinen göttlichen Willens fallen auseinander. Der einzelne Mensch kann Ziele wollen, die dem allgemeinen Ziel des Menschseins nicht entsprechen. Das wird als Entfremdung, als Verzweiflung, als Sünde erlebt! Dieses Problem drängt sich auf und verlangt nach einer Lösung. Fénelon ist in diesem Punkte ganz und gar Neuzeitmensch. Die fortgeschrittene Lage der Menschheit zeigt sich als Entzweiung des einen Zieles und deshalb als Verzweiflung an dem, was als gut gelten soll.

Das Beispiel Freundschaft. Nach klassischer Bestimmung hat die Freundschaft ihre Grundlage in dem Gut, das der eine dem anderen schenkt. Wie die Redensart besagt: Kleine Geschenke erhalten die Freundschaft! Die Freundschaft mit Gott besteht im ewigen Leben. Kein anderes Gut unter den tausend Gütern wünscht der Mensch so sehr zu erhalten wie dieses. Fénelon kann die einfache Definition aber nicht so einfach hinnehmen. Wenn das Interesse in Opposition zur Wahrheit steht, dann kann die Gemeinsamkeit nicht das Motiv der Freundschaft sein, sondern nur der Anlaß, aus dem die Freundschaft als Akt des Willens hervorgeht. Das Gute sieht er hier, ganz neuzeitlich, nicht in der Zustimmung zum Sein, sondern in der Herstellung dieses Seins. Diesen Willen zum Herstellen verneint nur eben Fénelon in seinem besonderen Falle. Er will die Freundschaft mit Gott nicht herstellen; und weil er sie sich nur als hergestellt vorstellen kann, verzichtet er im Extremfall darauf.

Spaltung und Vereinzelung finden sich bei Fénelon überall. Philosophisch ist er Anhänger des damals verbreiteten Okkasionalismus, nach dem es keine Verknüpfung der Dinge gibt. Jede Ursache steht einzeln da und stammt von Gott, Ursache und Wirkung fallen in der Welt beliebig weit auseinander. Diese Vorstellung fördert zwar die individuelle Freiheit, stürzt aber den Menschen zugleich in eine planlose Unsicherheit. Die Zusammenhänge zerfallen, so daß der Wille in seinem Motiv verwirrt wird, weil er kein eindeutiges Ziel hat. Der Kampf aller gegen alle oder die Einsamkeit jedes Einzelnen für sich wird zum Merkmal des neuzeitlichen Menschen. Nur in solchen Strukturen kann sich Fénelon bewegen. Zugleich und anders als die meisten Okkasionalisten bedauert er sie aber zutiefst. O, wie häßlich ist es, ruft er aus, zwei, drei, vier zu sein! – O, qu'il est vilain d'être deux, trois, quatre, etc! Er nennt sich selbst komplizierter als eine ganze Diözese.

Mit dem Willen zur Einheit beginnt das Elend und der Zerfall in die Vielheit. Ich will zur Einheit mit Gott gelangen, denn die Einheit ohne Gegensatz, der immer störend ist, gibt Frieden und Heil. Aber wenn ich diese Einheit will, will ich dann Gott? Ich will ja Gott als Mittel zur Einheit und zu meinem Heil, aber ich will nicht wirklich Gott um seiner selbst willen, also will ich etwas anderes.

Man kann das gleiche Ergebnis auch finden, wenn man statt vom Gegenstand des Willens von diesem Willen selbst handelt. Wenn ich die Einheit will, dann schiebe ich die Einheit fort, denn mein Wille richtet neben der erstrebten Einheit eine zweite Sache auf, meinen Willen. Also greife ich daneben und bewirke im Willen zur Einheit nicht die Einheit, gerade weil ich die Einheit will. Tragischer Riß im Menschen, der das Denken und das Leben mit einem ewig fortzeugenden Virus infiziert! Wenn die erstrebte Seligkeit in der göttlichen Einheit der Grund meines Willensaktes wäre, so könnte ich Gott niemals mehr lieben als mich selbst. Also ist jede Erlösung unmöglich, solange ich sie will.

Fénelon zieht die Folgerung: Was mich antreibt, darf nicht meine Seligkeit sein, sondern der Verzicht darauf. Mit Gott vereint zu sein, ohne für sich selbst das Heil zu wollen, das ist die reine Liebe, die von sich selbst absieht. Selig sein will sie nicht unbedingt, sie stellt es dahin. Sie will, was Gott will, denn der Wille darf nicht vagabundieren. Aber sie darf nicht das eigene Heil wollen, denn dadurch würde sie Gottes Willen zu einem Werkzeug machen. Unter den reflektierenden Bedingungen der Neuzeit zerfällt die von einer gesunden und naiven Tradition unbezweifelte Gleichheit von Einssein und Seligsein mit Gott. Statt dessen sieht das Individuum seine Interessen gegen eine allgemeine Wahrheit gesetzt und kann bei Fénelon nur um den Preis des Selbstopfers daran teilnehmen.

Zur Überwindung der Spaltung bietet Fénelon die ekstatische Gottesliebe auf. Wenn sich zwei Seiende gegenüber stehen, Gott und das Ich, und kein Akt des Ich in der Lage ist, vom Ich wegzukommen, dann verbleibt noch eine letzte Möglichkeit. Das Ich muß sein Handeln und sich selbst aufgeben, um sein Dasein ganz in Gott hinein zu legen. Das heißt, es muß aus sich selbst heraus treten, *ek-stare*, besser gesagt, sich aus sich selbst heraus reißen lassen. In der Ekstase bin ich nicht bei mir, sondern beim anderen, ich bin gleichgültig um mein Glück oder Unglück. Fénelon kann das Hohelied des Apostels für sich anführen und auf den Vorrang der Liebe verweisen, wenn er die besondere Motivation der Liebe bestimmt: Für jetzt bleiben diese drei, sagt Paulus, Glaube, Hoffnung und Liebe, am größten aber ist die Liebe.[20] Im Glauben und in der Hoffnung will ich noch etwas für mich, in der reinen Liebe nichts mehr.

Nicht der Genuß für mich selbst, sondern das Wohlwollen für den anderen ist nach Fénelon der Kern der Liebe. Das Wohlwollen bejaht einen vorgefundenen Zustand und verzichtet darauf, ihn ändern oder herstellen zu wollen. Daher begünstigt die quietistische Haltung die reine Liebe, die eine Zustimmung ist und keine Aktivität. Fénelon war kein träger Mensch, er war ein begabter und berühmter Pädagoge, ein erfolgreicher Schriftsteller und Meister des Wortes. Dennoch wollte er seine Aktivität nicht auf seine Person richten, er wollte nicht im Mittelpunkt seines Interesses stehen und nahm jede Enttäuschung klaglos an.

Umgekehrt ist die interessierte Liebe ursprünglich aktiv, weil sie eine Veränderung des gegenwärtigen Zustandes wünscht. Eine solche Liebe ist nicht ekstatisch, sie verläßt sich nicht, sondern sendet Boten und Mittler in die Welt hinaus, um Unterhandlungen mit anderen Interessierten zu führen, die zu Konsens und Kompromiß im Genuß werden.

Der Sündenfall nimmt bei Fénelon die Gestalt der Reflexion an. Adams Sünde ist meine eigene Sünde, da ich in sie hinein geboren wurde und von ihr lebe. Wer das Reflektieren abschafft, schafft es reflektierend ab, das heißt er vermehrt es. Die Rückkehr ins Paradies ist unmöglich, das Tor geht nach vorne nicht mehr auf. Die Glückseligkeit muß sich selbst aufheben, wenn sie sich erreichen will, sie darf nicht nach Glückseligkeit streben. Fénelon nennt das den **abandon total**, die vollkommene Selbstaufgabe, die nach ihm das Wesen der reinen Liebe ist. Ich verzichte, wie immer das möglich sein mag, auf die Reflexion, auf mein Leben, auf meine Seligkeit und verlange weder Glück noch Unglück. Ich schaue mich nicht mehr an. Mit dem Primat der Praxis vor der Theorie soll der Teufelskreis der erbsündlichen Reflexion durchbrochen werden. Ich kann handeln, ohne in mir das Bewußtsein von Erfolg oder Lohn widerzuspiegeln.

Natürlich weiß Fénelon, daß der Mensch einen Trieb zur Selbsterhaltung hat, der ihm vom Schöpfer verliehen wurde. Das Maß des Glückens in diesem Streben nennt man üblicherweise Glück. Das unwillkürliche Glücksverlangen will er nicht ausrotten, aber dieser Trieb kann für ihn nicht das Menschliche des Menschen ausmachen. Selbsterhaltung betreiben auch Tiere und Pflanzen. Das Verlangen nach Glück für das eigene Ich kennzeichnet einen breiten Strom der neuzeitlichen Ethik, den sogenannten **Eudämonismus**. Ihm stellt Fénelon das sittliche Phänomen als einzigartigen Blitz in der Welt der naturhaften Interessen gegenüber. Ähnlich haben die Stoiker die Ethik als Selbstzweck gelehrt. Die Ruhe, die sie dabei erfahren haben, kann nicht die Befriedigung über die Leistung der Tugend sein. Dann hätten sie nicht um der Tugend, sondern um des Lohnes willen gehandelt und den Frieden nicht erlangt.

Lösung des Dilemmas. Die Lösung kann nur in der Unendlichkeit Gottes liegen, in dem die Konkurrenz wegfällt. Erst die Unendlichkeit hebt die Voraussetzungen auf, in die sich Fénelon gestürzt sah. Dort hat die Freiheit den Frieden, weil sich die Freiheiten der vielen dort nicht mehr im Wege stehen. Wie die Konkurrenz in Gott wegfällt, das hat Fénelon nicht genügend erkannt, weil er den Horizont der Neuzeit nicht überschreiten konnte. Fénelon hat diesen Frieden zwar erfahren, und insofern ist er auch echt und nicht an die Voraussetzungen der Epoche gebunden. Aber er stellt den Frieden mit den Mitteln dar, die er zur Verfügung hatte, und die reichten nicht aus. Die Preisgabe, sagt er, aller unruhigen und interessierten Rücksichten auf sich selbst versetzt die Seele in einen unerklärlichen Frieden und eine unfaßbare Freiheit.

Diese starke Erfahrung war nicht in der Lage, das Vorurteil der Epoche zu überwinden. Die Neuzeit zwang selbst Gott unter ihre Vorstellung konkurrierender Subjekte, und diesem Zwang ist Fénelon erlegen. Insofern hat die Entscheidung von 1699 nicht seine unmittelbaren Absichten der reinen Liebe verurteilt, sondern das Amalgam der Neuzeit, das er nicht zu zerlegen vermochte. Zurecht war dem Papst Innozenz XII. so unwohl bei der Verurteilung, daß er sie am liebsten *sine die*, auf Nimmerwiedersehen verschoben hätte.

Die großen Streite der Theologie der Neuzeit von Luther bis Fénelon waren Gnadenstreite, ausgelöst durch die Konkurrenz der Subjekte. Sie alle sind ungelöst geblieben. Die Brüche des Konflikts liegen an verschiedenen Stellen. Fénelons Bereitschaft zur Unterwerfung hat die Kirche vor Spaltung bewahrt, aber damit den Geist der Zeit zum Verlassen der Kirche genötigt. Luther hatte sich anders entschieden, er hat die Einheit der Kirche geopfert und den Geist der Zeit in die Kirche eingelassen. Schmerzlos ist beides nicht, aber Fénelons Edelmut ist doch bewundernswert.

2.3 Die Gewalt der späten Neuzeit

These 2.3: Die Gewalt der späten Neuzeit ging mit der unbegrenzten Herrschaft des Interesses einher, die sich gegen jede Einschränkung durch die Wahrheit zur Wehr setzte.

Niederlage Fénelons. Nach der Niederlage Fénelons trat das ungezügelte Interesse seine Herrschaft an. Das Zeitalter erreichte seinen Höhepunkt im zwanzigsten Jahrhundert, als die blanken Interessen, die durch keinen Gedanken an eine universale Wahrheit gezügelt waren, in Revolutionen und Weltkriegen aufeinander prallten. Von der Wahrheit achtungsvoll zu reden, galt dem Zeitalter der großen Kriege wechselweise als Naivität oder als Blasphemie, trotz aller gleichzeitig ausgestoßenen Rufe vom Tode Gottes.

Fénelon war 1715 gestorben. Der Enzyklopädist und Sohn von Fénelons Freund, d'Alembert (1717–1783), weinte Jahrzehnte später an seinem Grabe. Vor der *Académie française* hielt er eine große Lobrede auf den Erzbischof von Cambrai, wobei er seine Person preisen und seine Religion zugleich verwerfen konnte.[21] Der Glaube Fénelons war ihm keine Diskussion mehr wert. Warum? Die sichtbare Kirchenreligion hatte die reine Liebe untergraben, meinte er. Geister wie d'Alembert dachten in den gleichen Bahnen wie Fénelon: Entweder gibt es reine Liebe und diese ist die volle Wahrheit oder es gibt überhaupt keine Wahrheit und damit auch keine Liebe, sondern nur blanke Interessen. Wenn schon die Kirche, schloß d'Alembert, ein Leben ohne Eigennutz nicht kennen will, dann wir erst recht nicht. Dann wollen wir gleich eine saubere Lösung. Wir werden Materialisten und rufen: Es gibt, wohin wir gehen, auf Erden, nur Eigennutz zu sehen.

Hier ist ein eigenartiger Vorgang am Werk, in dem verschiedene Ursachen zur gleichen Wirkung führen. Die einen wollen die Liebe ohne Interesse und werden Atheisten, die anderen wollen das reine Interesse ohne Liebe und werden auch Atheisten. **Atheismus ist der Versuch, das eigene Selbst vor der Andersheit des Anderen zu retten, vor Gott und vor den Menschen.** Eigenartig ist der Versuch, weil die Wirkung auf eine Wahrheit verweist, in der das Interesse und die Loslösung des Selbst von sich selbst nicht getrennt sind. Der Versuch zur Trennung von Subjekt und Objekt ist schon Atheismus, wie sehr man sich in dieser Trennung auch auf die Seite Gottes stellen und Gott zum einzigen Subjekt oder höchsten Objekt erheben möchte. Umgekehrt scheitert jeder Versuch des Atheismus, weil die Trennung nur im Bewußtsein, nicht aber im Sein des Lebens stattfindet. Fénelon wollte wahrhaft kein Atheist sein, förderte aber durch seine Lehre von der reinen Liebe den Atheismus und die unreine Liebe des Interesses, weil er die Denkbahnen der Konkurrenz beförderte. Fénelon ließ sich zum Erbfall machen. Die gleich auf seinen Fuß folgenden Aufklärer sahen in ihm und in seiner Lehre einen edlen Irrtum, eine Chimäre, ein Tier, das vorne ein Löwe, in der Mitte eine Ziege und hinten ein Drache ist, und sie entschieden seine Alternative zur anderen Seite hin. Robbespierre, der tugendhafte Terrorist der Französischen Revolution, soll sich auf Fénelon berufen und ausgerufen haben: Laßt uns Salente gründen! Salente ist Fénelons Tugendstadt im europäischen Bildungsroman *Telemach*. Les extrêmes ses touchent, die Extreme berühren sich! Die reine Liebe wie der reine Terror berühren sich in der Vermutung, das Leben sei ein Kampf von Interessen und kenne in alle Ewigkeit keine kampflosen Orte. Oder besser noch: Sie vereinen sich in der Meinung, daß zur Versöhnung der Entfremdung ein letzter Kampf erforderlich ist, der große Opfer fordern darf. Bei Fénelon ist es das Opfer des Ich, bei Robbespierre das Opfer der Massen. **Mit dem Wunsch, in den letzten Kampf zu ziehen, kann man zum Märtyrer der Liebe oder zum Terroristen der Gewalt werden.**

Das von der Kirche abgewiesene Denkmotiv führten Johann Gottfried Herder, Kant und Hegel unter säkularisierten Bedingungen weiter. An die Stelle Gottes trat bei ihnen das Bewußtsein. Der Andere erscheint als eine Gestalt, in der das Selbst sich gegenüber tritt. Das Interesse erhebt sich immer neu und in unendlicher Folge als Reflexion des Subjekts, mit dem es seine Entfremdung, nicht bei sich selbst sein zu können, bezwingen will. Allerdings führt das Verlangen nach solcher Bezwingung zur weiteren Entfremdung, wie das Elend der unendlichen Reflexion zeigt. Das Subjekt verliert seine Ursprünglichkeit mit dem Leben, da es immer neu auf sein Interesse stößt, das es in unendlicher Reflexion nicht befriedigen kann. Das Jagen nach der Herrschaft über sich selbst ist grenzenlos und kommt an kein Ziel. Wenn du's nicht fühlst, du wirst es nicht erjagen! So sprach zur gleichen Zeit eine Stimme in Goethe. Er hatte die andere Seite der Wahl getroffen: Statt sicherer Selbstbegründung hatte er die Fülle des Lebens gewählt. Goethe gehört dem Titanismus nicht an, obwohl sein Faust zur Symbolfigur des deutschen Titanismus geworden ist. Er ist der Olympier, der nichts mehr erobert, weil ihm die Fülle schon zugefallen ist.

Schritt zur Aufklärung. Die nächste geistige Entscheidung nach Reformation und Renaissance ist nicht in Deutschland gefallen, sondern in Frankreich, wie die Beispiele Descartes und Fénelon zeigen. In diesem Schritt vergewissert sich das Subjekt seiner selbst durch sich selbst. Descartes verleiht der Vergewisserung einen wirkmächtigen Ausdruck. Mit dem politischen Verfall des europäischen Hauses war die Einheit des geistigen Hauses zerbrochen. Descartes suchte sie in neuer Form wieder herzustellen. Dazu zerlegte er die Wirklichkeit verschärft in Subjekt und Objekt, um von einem gesicherten Subjekt aus alle Objektivität zu sichern. In Rationalismus und Empirismus schufen sich diese beiden Sicherheiten die überhöhenden und im Bruderkonflikt vereinten Theorien. Auf beiden Grundlagen läßt sich ein Turm als Mittelpunkt aller Wirklichkeit errichten. Beiden Türmen ist die Neigung zu eigen, den anderen Turm als Spiegelbild seiner selbst auszugeben und ihn auf einen minderen Seinsrang zu drücken. In Descartes erkennen beide Richtungen ihren geistigen Ahnherrn an. Darüber läßt sich nicht genug wundern: Wie können absolute Subjektivität und Objektivität aus dem gleichen Denken geboren sein? Es scheint, ihr gemeinsamer Vater ist der Versuch, die menschliche Autonomie aufzurichten, bei der eher zufällig und deshalb im Bruderkonflikt vereint einmal die Subjektivität, dann die Objektivität alle Wirklichkeit sein sollte.

Beide Richtungen galten als Aufklärung, und als solche traten sie der Religion entgegen, um sie als überholt auszurufen und ihr die Kräfte zu entziehen. Der Streit konnte nicht ausbleiben, denn auch die Religion beansprucht das Wissen von der Wahrheit aller Wirklichkeit, allerdings in einer anderen Weise. Gerade wegen der Ungewißheit des Lebens sucht sie die Gewißheit in Gott, die aber nicht Besitz sein kann, weshalb sie ihre Wahrheit nicht begrifflich, sondern symbolisch darstellt. Die Religion weiß, anders als die Wissenschaft, daß ihr Gegenstand kein eigentlicher Gegenstand sein kann. Andererseits weiß sie, daß ihr Gegenstand allgegenwärtig ist und sich in der Grenze menschlichen Begreifens zeigt, wenn es sich auf einen endlichen Gegenstand richtet. Alle Wirklichkeit? Das ist kein möglicher Gegenstand, was man sowohl durch Nachdenken als auch durch die Lektüre Kants erkennen kann. Im Kampf mit der wendigen Einseitigkeit der Säkularisierung mußte die Religion immer wieder unterliegen, obwohl sie nicht untergehen kann, da sie nicht mit den Mitteln dieser Welt kämpft. Die Andersheit des Anderen ist die Quelle ihres Lebens und hält sie frisch über alle atheistischen Siege hinaus, die das Selbst erficht.

Drei Stadien der Aufklärung. Drei Stadien der Aufklärung lassen sich unterscheiden. Im ersten Stadium versuchte die autonome Vernunft, den Glauben zu begreifen und zu beweisen. Im zweiten wollte sie ihn verbessern und vernünftig machen, im dritten sagte sie sich von ihm los. Die Intellektuellen durchliefen diese Stadien im siebzehnten, achtzehnten und neunzehnten Jahrhundert. Erst kam der theologische Rationalismus, dann die philosophische Aufklärung, schließlich der politische Atheismus. Die breite Masse folgte jeweils ein Jahrhundert später nach, weshalb die westlich geprägten Länder im zwanzigsten Jahrhundert eine starke Abkehr gegen die Religion entwikkelten, während gleichzeitig der autonomen Vernunft von ihrer Quelle her der Boden entzogen wurde. Die Naturwissenschaft, der Kern der Neuzeit, mußte ihr Programm aufgeben, den unbegrenzten Zugang zu aller Wirklichkeit zu garantieren.

Nach Fénelons Tod bestand das Römische Reich Deutscher Nation weiter fort, noch ein Jahrhundert lang. Allerdings war es zur Schattengestalt einer längst zu Grabe getragenen Hoffnung abgesunken. Die Nationalstaaten hatten in der Ökonomie gesiegt, da ihre scharfen Einzelinteressen mehr Wirkung erzeugen konnten als die hohe Wahrheit eines allversöhnenden politisch-geistlichen Reiches. Um so mehr liebten die Dichter und Denker diese Schatten. Der Abbau einer Gestalt verschaffte ihnen die Inspiration für ein neues Reich nach eigenem Entwurf. Goethe spöttelte im *Faust*: ›Das liebe heil'ge Röm'sche Reich, wie hält's nur noch zusammen?‹ Dann baute er in der Provinz Weimar ein Reich des Geistes auf, während Hegel in der Metropole ein politisches Ersatzreich schuf. In Berlin sann er über die Weltgeschichte und entwarf ein Welt-Panorama vom Anfang bis zum Ende der Zeit, das die bestehende und kommende Konkurrenz der Ökonomie in der Geschichte selbst beheben sollte.

An der Aufklärung aus England und Frankreich nahm Deutschland nur verspätet teil. Der deutsche Geist machte sie zwar notgedrungen mit, fühlte sich in ihr aber nicht wohl. Erst in der Überwindung der Aufklärung gelangt Deutschland immer wieder zu sich selbst. Der Durchbruch ist immer ein Re-, wenn es den Mut gefaßt hat, wieder einmal an sich zu glauben. Dies hängt vielleicht mit einem Erbstück der Deutschen zusammen. Wie versunken die Idee auch immer sein mag, im Bewußtsein und im Unterbewußtsein der Deutschen hat sie die Spur hinterlassen, Träger eines universalen Reiches gewesen zu sein. Aufklärung ist die umgekehrte Bewegung, sie ist Abbau eines Reiches durch kritische Besichtigung seiner Realitäten; Überwindung der Aufklärung wäre dann die Errichtung eines neuen Reiches zur Überwindung der Entfremdung. **Beides gleichzeitig zu verwirklichen, die Kritik und die Versöhnung, ist auf Erden noch niemandem gelungen.** Dazu müßte man die Wahrheit denken können, die den Tod hinter sich gebracht hat, da er der Stachel im Fleisch ist, der die Versöhnung verhindert und den kritischen Blick auf die Wirklichkeit trübt. Es scheint, daß eine solche Wahrheit, die allem Leben gibt, die Kraft des Menschen schon im Denken und noch mehr im Handeln übersteigt.

Das Stichwort der deutschen geistigen Bewegung im 18. Jahrhundert lautete **Natur**. Es leuchtete dem Zeitalter in messianischem Glanze voran. Einflußreiche Philosophen waren Spinoza und Rousseau. Beide hatten die Natur an die Spitze ihres Denkens gestellt. In diesem Geist legte Goethe um 1780 der Natur alle Gotteseigenschaften bei, die ihm nur einfallen konnten. Später hat er dieses *Tiefurter Journal* ausdrücklich als Geist von seinem Geist anerkannt: ›Natur![22] Wir sind von ihr umgeben und umschlungen, unvermögend, aus ihr herauszutreten, und unvermögend, tiefer in sie hineinzukommen. Ungebeten und ungewarnt nimmt sie uns in den Kreislauf ihres Tanzes auf und treibt sich mit uns fort, bis wir ermüdet sind und ihrem Arme entfallen. … Ich vertraue mich ihr. Sie mag mit mir schalten. Sie wird ihr Werk nicht hassen. Ich sprach nicht von ihr. Nein, was wahr ist und was falsch ist, alles hat sie gesprochen. Alles ist ihre Schuld, alles ist ihr Verdienst.‹

Mensch von Natur aus gut. Rousseau vollzog die Abkehr von der religiösen Ansicht, der Mensch sei von Natur aus böse. Seiner Substanz nach, meinte er, sei der Mensch gut, höchstens sei er falsch erzogen oder falsch regiert. Das war ein neuerlicher Schritt zur Säkularisierung christlicher Inhalte. Auch die christliche Gnadenlehre hält den Menschen seiner Natur nach für gut, nur meint sie, hat die Menschheit ihr Gutsein in Freiheit verwirkt und kann es nicht wieder selbst aktivieren. Diese Eigenmacht wollte Rousseau seinem Jahrhundert wieder zusprechen. Der Selbstbestätigung des intellektuellen Menschen entspricht die Selbstbestätigung des handelnden Menschen. Da das Interesse in der Zeit nach Fénelon sich theoretisch aller Schranken entledigt hatte, suchte der Mensch im praktischen Leben nicht mehr die Heiligkeit als Leben für alle, sondern den Erfolg als Vorteil für sich selbst. Zwar haben auch in früheren Zeiten die wenigsten Leute heilig gelebt, aber das als gültig geglaubte Ideal bremste doch die naturhaften Aggressionen des ungezügelten Interesses. Diese Scheu fiel in der Avantgarde des 18. Jahrhunderts fort.

Die Wahrheit schrumpft auf einen Teil ihrer selbst zusammen, auf das Interesse. Ins politische Leben umgesetzt führt das zu dem Verlangen, die Vorteile des ersten Standes dem dritten Stand zukommen zu lassen, das heißt die Adelsherrschaft und jeden Stand abzuschaffen. Dieses Bestreben war im 18. Jahrhundert überall zu besichtigen. Die neuzeitliche Demokratie kann ehrenwerte Gründe für sich sprechen lassen, aber sie hat auch den Neid als Geburtshelfer in Anspruch genommen, und das schafft ihr andauernde Probleme in der Stabilität. Weder der Kapitalismus noch der Sozialismus hatten es darauf angelegt, den Neid des Interesses zu überwinden. Beide wollten ihn erfüllen, entweder durch den Konsum oder durch die klassenlose Gesellschaft. Im Vergleich zum Christentum sind sie konservativ und regressiv und haben nur die Aktivität auf ihrer Seite.

Philosophie des Verdachtes. Mit der Reduktion der Wahrheit auf das Interesse begann die Philosophie des Verdachtes. Sie vermutet in jeder Rede über Wahrheit die Bemäntelung eines Interesses. Der Verdacht verschafft dem Kämpfer im scharfen Wettbewerb eine gewisse Befriedigung und damit einen Vorteil. Wenn alle dasselbe tun, auch wenn sie anders darüber reden, ist mein Tun gerechtfertigt. Trotz Rechtfertigung fühlt sich der Kämpfer aber nicht ganz wohl. Die Ökonomie wird bei ihren Verfechtern als Moloch von Hektik und Sinnlosigkeit erlebt. Also streben auch sie wiederum nach einem Heil, nur daß sie dieses nicht von Kräften jenseits der eigenen Ökonomie erwarten, sondern von sich selbst. Das Ziel, so sehr es sich der Kämpfer als revolutionär vorstellen mag, um sich zu motivieren, ist bei Lichte besehen ziemlich konservativ. Der Mensch soll nicht von seinem Interesse befreit werden, als Erlösung wird ihm im westlichen und östlichen Materialismus, das heißt jetzt nur noch im westlichen, die Befriedigung aller Interessen versprochen.

Dazu wird ein Teil der Ökonomie mythisch aufgeladen und Natur genannt, um ihre Einzigkeit und Allwirksamkeit kundzutun. Von ihr allein ist dann auch das Heil zu erwarten, durch Industrie und

Pädagogik etwa, ohne Verwandlung der Triebe und Interessen natürlich, sondern durch ihre Befriedigung. Die beschränkte Wahrheit dieses Vorgehens zeigt sich in der doppeldeutigen Wirkung des Programms. Mit der Verherrlichung beginnt die endgültige Zerstörung der noch vorhandenen, vom Geist behüteten Natur in den traditionellen Lebensformen. Die Natur enthüllt sich als dämonische Realität, die so viel Tod gibt wie Leben. Auf das Schäferspiel von Trianon folgt die Guillotine von Paris.

Zur gleichen Zeit, da die Philosophen und Dichter die Natur als göttlich priesen, nimmt die Naturwissenschaft ihren Aufschwung. Ohne Glauben an ihre Universalität wäre die mythische Aufladung kaum möglich gewesen. Zwar enthüllt sich die theoretische Doppeldeutigkeit der Natur erst in der Physik des 20. Jahrhunderts, aber in der angewandten Form der Technik zeigen sich sofort die Doppeldeutigkeiten durch ökologische, soziale und psychische Schäden. Mit dem Licht wächst der Schatten, mit dem Guten gewinnt das Böse an Kraft. Die Versöhnung im eindeutig Guten der Gott-Natur hätte anders aussehen sollen.

Der Hauptstrom des westlichen Geistes meint ab dem 18. Jahrhundert: Alle Wirklichkeit ist Natur. Entsprechend konnte die Naturwissenschaft zum Kern der Neuzeit werden. Von dem Philosophen Spinoza, der ein abstraktes rationales System um die Begriffe Gott, Substanz und Natur gebildet hatte, übernahmen die Deutschen einen Satz, für den sie ihn liebten: *Deus sive natura*. Statt die Rationalität der Natur zu sichern, gaben sie ihr damit einen fühlbaren Sinn. Die Neuzeit im allgemeinen ist von der Tendenz durchzogen, Gott zu einem blassen, fernen und hohen Wesen zu machen, dem nach und nach alle Funktionen entzogen werden. Für weite Teile der Intellektuellen und später auch des Volkes war er über die Sakramente nicht mehr zu erreichen gewesen. Kants und Goethes Abwendung vom Sakrament hat symbolischen Charakter für die Neuzeit.

Die verwaiste Stelle nimmt der Pantheismus ein. Im Pantheismus ist Gott wieder so nahe wie in den Zeiten des Sakramentes, er ist nahe als Blume, als Luft, als Wasser, als Erde. Nicht die Kirche, sondern die Natur ist jetzt das Haus Gottes, in dem er erfahren wird. Alle Wirklichkeit soll Natur sein, lautet das Programm des Geistes im 18. Jahrhunderts. Das 19. und 20. Jahrhundert versuchte die Probe auf diese Identität.

Der einfache Pantheismus des Spinoza machte den Menschen zwar autonom gegenüber Gott, ließ ihm aber keine Freiheit in der

Welt und beraubte ihn der Verantwortung. Der neue kritische Geist des Idealismus ab Kant wollte autonom und verantwortlich zugleich sein. Das verlieh dem Begriff der Freiheit im deutschen Idealismus zum Teil bis heute seine Anziehungskraft. Kant gebraucht zwar den Namen Gottes, aber während Gott für den Christen fraglos da ist, bekommt er bei Kant eine Funktion zugesprochen. Das kehrt das Verhältnis um: Nicht mehr der Mensch ist vor Gott verantwortlich, sondern Gott vor dem Menschen, er muß seine Nützlichkeit beweisen. Auch das eine Folge der übermächtig gewordenen Ökonomie, die außer Interessen nichts bemerken kann! Für Kant ist die Freiheit das höchste Gut, dem unmittelbar zu dienen ist, alles andere Göttliche wird zum Postulat der praktischen Vernunft, das der Freiheit untertan ist. Das legt den letzten Schritt nahe, in dem sich diese Freiheit ihre Freiheit selbst garantieren und nicht mehr von einem Jenseits ihrer Möglichkeiten Gebrauch machen will. Der Wille zum Leben oder der Wille zur Macht wird zu einer unwiderstehlichen Versuchung.

Schwäche des Programms. Die Schwäche des Programms hat Hegel gesehen. Jedes Scheitern der Freiheit, jeder simple Untergang und der allgegenwärtige Tod verwandeln das Programm einer Weltgeschichte auf dem Weg zur versöhnten Freiheit in eine Illusion. Der Tod und das Negative müssen selbst in die Freiheit aufgenommen werden, lautete Hegels Gegenmittel. Nicht umsonst hat er die trinitarischen Spekulationen wieder aufgenommen und sie im Spiegel seiner Dialektik gedeutet. Er wollte das Christentum in dem einen Punkt beerben, in dem es ihm hellsichtiger zu sein schien als die blauäugige Aufklärung, in ihrem Gespür für das Leiden der Kreatur. Wie in jedem Erbfall suchte auch er den Gabecharakter abzustreifen, was bei ihm durch den dialektischen Begriff geschah, der die Einsicht der Religion für die Philosophie nutzbar machen sollte. Er nahm, was gegeben war, positiver Schritt, und hielt auch das noch als Nehmen fest, was ihm genommen wurde, negativer Schritt, so daß er nun alles besaß, synthetischer Schritt. Das ist die dialektische Kunst der Beerbung. Das Negative gehört nach Hegel notwendig in die Geschichte hinein, wenn sie auf dem Weg zur Freiheit ist. Dadurch hat er faktisch, wie in seinen Schülern sichtbar, den Atheismus vollendet, der noch ein bißchen vollendeter war als der Atheismus der Aufklärung. Dieser neue Atheismus mußte sich vor der Dunkelheit der Geschichte nicht mehr fürchten wie die optimistische Aufklärung. Wenn das tätige Subjekt der Geschichte auch noch seinen Feind umgreift, der ihn zu umschließen droht, dann hat es keine Grenze mehr und feiert die Versöhnung. Dann – *aus dem Kelche dieses Geisterreiches,* schäumt ihm seine Unendlichkeit.[23] So die große Versöhnung und Erlösung nach Hegel!

Der deutsche Geist, als er alle Wirklichkeit in die Natur legen und die Ökonomie ergreifen wollte, konnte die christliche Erfahrung nicht ganz vergessen. Die Welt ist unerlöst und auf ihren Wegen schreitet der Mensch als krummes Holz einher. Diese Erfahrung übernahm Hegel, nicht aber die andere und tiefere, daß der Mensch seine Erlösung nicht aus eigenen Kräften bewirken kann.

Die Antikenbegeisterung im 18. und 19. Jahrhundert wollte oftmals gleich beide Voraussetzungen leugnen. Sie mochte für einen Augenblick meinen, dem glücklichen Heidentum und einer ungebrochenen Natur wieder nahe zu sein. Die Schwärmerei konnte auf Dauer nicht verbergen, wie unmöglich es war, mit der Ökonomie einen Weg zurück ins Paradies zu beschreiten. Die unberührte Natur entfernte sich, je mehr sie erstrebt wurde. War die Begegnung mit der göttlichen Natur eine Täuschung gewesen? War sie ein Abfall von Gott? Der deutsche Geist hat den titanischen Gedanken gefaßt, alle Entfremdung, die den Menschen aus der Natur in die Ökonomie getrieben hatte, rückgängig zu machen und das alte Reich wieder aufzurichten. Daher sein Hang zu den konservativen Träumen, bei Hegel, bei den Romantikern, bei Marx, bei Hitler: Endlich sollte, zur Not auch mit Gewalt, ein Reich der universalen Versöhnung erscheinen! Aber dem deutschen Gedanken fehlte lange Zeit die Tat. Fehlten dem alten Römischen Reich Deutscher Nation die Gedanken, so bestand das zweite und dritte Reich zunächst ganz aus Gedanken ohne Taten, das heißt aus Träumen. Zuerst träumten die Deutschen in ihren Dichtern und Denkern das Programm eines neuen Reiches und brachten es im Dichten und Denken auch zu Ende. In ihnen fühlte der Deutsche, wenn er für Stunden den Alltag verließ, sich der erlösenden Kraft der Natur nahe. Der Rest der westlichen Welt, Frankreich, England, die USA, schritt tief und tiefer in die Ökonomie hinein und war erfolgreich. Mit nachholendem Eifer drängte Deutschland selbst in die Realität der Ökonomie, umwölkt von den Träumen eines alten Reiches in neuer Zeit, aus denen es erst durch die Kriege und Revolutionen des 20. Jahrhunderts aufgeweckt wurde.

Der erste Denker der Geschichte ist Hegel, damit auch der wichtigste Träumer des Heiles in der Geschichte, das er als Befreiung aus der Vereinzelung des Einzelnen beschrieben hat. Er konnte mehr von der Wirklichkeit sehen als viele andere, er hat Gott, Geschichte und Natur, diese dreifache Entfaltung der Wirklichkeit, in Augenschein genommen. Und er hat doch zu wenig gesehen, da sein geheimnisloser Zugriff die Wirklichkeit entstellen mußte. Er hat gelehrt, die Geschichte philosophisch nach dem Maßstab einer bestimmten Vernunft zu denken. Das ist Hellsicht und Verdunkelung zugleich. Die Mittel dieses Denkens stammen aus der christlichen Eschatologie: Nur das Ende erlaubt ein Urteil über die Gegenwart. Alles Werden hat Recht, insofern es das Absolute als Ziel hat. Aber dieses Recht erfordert den Tod des Gewordenen, um dem Werdenden Platz zu machen, in dem es selbst wie auch sein Gegensatz aufgehoben ist. Das Ganze hat Hegel wohl gedacht und auch dem Einzelnen einen Platz zugewiesen, gleichzeitig hat er ihm aber das Leben geraubt, ohne gegen den Tod zu protestieren. Damit ist der Einzelne nur in derjenigen Hinsicht versöhnt worden, als ihn der Geist von außen anschaut und zum Objekt in einem System macht. Der Geist des Menschen, wenn er sich selbst anschaut, ist sich nach Hegel fremder denn je. Er muß den Terror des Todes stumm über sich ergehen lassen, denn über ihn zu klagen ist ihm fortan verboten. Die nachfolgenden politischen Systeme haben gezeigt, was es heißt, sich durch Hegel und die Romantik eines neuen Reiches versöhnen zu lassen.

Hegels Schule. Seine Dialektik vermochte den Gegensatz der Konservativen und Liberalen nicht zu überwinden. Dieser Gegensatz ist der politische Ausdruck des Kampfes zwischen einerseits dem Bewahren des radikalen und zugleich konservativen Kompromisses von Natur und Christentum und andererseits der fortschreitenden Ökonomie, die nur sich selber kennt und keine Kompromisse schließt. Eigentlich war die Versöhnung der politischen Gegensätze das Ziel des Denkens gewesen. Das künftige Reich des Heiles sollte keine Parteien mehr kennen, aber außerhalb des Denkens und vielleicht außerhalb der Kunst ist es nicht gelungen, dieser Versöhnung eine Gestalt zu geben. So wurde die Versöhnung selbst gezwungen, eine Partei zu wählen, wodurch jede Wahl zu einem Verrat wurde. Der Verrat der einen oder der anderen Seite löste die Hegelsche Schule auf.

Die Hegelsche Eschatologie spaltete sich in zwei gleichermaßen bedenkliche Möglichkeiten auf. Von der einen machte die Hegelsche Rechte, von der anderen die Linke Gebrauch. Man konnte die Erfüllung der Geschichte in vorhandenen oder in noch zu schaffenden Zuständen sehen. Im ersten Fall wurde dem preußischen Staat eine Würde gegeben, die ihn überforderte. Die Folge war die Verknöcherung dieses Denkens und des zugehörigen Staates. Im zweiten Fall fragte es sich, welcher Inhalt das neue Gute vom Alten unterscheiden sollte. Er konnte nur aus der Welt des Liberalismus genommen werden. Eben dies aber war die Unterwerfung unter die Ökonomie, die überwunden werden sollte. Am wirksamsten war Karl Marx, der die Hegelsche Lehre vom Kopf wieder auf die Beine stellen wollte, indem er das Prinzip der notwendigen Selbstentfaltung in der Geschichte vom Geist auf die Ökonomie übertrug. Der Sozialismus ist die genaue Umkehrung der Hegelschen Eschatologie. Die Überzeugung von der unentrinnbaren Notwendigkeit der historischen Entwicklung gab ihm seine Stärke, und mit der Lehre, daß durch die Wende, die er bringt, die Geschichte zu Ende sein werde, band er gewaltige Kräfte religiöser Erwartung an sich, welche die liberal werdende Kirche nicht mehr befriedigen konnte. Der Sozialismus ist nicht sehr gedankenreich, er kann dem Leben keinen Inhalt geben, er sagt nur: Alles, was es bisher für wenige gab, soll es nun für alle geben. Entsprechend dürftig war sein Bild vom Menschen. Es ist in der abendländischen Geschichte oft vorgekommen, daß das christliche Pathos sich gegen die bestehende Kirche wandte. Da stand das Ideal gegen die Realität auf. Nun wandte sich das Pathos gegen das Ideal selbst, um das versprochene Reich der Versöhnung aus eigener Kraft zu verwirklichen.

Kierkegaard in Kopenhagen. Die Stunde der Wahrheit schlug im 19. Jahrhundert nicht in Hegels Berlin oder in Marx' London, sondern abgelegen von den Metropolen in Kierkegaards Kopenhagen. Gegen die Meinung der Systeme, die Entfremdung des Menschen werde durch die Erfüllung der Interessen behoben, setzte Kierkegaard die Verzweiflung. Er sah keinen Weg, der zur Versöhnung führen konnte. Der Däne hat die Verzweiflung mehr als viele andere erlitten – und er hat ihr Stand gehalten. Er gehört ganz in die deutsche Geistesgeschichte hinein, wie sein allgegenwärtiger Bezug auf Hegel deutlich macht. In Kierkegaard kommt das Christentum wieder zu einer originalen Stimme, und das im Ton der Zeit, da es sonst nur entleert beerbt oder unwirksam vererbt werden sollte. Der Preis für die Echtheit ist die Verzweiflung. Kierkegaard steht ganz und gar unter den Bedingungen der Neuzeit, er kann daher wirken wie ein Luther redivivus, ein Titel, den Hegel für sich in Anspruch genommen hatte. Der nordische Philosoph spricht in einer Sprache, die der ästhetischen Bildung des Jahrhunderts gemäß ist. Seine Sendung ist die Kritik am Idealismus. Das absolute Denken reicht nicht an das absolute Sein heran, deshalb ist das absolute Denken ein Frevel des Menschen, mit dem er die Wahrheit seiner Lage vergessen machen will.

Kierkegaard fordert auf, die Existenz zu bedenken, da die Systeme nur die gesichtslose Substanz ergreifen können, in der jeder Anflug von Person, Freiheit, Verantwortung versunken ist. Die Existenz ist das unverständliche Sein, weil es dem Nicht-Sein entrissen, aber zugleich zum Tod bestimmt ist. Die angemessene Selbstwahrnehmung des Menschen in der Welt ist die Verzweiflung, nicht das Entwerfen von Systemen. Religiös würde man von Bußgesinnung sprechen: Des Menschen Leben ist Buße durch ein von weither auferlegtes Geschick, dem er sich nur für Momente entziehen kann. Der Lohn für die Verzweiflung ist der Blick durch den Nebel hindurch, den die geplante Erlösung verbreitet, auf eine Wirklichkeit jenseits der Ökonomie. Die Bereitschaft zur Umkehr sieht die Gegenwart der Erlösung in der göttlichen Liebe, und nur in dieser ist die Umkehr möglich.

Mit Kierkegaard erreicht das Denken der Neuzeit wieder existentiellen Boden, den es seit Descartes verlassen hatte. Alle Gestalten der Geschichte, die nach der Natur kommen, alle Gebilde der Ökonomie wie Nation, Wissenschaft, Kunst wachsen nicht auf das Absolute zu, wie Hegel gemeint hat, sie sind höchstens Gestalten, die aus dem Absoluten stammen und nach ihm Sehnsucht haben. Machen sie den Versuch zur Eroberung, zerplatzen sie als Illusionen, Götzen oder Katastrophen. Die Gleichsetzung des absoluten Geistes mit dem Bewußtsein des Menschen ist nach Kierkegaard die größte aller Illusionen. Sie ist die Hybris der Gottferne und der Endpunkt beim Turmbau von Babel. Der Illusion folgt die Verwirrung der nationalen Sprachen nach und die Zerstörung in den Völkerschlachten des 20. Jahrhunderts. Dem langsamen Aufstieg folgt der augenblickliche, luziferische Sturz.

Umgekehrt das Beispiel, das Kierkegaard selbst gibt. Indem der Mensch sich vom Absoluten verzweifelnd zurückzieht, neigt es sich ihm zu. In der Verzweiflung erkenne ich mein Unvermögen an. Sie selbst ist das erste wahrhaft Absolute und nicht mehr nur ein Gleichnis des Absoluten. Der absolute Geist, vor dem der Mensch die Scheu gelernt hat, bewegt sich selbst auf den Menschen zu. Dieser Geist ist nicht nur eine Idee, er ist selbst eine Existenz, sogar die einzige, die Bestand hat. Gott ist eine Wirklichkeit, die dem Menschen gegenüber steht und ihn zugleich umfaßt, er ist der Endliche und Unendliche zugleich. So ist er die Erlösung, die sich nicht im Prozeß ihrer Verwirklichung selbst zerstört. In der Verzweiflung bringt Gott die Geschichte zur Versöhnung. Insgeheim hatte die Neuzeit gehofft, der versöhnte Mensch werde mit Gott identisch sein, das ist er nicht. Das war eine Gottesprojektion aus der Welt der Ökonomie. In ihr gibt es nur einen einzigen Platz des Heils: an der Spitze. Die Hoffnung, einmal dort zu stehen, war das Stimulans der unerlösten Welt.

Der Abstand zum Ewigen bleibt bei Kierkegaard bestehen und wird nur von Gott her aufgehoben. Das ist der philosophische Sinn der Lehre von der Menschwerdung Gottes. Jeder einzelne Anlaß zur Verzweiflung besteht bei Kierkegaard fort. Aber wenn die Trostlosigkeit nicht aus dem Unterschied zu Gott stammt, nicht aus der bloßen Endlichkeit des Menschen, sondern aus der Ferne zu Gott, dann kann dieser von Gott her behoben werden. Ist diese Kluft einmal überbrückt worden, kann alles weiter bestehen bleiben wie bisher, kann sogar der Mut zur Verzweiflung alle Hemmungen der Furcht vor dem Absoluten ablegen. Mit der Berührung des Unendlichen beginnt der Trost in der Verzweiflung.

Kriterien der Wahrheit. Der Ausdruck *Trost in der Verzweiflung* klingt paradox, aber ist damit kein Widerspruch. Im Gegenteil, die Frage nach dem Beweis der Wahrheit verstummt immer dann, wenn die Wahrheit erfahren wird. Der Streit wird durch das Herumstochern im Nebel erzeugt, weil das Wesen der Unwahrheit der Streit ist oder die Konkurrenz in der Welt.

Wenn er die Begriffe passend gewählt hat, dann redet der Mensch von Dingen, die ihm verständlich sind. Gleiches wird von Gleichem erkannt. Auf die Weise der Gleichheit kann es deshalb keine Erkenntnis des Weltganzen oder Gottes geben. Erst das Paradox läßt eine Wirklichkeit über den Begriff hinaus ansichtig werden. Es ist verständlich, daß die universale Wahrheit in Gott für das Begreifen des Menschen unbegreiflich ist. Unbegreiflichkeit meint allerdings nicht Unverständlichkeit. Zum Beispiel ist der Satz über die Wahrheit, daß sie die Fähigkeit sei, alles Leben am Leben zu erhalten, sehr wohl aussagbar und verständlich. Aber seine Wirklichkeit geht über jeden Begriff hinaus, da solche Fähigkeit von keinem Menschen zu erreichen ist. Der Satz ist so verständlich wie ein unendlich ferner Punkt, den sich die Vorstellung an den Horizont wirft. Alle endlichen

Bewegungen lassen sich prüfen, ob sie auf den Punkt zielen; der Punkt selber ist realer oder irrealer als die endliche Realität. **Die echte Rede von Gott hat die Gestalt eines erregenden Paradoxons.**

Das Paradox auszuhalten ist nicht vielen gegeben. Im Paradoxon wird der Begriff überstrahlt von einer Wirklichkeit, die er zwar ausdrücken will, die aber ihn selbst ergreift. Die Wirklichkeit des Paradoxons besteht darin, unwillkürlich von dem zu berichten, was es selbst nicht ergreift, sondern von dem es ergriffen ist. Dem Paradox zu entkommen, bieten sich zwei Lösungen an, die beides Scheinlösungen sind. Zum einen die Versicherung, der Begriff passe am Ende doch auf das Ganze der Welt und auf Gott, so daß der Begriff das Ich in der Welt sichern kann. Das ist die konservative Lösung. Als Fortschritt preisen läßt sich der Versuch, die Differenz zwischen der jetzt begriffenen und der unbegriffenen Wirklichkeit in einem langen Prozeß abzubauen. Zugleich mit dem unaufhörlich wachsenden Begreifen der Wirklichkeit wird sich nach dieser Meinung auch die Verfügung über die Welt vergrößern. Gegenüber der konservativen Meinung hat die fortschrittliche den Vorteil, die Fremdheit des Menschen in der Welt wahrgenommen zu haben. Den Fortschritt als Lösung anzugeben ist aber der Rückfall in die alte Naivität, in der Natur selbst Sieger sein zu wollen.

Verzweiflung des Fortschritts. Kierkegaard hat die Verzweiflung des Fortschritts klar ausgesprochen. Darin ist er der Nihilist seiner Zeit, die sich im Gefolge Hegels am Fortschritt als Erlösung berauschen wollte. Von Kierkegaard aus ist es nur noch ein Schritt bis zur entlarvenden Psychologie. Diese sagt, die Ideale, allen voran der Fortschritt, seien der Ausdruck eines bösen Willens, der etwas anderes will, als er vorgibt. Der böse Wille gibt vor, das allgemeine Wohl zu fördern, betreibt aber insgeheim sein eigenes Wohl. Dieser Wille ist schon dann böse, wenn die Selbsterhaltung nur sein erstes Motiv ist. Nihilismus ist die Spaltung des Willens. Er war der moralische Kern der Neuzeit, wie die Naturwissenschaft der erkennende Kern der Neuzeit war. Die Neuzeit endete in der Unverständlichkeit des Seins und in der Ziellosigkeit des Willens. Wenn die Entfremdung durch wachsendes Ergreifen der Natur behoben werden sollte, so ist der Geist hier an sein Ende gekommen. Nicht nur erschließt sich ihm die Wirklichkeit nicht vollständig, er ist auch moralisch nicht Herr im eigenen Haus, er versteht sich selber nicht. Der Geist ist Wille zum Sein und zur Macht, aber der Wille kommt nicht an sein Ziel. Er ist nihilistischer Wille.

Der Versuch, sich der Gnade zu entledigen und die Ökonomie des Lebens auf die Natur zu gründen, enthüllt von neuem die Grausamkeit und Dämonie der Natur. Die Aufklärer des 18. Jahrhunderts hatten gemeint, der Geist könne sich selbst aus der Natur ableiten, sie dachten die Wirklichkeit nach einem übersichtlichen Bild. Diese beruhigte Übersicht ist nach Hegel und Darwin am Ende der Neuzeit nicht mehr möglich. Dann aber muß der Versuch, das Leben auf die Natur zu gründen, vergebens sein und den Nihilismus der Epoche enthüllen. Woran sollen wir glauben, wenn uns selbst die Wissenschaft enttäuscht hat, die uns die Natur als unerschütterliches Fundament garantieren sollte?

Überall macht sich der Widerspruch bemerkbar. Sofern die Wirklichkeit der Natur wahrgenommen wird, ist sie unerträglich. Sofern sie erträglich gemacht wird, ist sie die Lüge. Eine Lüge zu verstecken macht immer neue Lügen notwendig. Jetzt muß sich der Geist etwas zutrauen, von dem er in jedem hellen Augenblick weiß, daß er es nicht erreichen wird. Da der Forschritt nur bescheidene Ziele erringt und als Erlösungsweg ausscheidet, versucht er es mit der Wiederkehr des ewig Gleichen. Das ist ein neuer Versuch, mit der Entfremdung und Enttäuschung fertig zu werden, nicht mehr Natur zu sein und in die Gnade nicht eintreten zu können.

Die ewige Wiederkehr ist ein moralisches Paradox; sie soll den Widerspruch beantworten, der den Begriff vor dem Absoluten scheitern läßt. Die Wiederkehr ist eine Ersatznahrung für das metaphysische Bedürfnis nach Ewigkeit. Sie soll die Identität in der Natur retten. Da Natur zeitlich zu denken ist, kann der Wille zum Festhalten in der Natur nur diese mindere Form der ewigen Gegenwart anbieten, die ewige Wiederkehr aller Dinge. Die Wiederkehr liegt im 19. Jahrhundert nahe als Transport des Jüngsten Tags in die Geschichte. Die Weltgeschichte ist das Weltgericht, nach dieser Formel hatte Hegel sein Denken entfaltet. Der Jüngste Tag darf deshalb nicht in die Zukunft verlegt werden, da solche Erwartung die Entfremdung auf ewig wiederholen würde. Er muß immer schon da sein, wenn er überhaupt möglich ist. Auch hier taucht das Paradox als Imitation der göttlichen Erkenntnis auf. Wie soll das Vergängliche ewig wiederkehren? Die Aufhebung des Todes ist die Lust des ewig wiederholten Todes! So kehrt das Gleiche immer wieder, wenn der Geist sich selbst von außen anschaut. Das ist der Preis dafür, von der Hoffnung auf die

Gnade berührt zu sein, ohne sie annehmen zu können. Die Eschatologie verzerrt sich hier, sie will Erfüllung in der falschen Gestalt. Ihre Wahrheit, die den Tod fürchtet, kommt aber auch hier klar zum Ausdruck, nur eben in der Gestalt der Natur, nicht der Gnade.

Phänomenologie und Existentialismus. Das Verlangen nach Erlösung war im letzten Jahrhundert nicht geringer als in früheren Zeiten. Nach nichts sehnt sich der Mensch so sehr, wie Gott zu sein und nicht sterben zu müssen. Das zwanzigste Jahrhundert hat dafür Beispiele in Fülle gebracht. In der Verwirklichung der neuzeitlichen Ideen tut sich das Jahrhundert mit Ereignissen und Katastrophen groß hervor, in neuen Ideen ist es eher verzagt und betreibt am liebsten Metaphysikkritik. Unter der Oberfläche allerdings läßt sich der alte Kampf um das Leben zwischen Wahrheit und Interesse immer ausmachen. In der Philosophie, die den Finger am Puls des Lebens hat, ragen die Phänomenologie und die Existenzphilosophie hervor. Beides späte und verzagte Gestalten des neuzeitlichen Gegensatzes von Objekt und Subjekt! Ihr gemeinsames Leitwort heißt Sicherheit. Beide Bewegungen erreichen die Sicherheit nicht, nach der sie begehren, nur daß die Phänomenologie sie als erreichbar bejaht, die Existenzphilosophie sie resignierend abwinkt.

Die Phänomenologie wollte einen neuen, tieferen Grund der Objektivität erreichen, wie sie ihn bislang noch nicht erreicht sah. Sie sah die Krise der europäischen Wissenschaften und wollte ihnen endlich eine unbezweifelbare Grundlage geben. Nur die Sachen selbst sollen sprechen, lautete das Programm. Aber in den Schülern und Enkeln regt sich der Widerspruch. Sie benutzen die Werkzeuge zur Schau auf die Vielfalt des Lebens, aber sie schauen nicht mehr auf die Sachen, wie sie ihren Gegenstand konstituieren, sondern sie schauen auf das Subjekt, wie es sich selbst zur Sorge wird. In die objektive Welt der Sicherstellung bricht die Existenz als Phänomen ein, das sich nicht sicherstellen läßt. Der Ausdruck Geworfenheit soll diese beklagenswerte Tatsache ausdrücken. Angemessen ist sie nicht beschreibbar, da sie sich der Sicherheit des Begriffs entzieht. Geworfenheit des Subjektes ins Dasein und seine Auflösung in der Dekonstruktion sind die Resultate der geplanten Sicherstellung.

Was zeigt die Bewegung des Denkens im 20. Jahrhundert? **Subjekt und Objekt sind keine vollständigen Gestalten der Wirklichkeit.** Ihre Zusammengehörigkeit tun sie zwar durch ihren dialektischen Umschlag kund, aber sie zeigen damit nicht diese

Wirklichkeit. Daß sie sich in der Realität unserer Ökonomie zeigen, also in der Form, wie wir sie erwarten und nur erwarten können, ist alles andere als gewiß. Wir erkennen etwas, zum Beispiel die Dialektik, aber Objekt und Subjekt sind die Gestalten der Wahrheit auf der Projektionswand des Interesses. Beide waren im Denken der Neuzeit die Orte mit den extremsten Anstrengungen zur Sicherstellung unter dem Spott der Nachgeborenen, die entweder noch mehr Metaphysik betrieben oder zu den gleichen Zwecken auch Physik. Oder sie resignierten und richteten sich in der Welt zynisch ein.

Der Materialismus des 20. Jahrhunderts hat alle Züge einer bequem möblierten Enttäuschung an sich. Materialismus ist eine Entscheidung des Geistes für den Nicht-Geist. Der Geist beantwortet sich die Frage, wie das Ringen zwischen Wahrheit und Interesse ausgeht und entscheidet sich für das Interesse. In diesem Sinne ist Materialismus eine Romantik und mit dem Interesse zugleich geboren. Seine Maxime lautet: Nicht alle können gewinnen, aber der Stärkere wenigstens für einige Zeit! Suchen wir uns auf die Seite der Sieger zu stellen! Fragen stellen zu können, eine solche Fähigkeit, die über die Natur hinaus zu führen beabsichtigt, wird als Kuriosität und später zu erklärend beiseite gelegt. Der Sieg dieses Materialismus im 20. Jahrhundert ist unleugbar. In der westlichen wie in der östlichen Form triumphierte das Interesse.

Selbst in dieser ohnmächtigen Form ist noch die Spur des Friedens zu erspüren, die eine Befreiung vom Interesse verheißt, hier durch die naturhafte Befriedigung des Interesses. Die Ohnmacht dieser Wege zeigte sich nach einiger Zeit. Der Zusammenbruch des östlichen materialistischen Systems war kaum einem Beobachter sichtbar, bevor er 1989 mit einem Schlag vor aller Augen trat. Ist es zuviel erwartet, dies auch dem Westen und seinem globalisierten Konsumismus zu prophezeien? Freilich sprechen alle Anzeichen um die Jahrtausendwende dagegen, so stark sogar, daß die Form der Gesellschaft mit vollständig liberaler Weltanschauung und einem sozialen Kapitalismus allen anderen Ordnungsformen überlegen erscheint und als Ende der Geschichte ausgerufen wird.

Sieger und Verlierer. Dennoch kann das Interesse kaum über die Wahrheit triumphieren, auch wenn sein Triumph im Augenblick vollständig erscheint. Wo das Interesse herrscht, gibt es Sieger und Verlierer, also die dauernde Bereitschaft, dem Sieger den Besitz zu entreißen. Auf der Seite des Interesses erscheint der Triumph in zwei

Gestalten, auf der Gegenseite in nur einer Gestalt. Und alle Positionen kreisen um die Gestalt der Religion in der modernen Welt und lassen sich dadurch bestimmen. Religion ist alles, da sogar der Konsum eine Form des Heiles verspricht. Die beiden Gestalten auf der Seite des triumphierenden Interesses möchten der Religion vor allem die Berufung auf die Wahrheit nehmen. Die Position tritt doppelt auf, als Säkularisierungsthese und als Pluralismusthese.

Eine späte Säkularisierungsthese behauptet nicht mehr das Verschwinden der organisierten Religion, sie verlangt das Verschwinden. Das ist ein schwaches Nachleuchten der These, daß die Religion durch die Aufklärung als Illusion entlarvt worden sei und deshalb von selbst absterben werde. Das Ziel ist die Verwirklichung besserer Umstände des Lebens, ausgerüstet mit einer neuen Utopie, die das Bild eines Planeten entwirft, auf dem alle Angehörigen unserer Gattung Sorge tragen für das Geschick aller übrigen Angehörigen, wie einer ihrer Protagonisten meint. Entsprechend fordert er, daß die institutionalisierte Religion endlich von der Bildfläche verschwindet. Der Säkularismus hat dasselbe Programm wie die christliche Religion, tritt mit ihr also in einen scharfen Bruderkonflikt. Das Ziel des pragmatischen Handelns ist dem der Religion ähnlich, denn auch sie will, daß alle am Leben erhalten werden. Aber die Religion will nur in der Gnade handeln, der Säkularismus ausschließlich ohne. Das ist der Bruderkonflikt. Die irdische Wirkung rein irdischen Handelns zeigt sich wiederum umgekehrt, als der Begriff geplant hatte. Die Dialektik unterliegt selbst noch einmal der Dialektik und kann an keinem Ziel anhalten. Nicht so sehr die Religion hat sich als Illusion erwiesen, sondern die Religionstheorie, die sie als Illusion behandelt hat. Die Abschaffung zu verlangen richtet sich an einen stummen Adressaten, der nicht mehr hinhört, weil er von der These nicht mehr betroffen wird. Das Ende der Religion, zumindest der organisierten Religionen, ist in der Geschichte der Aufklärung immer wieder angekündigt worden. Der preußische Historiker Treitschke berichtet, daß in Preußen um 1830 der Minister Altenstein, der Schüler von Fichte und Freund Hegels, gastlich zu Tische bat, wo manchmal kühl die Frage erörtert wurde, ob das Christentum noch zwanzig oder fünfzig Jahre dauern werde.[24]

Die Pluralismusthese will die Spannung zwischen Wahrheit und Interesse ebenfalls auf radikale Weise durch das Streichen der Wahrheit lösen. Alle Interessen, die mit einer Weltanschauung verbunden sind, sollen gleichwertig sein, weil die Menschenrechte universal gleichwertig sind. Alle verzichten auf absolute Wahrheit und stellen jede Werbung und Mission ein. Dadurch soll es zum Frieden zwischen den Religionen und Systemen kommen.

Hier erscheint von neuem das Papsttum, das vor tausend Jahren den Kampf um die Wahrheit in die Welt der Interessen getragen hatte. Der Papst scheint die einzige Gestalt auf dem Planeten Erde zu sein, die von Wahrheit spricht. Hat auch er ein Interesse? Zu viele haben in ihrer Rede von der Wahrheit zu viel Interesse verborgen, so daß sie unter der Ideologiekritik verstummen mußten. Wahrheit ist die Fähigkeit, für alle sorgen zu können und ihr Leben zu erhalten. Die Sorge will vor dem Tod bewahren, und wie sollte das anders möglich sein als durch göttliches Handeln. ›Und das Wort ist Fleisch geworden und hat unter uns gewohnt.‹[25] Ob dies noch einmal durch die Gestalt dessen gelingt, der das Fleisch gewordene Wort darzustellen behauptet, wird dem einfachen Test der Geschichte unterworfen. Zwar hat auch das Papsttum seine Interessen, aber wenn es nicht die Wahrheit beherrscht, sondern ihr dient, wird es wieder gelingen.

3. Die Aporie der reinen Wahrheit

3.1 Historische Aporien

These 3.1: Die Wahrheit nimmt in der Welt der Interessen selbst ein Interesse wahr, sie kann nicht ganz rein sein. Deshalb kann im Kampf um die Wahrheit niemand die volle Wahrheit sagen. Zwischen Skepsis und Dogmatik pendelt die Berührung mit der Wahrheit.

Das Interesse der Wahrheit. Die beiden vorigen Kapitel haben den Gegensatz von Wahrheit und Interesse entwickelt, aber auch das Band beschrieben, das sie unzertrennlich verknüpft. Auf der einen Seite stellte sich die objektive Wahrheit von Metaphysik und Physik auf, in der das Interesse zu schweigen hatte, auf der anderen Seite wollte sich das Interesse in seinem Kampf für sich selbst durch keine Erinnerung an etwas so Hinderliches wie Wahrheit belästigt sehen. Hier und jetzt kehren wir den Gegensatz um. In der Umkehrung läßt sich erkennen, daß die Wahrheit stets ein Interesse wahrnimmt, von außen kaum bemerkt und selbst dem Wahrheitsfreund wenig bekannt, der womöglich nicht einmal von dem Wunsch beseelt ist, es zu bemerken. Denn die reine Wahrheit, die von keinem Interesse weiß, kann dem Interesse besser dienen als die ihrer selbst bewußte Wahrheit. Aber auch hier gilt noch einmal die Umkehrung! Das Interesse nimmt ebenfalls versteckt die Wahrheit in Anspruch und möchte noch weniger bemerken, aus welchen Quellen es lebt.

Wahrheit meint mehr als Richtigkeit, so viel haben die Skeptiker im Kampf gegen die Wahrheitsfreunde schon entdeckt. Auf diesem Mehrwert bestehen sie, um das Ideal als zu luftig und irreal zu Boden zu stoßen. Warum nur kann der Begriff der Wahrheit diese Empörung wecken? Wenn wir die Wahrheit mit der Richtigkeit vergleichen, so fehlt ihr ein entscheidendes Merkmal: Wahrheit läßt sich nicht quantifizieren oder auf andere Weise in Gesetzesform bringen. Und bei wem sich einmal die feste Meinung gebildet hat, daß nur die sichergestellte Erkenntnis zählt und von der Wirklichkeit Kunde gibt, bei dem wird der skeptische Affekt gegen die Wahrheit verständlich.

Die Skeptiker neigen zum Physikalismus und Darwinismus, jedenfalls sehe ich sie in Scharen in diese Richtung eilen. Ein solcher gibt sich gern entschlossen, an die Kontinuität allen Lebens zu glauben, zu dem auch das Sein von Amöben, Spinnen und Eichhörnchen gehört.[1] Der Darwinismus verlangt diese Gleichstellung, und ihm zu gehorchen ist der Skeptiker ohne Erkundigung nach der Reichweite der Erkenntnis bereit. Merkwürdiger Glaube an die Absolutheit der Naturforschung! Eine einfache Rückfrage schon kann stutzig machen. Warum soll der Mensch nur in einer Kontinuität mit den Tieren stehen? Diese Beschränkung erscheint allzu künstlich, der Abstieg auf der Skala der Evolution müßte fortgesetzt werden und zu einer Kontinuität mit Bäumen und Sträuchern, mit Steinen und Wassern, mit Molekülen und Atomen ausgedehnt werden. Damit wäre der Mensch nicht nur ein Randphänomen der Biologie, sondern noch mehr ein Randphänomen der Chemie, dann der Physik. Also sagt die Physik alles, was der Mensch ist. Sollte das stimmen? Ein paar hartnäckige Naturalisten mögen das meinen, und ich … meine es auch. Nur würde ich als Wissen von der Natur nicht die mechanische Physik zur Grundlage wählen, die keinen Unterschied zwischen Vergangenheit, Gegenwart und Zukunft kennt, sondern die Quantentheorie. Ihre wesentliche Unbestimmtheit hält den Raum frei, in dem sich die Wirklichkeit von einer bloßen Natur unterscheidet. Was ist der Mensch? Er mag dann im wesentlichen die Sammlung des Unterschiedes zwischen Wirklichkeit und Natur sein, mit dem Wissen dieses Unterschiedes.

Natur – Mensch – Wissenschaft. Die Rückfrage macht deutlich, daß, wenn Wahrheit möglich sein soll, sie eng mit dem Menschen und seinem Subjektsein verknüpft ist. Alle Naturerkenntnis bleibt gültig, aber sie ist später als der Mensch, und dieser wiederum ist später als die Natur. Deshalb muß *ein* Gedanke zu der naturalistischen oder darwinistischen Annahme hinzu treten: Wir sind es, wir als Menschen und in unserer Subjektivität, wir reden über eine objektive Natur. Zumindest gehört die Reflexion in jede Aussage hinein, selbst in die Aussage, hier liege eine objektive und unbezweifelbar richtige Aussage über die Natur vor. Auch hier spricht ein Subjekt über ein Objekt und kommt wieder zu sich selbst, nämlich in der Annahme, es gebe eine subjektfreie Objektivität. Wo niemand etwas sagt, gibt es weder Wahrheit noch Lüge, genau genommen nicht einmal die Richtigkeit, denn auch sie will geprüft und gesagt sein. Selbst die Richtigkeit lebt von der Möglichkeit der Wahrheit, in der auch für sie ein Platz bereitet ist.

Die Beziehung zwischen Subjekt und Objekt zu sehen bedeutet noch nicht alles. Wahrheit verbindet auch zwei Subjekte miteinander, weil ihre Einigkeit durch Wahrheit möglich wird, in welcher der eine das Urteil des anderen in Freiheit anerkennt. Diese Freiheit der Anerkennung schafft den Frieden unter ihnen. Der Friede ist die Übereinstimmung in den Urteilen, weshalb die Intoleranz, die einen schnellen und abgekürzten Weg zum Frieden verspricht, eine beständige Versuchung des sterblichen Menschen darstellt. Der Fanatiker hat nicht Zeit zu warten, womit an den Tag kommt, daß er von seiner vorgeblichen Wahrheit selbst nicht viel hält. Der Friede ist Lebensbedingung für jedes Lebewesen, deshalb nimmt es von Zeit zu Zeit das Abenteuer des Krieges auf sich, um die Zustimmung des anderen zu den eigenen Urteilen zu erzwingen.

Verzicht auf den Krieg. Wohl nur zwei Gruppen von Menschen können auf den Krieg verzichten und beständig Frieden halten. Das sind die Schwachen, die im Krieg nur die Niederlage zu erwarten haben. Das heißt, ihr Verzicht ist kein Können, sondern ein Zwang, der sie zur Bescheidenheit treibt. Und das sind die ganz Starken, die stärker sind als ihre eigene Stärke. Sie vertrauen auf die Evidenz der Wahrheit, die von selbst ihr Interesse wahrnimmt und sich durchsetzt. Interessen zeigen sich durch Entscheidungen, und da die letzten Entscheidungen in der Geschichte immer durch die Wahrheit getroffen werden, nimmt sie das größte Interesse wahr. Die Wahrheit ist allmächtig, deshalb kann sie auf einzelne Drohungen verzichten, es läuft alles nach ihrem Willen. **Erst die Wahrheit gibt den Frieden, den der Krieg nur verspricht.** Letztlich wird der Kampf um die Macht durch die Wahrheit entschieden und nur vorletztlich durch die Stärke der partikulären Interessen.

Für den, der in der Wahrheit leben will, ist eine doppelte Bewegung erforderlich. Er muß für die Wahrheit eintreten, ihr eine Bresche schlagen, er muß ihr einen Platz verschaffen in der Welt und so ihr Interesse wahrnehmen. Aber er muß zugleich und beständig nach dieser Wahrheit suchen, da sie nicht in seinem Besitz ist. Ein endloser Kampf nach zwei Seiten, wie es den beiden Seiten der Wahrheit entspricht, dem Bezug zur Sache und dem Bezug zum Konsens! Das

Eintreten für die Wahrheit erzeugt immer ein Gewissen, das heißt ein schlechtes Gewissen, denn ein gutes gibt es nicht, weil es nichts zu sagen hat. Jede Wahrnehmung eines Interesses für die Wahrheit steht vor der Frage, ob die partikuläre Gestalt tatsächlich von der universalen Wahrheit getragen ist, ob sie also vor dem endgültigen Urteil über die Geschichte, das heißt vor der Wahrheit selbst bestehen kann. Die Suche nach der Wahrheit geht der Gestalt, in der sie ihr Interesse wahrnimmt, voraus und folgt ihr nach.

Die Fehlformen der verlockenden Abkürzungen sind weit verbreitet, ihre Hauptgestalten sind Skepsis und Dogmatismus. Sie sind die eigentlichen Kriegstreiber und finden aneinander den Kriegsgrund. Die Skepsis will keine universale Verbindlichkeit anerkennen außer der einen, worauf sich eine beschränkte Gruppe von Leuten im Diskurs geeinigt hat. Sie will keine Verbindlichkeit außer den eigenen Interessen kennen. Klassisches Beispiel dafür sind die Sophisten. Der Mensch ist das Maß aller Dinge, heißt es bei ihnen, ich und meine Interessen sind das Maß meines Handelns, oder höchstens noch unserer Interessen, wenn ich im Gruppeninteresse meine Interessen untergebracht sehe. Der Dogmatiker oder Fundamentalist liebt umgekehrt an der Wahrheit die Verbindlichkeit, die er in einer bestimmten Gestalt repräsentiert sieht. Und weil er sie dort ganz und gar enthalten meint, fühlt er sich von der Pflicht entbunden, weiter nach ihr zu suchen. Er meint, er könne ihr nicht vertrauen, wenn sie ihm nicht schon ganz und gar zur Verfügung stünde.

Angst vor der Wahrheit. Diese beiden Haltungen, wie es scheint, stehen Pate bei der Entzündung der Kriege. Die skeptische wie die dogmatische Linie haben Angst vor einer Wahrheit, die ihre gegenwärtige Gestalt übersteigt. Allerdings ist der Wink auf die größere Wahrheit schon in ihnen angelegt. Die skeptischen Wahrnehmer von Interessen müßten nur das Subjekt ihrer Interessen ausdehnen, von den Starken und Gesunden auf die Schwachen und Kleinen, auf die Kranken, auf die noch nicht Geborenen und die schon Verstorbenen, und so auf alles Leben in Vergangenheit, Gegenwart und Zukunft. Dann kommt auch das schärfste Interesse zur grenzenlosen Wahrheit. Umgekehrt kommt der Dogmatiker zu seinem Frieden, wenn er in der möglicherweise bei ihm befindlichen absoluten Wahrheit das Interesse erkennt. Durch die Anerkennung muß er kein Relativist werden, aber erkennt den vom Interesse geleiteten Bezug zum Leben, der in jeder Wahrheit enthalten ist.

Der Sinn des Krieges ist der Friede, genauer gesagt, es ist der bestimmte Friede, der mich endgültig vor den Forderungen des anderen schützt. Das ist das unverbrauchte Motiv, einen Krieg zu beginnen, aller Erfahrung zum Trotz, daß auf diese Weise am Ende eines alten Krieges der Anfang eines neuen steht. Jeder Krieg hat ein Verlangen nach dem Endsieg, die Erfahrung aber kennt nur Waffenstillstände, solange kein Umdenken eingesetzt hat. Der Kriegsgrund ist das Verlangen nach Leben, das sich dadurch gestört fühlt, daß es andere Parteien gibt, die andere Urteile über die Welt fällen. Der klassische ungerechte Kriegsgrund besteht im Verlangen nach Macht und nach dem Besitz der anderen Seite, der gerechte Kriegsgrund in der Verteidigung gegen diesen Angriff. Tatsächlich verspricht in einer Welt mit knappen Gütern der größere Besitz die größere Aussicht aufs Überleben.

Warum aber waren die beiden Jahrhunderte vor dem einundzwanzigsten angefüllt von Hegemonialkonflikten? Warum führten gerade die reichsten und geistig beweglichsten Nationen verheerende Kriege? Warum gibt es in den wohlhabenden Gesellschaften den ideologischen Streit der Gruppen? Die materielle Begierde ist nur ein Spezialfall für den Anlaß zum Krieg. Warum erschlug Kain seinen Bruder Abel? In diesem Modellfall eines Mordes war Kain ohne Hunger nach Brot. Wollte er einfach nur Macht? Aber was ist schon Macht? Macht ist die Möglichkeit, Wünsche und Pläne wirklich werden zu lassen! Das unmittelbare Motiv war der Neid, weshalb es ihn heiß überlief, als er sein Opfer mit dem seines Bruders verglich. Der Vergleich ist die Wurzel des Neides, und im Neid bin ich mit einem Urteil der Vorsehung über mich nicht einverstanden, mit dem Krieg suche ich dem abzuhelfen. Deshalb ist die Gerechtigkeit eine zwar notwendige, aber keine ausreichende Bedingung für den Frieden. Soll mein Frieden Bestand haben, muß ich ihn auf Verzeihung gründen, auf der Anerkennung des Nachbarn, obwohl dieser einmal ungerecht gegen mich war, wissend auch um meine eigene Ungerechtigkeit.

Problem des Pluralismus. Die ursprüngliche Gestalt des Krieges ist das Verlangen nach Einmütigkeit im Urteil. Die Harmonie einer Gemeinschaft lindert die Last der Andersheit und stärkt die Identität des Selbst. Der Krieg ist eine Selbstbehauptung gegen den anderen. Die homogene Gesellschaft herzustellen ist der Traum vom Paradies in säkularer Gestalt. In der Religion sind die Menschen vor Gott oder im Tode gleich; eine nur diesseitige Welt, in der alle Wirklichkeit

Natur sein soll, muß eine diesseitige Gleichheit schaffen. Die pluralistische Philosophie sucht mit dem Gedanken der Pluralität diese eine Gestalt der Wahrheit zu erreichen. Der Inhalt der Wahrheit heißt hier tolerante Pluralität. Seine Unwahrheit ist die Abstraktion oder Blutleere, die es nicht erlaubt, im Einzelfall zu einer Entscheidung zu kommen. Eine pluralistische Sozialphilosophie faßt die Wahrheit nur von einer Seite auf, vom Konsens, deshalb kann sie den Frieden nicht herbeiführen, da auch unter einem Bekenntnis zur Vielheit sich Staaten, Gesellschaften, Gruppen oder Individuen bekämpfen, wie die Erfahrung zeigt. Die Reflexion zeigt, daß ein bloßer Konsens die Objektivität in der Wahrheit übersieht und deshalb erfolglos ist. So sehr die Wahrheit vom Interesse des Lebens geleitet ist, so sehr hat sie auch Sachgehalt in sich, die dem Konsens der Interessen voraus liegt. Der Pluralismus ist das Gegenteil eines einzigen Weltgesetzes, das Gegenteil einer Weltformel. Wird in dieser alle Wahrheit *nur* in der Objektivität gesucht, wird sie im Pluralismus *nur* in der Subjektivität gesucht. So kommen hier Erfahrung und Nachdenken zum gleichen Ergebnis, denn die ideale Einigkeit des Pluralismus führt zu keiner dauerhaften Einigung in der Realität. Die Wirklichkeit kann dem vollsten Konsens widersprechen.

Das Verdienst der pluralistischen Diskussion ist die Erkenntnis, daß der Friede unter den vielen Gruppen *sofort* hergestellt werden muß. Er darf nicht erst am Ende stehen, er darf nicht durch einen Endsieg erhofft werden, da es einen solchen Sieg nicht gibt. Obwohl erst der ganze Prozeß der Anerkennung fremden Lebens zum Frieden führt, muß der Prozeß selbst schon im Frieden sein. Hier gerät jedes säkulare Denken in die Aporie und, schlimmer noch, in eine kaum bemerkte. Desto aggressiver wird das Beharren auf der Pluralität, als ihm seine Erfolglosigkeit trotz guter Absichten mit der Zeit lästig wird. Aber auch hier gilt, daß der Weg der Geschichte durch die Wahrheit, nicht durch die guten Absichten entschieden wird. Das säkulare Denken will für die unendliche Aufgabe endliche Mittel bereitstellen, weil es aus sich heraus keine anderen Instrumente zur Verfügung hat. Es wehrt sich gegen die Religion, und statt die Größe der Aufgabe wahrzunehmen, beschließt dieses Denken, das Ziel einzig aus eigenen Mitteln zu bestreiten.

Wirklichkeit und Pluralismus. Hier stehen wir vor der gleichen Frage wie in der Erkenntniskritik. Ist die Wirklichkeit genau so groß, wie unsere Erkenntnis in Begriffen reicht? Oder geht sie darüber hinaus?

Kann mir die Wirklichkeit, sollte sie wirklich größer sein, außerhalb meines Horizontes gleichgültig sein? Oder sollten wir nicht umgekehrt mit der Philosophie Kants schließen: Da das Denken unter den Bedingungen meiner Endlichkeit steht, ist es unwahrscheinlich, daß alle Wirklichkeit Natur ist, wenn wir mit Natur die Vielheit dessen meinen, was wir empirisch oder rein mit der Vernunft begreifen können. Deshalb liegt mit Kant die Vermutung nahe, daß die Bedingungen der uns möglichen Erkenntnis nicht die Bedingungen der Möglichkeit aller Wirklichkeit sind.[2] Nicht nur würde in der Folge die Freiheit aufgehoben, sollte alle Wirklichkeit Natur sein, es stimmt nicht einmal die Voraussetzung, da das Prinzip universaler Objektivität, das der volle Begriff benötigt, schon in der Physik falsch ist. Sollte es eine Wirklichkeit geben, die unseren objektivierenden Begriffen vorausliegt? Klassisch ausgedrückt wäre das die Anerkenntnis des göttlichen Bereiches. Das Göttliche zeigt sich und wirkt in der nichtgöttlichen Natur. Ich mußte also das **Wissen** aufheben, sagt Kant, das vermeintliche Wissen, wie er deutlicher hätte sagen sollen, um zum **Glauben** Platz zu bekommen.[3]

Verhält es sich im Handeln ebenso? Die dunkle Seite der Wahrheit, das ist ihre Abwendung von unseren Begriffen, weshalb sie vor unseren Augen wie ein Eisberg erscheint, der nur zu geringen Teilen sichtbar ist und verborgen zu Werke geht.

Die Unsagbarkeit der Wahrheit. Im Kampf um die Macht kann man die Wahrheit nicht sagen. Das merkt jeder, der Überzeugungen verbreiten will. Die volle Wahrheit kann niemand sagen, denn niemand weiß die volle Wahrheit. Und wenn Gott die volle Wahrheit ist, dann heißt das gerade, daß sie nicht im Besitz des Menschen ist. Philosophisch ausgedrückt: Wenn die Wahrheit alle Wirklichkeit ist, die auch Objekt und Subjekt umfaßt, kann kein endliches Subjekt sie als objektive Richtigkeit oder als subjektiven Konsens ausgeben.

Auf der zweiten Stufe, soweit ein Mensch die Wahrheit weiß, versteht er selbst sie nicht ganz, denn sie zeigt sich eher im Ergriffensein als im Ergreifen, und über Ergriffenheit gibt es keine Verfügung. Zwar kann ein Ergriffensein später reflektierend in Besitz genommen werden, aber das Ereignis geht im Ergreifen nicht auf. Ich kann meine eigene Ergriffenheit nicht bewirken. Der *Begriff* des Neuen ist ganz am Alten orientiert und verneint es; das Neue selbst geht souverän darüber hinweg und setzt einen unbekannten Inhalt in die Welt. Ebenso wenig ist es möglich, von einer Gabe den Charakter der Gabe ganz abzustreifen; es bleibt etwas zurück, und zwar mehr als die Spur der Erinnerung.

Auf der dritten Stufe ist die volle Wahrheit für den Sprecher so schmerzlich, daß er selbst gern vermeidet, von ihr zu sprechen, und der Hörer ebenso bereitwillig vermeidet, von ihr zu hören. Wenn mein Ziel in der Natur die Selbsterhaltung ist, so geht von der Wahrheit eine tödliche Bedrohung für mein natürliches Ich aus, da sie mich über die Vergeblichkeit meines obersten Zieles belehrt. Ein Ziel aber über sich hinaus zu haben, in einem anderen Bereich, erfordert eine schmerzliche Verwandlung des Ich.

Das Problem der Verkündigung von Wahrheit beginnt auf der vierten Stufe. Die Mehrheit der Hörer wird sich dem Schmerz durch Zynismus oder Gewalt verschließen. Der Bote einer schlechten Nachricht hat schon immer am eigenen Leib die Schmerzen seiner Botschaft zu spüren bekommen. Wer im Kampf um die Macht auf die Zustimmung vieler angewiesen ist, muß den Schmerz noch weiter reduzieren, das heißt, er muß taktisch werden: Er muß weniger sagen, als er weiß, obwohl er selbst die volle Wahrheit nicht weiß. Das heißt, er überblickt seine Wege selber nicht. Er kann sich auf seinen guten Willen berufen, aber ohne gute Einsicht wird der gute Wille ambivalent sein oder auch tragisch.

Auf der fünften Stufe wird die berechnende Wahrheit zu einer Waffe im Kampf ums Dasein, in der die Wahrheit leicht vergessen wird, um die es zu Anfang gehen sollte. Trotzdem bewertet sie weiterhin alle Entscheidungen. Was geschieht, wenn die Interessen kaum mehr Rücksicht auf sie nehmen? Dann spannt sich das Panorama der Weltgeschichte aus. Der Mensch achtet wenig auf die Wahrheit und wird von ihr mit ungewollten Katastrophen belehrt. **Die Tragik der Geschichte ist die Bewertung unserer Handlungen durch die Wahrheit.** Der Kampf um die Macht hat kein Ende. Macht ist wie Geld die erfolgreiche Ansammlung von Mitteln für freigehaltene Zwecke. Ob die Mittel wirksam sind, wird einer Probe der realen Geschichte unterworfen, in der die Wahrheit herrscht.

Dies gilt schon in der Evolution des organischen Lebens. Wahrheit hat in der Entwicklung des Lebens die Form einer ökologischen Nische, die von Lebewesen besetzt ist. Ebenso ist die menschliche Macht eine ökologische und gesellschaftliche Nische, die Möglichkeiten zum Leben bietet. Macht ist jedoch tragisch, wie alle Erfahrung, wie auch der Begriff selber zeigt. Die Macht scheitert am partiellen Charakter ihrer Wahrheit: Sie besitzt, um im Alltag gehört zu werden, zuviel Vernunft, und um im Alltag alle Dinge vernünftig zu leiten, zu wenig Vernunft. Kein Machtsystem kann sich aber halten ohne einen Grad von Vernunft und also auch von Wahrheit.

Der Leib einer Wahrheit. Die vorhandene Wahrheit gibt Frieden, aber ihre Realisierung ist von Unfrieden bedroht, von dem Interesse, das die Wahrheit nehmen muß, um in der Welt anwesend zu sein. Deshalb gilt: Der Friede ist der Leib einer Wahrheit.[4] Wer diesen Frieden fördern will, muß versuchen, die unsagbare Wahrheit gegen die partikulären Interessen innerhalb des Systems sagbar zu halten.

Die großen politischen Krisen der Geschichte sind dialektisch, weil sie Krisen der Wahrheit sind. Es gibt Wahrheiten, die dem bestehendem Machtsystem zusetzen und die so das nächste vorbereiten. Wer sie ausspricht, kann damit eine Krise auf Leben und Tod erzeugen. Nicht jede Krise wird überlebt, nicht jede Krise führt zum gewünschten Fortschritt, keine Krise führt ausschießlich zu Fortschritt.

Wem mehr am Gehalt der Wahrheit als an den Interessen des Konsenses gelegen ist, kann manche Wege des Verhaltens finden: Unauffälligkeit, bis zur Geheimhaltung; Spezialisierung auf historische Wahrheiten; Aussprechen des Unerträglichen unter Verzicht auf öffentliche Wirkung bis hin zur freiwilligen Armut und zum Martyrium. Der Sinn der Toleranz liegt darin, einen Raum zum Aussprechen lebenswichtiger unerträglicher Wahrheiten im System möglich zu machen. Toleranz, die in den Dienst des individuellen Genusses gestellt wird, endet tödlich.

Wenn der Friede der Leib einer Wahrheit ist, dann gehört die Wahrheit selbst zu den Quellen des Lebens, ohne die sich kein Leben entfaltet. Dennoch bedroht der vom Interesse geleitete Vollzug des Lebens diese Wahrheit und damit das Leben. Das Phänomen ist aus der Natur- und Kulturgeschichte bekannt, vor allem aber aus der Politik. Um mich gegen einen möglichen Angriff zu verteidigen, rüste ich auf. Da mein möglicher Gegner auf mich blickt, rüstet auch er auf, so daß ich zu neuen Anstrengungen gezwungen bin. Bis es dann in einer gewaltsamen Entladung den einen oder anderen trifft und er aus Wettkampf und Leben scheidet.

Theorie und Praxis. Wahrheit ist ein theoretischer und praktischer Begriff, was in der Geschichte der Wahrheit wenig beachtet worden ist. Die hauptsächlichen Anwälte der Wahrheit, Metaphysiker und

Physiker, haben sich theoretisch an ihr betätigt. Unter Theorie versteht die Neuzeit ein Verhalten, das die Wirklichkeit messend, betrachtend, rekonstruierend hinnimmt, möglichst ganz so, wie sie ist, ohne sie zu verändern. Das ist das Ideal der reinen Objektivität. Unter Praxis versteht sie ein Verhalten, das zum Handeln treibt, das die Umstände nicht hinnimmt, wie sie sind, sondern sie in einen anderen Zustand versetzen will. Wenn Wahrheit zugleich und zu gleichen Teilen theoretisch und praktisch ist, dann müßten sich die Aporien der Wahrheit, ihre schwankende Stellung in der Geschichte, die sich als Aporien der Metaphysik und der Physik gezeigt haben, mit der abgeblendeten praktischen Seite erklären lassen.

3.2 Begriffliche Aporien

These 3.2: Das Interesse, das die Wahrheit in der Welt nimmt, wenn sie als Gestalt auftritt, tut sich in den Widersprüchen der reinen Vernunft hervor. Sie wiederholen sich in den Begründungsversuchen von Mathematik, Physik und Philosophie.

Die Insel der Wahrheit. Die bekannteste und für das Nachsinnen noch immer sehr empfehlenswerte Antinomie der Vernunft stammt von Immanuel Kant. Hauptsächlich sie war es, die ihm den Anstoß gegeben hat, den Aufbau einer Metaphysik in Angriff zu nehmen, die dieser Antinomie standhält. Er stellte die Frage, ob Denken rein aus Begriffen möglich sein könne, ohne den Boden unter den Füßen zu verlieren. Wie so oft, so war auch in diesem Falle die Frage wirkungsvoller als die Antwort. Denn seine transzendentale Methode ist wesentlich die Rückfrage, ob jemand die Bedingungen genügend kennt, unter denen er seine Antworten gibt. Berechtigte Ansprüche zu sichern und unberechtigte abzuweisen ist der Sinn der Kantischen Kritik. Die Antinomie der reinen Vernunft, die Kant in vier Widerstreiten behandelt, haben ihn nach eigenem Bekunden aus dem dogmatischen Schlummer der ihre Grenze verkennenden Vernunft geweckt.[5] Die *Kritik der reinen Vernunft* will das Feld oder, besser gesagt, die Insel der Wahrheit ausmessen, auf der sich sichere Erkenntnisse der Wahrheit gewinnen lassen, in Abgrenzung gegen die Schwarmgeister, die ferne Nebelbänke für feste Landmassen halten.

Dabei stößt der Königsberger Philosoph auf die Antinomie in der Vernunft. Sie drängt sich jedem begrifflichen Wissen auf, das seine

Grenzen überschreitet, so, um sofort ein Beispiel zu geben, wenn es zugleich universal und sicher sein will. Es scheint, daß man eines von beiden haben kann, entweder Universalität oder Sicherheit, aber nicht beides auf einmal. Die Aussagen: Das Sein ist, oder: Die Welt ist, oder: Gott ist, sind sehr universal, aber es fehlt ihnen an Präzision und Sicherheit. Man kann mit ihnen nicht viel anfangen, sie weder bestätigen noch widerlegen, dazu ist ihr Inhalt zu allgemein. Umgekehrt gibt es einfache Aussagen von ungemeiner Gediegenheit wie das logische Grundgesetz A = A oder das Galileische Fallgesetz $s = g/2 * t^2$. Nur ist es mit dem Erklärungswert nicht weit her, da sie nur wenige Erscheinungen der Welt beschreiben. Viele Dinge in der Welt ändern sich, und nicht alle Körper bewegen sich nach dem Muster von Steinen im Schwerefeld.

Es ist bekannt, daß Kant, vor die Wahl gestellt, unter diesen Umständen die Sicherheit der Universalität vorzog und das sichere Wissen auf die reinen Verstandesbegriffe einschränkte. Andererseits leugnete er nicht das Sein der fernen Nebelbänke und zollte ihnen in Gestalt der sogenannten praktischen Philosophie seine Anerkennung. Er wollte ihre Wirklichkeit aber nur in einer anderen Hinsicht anerkennen, da sie, wie er meinte, dem Ideal eines sicheren Ganges in der Wissenschaft nicht genügen konnten. Diese andere Hinsicht hat er entschieden vor dem Makel eines minderen Seinsgehaltes schützen wollen, aber die Leute haben ihn in der Folgezeit nicht richtig verstanden. Sie hörten nur, daß Gott nicht so demonstrierbar ist wie der gleichschenklige Triangel, und schlossen auf Gottes gemindertes Sein gegenüber der Natur und der Naturwissenschaft. Trotz des manchmal hymnischen Gesanges, den Kant auf die Endabsicht der Weltordnung anstimmte, die eine praktische sei, ist die Frage nicht abzuweisen, ob er das Feld der Wirklichkeit mit seiner Grenzziehung ausreichend beschrieben hat. Wo die gute Absicht nicht die gute Wirkung erzielt, kann es auch an der guten Erkenntnis gemangelt haben, jedenfalls ist sie zu prüfen.

Die Frage steht immer neu zur Entscheidung an und wird hier auch etwas anders entschieden, als Kant es getan hat. Es könnte sein, daß der Begriff des sicheren Wissens nirgendwo seinen Gegenstand findet, weder in der Mathematik noch in der Physik noch in den reinen Verstandesbegriffen. Aber Kant hat eine sehr nachvollziehbare, achtbare und klare Wahl getroffen. Er sagt: Worüber man nicht mit theoretischen Begriffen sprechen kann, darüber darf man nicht versuchen, theoretisch zu sprechen. Ein Feld sicheren Wissens, mit klarer theoretischer Rede über seinen Inhalt, wollte er für gewiß halten und gewiß machen. Die Leitbilder nahm er aus Mathematik und Physik.

Sonderstellung der Physik. Bemerkenswert ist, daß Kant Mathematik und Experimentalphysik aus dem Kreis seiner kritischen Untersuchungen ausnimmt. Denn, so meinte er, in diesen Bereichen können sich ›keine falschen Behauptungen verbergen‹.[6] Deshalb wollte er an dem Leitbild der Physik, die so sicher fortschreitet, die Metaphysik aufrichten. Dieses Urteil könnte voreilig gewesen sein. Das 20. Jahrhundert hat in der Logik und in der Quantentheorie gerade diejenige Antinomie gefunden, die der Kantischen ähnlich sieht, die Kant aber nur in der Metaphysik und Religion finden wollte. Ihre Sprengkraft entfaltet sie erst, wenn, um ein Bild des 20. Jahrhunderts zu gebrauchen, mit der Antinomie der Metaphysik die Antinomie der Physik gezündet wird, wenn also, um wieder friedlicher zu werden, die widersprüchliche Identität im Unendlichen auch die widersprüchliche Identität im Endlichen anzeigt.

Die große Bedeutung der Antinomie der reinen Vernunft für jedes theoretische Denken wird aber beim Königsberger Philosophen sichtbar. Das ist sein bleibendes Verdienst vor allen speziellen Versuchen, neue Widerstreite zu finden oder alte aufzulösen. Die Antinomie zwingt seine Philosophie zu einem unaufhörlichen Übergang von der theoretischen zur praktischen Seite und wieder zurück, was zwar unbequem, aber erhellend ist. Dadurch erweisen sich Wahrheit und Interesse von neuem als untrennbar. Warum Kant in Mathematik und Physik keine Widerstreite erkennen wollte, soll am Ende dieses Kapitels in einer Vermutung ausgesprochen werden.

Wenn ich hier das Interesse als ständigen Begleiter der Wahrheit vorstelle, so findet sich auch bei Kant das Interesse vorgezeichnet, aber, wie es scheint, in demselben eingeschränkten Sinn, wie er die Antinomie nur in der Metaphysik und nicht in der Physik erkennen wollte. Kant spricht von einem gewissen praktischen Interesse, das die dogmatische Vernunft an den allgemeinen Ideen von Weltanfang, unverweslichem Ich, Freiheit und göttlichem Urwesen nehme, wohingegen die skeptisch-empirische Vernunft von solchem Interesse frei sei (B 494–496). Es ist nicht zu leugnen, daß die vier Thesen, wenn sie haltbar wären, dem Ich eine unvergleichliche Stellung in der Welt verleihen und es aus der Naturordnung mit ihren zwingenden Naturgesetzen emporheben würden. Daß die Welt einen Anfang hat, daß mein denkendes Selbst von einfacher und unverwüstlicher Natur ist, daß dieses in dem Willen zu bestimmten Handlungen frei ist und über dem Naturzwang steht, daß schließlich die Ordnung der Dinge, welche die Welt ausmacht, dem Willen eines göttlichen Urwesens sein Dasein verdankt, das in seiner schöpferischen Gewalt sowohl Welt und Mensch wie auch sich selbst mit Welt und Mensch zusammen hält, das für wahr zu halten, gibt der Moral und der Religion ihren Grund, nämlich dem Ich zwischen Gott und Welt seine Identität. Die Widerstreite in der Antinomie der reinen Vernunft scheinen alle diese Stützen wegzureißen, da sie die vier Thesen und ihre Antithesen in den Widerspruch laufen lassen. Wo aber Beweis und Gegenbeweis ihre Scheinsicherheit gegeneinander stellen, liegt es nahe zu vermuten, daß die Wirklichkeiten von Welt, Ich, Freiheit und Gott, wenn es sie gibt, einen rein theoretischen Zugang verwehren.

Interesse der Naturforschung. Aber zunächst ist zu sehen, daß Kants steile These vom Interesse, das die Dogmatik nimmt, verbreitert werden muß zu dem Interesse, das die Skepsis an dem endlichen Leben des Ich nimmt, sei es in szientifischer oder in voluptuöser Absicht. Wie schon angedeutet, spricht auch Kant von einem Interesse der Skepsis, nur lobt unser Philosoph eben dieses Interesse, während er das spekulative Interesse des Dogmatikers an den vier großen transzendenten Idealen tadelt. Er würdigt den skeptischen Empirismus, weil er dem spekulativen Interesse der Vernunft einige Vorteile anbietet, die sehr verlockend sind (B 496). Die dogmatischen Lehrer der Vernunftideen hatten immer versprochen, in der über der Natur liegenden metaphysischen Welt alle wesentlichen Vorteile für das Ich zu gewinnen, nämlich dessen ewige Identität dort zu sichern. Für ein solches Ich in der Übernatur scheint sich der skeptische Lehrer wenig zu interessieren, um so mehr aber für das Ich in der Naturwelt. Kant rühmt ihm dieses Bemühen nach, weil ein Skeptiker mit dem Verstand nur auf dem ihm eigentümlichen Boden, auf dem Felde der natürlichen Erfahrungen, den Gesetzen der Natur nachspürt, so daß er sichere Erkenntnisse ohne Ende gewinnt. Der Naturforscher und sein skeptisch-philosophischer Kollege haben es nicht nötig, die Kette der Naturordnung zu verlassen, denn alles Naturwissen scheint sicher zu sein und einer künftigen Vollendung entgegen zu laufen. Die Skepsis verbietet es sich, wie die Dogmatik an ferne Welten zu glauben.

Die Wirkung blieb nicht aus. Durch rigorosen Argwohn gegen die Übernatur wird das Interesse an der Natur gesteigert. Durch das Verblassen des Himmels wird die seelische Energie frei gesetzt, sich um so mehr und mehr und zuletzt ausschließlich im endlichen Naturbereich zu bewegen, so daß viele nützliche Erkenntnisse gewonnen werden. Wo nur die Erde Heimat sein kann, werden ihre Bewohner um so energischer für ihre Wohnlichkeit sorgen. Dagegen läßt sich nichts sagen, soweit es Erfolg hat.

Zweck der Naturerkenntnis. Aber es läßt sich fragen: Für welchen Zweck gewinnt der endliche Mensch die Naturerkenntnisse? Doch wohl auch für das Ich, das sich einen Vorteil im Kampf ums Dasein verspricht, eben für das natürliche Ich in der Welt. Das legt nahe zu prüfen, ob die erstrebte Sicherung des Ich durch seine Tätigkeit im natürlichen Bereich, die Kant zu befördern suchte, möglich ist, im Gegensatz zur Sicherung im übernatürlichen Bereich, die er beschneiden wollte. Oder in welchem Sinne ist die eine oder andere Sicherung möglich? Ich meine, seine Kritik könnte noch unvollständig gewesen sein, weil seine Einschätzung der Wissenschaften noch unvollständig war.

Der Blick auf die begrenzte Tragfähigkeit der Natur fehlt bei Kant. Das ist ihm nicht schwer anzulasten, da die Grundsätze der damaligen Mathematik und Physik die Vermutung nahelegten, alle Wirklichkeit sei Natur und werde von der Naturwissenschaft auf kausale Weise beschrieben, wenn nicht heute, so doch morgen oder übermorgen. Wenn er das Schwärmen in der Metaphysik verbieten will, so gibt er sich ihm in der Physik bereitwillig hin. Deshalb will er eben ›nach dem Beispiele der Geometer und Naturforscher‹ die Metaphysik revolutionieren (B XXII). Den Philosophen aus Königsberg interessieren nur diejenigen Widerstreite, die dem Ich bei seinem Verlangen nach der *ewigen* Identität begegnen. Die Antinomie der geschichtlichen Welt ist ihm weitgehend unbekannt, was vor dem Aufkommen des geschichtlichen Sinnes und historischen Wissens verzeihlich ist, vor allem aber vor dem Aufkommen der Evolutionslehre und der Psychoanalyse, die dem Ich sein Herrsein im eigenen Hause erheblich erschwert haben. Verzeihlich schließlich ist es vor dem Aufkommen der Quantentheorie, die das Prinzip der Kausalität zugleich rechtfertigt und beschneidet. Die neue Lage erfordert es, den einfachen kritischen Gedanken, der gegen die theoretische Metaphysik gerichtet ist, auch gegen die theoretische Physik zu richten, das heißt gegen die Identität des Endlichen, was Kant vor zwei Jahrhunderten ausdrücklich abgewiesen hat. Sorgfältig sah er den Naturbereich vom Freiheitsbereich getrennt, da in dem einen Bereich die Notwendigkeit, in dem anderen die Spontaneität leitend sein sollte. Nun ist zwar viel Notwendigkeit in der Natur zu finden, und anders können wir von ihr nichts wissen, aber sie wehrt sich auch heftig gegen die Kausalität. Sie ist nicht von solcher Art, daß alle Ereignisse nach den Gesetzen der Physik vorhergesagt werden können. Solche Geltung hielt Kant für völlig selbstverständlich und zweifelte keinen Augenblick daran.

Es soll ordentlich zugehen in der Königsberger Welt und möglichst auch in jeder anderen. Ebenso soll die Begründung ordentlich sein, mit der wir diese Ordnung rechtfertigen. Daß der Mensch ein Enkel von Siegern im Kampf ums Dasein ist, daß das interesselose Wohlgefallen an der Schönheit von dem allerschärfsten Interesse begleitet ist, nämlich von dem Interesse nichts zu bemerken, kam Kant nicht in den Sinn. *Sapientis est ordinare,* wird er gedacht haben, des Weisen Aufgabe ist das Ordnen. Wenn ich über die sieben Brücken von Königsberg schreite, und wenn ich, durch die Antinomie der Vernunft bewegt, ihr Fundament vertiefe, will ich mich um Ordnung bemühen. Soviel an ihm lag, suchte er nach diesem Grundsatz zu verfahren. Auch wir halten uns an diesen Grundsatz und suchen das neu zugewachsene Material der Erfahrung zu ordnen.

Zweifache Aufgabe. Wir stellen uns eine zweifache Aufgabe. Zum einen sollte es sich erweisen lassen, daß die Kantische Antinomie in den vier Thesen nicht allein in den Anmaßungen einer zur Dogmatik aufgelegten spekulativen Vernunft ihren Ursprung hat, sondern ebenso in den Interessen des Ich. Das Interesse der Vernunft an der Ewigkeit bringt davon ein bemerkenswertes Abbild zum Ausdruck, aber eben doch nur ein Abbild. Die Vernunft drängt zum Ewigen, der Verstand mit seinem Interesse drängt zur Verlängerung in der Zeit. Das ist die erste und lösbare Aufgabe meines Versuches hier. Damit würde die These weiter erhellt, nach der Wahrheit und Interesse in der Welt zwar nicht brüderlich zusammen auftreten, aber eng aneinander gebunden sind und die eine Gestalt nicht ohne die andere zu sehen ist.

Die zweite Aufgabe weist eher in die Zukunft. Sie bestünde darin, einen Entwurf zum System der Antinomie des endlichen Ich zu liefern, was einem System zur Tragik der Welt gleichkäme. Man könnte es auch das System einer Dialektik der Aufklärung nennen. Das ist eine ungleich schwierigere Aufgabe, weil der Zweifel an der Identität des Endlichen zur Zeit nicht viel Konjunktur hat und deshalb ohne große Unterstützung dasteht. An die Natur und die Naturwissenschaft glauben fast alle; je relativistischer, skeptischer und pluralistischer die Denkart des Menschen ist, um so zweifelloser. Erst wer die Trauerarbeit in der Naturforschung hinter sich gebracht hat, das heißt, wer nicht mehr alle Wirklichkeit in der Natur sehen will, könnte an einer solchen Aufgabe teilnehmen. Zu dieser zweiten Aufgabe soll am Ende des Kapitels eine Skizze genügen.

Das System der Thesen. Die Antinomie der reinen Vernunft bereitet Kant mit einem System der kosmologischen Ideen umfangreich vor. Vier Ideen sind es nach ihm, welche die Vernunft in die Versuchung geführt haben, ihren zugemessenen Bereich zu verlassen und ins Schwärmen zu geraten: Weltanfang, Ich, Freiheit, Gott. Bei den ersten zwei Widerstreiten sind laut Kant Thesis wie Antithesis falsch; bei den zwei letzten sind beide wahr, aber in verschiedener Hinsicht. Geht man von dem Selbsterhaltungswillen des Ich aus, was Kant nicht tut, so ergeben sich die Thesen ebenfalls. Das heißt, in einem eingeschränkten Sinn ist auch der Wille zur Selbsterhaltung ein Leitfaden bei Kant. Nur beschränkt sich dieser Wille bei ihm auf den Intellekt, der zu abschließenden, alle weitere Mühe aufhebenden Begriffen kommen möchte.

A. Macht man sich von einer bloß begrifflichen Identitätssicherung frei, so erscheint das Ich, das sich selbst erhalten will, als eine letzte einfache Substanz. Der Wechsel in allen Erscheinungen bedarf eines Zentrums, das nicht selbst wieder dem Wechsel in der Zeit unterliegt. Das ist das alle Vorstellungen begleitende ›Ich denke‹. (Zweite These bei Kant)
B. Das Ich bedarf nun, da es sich selbst, von außen gesehen, als bedingt wahrnimmt, eines Garanten, der ihm seine Unbedingtheit im Kern und sein Verhältnis zur Welt garantiert. Deshalb das göttliche Urwesen als Erzeuger der bedingten Welt! Es ist bekannt, daß Descartes einen ähnlichen Weg zur Sicherung des Ich gegangen ist. (Vierte These bei Kant)

Damit sind die beiden Hauptthesen abgeleitet, gegen welche die beiden anderen Thesen in ihrer Wichtigkeit abfallen. Sie verdeutlichen nur noch, daß das Ich und Gott, ohne gleich zu sein, sich gegenseitig stützen. Der Mensch ist die Freiheit Gottes in der Welt, wie umgekehrt Gott dem Menschen zur Freiheit in der Welt in einem begrenzten Maße verhilft. Die Natur reicht weder an Gott noch an den Menschen heran; das ist die Selbsterfahrung des Ich, wenn es sich die Vielheit der Welt anschaut und immer das ›Ich denke‹ bei sich führt.

C. Der niedere Rang der Wirklichkeit zwischen Gott und dem Menschen drückt sich darin aus, daß die Welt einen Anfang in der Zeit hat und dem Raum nach in Grenzen eingeschlossen ist. Der Pantheismus, der Gott und Natur gleich setzen möchte, kennt keinen Anfang der Welt, in ihm ist folglich ein eigenes Leben des Ich nicht möglich. Erst der zeitliche Anfang der Welt gibt dem Menschen einen Wert über die Vergänglichkeit der Natur hinaus. (Erste These bei Kant)
D. Ebenso muß das geistige Ich des Menschen in Distanz zur Welt stehen. Es geht auf Abstand, indem es sich für mäßig frei erklärt und spontane Akte der Freiheit außerhalb der Naturgesetzlichkeit vollzieht. (Dritte These bei Kant)

Wir haben bei der Ableitung all dieser kosmologischen Ideen nur das eine Prinzip gebraucht: Selbsterhaltung des Ich über alle Widerstände hinweg!

Das System der Antinomie. Jede Antwort auf die Frage, ob denn Gott und Ich, ob Freiheit und Weltanfang existieren, versucht Kant in die Irre zu führen. Zwar drängen sich diese Fragen dem Verstande auf, aber das intellektuelle Vermögen ist nach ihm nicht in der Lage, sie zu beantworten. Kant geht so vor, daß er für die bejahende wie für die verneinende Antwort je einen sogenannten Beweis vorlegt. Er konstruiert Widerstreite, indem er allen acht Antworten den Schein eines Beweises beigibt, womit jeder Beweis seinem Gegenstück widerspricht.

Der Scharfsinn in den Einzelheiten und die Architektur im Ganzen ist bewundernswert, steht aber nicht so außerhalb der Kritik, wie es Kant wohl gewünscht hätte. Sich des Verstandes ohne fremde Anleitung zu bedienen, wollen wir uns auch ihm gegenüber für fähig halten.

Die Methode eines Beweises durch den Widerspruch ist aus der Mathematik gut bekannt. Aber gerade an dieser Stelle haben sich die Grundlagenprobleme im 20. Jahrhundert ergeben. Die puristische Richtung des Intuitionismus etwa lehnt mit einigen guten Gründen den Beweis durch einen Widerspruch ab. Nun will allerdings Kant am Ende gar nichts beweisen, sondern jeden Beweis der Metaphysik ins

Absurde führen. Bei einem mathematisch einwandfreien Widerspruchsbeweis müssen alle Teilstücke klar, einsichtig und selbst schon bewiesen sein, um die probeweise angenommene These zu widerlegen.

Wie steht es mit den Teilstücken bei Kant? Sind sie einsichtig? Das ist fraglich. Ich mache auf zwei bedenkliche Annahmen gleich in den beiden sogenannten Beweisen zur ersten Thesis und Antithesis aufmerksam. Da geht der Philosoph davon aus, daß die Unendlichkeit einer Reihe darin besteht, daß sie durch sukzessive Synthese niemals vollendet werden könne (B 454). Das ist das alte Paradoxon des Zenon, nach dem der schnelle Achill niemals die Schildkröte vor ihm einholen wird. Zenons Paradox ist ein mathematisches Problem für Nichtmathematiker. Diese verstehen nur schwer, wie unendlich viele Zahlen zusammen gezählt einen endlichen Wert ergeben können. Das ist möglich, wenn sie nur rasch kleiner werden. Wer die Zahlen 1, 1/2, 1/3, 1/4 usw. addiert, kommt freilich an kein Ende, also zu keinem bestimmten Anfang in der Welt, denn die Addition wächst über alle Grenzen. Wer das aber mit den Zahlen 1, 1/2, 1/4, 1/8 usw. tut, kommt sehr wohl zu einem Punkt, nämlich zur Zahl 2. Was ist also von Kants Folgerung zu halten, nach der eine unendlich verflossene Weltreihe unmöglich ist, also ein Anfang der Welt eine notwendige Bedingung ihres Daseins ist? Er hat ein logisches, aber wohl kein kosmologisches Problem im Auge.

Ähnliches passiert beim sogenannten Beweis der Antithesis. Er übernimmt dort seine Argumente von sehr schwachen Metaphysikern. Wie er meint, hätten solche behauptet, daß jeder Anfang ein Dasein in der Zeit ist, dem eine leere Zeit voraus gegangen sein muß, während der zwar Zeit, aber nicht Welt war. Die besseren Metaphysiker wie Augustinus hatten das aber niemals gesagt. Dieser meinte vielmehr, es könne vor der Zeit der Welt keine andere Zeit gegeben haben. Mithin kann auch der Behauptung, es gäbe eine leere Zeit, kein Widerspruch entnommen werden, denn kein klügerer Kopf hat so etwas je behauptet. Kants eigene Lösung ähnelt in einer Hinsicht der von Augustinus. Raum und Zeit sind nach ihm nur Anschauungsformen des Subjekts, vor der Erschaffung des Subjekts gab es also keine Zeit. Allerdings kennt Kant wie Newton die leere Zeit, da man die Zeit selbst nicht aufheben kann, ›ob man zwar ganz wohl die Erscheinungen aus der Zeit wegnehmen kann‹ (B 46). Bei dem einen ist also die Zeit eher zusammen mit der Welt geschaffen, bei dem anderen eher mit der Erkenntnis der Welt.

Kant hat somit weder etwas bewiesen noch etwas widerlegt. Beides hatte er auch nicht im Sinn, als er die Beweise gegeneinander stellte. Was er getan hat, ist etwas anderes. Er hat Beispiele dafür angeführt, daß Begriffe ins Schlingern geraten, wenn sie auf das Unendliche angewandt werden. Dieses Ziel, wenn ich ein solch negatives Ergebnis ein Ziel nennen darf, hat er mit seinen Beispielen erreicht. Daß die von ihm für sicher gehaltenen Begriffe der Natur diesen Keim zum Unendlichen in sich tragen und widersprüchlich werden, hat wohl erst das 20. Jahrhundert erkannt.

Der Sinn der Antinomie. Damit ist der Sinn der Antinomie der reinen Vernunft nicht hinfällig geworden. Einzig ihre Begründung ist jetzt weniger überzeugend. Vielleicht kommt das Nachdenken einfacher zum gleichen Ziel, wenn es in der steten Begleitung der Wahrheit das Interesse wahrnimmt, das die Metaphysiker angetrieben hat, die vier kosmologischen Ideale, wie Kant sie nennt, zu sichern. Unter diesem erweiterten Blickwinkel schrumpfen die vier auf ein einziges Ideal zusammen: **Sicherung des Ich für die Ewigkeit.** Und es tritt ein neues an seine Seite: **Sicherung des Ich für die Zeit.** Das eine läßt sich dem Geschäft des Dogmatikers zuschreiben, das andere dem des Skeptikers. Aber unter dem Blickwinkel der Sicherung lassen sich die Antinomien von Metaphysik und Physik gleichzeitig erkennen.

Was soll das sichernde Mittel sein? In beiden Fällen der Begriff! Er wird widersprüchlich in Zeit und Ewigkeit. Da er in Zeit und in Ewigkeit auf verschiedene Weise gebraucht wird, läuft er allerdings auf verschiedene Weise in den Widerspruch.

In der Zeit ist die Physik die Wissenschaft des wesentlichen Begriffs, und eine Wissenschaft enthält nur soviel eigentliche Wissenschaft, als in ihr Physik oder, genauer gesagt, als in ihr mathematische Naturgesetze anzutreffen sind.[7] Es wird verständlich, warum dieser berühmte Ausspruch Kants zutrifft. Das Ziel des physikalischen Begriffs liegt nicht nur in der Theorie, sondern auch in der Praxis der darauf gegründeten Technik. Es gibt zwar die kontemplativ-mystische Seite der Naturforschung, wofür die Namen Kepler und Einstein stehen, aber insofern solche Leute darin eine Erlösung vom pochenden Drang des Ich verspüren, lenken sie den Begriff aus der Zeit in die Ewigkeit hinauf, in eine gesichtslose Ewigkeit des aufgelösten Ich, weil ihre Unendlichkeit wohl doch nur eine verlängerte Endlichkeit ist.

Die Mehrzahl der Physiker und der Hauptstrang der Physik gingen einen anderen Weg, den auch Galilei als unbedenklich empfohlen hat, den Weg der Nützlichkeit. Man kann ihn auch den Weg der Macht nennen. Besonders deutlich wird der Physikalismus in der Biologie. Gensequenzen sind das Wissen vom Leben, soweit es mathematisierbar ist. Soweit es nicht der Mathematik genügt, wie die Einmaligkeit des Ich, weiß die Biologie nichts mit dem Leben anzufangen. Der Nutzen oder die Machtförmigkeit der Mikrobiologie liegt auf der Hand, da sie theoretisch über die Physik hinaus kein Wissen erzeugt hat. Die Mikrobiologie gehört ganz und gar zur praktischen Seite der Physik.

Die Parallele zur Metaphysik wird deutlich. Die von Kant in ihrer vermeintlichen Sicherheit bekämpften metaphysischen Begriffe dienten der Sicherung des Ich in der Ewigkeit oder über die Natur hinaus, was wohl das gleiche ist. Die religiöse Metaphysik kann das natürliche Leben kaum fördern, jedenfalls nicht direkt. Man kann psychologisch vom Trostcharakter der Metaphysik oder von dem Entwurf einer noch zu bauenden künftigen Utopie sprechen, wozu aufzufordern die Metaphysiker allerdings selbst unterlassen hätten. In direkter Absicht haben sie fast ausschließlich eine seelische Bekehrung gelehrt, die eben deshalb rein theoretisch ist: Reinigt eure Herzen, dann wird Gott euch das Heil schenken. In dieser Verheißung liegt ein gewisses zeitliches Heil, aber vor allem ein ewiges. Den Tod selbst durch Gott zu überwinden ist das Ziel der großen religiösen und metaphysischen Systeme.

Antinomie in Zeit und Ewigkeit. Jetzt können wir unsere erste Aufgabe in Angriff nehmen und die Antinomienlehre von der Metaphysik auf die Physik übertragen. Wenn das Ich sich in der Metaphysik in eine Ewigkeit hinein schwärmt, so tut es das Ich im Physikalismus ebenfalls, wenn auch auf andere Weise.

C. Kants erster Widerstreit in der transzendenten Idee eines Anfanges in der Zeit findet in der Physik ein genaues Gegenstück. Kant versucht nachzuweisen, daß kein Begriff den Anfang oder die Ewigkeit der Welt erweisen kann. Die theoretische Sicherstellung ist nach ihm unmöglich. Wir haben dieses Ergebnis übernommen, ohne seinen Beweis zu übernehmen. Es genügt zu erkennen, daß Naturgesetze keine Aussagen über einmalige Ereignisse wie etwa den Anfang der Welt machen können, sondern nur wiederholbare Erscheinungen beschreiben. Darüber hinaus sagen sie nichts.

Die praktische Sicherstellung versagt ebenfalls, wie die Entwicklung der Kosmologie seit 200 Jahren zeigt. Die Entwürfe schwanken zwischen der Idee eines ewig gleichen Kosmos (steady state) und einem singulären Urereignis, von dem er seinen Anfang genommen haben soll (big bang). Das Schwanken erklärt sich daher, daß auch der empirische Blick nicht ohne Begriffe auskommt und sich der metaphysische Widerspruch in ihm spiegelt. Ja, selbst die recht einfache Frage, ob sich der Kosmos endlos weiter ausdehnen oder einstmals wieder schrumpfen wird, scheint schwer und vielleicht gar nicht entscheidbar zu sein. Seit Jahrzehnten schwanken die Meßwerte, die das beantworten sollen, zwischen Ja und Nein. Das entspricht dem Widerstreit der ersten These.

A. Im zweiten Fall des Widerstreites geht es um die Sonderstellung des Menschen oder genauer des Ich, um die Aussage, ›daß mein denkendes Selbst einfacher und daher unverweslicher Natur‹ sei (B 494). Die metaphysische Antinomie erneuert sich auch da in Physik und Biologie. Der Mensch ist früher als die Naturwissenschaft, aber die Natur ist früher als der Mensch.

Man kann die Erkenntnisfähigkeit des Menschen unter dem Blickpunkt des physikalisch-biologischen Gesetzes betrachten und die Rückseite des Spiegels untersuchen. Es ergibt sich, daß die Wirkweise des menschlichen Erkenntnisapparates den Gesetzen der Physik nicht widerspricht. In naturalistischer Sicht wird das Ich immer weiter zerlegt und verliert seine Einfachheit und Substanz. Aber die Rückseite des Spiegels erkennen wir selbst nur im Spiegel. Bei der Auflösung des Ich produzieren wir immer wieder zuerst dieses eine Ich, für das die Vielheit eine Erkenntnis sein soll. Das entspricht der Antinomie der zweiten These.

Die Antinomie der Freiheit. Eigentlich ist es nicht nötig, weiter fortzufahren, denn es ist zu erwarten, daß es den beiden folgenden, schon nicht mehr so zentralen Widerstreiten ebenso ergehen wird. Aber aus Gründen der Vollständigkeit und zur Übung in den Grundbegriffen seien sie hinzugefügt.

D. Der dritte Widerstreit handelt von den freien willkürlichen Handlungen oberhalb des Naturzwanges. Wenn das Interesse das Motiv ist, das den Menschen zur Naturforschung treibt, so findet es an der Freiheit eine ambivalente Grenze. Um dem Ich eine bessere Stellung in der Naturwelt zu sichern, bedarf es notwendiger Gesetze. Nur deren Kausalität kann ihm dabei von

Nutzen sein. Um seinem Ich die Freiheit zu wahren, bedarf es der gesteigerten Notwendigkeit in der Natur. Aber dieses Ich lebt selbst in der Natur und macht sich ebenfalls zum Gegenstand der Naturforschung. Die drei Freudschen Kränkungen des Ich in Astronomie, Evolutionslehre und Psychoanalyse sind die Folge.[8] Die Naturwissenschaft selbst will keine Grenze kennen, sie ist mit dem Postulat der Objektivität und Kausalität geboren. Damit geraten ihr Motiv und Ziel auseinander, wobei man als Ziel die Objektivität der Natur und als Motiv die gesteigerte Subjektivität des Ich nehmen kann. Das entspricht der Antinomie in der dritten These bei Kant.

Die Lösung erfolgt wieder durch die Quantentheorie, was viele Geisteswissenschaftler an ihr fürchten. Sie vermuten, daß die Nichtdeterminiertheit der Phänomene die Freiheit des Menschen beweisen soll.[9] Eine positive Grundlegung der Freiheit ist tatsächlich nicht möglich, soweit hat der Einwand recht, sie geschieht aber bei verständigen Interpreten auch nicht. Umgekehrt wird ein haltbarer Gedanke daraus. Sollte die Natur eine durchgängige Kausalität besitzen, wie Kant vermutet hat, dann ist es um die Freiheit als Faktum schlecht bestellt. Die Materialisten in den zwei Jahrhunderten nach Kant haben ihn so schlecht nicht verstanden und in diesem Punkt vielleicht besser, als er sich selber verstehen wollte. Die Quantentheorie weist nicht die Freiheit nach, denn sie blickt immer auf das, was ihr objektiv gegeben ist oder, besser gesagt, soviel ihr objektiv gegeben ist. Nur erkennt sie, daß unter ihren Objekten immer neue Objekte auftauchen, die sie nicht in eine kausale Reihenfolge bringen kann. Sie kann ihr Auftreten nicht vorher ansagen. Ja, sie kann sogar beweisen, daß es eine solche Folge nicht gibt, **da die Existenz verborgener Parameter experimentell widerlegt ist**. Also beschreibt die objektivierende und apriori notwendig kausale Sicht nicht alle Wirklichkeit. Hätte Kant die Quantentheorie gekannt, hätte er gesehen, daß die Freiheit nicht nur ein Postulat der praktischen Vernunft ist, sozusagen ein Produkt der gesunden Selbstwahrnehmung, der die theoretische Vernunft nicht hineinreden darf, sondern er hätte diesen Blickwechsel für theoretisch **erzwungen** gehalten. Die Quantentheorie sagt wegen des negativen Ergebnisses allerdings nicht, in welche Richtung der Blick zu gehen hat. Nach Kant kann die Naturforschung nur objektiv Gegebenes feststellen; nach der Quantentheorie sucht die Naturforschung ebenfalls das objektiv Gegebene und sie stellt fest, daß nicht alles Gegebene objektivierbar ist. Das ist die berühmte

Rolle des Beobachters im Prozeß der physikalischen Erkenntnis. Die Revolutionen des Kopernikus buchstabiert Kant in der subjektiven Wende nach, größer aber ist die Revolution der Quantentheorie, die eine Wirklichkeit zeigt, welche den Horizont des Subjekts überschreitet.

Wer auf den Beginn des Buches Genesis schaut, könnte spöttisch meinen, das Wesen der Freiheit bestünde darin, von ihr keinen Gebrauch zu machen. Gott schafft das begehrte Objekt und verbietet das Begehren! Wer die Gebote Gottes als Naturgesetze liest, kann das tun. Von einem Naturgesetz abzuweichen ist in der Natur nicht vorgesehen, man sollte auch die Finger davon lassen. Es ist tödlich, das Galileische Fallgesetz nach Gutdünken für hinfällig zu erklären und einfach vom Dach zu springen. Das Fallgesetz kümmert sich nicht um solches Gutdünken und antwortet mit einer harten Landung. Nur dann kann ich die Freiheit auf diese Weise verspotten, wenn ich sie mit einer Natur verwechsle, die objektiven Gesetzen unterliegt. Dann hätte die schaffende Weltursache zweierlei Arten von Weltregierung eingeführt, die zwanghafte der Naturgesetze, die keine Ausnahme zuläßt und an die kein Protest heranreicht, und eine inkonsequente Art von Gesetzen, die moralischen Gesetze, gegen die zu verstoßen sehr wohl möglich ist, was sogar einen besonderen Reiz ausmacht, den bekannten Lästerungsreiz.

Hier erhebt sich die Antinomie zu ihrer vollen Größe. In der Tat muß man sagen, daß die Freiheit darin besteht, vor Gott keinen Gebrauch von ihr zu machen, vor der Welt aber jeden. In der Welt ist der Mensch die Freiheit Gottes, gerade indem er das Gebot anerkennt, das die Freiheit fördert. Vor Gott die Freiheit nicht zu gebrauchen, heißt einfach, sie nicht durch Mißbrauch außer Kraft zu setzen, etwa durch Mord oder Selbstmord. Die Moral der göttlichen Gebote hat nun, auch wohl nach Kant, nichts anderes im Sinn, als den Menschen vor dem Zwang der Natur zu retten und ihn auf Abstand zu halten. In der endlichen Welt vollzieht sich durch das Halten der Gebote die höchste Freiheit.

Daher die Dialektik zwischen Zufall und Notwendigkeit! Ich könnte meine Freiheit in der Welt nicht ausüben, wenn ihr nicht die notwendig wirkende Kausalität zur Seite steht und zur Verwirklichung meines Willens beiträgt. Umgekehrt darf nicht alle Wirklichkeit determiniert sein, denn dann gäbe es kein Ich in der Natur, mit dem ich meine Freiheitstaten realisieren könnte. Und bloß von außen angeschaut, sieht jede Tat der Freiheit wie ein Zufall aus. Damit Freiheit in der Welt sei, muß Notwendigkeit in der Natur herrschen, sie realisiert die Tat des Willens. Aber es darf nicht nur Notwendigkeit herrschen, weil es sonst keinen freien Willen geben könnte.

Die Antinomie des göttlichen Urwesens. Auch für den vierten Widerstreit gelingt die Übertragung von der Metaphysik auf die Physik.

B. Die Antinomie der vierten These ist die Apotheose des von Kant in Angriff genommenen Umbaus der Metaphysik. Sie handelt vom göttlichen Urwesen, vom Schlußstein der Metaphysik. Was ist das Gegenstück dazu in der Physik? Das kann wohl nur die Idee der Weltformel sein. Diese Idee soll die Rationalität des Weltlaufes nach einsehbaren Gesetzen garantieren, etwa so wie der unbewegte Beweger des Aristoteles die Rationalität garantieren sollte. Auf wundersame Weise wiederholt sich dabei die Antinomie der Metaphysik in der Physik. Wie Kant von einigen Anhängern als Zertrümmerer der rationalen Theologie gefeiert wird, so kann er postum diesen Titel auch für die rationale Physik bekommen.

Die Weltformel verdiente nur dann ihren Namen, wenn sie die Wahrheit in der Form der völlig abgebildeten Natur in sich trüge. Sie wäre, wenn es sie gäbe, die Vollendung der *adaequatio intellectus et rei*. Sie hätte nur noch den einen Punkt zu erklären, warum sich die Formel die Mühe macht, auch wirklich als Welt zu existieren. Aber dazu schweigt sie hartnäckig. Um den Gebrauch der Wahrheit für die Sicherung der Interessen geht es im Verlangen nach der Wahrheit. Wie kann dann die letzte, vollendete Erkenntnis gerade darüber nichts aussagen? Das entspricht dem Widerstreit der vierten These bei Kant.

Die physikalische Weltformel erzeugt die vollendete Vorstellung einer Aporie der reinen Wahrheit. Wir werden auf diese Enttäuschung durch die neuzeitliche Naturforschung nicht mit der Verwerfung aller Wahrheit reagieren, auch nicht mit ihrer Reduktion auf Richtigkeit, über die hinaus wir dann schweigen, sondern mit der Umkehrung der Methode: Die Antinomie der endlichen Vernunft ist nicht das Ende der Vernunft, sondern die Bedingung ihrer Existenz. Sie garantiert die Möglichkeit des Ich, Fragen nach sich selbst und der Wahrheit zu stellen. **Die Antinomie der Wahrheit, nicht ohne Interesse aufzutreten, ist Bedingung ihrer Existenz.** Wenn die Gestalt der Wahrheit in der Welt nicht antinomisch wäre, gäbe es keine Wahrheit. Das fordert in der Folge, die Antinomie in ihre Definition aufzunehmen. Das geschieht im folgenden Kapitel.

Hier sollen nur noch die Vermutung und die Skizze folgen, von denen oben die Rede war.

Vermutung über Kants Physik. Der kritische Philosoph der Erkenntnis war nicht gegen jede Erkenntnis auf gleiche Art kritisch, sondern er kritisierte die Anmaßung, objektivierte Erkenntnis für absolute Wahrheit zu halten, vorzugsweise in der Metaphysik und rationalen Theologie. In seinen Schriften ist er von der Irrtumsfreiheit der Mathematik und der Experimentalphilosophie überzeugt, denn ›in der Erfahrung müssen doch endlich die letzten Mittel der Entscheidung des Zwistes liegen‹ (B 452). Nur traute er dem Empiristen nicht zu, seine eigenen Erkenntnisquellen zu verstehen und sich selbst die Grenzen im Gebrauch des Verstandes ›zu bestimmen und zu wissen, was innerhalb oder außerhalb seiner ganzen Sphäre liegen mag‹ (B 297). Dagegen ist in gewisser Hinsicht kein Einwand möglich, da die Naturwissenschaften wohl für immer den harten Kern dessen bilden werden, worauf sich vernünftige Menschen in ihrer Weltbetrachtung einigen können. Es gibt Objektivität, die gemessen werden kann. Bricht ein Streit darüber aus, wird die Sache einfach ausgerechnet, und die Einigkeit kehrt zurück. Das Problem des Kantischen Vertrauens ist nicht der gegenwärtige Stand der Wissenschaft, sondern seine Verlängerung in die Zukunft hinein.

Da wir nach ihm von der Natur nur das erkennen können, was wir nach der Maßgabe unserer Vernunft in sie hineinlegen, erwartet er nicht, daß das objektivierende Kausalprinzip eine Störung erfährt. Wie sollte das auch möglich sein? Wir laden die Natur als Zeugin vor und stellen ihr die Fragen. Ihre Antworten entscheiden, dachte Kant, und was wir nicht gefragt haben, beantwortet sie auch nicht. Die klassische Physik kennt keine Ausnahme vom Prinzip der Kausalität. Aber daß die Natur Entscheidungen fällt, ohne befragt worden zu sein oder sie angekündigt zu haben, das geht über das Naturverständnis, das Kant hatte, hinaus. Angesichts der Quantentheorie muß man sagen: Die Natur ist nicht nur Zeugin, sie ist auch Richterin, sie antwortet nicht nur auf unsere nach dem Prinzip der Kausalität vorgelegten Fragen, sie richtet auch das Prinzip selbst und sagt: Für die Wirklichkeit, in der du lebst, ist es zu eng gewählt. Dennoch bist du nicht in der Lage, ein anderes Prinzip zu wählen, wenn du deine Welt begrifflich erfassen willst. Das macht es nötig, die Lehre von der Antinomie auch auf die Physik anzuwenden, wie oben versucht wurde.

Ich sehe nur eine Möglichkeit, diese Lage zu deuten. Zwar hat die transzendentale Methode recht, wenn sie sagt, daß wir nur das erkennen können, was wir objektvierend in die Natur hineingelegt haben, aber die Methode der Objektivierung hat ihre Grenze. Es erscheinen in der objektiven Natur nicht-objektivierbare Wirklichkeiten als unvorhersagbare Ereignisse, die insofern durch Kausalketten unableitbar sind. Nicht nur die Existenz der Natur als solche entzieht sich den Fragen der Naturwissenschaft, sondern auch zentrale Inhalte der endlichen Wirklichkeit. Damit konnte Kant nicht rechnen.

Noch eine Bemerkung zum Sprachgebrauch! Die philosophische Quintessenz der neueren Physik besteht nicht im Nachweis, daß Naturgesetze durchbrochen werden können. Diese Vorstellung lebt von einem Vorurteil. Sie meint, die Naturwissenschaft behaupte, alle Wirklichkeit bewege sich nach den Regeln von Ursache und Wirkung. Das hat die Wissenschaft zwar längere Zeit gemeint, jetzt aber wohl nicht mehr. Wo genau die Wirklichkeit kausal ist und Natur genannt werden kann, ist schwer zu sagen. Vielleicht ist die Möglichkeit der Ereignisse kausal geordnet, während die Realität der Ereignisse daraus mit einer Unbestimmtheit hervor geht. Die Redeweise vom Durchbrechen der Naturgesetze ist so oder so gedankenlos, zustimmend wie ablehnend. Eher sollte man sagen, die Naturgesetze sind zu weitmaschig, als daß sie durchbrochen werden müßten: Die Wirklichkeit nimmt ungehindert ihren Weg durch die Maschen, solange sie nicht auf den Rand des Maschendrahtes trifft.

System zur Tragik der Welt. Was das System der Antinomie des endlichen Ich betrifft, so kann es hier nur gestreift werden. Es wäre gleichbedeutend mit einem System zur Tragik der Welt oder zur Dialektik der Aufklärung. Den Widerstreit von Freiheit und Notwendigkeit in der Welt haben wir oben schon behandelt. Rhapsodisch ließen sich noch viele Paare dazu rechnen, vermutlich unabsehbar viele. Zeit und Ewigkeit gehören dazu, Einsamkeit und Gemeinsamkeit, Sterblichkeit und Unsterblichkeit, Vernunft und Gefühl usw.

Wir behandeln hier nur den Widerstreit von Sache und Konsens. Diese beiden Elemente im Begriff der Wahrheit erzeugen die Spannung zwischen Wahrheit und Interesse. Jede Rede hat diese beiden Seiten, sei es die streng wissenschaftliche einer geprüften Publikation oder das zwanglose Plaudern am Stammtisch. Die Unterscheidung, die aus der Einheit stammt und zur Einheit drängt, erzeugt neue Unterscheidungen in der Einheit. Sie ist das Spiel der Welt. Sie kann sich in der Nähe des einen, dann wieder in der Nähe des anderen Pols bewegen, nur den einen Pol rein einzunehmen und den anderen zu vergessen, das vermag sie nicht. Metaphysik und Physik waren Versuche, die Objektivität aufs äußerste zu spannen, bis hin zu dem Willen, das Subjekt, das sich ein solches Objekt schafft, zu vergessen. Die Tragik der Welt ist, daß der scharf betonte eine Pol den anderen hervorbringt und wieder verschlingt. Wahrhafte Tragik öffnet ungewollt – denn sie wollte etwas anderes – den Blick in eine Welt, die nicht getrennt ist nach Subjekt und Objekt. Sie öffnet den Blick in das Jenseits von Wahrheit und Interesse oder, besser gesagt, in das Diesseits und Jenseits davon.

4. Definitionen der Wahrheit

Nein, Johanna, unser gnäd'ger Herr,
der soll auch leben, alles soll leben.
Fontane: Effie Briest

4.1 Die endliche Gestalt der Wahrheit

These 4.1: Die Wahrheit steht in Spannung zu dem Interesse, mit dem sie ausgesagt wird. Wahrheit ist die Fähigkeit, mich und den anderen am Leben zu erhalten, Interesse die Schrumpfform der Wahrheit, in der ich nur mich am Leben erhalten will.

Die Aufgabe. Eine durch die Geschichte der Wahrheit belehrte Erfahrung sollte die Widersprüche der Wahrheit in sich aufgenommen haben. In der Welt liegt die Wahrheit in Bedrängnis, weil sie in Sackgassen der Begründung führt. Eine Sackgasse ist ein Weg, der zu Anfang aussichtsreich erschien und zum Ziel zu führen versprach, am Ende aber unvermittelt abbricht. Wer hat Schuld? Äußerlich gesehen die Sackgasse, aber noch mehr derjenige, der in die Gasse gerannt ist. Es ist das Ich, das mit dem Kopf durch die Wand am Ende der Sackgasse will.

Das Ich will nicht wissen, was es weiß, und gerät dadurch in Bedrängnis. Es findet keinen Ausweg mehr, weil es sich selbst nicht kennt und dennoch willkürlich Ziele auswählt. Der Wille zum Willen ist der Wille zur Sackgasse. Nur dann wäre er das nicht, wenn ich mir alle Wege selbst gebaut hätte. Aber habe ich das? Werde ich in Zukunft einmal alle gebaut haben, so daß ich am Anfang eines Weges weiß, wo er endet? Ich will nicht gern von einem Wissen Kenntnis haben, das meinem Wissen Grenzen setzt! **Erkenne dich selbst**, ist zu allen Zeiten ein schmerzhafter Ruf gewesen. Durch die Kenntnis von den Bedingungen des Wissens wird mir der Besitz und sein Genuß gestört. Die Objektivität ist ein Versprechen an mich, das Wissen ganz in der Hand zu haben und rein auskosten zu können. Die Störung der Objektivität zwingt mich, dasjenige Interesse wahrzunehmen, das mich an den Wunsch zur objektiven Wahrheit bindet.

Einmal wahrgenommen wird das Interesse zum unauslöschlichen Merkmal allen Wissens. Wir müssen die subjektive Seite in die Definition der Wahrheit aufnehmen, weil sie darin enthalten ist. Das Gesagte oder das Objektive in der Wahrheit gibt es nur zusammen mit dem Sagen eines Subjekts. Die Wahrheit spricht; auch die Lüge spricht! Sie sprechen Vorstellungen aus, die einmal angemessener sind, einmal weniger oder auch gar nicht. Aber ohne eine Sprache, die im Sagen das Gesagte gegenwärtig macht, gibt es weder Wahrheit noch Lüge. **Im Sagen des Gesagten liegt ein Interesse, mit dem ich einen Vorteil im Leben suche.** Das Sagen muß sich unter die Gestalten der Welt mischen, um seine Stimme zu erheben, es muß reden können: Deshalb muß es dazwischen sein und so sein **Inter-esse** vertreten. Die Wahrheit tritt als Gestalt unter Gestalten auf. Ohne ihr Auftreten bedeutet sie nichts, wirkt sie nicht, gibt es sie nicht. Aber mit ihrem Auftreten ist sie an ein Interesse gebunden.

Zwei Seiten der Wahrheit. Die Wahrheit in der Welt ist eine Medaille mit zwei Seiten. Auf der einen Seite sagt sie aus, was der Fall ist. Oder sie ist die Übereinstimmung zwischen Rede und Gegenstand, wie man in klassischer Weise die Wahrheit definiert hat. Oder man bestimmt den Inhalt sonstwie, neuerdings etwa mit dem Rückgriff auf alte Vorstellungen als Unverborgenheit des Seins. Auf der anderen Seite hat die Wahrheit eine ganz andere Eigenschaft. Sie will durch den Mund dessen, der sie verkündet, recht haben. Das ist ein Merkmal, das sie mit der Lüge verbindet. Auch die Lüge will recht haben, wenn auch fälschlicherweise. Die Lüge ist der Gebrauch der Wahrheit zur Durchsetzung isolierter Interessen. Lüge kann es auch bei völliger Richtigkeit einer Aussage geben, wenn ich sie zum Beispiel als Mittel der Tarnung gebrauche. Weder die Lüge noch die Wahrheit können darauf verzichten, recht haben zu wollen. Die Lüge nicht, weil sie einen Vorteil erschleichen will, den sie andernfalls nicht bekäme, die Wahrheit nicht, weil es ihr sonst gleichgültig wäre, ob die Lüge recht bekommt oder nicht. Wahrheit ist also Wahrheit, sie soll hier nicht verschrieen oder mit der Lüge auf die gleiche Stufe gestellt werden, aber sie wirft durch das Interesse, das sie wahrnehmen muß, einen Schatten von Unwahrheit in die Welt. **Die Wahrheit ist nicht nur hingegeben an das, was der Fall ist, sondern auch an sich selbst**. Hätte sie nicht diese beiden Seiten, wäre sie ohne Gestalt, wäre sie in der Welt nicht vorhanden.

Die Schiefheit im Sagen und das Interesse, das aus dem Subjekt spricht, verdunkeln den Himmel der Harmonie, wie die Wolken den Himmel verdunkeln, wenn der Regen naht. Wer von Wahrheit spricht, sollte das Interesse kennen, das ihn selbst, den Sprecher, zum Sagen von Wahrheit treibt, da ihn nicht nur das zu Sagende in der Wahrheit antreibt. Oder hat der Inhalt, das Gesagte, in keiner Weise mit dem Sagen zu tun? Wenn ich selbst das Interesse nicht sehe, wird es zum Splitter in meinem Auge, und alle anderen sehen diesen Splitter als Balken. Sie empören sich über die Heuchelei mit der Wahrheit, sie strecken den Finger aus oder spotten über den Unterschied zwischen Balken und Splitter, den der eine sieht und der andere nicht. Daher tummeln sich auf dem Spielplatz der Metaphysik- und Ideologiekritik die empörten Seelen. Empörung ist das Aufdecken eines verdeckten Interesses. Der Adressat der Anklage in der Empörung wechselt fließend, empört ist man ganz allgemein, nur die Anklage ist klar: **Wahrheiten werden vorgezeigt, um Interessen zu verdecken.** Die empörten Seelen sammeln sich zahlreich aus dem Kreis der ehemaligen Wahrheitsfreunde, denen die Spannung zwischen Wahrheit und Interesse zu stark geworden ist. Sie können sie nicht mehr im Gleichgewicht halten und geraten selbst ins Wanken. Allergische Entzündung bei allen, denen die Pendelbewegung zwischen Wahrheit und Interesse zunehmend lästig wird![1] Jedes Kind beginnt als Wahrheitsfreund, denn es vertraut dem Leben. Aber schon früh keimt die Skepsis auf, die befürchtet, im Spiel der Interessen zu kurz zu kommen. Dann ist nur noch die Schwäche der Glieder das Unschuldige an den Kindern, nicht mehr die Gesinnung. Bekannte Beobachtungen erzählen von eifersüchtigen Kleinkindern: Noch können sie nicht reden, aber bleich und böse schauen sie auf den Milchbruder.[2] Eine alltägliche Erfahrung für den Erwachsenen, solange er nicht durch neuerliche Umwendung auf Abstand gegangen ist zur unerlösten Welt der Interessen!

Anlaß zur Skepsis. Die Knappheit der Güter und der Kampf um sie lassen den Menschen zum Skeptiker werden. Außer es kommt ihm ein Wunder zu Hilfe, das seine inneren Quellen von den bösen Wunden heilt, die ihm das Leben in der Welt geschlagen hat. Dieses Wunder hebt das Leben aus der Konkurrenz und stellt es auf eine neue Grundlage. Der Lebensdruck zwingt den skeptischen Menschen, die Herkunft des Lebens zu verleugnen und unter Verdacht zu stellen. Wartet er vergeblich auf das Wunder, dann will er, solange seine Kräfte reichen, der Heuchelei die Maske abreißen und so zum Durchbruch kommen. Aber er gelangt nur auf die andere Seite. Auch die Empörung ist eine Heuchelei, die ihr Interesse verdeckt wie die verkündete Wahrheit. Das gleiche Spiel wird weiter gespielt, die Worte wechseln mit dem Seitenwechsel, so daß jetzt jedwede Wahrheit als Interesse verschrieen wird. Aber das Interesse haftet um so fester an den Reden. Dieses Geschäft nennt sich Ideologiekritik, und bei aller Beleuchtung der fremden Interessen fehlt ihr die Kraft, das erleuchtende Licht auch auf die eigenen Interessen fallen zu lassen. Das könnte ihre momentane Kraft gefährden. Kritik ist immer nur eine halbe Erleuchtung, sie bezieht ihre Kraft daraus, daß sie zur Hälfte recht hat. Kritik verdient gewöhnlich Beachtung und wiederum Kritik.

Die Geschichte wird älter und älter und erzeugt immer mehr Herkunft, damit auch mehr Distanz zu dieser Herkunft. Der Stoff zur Empörung wächst mit dem Alter der Welt. Wie der Schlick auf den Meeresboden sinkt, so rieselt das versandete Leben auf den Boden der Geschichte und läßt die Welt vergreisen. Am Ende einer Kultur erscheint die Ideologiekritik als natürliches Abfallprodukt ihres gelebten Lebens. So viele Gestalten schon haben ihr Leben beendet und sind abgebaut worden! Ist die Dekonstruktion damit nicht das natürliche Endziel aller Wahrheit? Die Zersplitterung der Wahrheit läßt die Interessen als Splitter zurück, die kein gemeinsames Bild mehr zeigen. Wer im Leben nur Interessen sehen will, gibt dem Wort **Wahrheit**, wenn es ihm begegnet, den Namen Ideologie. Wer schreit, der hört nach alter Weisheit nur das Echo seiner Stimme, nichts weiter. Wer einzig das Interesse sehen will, bekommt auch nur Interessen zu sehen. Deshalb sollten wir hier die Alterssedimentierung in Augenschein nehmen, ja sie überhaupt in die Definition der Wahrheit einbeziehen, um so die Quellen des Lebens unter den Ablagerungen vielleicht wieder zu entdecken.

Ideologiekritik ist ansteckend wie eine Epidemie. Woher nehme ich das Gegenmittel? In Zeiten der Immunschwäche ist es angebracht, sich nach einem Heilmittel umzusehen. Wenn alle Welt nur Interessen vertritt und jede verbindende Wahrheit als verschleiertes Interesse anklagt, wer bewahrt mich davor, zum Ankläger zu werden? Niemand, oder keiner wirklich, denn im Grunde muß ich jedem mißtrauen. Die Angst packt mich, zu kurz zu kommen, und so stimme ich kurzentschlossen, ohne viel Besinnung, in den Chor der Wölfe ein, um mir einen Platz an der Sonne zu sichern. Das Ergebnis ist die epidemische Ausbreitung: Ich habe mich eingereiht in den Reigen der Welt. Da mir das Lied vom Tode vorgespielt wurde, habe ich nach seiner Melodie getanzt, um etwas vom Leben zu haben. Ich spiele es selbst weiter, da ich mit diesem Gesang ein wenig Aufschub finde. Alle denken nur an sich, klagt die Volksseele im Kalauer, nur ich allein denke an mich, tröstet sie sich. Damit gibt der Mensch die singuläre Berufung seines Ich auf und wird zum Glied in der Kette der Menschengattung. Der Mensch verleugnet durch Ideologiekritik sein Personsein und wird zum Massenmensch.

Der neue Noah. Machttrieb ist Selbsterhaltungstrieb.[3] Was kann unsere Aufgabe sein in einer Welt von universaler Gewalt, die aus dem Willen zum Leben geboren ist, die entweder nur Ideologie oder Ideologiekritik kennt? Besteht sie nicht darin, die Reduktion rückgängig zu machen, die alle Gebäude der Wahrheit abreißen oder zum Einsturz bringen will? Jede endliche Gestalt ist zum Abriß bestimmt, weil die Wahrheit in der Welt von Raum und Zeit nur in endlicher Form auftritt. Diese Erkenntnis will ich als Mittel gegen die Flut der Ideologiekritik empfehlen, aber auch gegen die Flut der Ideologie. Es gibt zu jeder Zeit viele Leute, die Christus sagen und Kattun meinen. Ja, eigentlich gibt es nur solche Leute. Denn wenigstens gefrühstückt haben muß man, wenn man sich eine gute Tat als Ziel für den Tag gesetzt hat. Es gibt viele natürliche Anlagen in mir, die mich im Konfliktfall von der Wahrheit zum Interesse drängen. Auch in anderen Gestalten ist diese Erscheinung bekannt: Sie sagen Freiheit und meinen Erdöl, sie sagen Sozialismus und meinen die Herrschaft der Nomenklatura! Wer zugleich mit der Wahrheit des Lebens die Ablagerung des Interesses in Augenschein nimmt, der erwirbt vielleicht die Fähigkeit, zum neuen Noah zu werden. Noah baute einen Schwimmkasten und ließ sich von den Fluten tragen, die von allen Seiten auf ihn einstürmten. Er setzte das Wasser ein, um das Wasser zu besiegen. So will ich das Interesse einsetzen, um das Interesse zu besiegen. Als Kiel des großen Schwimmkastens hätten wir die Erkenntnis zugrunde zu legen: **Jede Gestalt der Wahrheit nimmt einen Platz in der Welt ein, deshalb vertritt sie ein Interesse.** Wer lediglich auf das Interesse blickt und nichts anderes sehen will, der wird ihren Inhalt nicht anschauen, er wird nicht fragen, ob die Wahrheit zum Frieden führt oder ob das Interesse den Kampf weiter anheizt. Wer den Blick auf den Inhalt lenkt, der wird das Gesicht des anderen sehen und die Lebensmöglichkeiten, die für beide bereit stehen. Das wird ihn aus der engen Bindung an das eigene Interesse befreien. Erst die Wahrheit macht liebesfähig.

Die Wahrheit wird auch von ihren Gegnern als unendlich angesehen. Sie legen sogar besonderen Wert auf diese Eigenschaft, um damit die Nichtexistenz der Wahrheit zu beweisen. Wirklich angemessen läßt sich nur von endlichen Dingen sprechen, also auch von der Wahrheit nur in endlicher Gestalt. Unsere Rede von der Wahrheit ist anthropomorph; daraus zu schließen, die Wahrheit selbst sei anthropomorph, ist der Ausdruck einer titanischen Verblendung, die in der Neuzeit immer neu die Dialektik der Aufklärung ausgelöst hat. **Die endliche Gestalt der Wahrheit tut sich in ihrer Definition kund.** Durch die Gestalt hat die Wahrheit eine Grenze, und von dieser ist das Wort Definition, *finis*, genommen. Wer zur Ideologiekritik neigt, wird vor allem das historische Argument gebrauchen und an der Vielzahl der Gestalten Anstoß nehmen, die in der Geschichte als Wahrheit aufgetreten sind. Wo soll die Wahrheit zu Hause sein, wenn sich so viele um ihren Besitz streiten? Zu viele geben ihre Meinung für die Wahrheit aus, das ist wahr. Deshalb ist kritische Vorsicht angebracht bei jedem Anspruch auf Wahrheit, aber auch bei der Bestreitung der Möglichkeit von Wahrheit. Auch der Ideologiekritiker hat Interessen zu verstecken.

Wie viele Definitionen hat nicht die Geschichte anzubieten! Die historisch aufgetretenen Religionen etwa widersprechen und bekämpfen sich so radikal wie die Philosophien. In ihrer weniger reflektierten Existenz und in ihrer Massenbewegung sind sie zugleich gefährlicher und harmloser als die Philosophien. Ist es da nicht besser, gleich ehrlich zu sein? Sollten wir nicht mit dem Kritiker sagen: **Wahrheit ist diejenige Ideologie, die sich einen Schleier umgeworfen hat, um das Interesse zu verbergen, mit dem sie andere Interessen bekämpft?** Hätte der Religions- und Ideologiekritiker damit nicht den Nagel auf den Kopf getroffen und den lästigen Streit zwischen dogmatischem Wahrheitsbesitz und kritischer Skepsis beendet?

Aber Vorsicht, das ist die Sicht von außen! Wer die blutigen und unblutigen Kämpfe mit dem kühlen Blick des Unbeteiligten ansieht, bekommt in dem Maße recht, wie er recht haben will. Um Massen zu mobilisieren, muß man ihr verborgenes Interesse ansprechen. Aber zugleich muß man es verhüllen, indem man es als öffentliche, notwendige, zeitgemäße Wahrheit ausgibt. Die Innensicht, die aus dem Ich, das ich selber bin, stammt, ist damit nicht aufgehoben. Zum Beispiel: Gerade habe ich aus der Innensicht die Außensicht beurteilt und eine negative Bilanz gezogen. In der Innensicht entscheide ich mich für dieses oder jenes Ziel, wobei sich in der Wahl des Zieles immer ein Moment ausmachen läßt, das auf mehr als persönlichen Vorteil zielt. Ich habe mich in der Vergangenheit immer schon entschieden, und ich werde mich in Zukunft immer schon entschieden haben, bevor ich auch nur dazu komme, und meistens gar nicht, mir das eigene Urteil anzusehen. Weiteres Beispiel: Ein Interesse hat jede Seite, aber warum stehe ich auf dieser und nicht auf der anderen Seite? Ich könnte doch ganz gut die Seiten wechseln. Die Möglichkeiten zum Wechsel sind zwar begrenzt, ich kann nicht zu jeder Zeit alles neu wählen, meine Lebensuhr läuft ab, aber das schadet dem Grundsatz nicht, zu einer Wahl fähig zu sein. Die Existenz einer einzigen Wahl beweist die Möglichkeit der Wahrheit überhaupt, die nicht ohne Interesse auftritt, aber vom Interesse unterschieden ist. Sie läßt mir selbst dann noch Zeit, wenn ich mich gegen sie entschieden habe und nur meinen Interessen folgen will. So sehr ich die Wahrheit auch verabschieden möchte, sie meldet sich zurück als die Gegenwart der Wirklichkeit, die ich nicht in meinen Griff bekomme. Der bloße Interessennehmer schafft es nicht, nur an sein Interesse zu denken.

Ziel von Kapitel 4. Dieses Kapitel übernimmt die Aufgabe, die wichtigsten Wahrheitsdefinitionen zu sichten und an ihnen das Interesse zu erkennen, das sie als endliche Gestalt an sich tragen. Das heißt, ich will die vielen Gestalten nicht eigentlich versöhnen oder, was noch schlimmer wäre, nicht ihre Gleichheit dartun. Die Spannung zwischen ihnen bleibt bestehen, aber alle Versuche, die Wahrheit zu definieren oder sie zu denunzieren, belegen die Teilnahme an dem einen großen Entwurf der Wahrheit, die in endlicher Gestalt auftritt und in tausend Gestalten mal mehr und mal weniger gut die eine Wahrheit verwirklicht. Die Teilnahme ist bis heute kaum sichtbar geworden, sie ist auch nur wenigen vor Augen getreten und diesen nur wenig. Das Ziel von Kapitel 4 ist es, in den tausend Gestalten der Wahrheit die eine Gestalt des Lebens erratbar zu machen. Allerdings bleibt die Verbindung der zersplitterten Gestalten selbst unterhalb der Wahrheit. Als endliche Gestalt ist jeder Entwurf angreifbar, kann also zum Gegenstand des Streites werden. Sonst hätten wir uns schon über dieser Endlichkeit aufgestellt, da zwar das Gesagte im Sagen als unendlich gemeint sein kann, aber das Sagen selbst die Gestalt der Endlichkeit hat.

Ich suche die Fragmente zu verbinden und als Momente der großen Teilnahme darzustellen, die hier Wahrheit heißt. Zunächst die philosophischen Wahrheitsdefinitionen, später auch die religiösen Versuche!

Definition der Wahrheit. Ich schlage folgende Definition als Gestalt der Wahrheit vor: **Wahrheit ist die Fähigkeit, mich und den anderen am Leben zu erhalten.**[4] Sie scheint unter den endlichen Gestalten die umfassendste Definition zu sein.

Eine ungewöhnliche Definition ist sie, die vom Gebrauch in Alltag, Wissenschaft und Philosophie beträchtlich abweicht. Oder auf den ersten Blick abzuweichen scheint! Ob sie die anderen bekannten Definitionen in sich enthält, ist zunächst nicht erkennbar, soll aber gezeigt werden. Zwei Kennzeichen fallen auf. Die Definition sagt nicht, wer diese gewaltige Fähigkeit umfassender Lebensspendung haben soll, noch sagt sie, ob die Fähigkeit ein theoretisches oder ein praktisches Vermögen ist. Sie sagt auch vieles andere nicht, sie ist wie ein Dach oder, besser noch, wie das Himmelsgewölbe, unter dem sich das bunte Leben tummeln kann.

Natürlich bin ich selbst an dieser Fähigkeit beteiligt, da mir die Vorgabe meines Lebens kein Entweichen in die Abgeschiedenheit erlaubt. Leben ist auch Gemeinschaftsleben. Noch mehr ist mir das Ich gegeben, meine einsame Wüste der Nichtmitteilbarkeit. Das Ich hat einen ihm selbst vorgegebenen Kern, der in keiner größeren Passivität denkbar ist. Ich kann mein Ich nicht zu einem Objekt machen und durch ein anderes Objekt ersetzen. Immer bleibe ich in meinem Ich und kann mich von ihm nicht entfernen. Vor allen Dingen kann ich fliehen, das Ich schließt die Fahnenflucht kategorisch aus, da selbst ein Freitod mich nur tiefer an meinen Willen und an mein Ich fesselt. Allenfalls könnte ich mir ein Bein ersetzen oder andere Organe an mir austauschen lassen, nur das Ich eben nicht. Unter der Last, die meine Möglichkeiten übersteigt, bricht meine Passivität, die passiver ist als jede Passivität, ins Sagen aus. Ich spreche, weil ich nicht von der Stelle komme und mit dem Sprechen auf andere Weise von mir weg gelange. Mit der Sprache betrete ich den Kreis des Anderen, in den ich sonst nicht gelangen kann.

Nicht weniger als ich selber ist an dieser Fähigkeit zur universalen Lebenserhaltung die Natur beteiligt oder das Sein oder auch die anderen in ihrer bunten Vielheit oder starren Andersheit. Der Andere in seiner Andersheit tritt im Singular oder Plural auf, als Gott oder als Mensch. Oder auch im Universal, das heißt, er tritt in der Singularität als Muster für die Pluralität auf. Vom anderen Menschen bis zum höchsten Gott ist jeder an der Fähigkeit des Lebens beteiligt, Leben zu erhalten oder zu gefährden. Sie alle wirken mit am bunten Spiel des Lebens und betreiben es zwischen Wahrheit und Interesse. Das scheint außer Frage zu stehen. Die Größe und die Art des Anteils an dieser Fähigkeit sind aber eine Frage wert.

Theorie und Praxis. Die Wahrheit will im Munde dessen, der sie führt, recht haben; diese Eigenschaft verbindet sie mit der Lüge. Das besondere Merkmal meiner Wahrheitsdefinition ist die Einebnung des Unterschiedes zwischen Theorie und Praxis. Theorie meint nach allgemeiner Auffassung das Beobachten und Aussprechen dessen, was ist, Praxis ist das Planen und Ausführen dessen, was sein soll. Die alte griechische Unterscheidung in die drei Bereiche von Theorie, Praxis und Poetik ist zwar tiefsinniger als die neuzeitliche Zweiteilung, spiegelt aber nicht das heute gebräuchliche Verständnis von Theorie und Praxis wider. Später wird ein Vergleich beider Vorstellungsreihen zu neuen Einsichten führen.

Nach üblichem Verständnis fällt die Wahrheit in das theoretische Vermögen. Sie hat es in verschiedener Weise mit dem Richtigen, dem Vorhandenen, dem Seienden zu tun, mit dem, worüber keine Abstimmung möglich ist und was sich sogar gegen einen großen Konsens behaupten kann. Ein leuchtendes Beispiel für die Kraft der Wahrheit ist die Quantentheorie im 20. Jahrhundert. Gegen Wunsch und Willen fast aller Physiker hat sie sich durchgesetzt. Die Experimente sind das Werkzeug einer Wahrheit, deren Ergebnisse bestätigen, ›daß Bohr eindeutig recht hatte und Einstein bedauerlicherweise unrecht‹.[5]

Das Leben dagegen scheint vor allem ein praktisches Vermögen zu sein, das insbesondere das eine Interesse hat, das Leben am Leben zu erhalten. Das Leben will die Welt geeignet einrichten, damit ihm die Selbsterhaltung gelingt. Nach diesem Haupterfordernis bildet der Mensch seine Fähigkeiten aus. Dem Dasein geht es in seinem durchschnittlichen Sein zunächst um das eigene, einsame und einfache Seinkönnen. Von der Frage nach der bedenklichen Lage seiner Existenz will es dabei nicht gestört werden. Je moderner die Kultur, um so mehr will sie den Gedanken an den Tod verdrängen. Dennoch ist er allgegenwärtig und erzeugt im Untergrund des Bewußtseins die Sorge. Der Wille zum Leben richtet sich auf die Herstellung und Sicherstellung von Lebensräumen. Die Praxis benutzt die Theorie, um aus dem, was ist, das was sein soll und was der Lebenserhaltung dient, zu schaffen.

Warum verwische ich mit meiner Definition den klaren und gebräuchlichen Unterschied? Theorie und Praxis werden beständig in einem Atemzug genannt, wenn auch meistens als Gegensatz; das gibt den Wink für mein Vorgehen. Mit der Theoretisierung der Lebenswelt fordern die Theoretiker zunehmend mehr Praxis, zum Beispiel in den Schulen und Hochschulen, in denen bei sinkender Theoriefähigkeit die Klage über die Theorie zunimmt und praxistaugliche Schulabgänger gewünscht werden. Weder die Theorie noch die Praxis werden wohl mit diesem Gegensatz richtig verstanden. Die Klage zeigt aber von ferne auch an, wie fest Theorie und Praxis im Leben aneinander gekettet sind.

Es scheint, daß Theorie und Praxis sich in einer Spirale bewegen. Die Theorie im Alltag, Lebenserfahrung genannt, schafft die Voraussetzung für die praktische Lebensführung, so wie die theoretische Wissenschaft die Voraussetzungen für die praktische Technik schafft. Diese Richtung ist leicht verständlich, die umgekehrte macht Probleme. Es gab Theorien, etwa die von Hegel inspirierten marxistischen Lehren, die jedwede geistige Regung als Überbau einer Klassenlage verstehen und ideologiekritisch abbauen wollten. Aber der dabei zugrunde gelegte Materialismus war wiederum theoretisch geprägt. Der Materialismus kam keineswegs aus einer unmittelbaren Klarheit, er war keine Erfahrung, in der allein die Praxis des Lebens geherrscht hätte. Er war eine theoretische Hypothese, die aus einigen Erfolgen der mechanischen Naturauffassung abgeleitet war und den Menschen als Gattungswesen beschrieb, wie eben auch die mechanische Physik nur Gattungsfälle behandelte. Da die Physik des 20. Jahrhunderts die Mechanik auf bestimmte Fälle beschränkt hat, kann der Materialismus nicht mehr viele Gründe für sich anführen. Ähnlich verhält es sich in den Sozialwissenschaften, die immer noch einmal die These von der **Praxis gegen die Theorie** ausprobieren wollen. Damit legen sie zwar Zeugnis ab für die Macht der weltweiten polaren Willens- und Verstandeskultur, aber auch für den Mangel an Wahrnehmung von Wirklichkeit.

Geschaffene Objektivität. Wenn ich mich hier in die gleiche Richtung bewege und die Möglichkeiten der Theorie auch von der Praxis aus betrachte, dann sehe ich die Versuche oben als Vorversuche an, die zu einer erweiterten Wahrnehmung der Wirklichkeit drängen. Die gesellschaftlichen Theorien sind von subjektiven Interessen geprägt, klagte der Marxismus an. Das ist richtig gesagt, aber nicht ausreichend verstanden. Die Theorie der Klassen und Klassenkämpfe hat an ihre eigene Grundlage nicht geglaubt, weil sie einer simplen Wissenschaftlichkeit anhing, also das theoretische Weltbild der mechanischen Naturwissenschaft vor die Praxis gesetzt hatte. Tiefer sollte man sagen: **Die Theorie ist das subjektive Interesse, durch welche die Objektivität möglich wird; das Interesse begründet das Leben der Subjekte und ihre Praxis.** Als Theoretiker gehe ich in Distanz zur Wirklichkeit, um sie besser anschauen zu können und ihr auf handhabbare Weise nahe zu sein. Im gleichen Augenblick wird mein inneres Leben geboren; es wächst mit dem Abstand, den ich zu allem anderen Leben in der Welt einnehme.

Die Theorie entsteht durch eine Entscheidung, die eine Wirklichkeit in die Welt setzt, die dieser Entscheidung entspricht. Die Praxis geht der Theorie voraus. Umgekehrt geht auch die Theorie der Praxis voraus, wenn wir Theorie das subjektive Interesse nennen, durch das ich mir die Welt als objektiv vor Augen stelle. Das Handeln setzt einen Blick auf die Wirklichkeit voraus, sonst kann ich nicht handeln. Und einen Blick auf die Wirklichkeit werfen, heißt eine Theorie entwerfen.

Wer dieses Subjekt ist, daß da Objekte schafft und vorweg den Willen zur Objektivierung hat, ob überhaupt ein solches gefunden werden kann, läßt sich auf Anhieb nicht sagen. Jedenfalls wird mit diesem Vorgang erkennbar, wie tief die Praxis die Theorie voraussetzt und diese wiederum die Praxis. Die Frage nach dem Vorrang endet in einer Antinomie.

Unter den führenden Physikern des 20. Jahrhunderts machte das Wort Einsteins die Runde: ›Erst die Theorie entscheidet, was beobachtet werden kann.‹[6] Mit diesem Leitwort wurde die Relativitätstheorie und, noch bedeutsamer, die Quantentheorie entworfen. Beide mußten ganz gegen die Ideale der reinen Wissenschaft den Beobachter in das Erkennen ziehen, noch etwas vorsichtig die Relativitätstheorie, so daß er auch wieder ausgeschieden werden konnte, aber dann mit voller Wucht die Quantentheorie. Die Relativitätstheorie sondert das subjektive Element nachträglich wieder aus, weil sich dort alle Ereignisse als determiniert darstellen lassen. Jeder Beobachter weiß also, was der andere in Zukunft beobachten wird, auch wenn er selbst es nicht beobachtet. Der Beobachter aber läßt sich, sehr zum Kummer des alten Einstein, in der Quantentheorie nicht mehr ausscheiden: Kein Beobachter weiß genau, was er in Zukunft beobachten wird. Die Physik gibt ein eindrucksvolles Beispiel für das reiche Übergangsfeld zwischen Theorie und Praxis, das zum Überblick verlockt und ihn verwehrt.

In der Theorie schafft sich der Beobachter einen Gegenstand, indem er ihn unter einen Begriff bringt. Der Begriff soll sagen, ob sein Fall vorliegt oder nicht. Das Wetter ist gut, oder das Wetter ist schlecht. Aber es gibt kein Wetter, solange ich nicht von ihm rede. Es gibt nur Wolken oder Sonne, nur Wärme oder Kälte, nur Regen oder Trockenheit, nur Wind oder stille Luft. Und so fort. Zwar ist mit dem Begriff die Beobachtungsgabe und die Möglichkeit gegeben, Gegenstände auszusondern und zu betrachten, und diese Möglichkeit ist eine Wirklichkeit. Aber das ist die Wirklichkeit vor der Scheidung in Theorie und Praxis. Nach der Bildung des Gegenstandes durch die Theorie kommt die Frage der Praxis: Was soll werden aus dem, was ich festgestellt habe? Wie nutze ich das gute Wetter aus? Soll ich in den Garten gehen, oder machen wir einen Ausflug? Das Subjekt der Beobachtung entwirft einen Plan, der aus der theoretisch erfaßten Vorgabe eine Handlung folgen läßt. Die vollbrachte Handlung hat dann eine neue Lage der Wirklichkeit geschaffen, die wiederum mit theoretischem Interesse angeschaut werden kann. Herkunft, Durchführung und Ziel der Bewegung zwischen Theorie und Praxis sind geleitet von einer Wirklichkeit, die ihrer Unterscheidung voraus geht. **Die theorie- und praxisgeleitete Bewegung zur Wahrnehmung und Schaffung der Wirklichkeit nenne ich das Leben der Welt, ihre Darstellung ist das Leben des Menschen.**

Vor Theorie und Praxis. Der Mensch benimmt sich so, als ob er vom Leben in der Welt getrennt wäre, dennoch nimmt er an diesem Leben teil. Er hält sich für einen Sonderfall und glaubt nicht an den eigenen Tod. Mitten in der Welt ist er nicht von dieser Welt. Theorie und Praxis sind in der Welt, aber nicht alle Wirklichkeit findet in dieser Unterscheidung ihren Platz, da die Unterscheidung innerhalb der Wirklichkeit erzeugt wird. In der Distanz zu der Zweckrationalität des Wissens und Handelns entdeckt der Mensch die andere Welt, die Welt der Werte, der Kunst, der Religion, wo sich die beiden Türme

Wille und Verstand berühren. Wer sein Ich vor die Andersheit des Anderen gestellt sieht, vor Gott oder den Mitmenschen, scheidet sich ab von der Welt der Theorie und Praxis, die beide auf das Interesse von Verstand und Wille gegründet sind. Daß der andere wirklich ein anderer ist, hat seine Ursache darin, daß das Unendliche auf diese Weise in der Gestalt des Endlichen erscheint. **Die Andersheit widersetzt sich der Theorie, weil sie sich nicht begreifen läßt; der Praxis widersetzt sie sich, weil sie sich nicht bearbeiten läßt**. Der Mensch erzeugt in der Welt die Unterscheidung von Wissen und Handeln; und indem er sich von der Welt unterscheidet, macht er den Unterschied zwischen sich und dem anderen zur Quelle des Lebens.

So auch mein eigenes Leben! Die ungetrennte Wirklichkeit vor dem Handeln und Wissen hat noch keine Gegenstände, da die Wirklichkeit der Welt *nur* eine Möglichkeit ist. Dennoch nimmt ihr die mangelnde Objektivität nicht den Charakter der Wirklichkeit. Auch die mangelnde Subjektivität ist kein Mangel, sondern zeigt die Gegenwart einer Wirklichkeit an, die der Trennung in Subjekt und Objekt voraus liegt. Diese ungetrennte Gegenwart ist das Andere, der göttliche Bereich, der nah und fern ist, hoheitsvoll und armselig, realer als die Realität der Welt und zugleich eine bloß mögliche Welt, die Quelle allen Lebens in der Welt. Das andere Leben, das ist auch der menschliche Bereich, da Gott und Mensch sich mir auf die gleiche Weise entziehen.

Messianische Wahrheit. Hier tritt der utopische oder messianische Charakter unserer Definition der Wahrheit hervor. Weil die Wahrheit vom universalen Leben eine messianische Botschaft ist und sich dem Zugriff entzieht, richtet sich immer wieder die Empörung gegen sie. Wenn alles aus der ungetrennten Wirklichkeit vor der Weltbewegung entstanden ist, warum soll es nicht dahin wieder zurück sinken? ›Alles was entsteht, ist wert, daß es zugrunde geht. Drum besser wär's, daß nichts entstünde.‹ So redet die Verzweiflung und Empörung, so redet auch der Teufel, aber nicht unsere Wahrheit. Daß die Versöhnung von Wahrheit und Interesse aus dem Überschwang geboren ist, versteht sich von selbst, sie ist selbst überschwenglich. Wenn es auch die Möglichkeit der Welt immer gegeben hat, in einem *Immer* ohne Zeit, so muß die Realität der Welt doch nicht notwendig sein. Wo auch wäre dieses *Immer* geredet worden, wer wollte es gesprochen, wer gehört haben? In welcher Welt hätte es Geltung, solange keine getrennte Realität vorhanden ist? Daß kein zwingender

 Weg von der Möglichkeit der Welt zur Realität in Raum und Zeit führt, läßt sich an tausend Merkmalen ablesen. Etwa an der Tatsache, daß die Bildung von Gegenständen *auch* ein freier Akt des Beobachters und nicht *nur* von der Notwendigkeit einer objektiven Welt bestimmt ist. Diese gibt es in gewissen Grenzen. Einen Gegenstand gibt es durch seine Definition, dem dann ein Inhalt entspricht, der nicht völlig mit dem Gehalt der Definition übereinstimmt. Ein Haus wird dadurch ein Haus, daß ich es dazu mache; vorher stehen nur Steine aufgeschichtet vor mir, die durch Mörtel verbunden sind. Aber auch dann erfüllt dieses Haus nicht ganz seinen Begriff, das zeigen die ständigen Reparaturen, die seinen Verfall aufhalten sollen.

Aber umgekehrt gibt es einen Weg! Ein notwendiger Weg führt von der Realität dieser Welt zur Möglichkeit dieser Welt. Dieser Weg läßt sich beschreiten, indem wir die Wahrheitsdefinitionen der Welt als entsprungen aus ihren Möglichkeiten in der ungeteilten möglichen Welt erkennen. In der Vielfalt der Definitionen spiegelt sich die Wirklichkeit der ungeteilten möglichen Welt.

4.2 Die Vielfalt der Definitionen

These 4.2: Die historisch aufgetretenen Wahrheitsdefinitionen tragen ihr Interesse bei sich und zeigen die Epoche an, in der sie entstanden sind. Das gleiche Interesse waltet bei der Zersetzung der Wahrheit in Skepsis und Ideologiekritik.

Realdefinition. Die schlichteste Definition setzt die Wahrheit mit dem Gegenstand gleich. Sie lautet einfach: *Wahr ist, was der Fall ist.* Ganz simpel heißt es beim frühen Wittgenstein: ›Die Welt ist alles, was der Fall ist.‹[7] Wahr ist eine Aussage, wenn der Sachverhalt zutrifft, den sie behauptet. Das kann man die Realdefinition der Wahrheit nennen. So fiel gestern ein Ziegel vom Dach. Das ist einfach wahr, weil es der Fall war und auch der Fall geblieben ist. Für heute ist der Fall gut dokumentiert, die Scherben liegen noch überall auf dem Boden herum und auf dem Dach fehlt ein Ziegel. Wahr ist auch, daß gestern ein Sturm geherrscht hat, das war der Fall. Beide Sachverhalte bestanden real und bestehen heute im Abbild. Das Wetteramt hat den Sturm dokumentiert. Keinesfalls hat den Dachziegel jemand absichtlich in die Hand genommen und vom Dach auf die Straße geschleudert, denn es war niemand auf dem Dach. Alle Zugänge waren verschlossen. Und da Sturm geherrscht hat, ist es wahrscheinlich, daß der Sturm die Ursache des Schadens war.

Wo soll hier das Interesse stecken? Objektiver kann es nicht zugehen als in der Realdefinition, wird der alltägliche Verstand sagen! So erklärt man Kindern die Wahrheit: Du hast den Stein ins Fenster geworfen! Nein, das ist nicht wahr, ruft der erschrockene Knabe, das war der andere! Doch, du warst es, sagt der Vater, ich habe es gesehen. Wo soll hier das Subjekt sein? Dennoch ist es vorhanden. Zuerst einmal zeigt es sich in den Tatsachen, die ich für erwähnenswert halte und ausspreche. Der Steinwurf hat mein zorniges Interesse geweckt. Da es so viele Tatsachen gibt, warum wähle ich gerade diese aus? Was ist daran so wichtig, ob der Stein vom Dach oder ins Fenster geflogen ist? Doch, es ist wichtig, schließlich möchte ich wissen, ob ich oder mein Nachbar zahlen muß. Das Interesse könnte weiter in der Befriedigung stecken, im Gespräch etwas Interessantes zu bieten: Ob nicht doch etwas dahinter steckt, ob nicht doch einer den Ziegelstein geworfen hat? Oder schärfer noch, es könnte darin bestehen, einen Verdacht im Aufkeimen niederzuhalten: Es war nicht der unangenehme Nachbar, der den Stein vom Dach gerissen und zu Boden geschleudert hat. Ich traue es ihm wohl zu, aber er war es wirklich nicht, es war der Sturm.

Da es keine Wahrheit ohne Aussage gibt, ist immer ein Subjekt vorhanden, das spricht. Seine Motive können nicht nur vom Sachverhalt gelenkt sein! Objektive Neutralität ist eine extreme Selbststilisierung des Willens. Die alltägliche Welt ist erfüllt mit Freude und Trauer, Lockungen und Drohungen, Lust und Leid, Schönem und Häßlichem, Liebe und Haß. Zur Ablenkung von weniger harmlosen Dingen eignet sich das Plaudern über Harmloses ganz vorzüglich. In den angelsächsischen Parlamenten hat diese Kunst einen eigenen Namen bekommen, das *Filibustieren*. Das endlos hinaus gezögerte Reden verhindert die Abstimmung über einen mißliebigen Antrag. Ein schönes Beispiel, wie die sachliche Rede von ihrer Sache freigeräumt wird, um in der Taktik einem reinen oder unreinen Interesse zu dienen! Erst der vom Interesse frei gewordene Mensch würde auf die taktische Rede verzichten können, auf jede Rede, mit der er den anderen zu etwas bewegen möchte. Das wäre das Schweigen der Mönche, deren Idealgestalt die Freiheit von den Interessen des Ich ist. Dieses Schweigen ist zugleich die höchste Form der Rede, weil sie die Gegenwart des einen beim anderen ist, ohne ihn mit meinen Interessen zu belästigen. Jeder Wunsch nach Änderung erzeugt eine Taktik in mir, in der ich den anderen nicht so sein lasse, wie er ist.

Wie steht es mit dem Beispiel von der Fensterscheibe? Da möchte
152 der Vater womöglich seinen Sohn zu Vorsicht und Redlichkeit erziehen, damit dieser nicht auf die schiefe Bahn gerät und ihm später Ärger bereiten wird. Also hat der Vater nicht nur ein Interesse für seinen Sohn, um diesem den Unterschied von Wahrheit und Lüge einzuprägen, sondern auch ein Interesse für sich selbst.

Der Satz des Pythagoras. Bei der Realdefinition scheinen die Widersprüche am heftigsten zu sein, wenn ich ihr ein verstecktes Subjekt mit einem Interesse unterstelle. Deshalb soll der Einwand noch stärker gemacht werden und sich mit dem Objektivsten wappnen, was unsere Kultur zu bieten hat, mit der Mathematik. Das Wort ist griechischen Ursprungs und benutzt das Merkmal der Objektivität in der Definition: Die Mathematik ist das, was gelehrt werden kann. Auf das Objektive können sich zwei vernünftige Leute einigen, meinten die Griechen und haben damit eine Weltrevolution vollbracht. ›Nicht wahr,‹ sagt Sokrates zu Euthyphron, ›wenn ich und du nicht der gleichen Meinung sind, welche von zwei Zahlen die größere ist, könnte uns eine solche Uneinigkeit zu Feinden machen? Wir würden doch einfach die Sache ausrechnen und uns bald einig sein, nicht wahr?‹[8] Mathesis heißt das Lernen oder auch der Unterricht, und die Mathemata sind die Dinge im Wissen, die einer dem anderen unabhängig von seiner Meinung über Gut und Böse beibringen kann. Ein starker Hinweis übrigens auf die Wirklichkeit, von der es möglicherweise ein Wissen gibt, das nicht gelehrt werden kann! Oder kann es deshalb nicht gelehrt werden, weil es nicht zu erwerben ist, sondern sich auf andere Weise zeigt? Die Griechen waren die Erfinder des Begriffs und wußten deshalb etwas über die Grenze des Begriffs zu berichten. Es ist zu erwarten, daß sich die Wirklichkeit jenseits des Begriffs anders zeigt als diesseits von ihm.

Eine der zentralen Erkenntnisse der Mathematik ist der Satz des Pythagoras $a^2 + b^2 = c^2$. Er ist vielleicht das erste wirkliche Wissen, dessen sich der Mensch bewußt wurde. Nicht nur bewährte sich dieses Wissen in der Praxis, sondern es ließ sich auch in der Theorie beweisen. Kein Wunder also, daß die Philosophen mit diesem Satz das Wesen des wahren Wissens erklären wollten. In Worten besagt der Satz, daß in einem rechtwinkligen Dreieck die summierten Quadrate der beiden Seiten, die den rechten Winkel einschließen, dem Quadrat der dritten Seite gleich sind. Es ist wahrscheinlich, daß die Griechen die Logik, das heißt die Beweisbarkeit gewisser Wahrheiten, an dem Satz des Pythagoras gelernt haben. Zwar kannten den Satz schon andere Völker vor den Griechen, aber erst Pythagoras hat ihn bewiesen, und seine Nachfolger haben die Bedeutung des Beweisens erkannt. Wo soll hier das Interesse liegen? In der Tat, der Satz ist unerschütterlich. Er gilt bei geraden Linien und einem rechten Winkel im ganzen Universum. Dennoch ist seine Erkenntnis aus einem Interesse geboren! Er bleibt auch mit Interessen behaftet trotz seiner Objektivität. Ja, gerade wegen seiner unerschütterlichen Geltung ist er in der Lage, den Interessen zu dienen. Das ist der Hauptsatz einer unverwirrten Lehre über die Wahrheit: **Es gibt kein Entweder-Oder zwischen Subjektivität und Objektivität, zwischen Wahrheit und Interesse**. Der Versuch zur Reduktion auf den einen oder anderen Pol, zu einer Rede wie: ›Dies ist nichts anders als‹ ist das Signal für eine Vernebelung im Denken.

Zunächst wurde der Satz des Pythagoras gebraucht, um in Ägypten das Land nach den jährlichen Überschwemmungen des Nils neu zu vermessen. Pythagoras lebte im sechsten Jahrhundert vor Christus und hat viele mathematische Kenntnisse gesammelt auf den Reisen, die ihn von Ägypten bis Indien geführt haben. Erstes Interesse: der praktische Gebrauch! Der Mythos erzählt, daß man den Göttern zum Dank für die wundersame Entdeckung hundert Ochsen geopfert habe. Wer Opfer darbringt, sucht Friedensoasen in einer Welt der Interessen zu bauen.

Das zweite Interesse ist die unbegrenzte Macht, die diese mathematische Erkenntnis verspricht. Pythagoras hatte einen politisch-religiösen Geheimbund nach der Maxime gegründet: Alles ist Zahl. Das sollte die Berechenbarkeit und Begreifbarkeit der Welt garantieren. Mit der Zahl ist eine ganze oder eine gebrochene Zahl gemeint, eine solche also, die sich mit Zirkel und Lineal messen läßt. Nun entdeckte ein Schüler des Pythagoras, Hippasos mit Namen, daß es nicht-meßbare Zahlen gibt, sogenannte irrationale Zahlen, wie etwa die Quadratwurzel aus Zwei, die Länge der Diagonale im Einheitsquadrat. Die pythagoreische Legende erzählt von den Strafen, die Hippasos dafür erleiden mußte. Er ertrank jedenfalls bald darauf oder wurde wegen dieses Frevels ertränkt, entweder von den Göttern oder auf Befehl des Pythagoras. So sehr waren die Pythagoreer getroffen durch den Zweifel an ihrem höchsten Grundsatz: Alles ist Zahl! Auch die politische Macht wird durch den Zweifel an der Wissenschaft ins Schwanken gebracht, was die Pythagoräer zu Tode ängstigte, so daß sie im ersten, unbeherrschten Schrecken den Urheber des Zweifels zu Tode brachten, wenigstens in der Legende.

Drittes Interesse: Schönheit. Die Mathematik ist die Versammlung aller Schönheit, weil sie die Versammlung allen interesselosen Wohlgefallens ist. Aber die Interesselosigkeit ist selbst nicht ohne Interesse, sie ist eine Friedensoase im Kampf der Interessen. Schönheit ist das Klassenkennzeichen der Reichen und Mächtigen, die sich im ästhetischen Genuß vom täglichen Lebenskampf bei schönen Dingen ausruhen.

Die Beobachtung des alltäglichen und des geschichtlichen Lebens ergibt als Ergebnis: Objektivität tritt in der Welt nicht ohne Interesse auf. Die Objektivität ist im Gegenteil mit einer Fülle von Interessen umgeben, mit denen sich das Subjekt sein Leben vergewissern will. **Je objektiver eine Tatsache dargestellt werden kann, um so mehr kann sie dem subjektiven Interesse dienen.**

Prädikativdefinition. Kommen wir zur zweiten Definition, zur *Prädikativdefinition*! Sie ist eine Erweiterung der Realdefinition. Gewöhnlich redet man von Wahrheit erst dann, wenn die Reflexion in den Blick genommen wird, die in jeder Wahrheitsaussage enthalten ist. Auf eine unbetonte, noch unbewußte Weise hat so die Tradition den Zusammenhang von Wahrheit und Interesse gesehen. **Die Reflexion ist das halbe Interesse und sucht einen Platz im Bewußtsein einzunehmen, während das Interesse einen Platz im Sein einnehmen will.** Jede Wahrheit wird ausgesagt, und ohne Aussage ist von keinerlei Wahrheit die Rede. Die Wahrheit entsteht da, wo jemand, getrennt vom anderen, spricht. Eine Aussage sollte also über ihre eigenen Bedingungen etwas sagen können, auch darüber, wie weit sie reicht. Eine Aussage ist wahr, sagt die *Prädikativdefinition,* wenn sie mit dem Sachverhalt übereinstimmt. Daraus entsteht die klassische Bestimmung: ›Wahrheit ist die Übereinstimmung von Verstand und Sache – veritas est adaequatio intellectus et rei.‹ Sie ist die Angleichung von Gedanke und Sachverhalt. Natürlich ist in der Realdefinition schon die prädikative enthalten, nur ist sie dort noch nicht gewußt und nicht ans Licht gebracht. Mit der Prädikativdefinition kommen der Beobachter und der Sprecher in den Blick, wenn auch erst in einer halben Weise. Insofern er im Besitz eines Verstandes ist, den er mit anderen teilt, geht er als Einzelner in die Definition ein. Im Grunde aber wird er in dieser Definition der Wahrheit nur als Gattungswesen genommen, von einem Interesse des einzelnen Ich ist auch keine Rede.

Wem die Rolle des Beobachters bei der Erkenntnis ein Dorn im Auge ist, wer also in der Erkenntnis nur das Erkannte sehen will, ohne Hinweis auf die Bedingungen des Erkennens, der steht in der Versuchung, diese Rolle zu übersehen. Er könnte den Verstand für normierbar und mechanisierbar erklären. Ein Meßcomputer etwa vermag das Wetter zu erkennen und in Adäquation mit Hitze und Kälte, Trockenheit und Nässe seine Entscheidungen zu treffen. Wahre Erkenntnis ist also in der Natur vorhanden, auch vor dem Menschen und unabhängig von seinem Bewußtsein. Die Welt erkennt die Welt, ein Teil den anderen! In der einfachsten Form geschieht die Erkenntnis im Schwerefeld der Materie. Jeder Stein erkennt das Schwerefeld des anderen Steins, wie groß oder klein er auch sein mag. Die Erde erkennt das Schwerefeld der Sonne und der Mond das Feld der Erde, die sich pünktlich und exakt danach richten, bis hin zu den Affen in den tropischen Wäldern, die in Kenntnis der Schwerkraft diese dazu benutzen, mit Kokosnüssen zu werfen. Meistens werfen sie genauer als der mit der Fähigkeit zur Reflexion belastete Mensch. Im Marionettentheater befindet sich die Seele der Bewegung, die *vis motrix*, nicht in irgendeinem Punkt, sondern im Schwerpunkt der Puppe, aber die Reflexion stört seine Balance. In der Anekdote heißt es: Der Tausendfüßler, als er darüber nachdachte, wie er die Füße zu setzen hatte, kam ins Stolpern. Die Reflexion befähigt zur besseren Erkenntnis, stört aber das unmittelbare Handeln durch eine Verzögerung, die sich zwischen Wahrnehmen und Bewegen drängt.

Das Sehen der Augen. Nehmen wir zur weiteren Erläuterung die Augen von Mensch und Tier! Sie bringen ihrem Träger umfassende Erkenntnisse über die äußere Welt, aber sie enthalten selbst schon zahlreiche Erkenntnisse über das Licht in der irdischen Atmosphäre. Die Augen haben in der Evolutionsgeschichte gelernt, den schmalen Korridor im Spektrum der Atmosphäre zu erkennen, der das Sonnenlicht zwischen dem ultravioletten und dem infraroten Bereich passieren läßt, und sie haben ihre Fähigkeiten darauf eingestellt. Die anderen Wellenbereiche erkennt das menschliche Auge nicht, weil ihm die Erkenntnis wenig nützen würde, denn solches Licht gibt es auf der Erde kaum. Höchstens gelegentlich wäre es nützlich, auch das ultraviolette Licht zu sehen, um Sonnenbrände zu verhindern. Stattdessen ist der Mensch darauf angewiesen, diesen Mangel indirekt

durch Erfahrung oder direkt durch technische Hilfsmittel auszugleichen.
156 Nun, da das Auge einiges in der Natur erkennt, wird die Erkenntnis als weiteres Mittel zur Gewinnung von Erkenntnissen eingesetzt. Auch hier wieder die enge, nicht abbrechende Kette im Wechsel von Theorie und Praxis! Das Leben in der Natur ist ein erkenntnisgewinnender Prozeß.

Assimilation und Adäquation sind nicht auf den Menschen beschränkt. Sie finden sich überall, wo Leben ist; wer sie sucht, findet sie, vielleicht schon in der vorbelebten Natur. In den frühen Formen des Lebens sind sie gewiß zu Hause, in den Einzellern, den Algen, dann in den Bäumen, den Vögeln und Säugetieren bis hin zum spätesten Bewußtsein des Menschen, alles ist durchdrungen von Reflexion und Adäquation. Deshalb ist die Definition des Menschen als vernünftiges Lebewesen nicht sehr bezeichnend für ihn. Die Natur eilt auf allen Stufen in Richtung Erkenntnis, sie läuft, rennt, stürzt voran, um immer neue Fäden der Wahrnehmung zwischen Innen und Außen zu knüpfen, um immer besser das eigene Interesse in der Welt zu vertreten.

Zugleich mit der wachsenden Realisierung des Interesses wächst die Erkenntnis, daß es eine vollendete Realisierung nicht gibt, ja daß die Konkurrenz ebenfalls an Fähigkeiten zulegt und mich am Ende zerreiben wird. Mit dieser schrecklichen Wahrnehmung geht die Erkenntnis auf Distanz zum eigenen Interesse und wird wahrheitsfähig.

Die Evolutionslehre erklärt Sinn und Reichweite der Erkenntnis. Die verbesserte Selbsterhaltung verbessert nicht nur das Sein der Lebewesen, sondern auch deren Bewußtsein. Damit erkennt das Leben mehr und mehr den Tod. Die Verbesserung im Sein verbessert die Erhaltung des Lebens, die Verbesserung im Bewußtsein aber läßt die Vergeblichkeit aller Verbesserungen sichtbar werden. Beides zusammen macht den Tod zum zentralen Problem des Lebens. Nach einem Wort von Tobler und Goethe, ist der Tod der Kunstgriff der Natur, mehr Leben zu haben. Aber der Tod ist noch mehr. Er zeigt in der Antinomie mit dem Leben eine Wirklichkeit an, die vor und hinter dem Spiel von Subjekt und Objekt steht. **Auch der Tod steht im Dienst einer Wirklichkeit, die mehr ist als Natur.**

Riesengürteltier und Säbelzahntiger. Tod und Leben kämpfen wie Riesengürteltier und Säbelzahntiger miteinander. Vor oder während der letzten Eiszeit versorgte die Natur die Riesengürteltiere umsichtig mit immer stärkeren Panzern aus Knochenplatten. Allerdings sorgte sie mit dem Säbelzahntiger auch für einen eßlustigen Kostgänger und spendierte diesem tüchtige Kiefer und Brechzähne, womit er dem Gürteltier beikommen konnte und ihm große Stücke seines wahrscheinlich wohlschmeckenden Fleisches vom Leibe riß. Je dicker gewappnet der widerwillige Wirt dastand, desto gewaltiger wurden Kiefer und Gebiß des Gastes, der ihm freudig zum Mahl auf den Rücken sprang.

Aber eines Tages, als Klima und Pflanzenwuchs dem großen Gürteltier einen Streich spielten und es sein Grünfutter nicht mehr fand, da ging auch der Säbelzahntiger ein. Nach so viel Wettstreit saß er mit seinen Panzerbrechern im Maul da und wußte keinen Wirt mehr zu finden. Die Spezialisierung hatte ihn am Leben erhalten, jetzt saß er in der Sackgasse und gab seinen Geist auf. Dem wachsenden Gürteltier zuliebe hatte er alles getan, um auf der Höhe zu bleiben und sich zum Knacken tüchtig zu halten. Jenes wiederum wäre so groß und dick beschient nie geworden ohne den Liebhaber seines Fleisches. Wenn die Natur es schützen wollte gegen den Tiger und ihm einen immer dickeren Panzer wachsen ließ, warum hatte sie gleichzeitig die Kinnbacken und Säbelzähne seine Feindes verstärkt? Sie hatte es mit beiden gehalten und also mit keinem von ihnen. Sie hatte mit ihnen Scherz getrieben und sie, als beide auf der Höhe ihrer Möglichkeiten standen, im Stich gelassen.

So ist die Natur, solche Geschichten schreibt das Leben.[9] Was denkt sich die Natur? Sie denkt sich nichts dabei, und auch der Mensch kann sich nichts dabei denken. Er kann sich nur wundern über die vielen Widersprüche. Was ist mit der Natur? Die Natur ist wohlwollend und grausam, heiter und bitter, lieblich und dämonisch, lebendig und tödlich, aber vor allem unendlich gleichgültig gegen jedes Selbstbewußtsein, das Ich zu sagen wagt. Hat die Natur überhaupt eine Identität, gibt es die Natur? **Ein Ziel hat die Natur nicht, da sie jedes ihrer Ziele wieder verschlingt.**

Erst die Interessen des Lebens machen die Natur doppelgesichtig und schillernd. Sie bedient das Leben und räumt es ab. Wenn ich die Natur besser erkenne, kann ich sie besser nutzen, ich kann mich sicherer in ihr aufhalten und sie zu meinen Zwecken gebrauchen. Je genauer mein innerer Plan mit der äußeren Wirklichkeit übereinstimmt, desto zuverlässiger kann ich meinen Vorteil daraus ziehen. Nur wird mit dem Beginn der Erkenntnis ein Unterschied zwischen Innen und Außen gesetzt, der nicht wieder rückgängig zu machen ist.

Bei allem, was mir begegnet, frage ich ab jetzt: Ist es Schein oder Sein? Ist es eine Oase oder eine Fata Morgana? Ist das Eis wirklich fest oder täuscht es mich, usw.? Schon auf der Ebene des unbewußten Lebens besteht dieser Unterschied, durch die Reflexion aber wird er erfolgreicher und tragischer zugleich. Die Welt der Reflexion ist eine neue Entdeckung wie die Entdeckung eines neuen Erdteils oder die Erfindung des Rades. Man kann sie das Erwachen des Geistes nennen.

Die Reflexion fördert die Selbsterhaltung, aber behindert sie auch. Sie bringt das Problem von Leben und Tod zu einer neuen Schärfe. Das Ich, der Tod und das reflexive Bewußtsein sind zusammen geboren, sie sind Drillinge der Natur und überschreiten sie gleichzeitig. Sie zeigen eine Distanz zu allem an, was in der Natur zu finden ist. Die Wirklichkeit, die nicht in Raum und Zeit ist, aber sich in Raum und Zeit bemerkbar macht, tut es in der Gestalt des Ich, des Todes und des Bewußtseins. Wenn der Geist sich zur materiellen Natur hinneigt, um sie nach Möglichkeit adäquat in sich abzubilden, ist er nicht nur eine Funktion der Natur. Ohne das irrationale Ich hätte das rationale Ich keinen Grund, sich anzustrengen und für sein Überleben zu sorgen. Zwar besitzt es als wesentliche Fähigkeit das Erkennen, aber auch der bloße Stein erkennt schon die Stärke des Schwerefeldes. Dennoch ist es nicht erlaubt zu sagen, Erkennen sei *bloß* ein Naturphänomen und Geist sei *nur* ein Schein. Erkenntnis ist wesentlich Spiegelung. Und der Sinn der Spiegelung ist noch verborgen, wenn man sagt, sie diene der Selbsterhaltung der Individuen. Warum gibt es überhaupt Erhaltung? Was ist ein individuelles Selbst?

Wegen der Selbsterhaltung gibt es Individuen, und wegen der Individuen gibt es Selbsterhaltung. Aber diese Antwort ist keine, sie dreht sich im Kreis und beschreibt einen *Circulus vitiosus.* Mit wachsender Erkenntnis wächst das Verlangen nach Selbsterhalt in der Natur und wird beim Menschen grenzenlos. **Der Mensch ist das Tier, das von der Unsterblichkeit einen Begriff hat und von seinem Sterben weiß.** Das Ziel der Erkenntnis liegt nicht nur im Selbsterhalt, und das Ziel des Selbsterhalts liegt nicht nur in der Erkenntnis, denn die Unsterblichkeit bedarf keiner Anstrengung zur Selbsterhaltung. Es ist unmöglich, das Ich wesentlich als Substanz zu denken, wie es die idealistische Philosophie Hegels in der Neuzeit versucht hat, auch wenn es viel Substanz in der Zeit und am Rande der Zeit gibt. Die Reaktionen der Biologen antworten auf solche Substanzbehauptungen denn auch spöttisch und geben sich materialistisch, ohne damit selbst mehr Licht zu verbreiten. Sie stehen auf dem anderen Ufer des gleichen Niveaus. Das Ich soll bei ihnen eine Fiktion sein, das die Evolutionsbiologen als Nebenphänomen durchschaut haben wollen. Wenn das Ich nur ein Organ der Natur ist, dann existiert es nicht eigentlich, sagen sie. Eben das heißt, die Substanz zu leugnen. Aber dann gäbe es auch keine Innenwahrnehmung des Ich, das sich von den Funktionen zur Erhaltung des Ich distanzieren könnte. Letztlich, so erkenne ich, kann ich mein Ich nicht halten, ich werde sterben, aber meistens will ich es nicht wissen. Nicht alle Wirklichkeit ist Natur, und das Ich ist eine Gestalt dieser Wirklichkeit in der Natur, die nicht von der Natur ist.

Lichtvoller Monismus. Der Geist, der Verstand, die Vernunft, die Seele, oder wie man das Erwachen aus der Natur nennen mag, all das sind neue mächtige Organe in der Welt, mächtiger als Hände, Füße und Augen. Nicht diese, sondern Geist und Theorie haben die Erde erobert, sie bestimmen ihren praktischen Verlauf. Wer möchte, darf den Geist auf die Natur reduzieren und einem Monismus anhängen, nur muß er erklären, was die Einheit der Natur sein soll, die alle Wirklichkeit umfaßt. Wenn die Natur erkenntnisförmig ist und die Erkenntnis der Selbsterhaltung von Gattung und Individuum dient, so erkennt das Ich oder der Geist des Menschen, daß sein Streben zwecklos ist. Das heißt, der Mensch blickt in den Abgrund des Todes und sieht, daß er sich in der endlichen Natur nicht halten kann, obwohl das Leben seine ganze Kraft in den Kampf gegen den Tod legt. Aber um meine Identität zu garantieren, hat die Natur selbst nicht genug Identität. Deshalb spricht man gewöhnlich von zwei verschiedenen Wirklichkeiten im Menschen, von Leib und Seele, bis hin zu einem Dualismus, der jegliche Verbindung leugnet. Das ist nicht weniger unklug als ein Monismus, der den Leib auf die Seele oder die Seele auf den Leib reduzieren will. **Der Leib ist die Gestalt der Endlichkeit in der Natur, die Seele die Gestalt der Unendlichkeit.** Das ist gerade noch mit der Vernunft erkennbar; theologisch aussagbar ist, daß die Gestalt dieses Unterschiedes die Auferstehung ist, die so sehr auf den Leib angewiesen ist, wie die Unendlichkeit auf die Endlichkeit – durch freie Wahl. Die Unendlichkeit bewirkt die Zersplitterung des Begriffs, wenn die Unterscheidung zwischen Subjekt und Objekt in strenger Trennung festgehalten wird. Die Subjektivität ist diejenige Seite des Ich, die sich selbst anders erlebt als die Objekte, denen es zugewandt ist. Sie beschreibt zurecht die Seele als verschieden vom Körper. Seele und Leib haben viel miteinander zu tun, aber was genau? Darin gibt es wenig Übereinstimmung unter den Teilnehmern an dem Chiasmus von Leib und Seele oder auch unter den Teilnehmern an der Diskussion über Leib und Seele. Der Monismus wird lichtvoll, wenn er sich als Andenken des Unendlichen versteht, nicht als Begreifen.

Das Objektivitätsideal. Wie werde ich mit dem Gedanken an meinen Tod fertig? Die eine Möglichkeit ist das Objektivitätsideal. Zwar gilt, daß jede objektive Aussage den Erkennenden beim Vorgang der Erkenntnis wieder ausscheiden will. Das meint objektive Erkenntnis mit ihrem Anspruch auf Wahrheit: Das Subjekt darf keinen privilegierten Zugang zur Wahrheit haben, damit andere Subjekte in die Erkenntnis eintreten können. Andererseits gilt: Der Erkennende selbst will sich ausschalten, um sich besser zur Geltung zu bringen. Beides gehört zum Objektivitätsideal der Wissenschaften. Die absolute Gewißheit, wenn sie möglich wäre, könnte einer Erkenntnis nur zukommen, wenn der Erkennende seine subjektiven Stimmungen und Meinungen aus dem Erkenntnisprozeß vollständig herausgelöst hätte. Einsteins Objektivitätsideal, das so wenig von der Wirklichkeit der Mikrowelt bestätigt wird, ist das mythenträchtigste Beispiel für diesen Vorgang im 20. Jahrhundert. Gewißheit will die Abhängigkeit von der Zeit verringern. Das Objektive im Gegenstand soll von keinem Willen abhängig sein, weder von meinem, noch von einem anderen Willen. Gerade dadurch wird der Gegenstand zum Objekt meines Willens. Da er von keiner anderen Bewegung mehr gelenkt wird als von derjenigen, die ich kenne, kann ich die Bedingungen seiner Bewegung von außen einrichten, so daß er vollständig nach meinem Willen läuft. In dieser Betrachtung zeigt sich das Objektivitätsideal grenzenlos von Interesse aufgeladen. Je objektiver die endliche Erkenntnis, desto mehr steht sie dem Subjekt zur Verfügung!

Natürlich gibt es die Schönheit als interesseloses Wohlgefallen, wie ein geflügeltes Wort verkündet. Ein schöner Gegenstand verspricht Erfüllung, sagt eine andere, tiefere Erklärung über die Anziehungskraft des Schönen. **In der Gegenwart des Schönen schweigt das Interesse, weil es zum Ziel gekommen ist.** Keineswegs aber hat sich das Interesse aufgelöst. Da auch die objektivsten Tatsachen der Mathematik oder Physik die Schönheit erregen können, scheint der Gedanke, daß die Objektivität aus einem geballten Interesse geboren ist, zumindest einseitig zu sein. Dieser Anschein aber gehört zur Verdeckung des Interesses. Er muß nicht in Gegensatz zu ihm stehen. Eine einfache Überlegung läßt den Zusammenhang sichtbar werden.

Was bedeutet die reine objektive Gegebenheit eines Gegenstandes? Sie läßt ihn unumkämpft erscheinen, ja nicht einmal als Gegenstand eines Kampfes. Wer möchte im Normalfall schon um Sand, Luft, Wasser oder die Sonne einen Streit anfangen? Ich kann mich also entspannen, nachdem ich mit viel Anstrengung die Art und Weise des Gegenstandes, seine Bewegung und manches andere an ihm festgestellt habe. ›How wonderful are facts!‹ Endlich vom klebrigen Brei der Meinungen befreit zu sein! Endlich meine Meinung nicht mehr durch andere Meinungen gefesselt sehen, endlich frei und schwerelos sagen: Sie gilt! Das Sosein der Dinge erblicken, die Schönheit schauen, Gott den Ewiggleichen erblicken ohne eine Vermittlung, die seine Objektivität verschleiern würde. Die schönste Schönheit besitzt der unbewegte Beweger oder die Weltformel, wenn sie möglich wäre. Sie am meisten würde das interesselose Wohlgefallen erregen, da an ihre objektive ewige Geltung kein partikulares Interesse heran reichen kann. Die Wahrheit Gottes ist die Versammlung aller Interessen. Ebenso die Wahrheit der Weltformel, die nur leider nicht möglich ist. Dennoch sind gerade die alte Vorstellung vom unbewegten Beweger und die neuere von der Weltformel Symbole der geballten Interessen im Subjekt, das dieses Wissen besitzen möchte. Dessen Kenntnis würde dem Subjekt die größte denkbare Anwendung seiner Erkenntnisse erlauben, in Technik, Medizin, Pädagogik, Soziologie und so weiter. Der nicht-würfelnde Gott Einsteins aus dem 20. Jahrhundert n. Chr. war nahe verwandt mit dem unbewegten Beweger des Aristoteles aus dem 4. Jahrhundert v. Chr. Beide sollten die Rationalität und Handhabbarkeit der Welt garantieren. Die Unterschiede fallen für das Interesse nicht ins Gewicht. Das Objektivitätsideal ist eine Versuchung, den Tod zu verdrängen.

Reihenfolge der Natur. Allerdings macht sich ein Widerspruch bemerkbar, wenn ich nach vollständigem Wissen verlange. Dieses Wissen ist von keinem Subjekt erschaffen worden. Erst wenn ich die Welt selbst geschaffen hätte, wäre sie mir wirklich im Wissen zu eigen. Andernfalls bleibe ich der Knecht eines anderen Willens, selbst dann noch, wenn ich die Welt später nach meinem Willen umschaffe. Schon dieses Umschaffen wäre eine Demütigung für mich, denn ich habe ihren Anfang nicht gesetzt und ich sehe ihr Ende nicht. Der

Mensch ist zwar früher als die Naturwissenschaften, aber später als die Natur. Die Technik schafft eine neue Welt, aber auf den Schultern der alten. Die Natur hat den Menschen an den Tag gebracht, und dieser dann die Naturwissenschaft. Es ist kein Mechanismus bekannt, ja nicht einmal denkbar, der die Reihenfolge umkehren könnte. Damit kann die Idee der Weltformel allein schon vom Begriff her die Gottesidee nicht beerben, weil ich nicht Gott bin. Auf die gleiche Weise ist die aristotelische Definition vom unbewegten Beweger widersprüchlich, wenn sie den Sinn gehabt haben sollte, die Begreifbarkeit der Welt zu garantieren. In der Tat kommt die Naturforschung in der Quantentheorie an die Grenze dessen, was sie begreifen kann.

Jedenfalls kann die vage Idee einer Weltformel nur eine philosophische Idee beerben, die ohne den Gedanken der Schöpfung auskommen will, da sie selbst eine philosophische Idee ist. Der unbewegte Beweger des Aristoteles ist so unbewegt wie die Weltformel, und auch die zugehörige Welt ist bei dem einen wie dem anderen von gleicher Ewigkeit. Die religiöse Erfahrung, daß die menschlichen Begriffe nur die endliche, nicht aber alle Wirklichkeit adäquat beschreiben können, verdichtet sich in der Lehre von der Erschaffung der Welt durch einen freien Schöpfergott, und dieser hat Bewegung.

Begriffliches Denken kann seine Vollendung nur in einer Weltformel finden. Obwohl sie unmöglich ist, weil die Zukunft nicht determiniert ist, läßt sich an ihr die Schrumpfform der Wahrheit, das Interesse, darlegen. Da ich die Welt nicht geschaffen habe und nur ein partikuläres Wissen von ihr besitze, ist die Konkurrenz nicht aufgehoben, sondern zur letzten Schärfe gebracht, wenn ich mir dieses Wissen als vollendet vorstelle. Mit dem Wissen als Weltformel will ich meine Konkurrenten in die Flucht schlagen und mir ein ewiges Leben garantieren. Mit der wissenschaftlichen Wahrheit entlasse ich nicht den anderen aus meinem Selbst und gebe ihm Leben, sondern suche ihn an mich zu ziehen. Diese Bewegung ist Konkurrenz und ein Rennen um das Leben, das, wie alle Geschichte zeigt, im Tode endet und ohne Gott im Tode bleibt. Nur ein Gott, der mehr ist als Natur und bloßes Begreifen, wäre die volle Wahrheit, und die kann der Mensch von sich aus nicht erreichen. Nur in Gott kann es ein Leben ohne Konkurrenz geben, in dem das Ich mit allen anderen lebt, ohne um seinen Untergang fürchten zu müssen.

Ich denke, damit ist nachgewiesen, daß der hier eingeführte Begriff der Wahrheit das Interesse, das in den klassischen Definitionen der Wahrheit verdeckt enthalten war, ans Licht gebracht hat.

Unverborgenheitsdefinition. Im 20. Jahrhundert ist in der Philosophie eine frühe Form der Wahrheit neu entdeckt worden, die trotz ihres Alters für längere Zeit als das Neueste auf dem Gebiet des Denkens galt. Und das zurecht! Das neuzeitliche Baugerüst zur Errichtung des Lebens hat zwei spitze Türme nach oben geführt, das Subjekt und das Objekt. Die Türme symbolisieren die Willens- und Verstandeswelt der Neuzeit. Ihre fraglose Gegebenheit hört in dem Augenblick auf, in dem man ihre Gestalten beim Namen nennt. Noch mehr allerdings haben die kritischen Versuche der Neuzeit, dem einen oder dem anderen Pol eine Letztbegründung zu geben, zur allmählichen Auflösung geführt. Je mehr zur Befestigung eines Turmes das Fundament geprüft wurde, um so mehr erwies es sich als brüchig. Eine Kritik der reinen Vernunft kann nur transzendental sein, das heißt, sie kann sich selbst nur unter eingeschränkten Bedingungen als rein darstellen. Im Raum dieser Bedingtheiten gibt es Identitäten, aber sie sind nicht fraglos und nicht universal auf alle Wirklichkeit anwendbar. Ebenso erging es den Versuchen, die Naturwissenschaften rein auf Empirie zu begründen und das Subjekt im Wissen auszuschalten.

Endliche, zeitliche, räumliche Identitäten existieren wohl, und für diese lassen sich auch Gründe angeben. Nur letzte Gründe, die das Subjekt oder Objekt vor jeder Veränderung bewahren können, lassen sich in der Welt nicht finden.

In dieser Situation wirkte das philosophische Wort von der Wahrheit als Unverborgenheit wie ein prophetisches oder sogar erlösendes Wort.[10] Es brachte die Bedeutung des griechischen Wortes für Wahrheit wieder an den Tag: A-letheia. Die Lethe meint das Vergessen und ist zugleich der Name für den Fluß in der Unterwelt. Nach alter Sage tranken die Toten aus diesem Fluß, um ihr weltliches Leben hinter sich zu lassen. Die A-letheia beschreibt den umgekehrten Vorgang. Die A-letheia macht mein Vergessen rückgäng, das heißt in der Wahrheit wird mir etwas zu Gesichte gebracht, von dem ich nicht einmal wußte, daß ich es vergessen hatte. Vielleicht habe ich es auch niemals gewußt. Das Offenwerden des Seins oder die Lichtung bringt die Erkenntnis und das Leben hervor. Sie droht beides aber auch wieder zu verschlingen. Deshalb haben die Griechen angefangen, was später die Neuzeit vollenden wollte. Sie versuchten, die Wahrheit in Besitz zu nehmen, um vor dem Schrecken des Vergessens bewahrt zu werden. Sie suchten die Bewegung des Seins aus sich heraus zum Halten zu bringen und der Wahrheit der A-letheia ihre Panik zu nehmen. Mag auch die A-letheia im *Höhlengleichnis* Platons eigens erfahren und an wichtigen Stellen genannt sein, statt der Unverborgenheit drängt ein anderes Wesen der Wahrheit bei Platon in den Vordergrund. Zurecht wohl, wenn auch nicht ganz wahrhaftig, verfährt Platon im Denken mäßigend. Die Lichtung des Seins ist ein Abgrund, in den sich nur für Augenblicke schauen läßt.

Plausibel ist deshalb der militärische Vergleich: Denken heißt Abwehren. Wenn Truppen eine Aufnahmestellung beziehen, dann wollen sie den Gegner empfangen und zwar so, daß sie ihn zum Stehen bringen. Dieses aufnehmende Zum-Stehen-Bringen der Erscheinungen liegt dem griechischen Wort *Denken* zugrunde. Mit solchem Aufprall tritt das Sein ans Licht, es erscheint und ist jetzt unverborgen. Es bringt neue Dinge und neue Plausibilitäten an den Tag. Wo solches geschieht, da geschieht auch das Aufnehmen, indem das zum Stehen gebracht wird, was sich zeigt.

Ein anderes Bild bietet der Vulkan. Das Offenbarwerden der Wahrheit ist wie die Explosion eines Berges, aus dem die Lavamassen fließen und die Siedlungen bedrohen. Wenn der flüssige Strom aber zum Stehen gebracht und erkaltet ist, läßt sich auf der Asche neues Leben gründen, denn Lava-Asche ist fruchtbarer Boden. Dann wird die Wahrheit langsam verzehrt wie ein Vorrat, dessen Ergänzung mühsam und gefährlich ist.

Wenn wir schon Natur- und Kulturverwüstung bemühen müssen, um das Wesen der Wahrheit zu erklären, dann zeigt sich darin eine neue Stelle des Interesses in der Wahrheit. Wahrheit, so hatten wir gesagt, ist die Fähigkeit, das Leben umfassend zu erhalten, das heißt mich, den anderen und alle Welt. Zu der alten griechischen Vorstellung steht sie spiegelverkehrt. Die diesseitige, heidnische Wahrheit erzeugt die Konkurrenz und den Schrecken, sie läßt nur momentane Oasen des Friedens oder, besser gesagt, des Verschnaufens zu, den Frieden der erfüllten Sehnsucht kennt sie nicht. Real vorzufinden ist nur die alte griechische, schreckhafte Auffassung der Wahrheit und ihre Ruhigstellung durch die gesicherten Türme von Subjektivität und Objektivität.

Die im 20. Jahrhundert von neuem entdeckte Fassung der Wahrheit als A-letheia stimmt mit unserer Definition fast überein, aber nur fast. Sie stimmt überein wie Vorder- und Rückseite einer Medaille oder wie Schlüssel und Schlüsselloch. Offenbarkeit und Offenbarung sind die beiden Seiten der Medaille. Philosophisch erkennbar mag am Rande der Wahrnehmung die lichtvolle Fülle sein, die sich in reißenden Strömen und feurigen Fluten in die Wirklichkeit ergießt. Unsere Definition lebt aus einer Offenbarung, die einen Offenbarer mit der Fülle des Lebens kennt; in der Offenbarkeit dagegen offenbart sich ein Strom von Nichts zu Nichts. Den messianischen Frieden, von dem die versöhnte Wahrheit spricht, gibt es unter den Bedingungen dieser Welt nicht. Es mag ihn manchmal geben, aber er stammt dann nicht aus der Welt. Das Prinzip der Konkurrenz hält den Menschen streng von der Welt des Friedens und der Seligkeit getrennt.

Dennoch ist die unweltliche Definition die realste! Sie redet von einer Wirklichkeit, zu der sich die Welt der Natur- und Vernunftbegriffe wie Schaum an der Oberfläche verhält. Nur der Schaum ist sichtbar; aber wer hat ihn erzeugt und wer lenkt seine Bahnen? Wie kann die stärkere Realität der unsichtbaren Tiefe eingesehen werden? Wie kann sie plausibel sein, da sie nicht in der Logik getrennter Begriffe darstellbar ist? Die Logik ist ein Kampfplatz, von den Griechen erfunden, um meinen Gegner zu zwingen, seine Meinung zu verwerfen und meine zu übernehmen, nur daß statt mit Lanzen mit Argumenten gefochten wird. Diese Logik wird nicht gut von dem Friedensreich berichten können, wenn Wahrheit und Interesse sich versöhnt haben sollten.

Primat der Erkenntnis oder der Ethik. Die heidnisch-griechische Definition der Wahrheit als Eröffnung einer Lichtung hat die Neigung, die Erkenntnis so sehr zu erweitern, daß die Ethik in ihr untergeht. Ganz im Gegensatz zu unserer Definition! Die Lichtung des Seins, auf der die Gestalten der Geschichte zugeschickt und abgeräumt werden, lassen dem Menschen keine andere Wahl, als das Schicksal stumm und starr auf sich zu nehmen. Nichts bleibt ihm an Freiheit übrig, als sich in das unvermeidliche Schicksal zu fügen. Dieser in seinem Woher und Wohin verhüllte, aber an ihm selbst um so unverhüllter erschlossene Seinscharakter des Daseins, dieses *Daß es ist* heißt bei den Verkündern solcher Wahrheit die *Geworfenheit* ins Dasein. Die Freiheit ist fast vollständig entzogen und nur noch in einem Restmoment wirksam, das mir nicht sehr bekömmlich ist. Der Anruf, der an meine Freiheit ergeht, ist das Ja oder das Nein. Ich kann meine Geworfenheit ins Dasein und in den Tod trotzig annehmen, so daß ich Ja sage zu meiner Fremdheit als Zigeuner in der Welt, oder ich kann Nein sagen, was aber nach Meinung der Existentialisten nur zu Schein und Heuchelei führen kann. Meine Geworfenheit in die Welt kann ich nicht positiv bewältigen. Das Anrollen der Wahrheit ist grauenvoll, die Abwehr vergeblich.

Umgekehrt eröffnet sich in unserer Definition die ethische Dimension. Ich bin verantwortlich für alles und jedes. In der Fülle des Lebens bin ich als Atlas erwählt, die Last der Welt zu tragen. Die Verantwortung nimmt den Sachbereich völlig in sich auf und läßt keine Delegation auf äußere Zwänge zu.

Jetzt tritt auch das weltliche Gegenteil des Interesses ans Licht, die Sachlichkeit. Warum gibt es das, worauf sich Menschen einigen können, auch wenn sie sich persönlich feind sind und jeder dem anderen den Platz im Leben streitig machen möchte? Wenn zwei Leute über zwei Meßwerte nicht einig sind, werden sie deswegen nicht zu Feinden. Sie werden einfach die Sache ausrechnen und die Differenz bald geschlichtet haben. Aber wenn sie um die Frage streiten, was gerecht oder ungerecht, was schön oder häßlich, was gut oder böse ist, und darüber nicht einig werden, dann werden sie zu Feinden, die nicht mehr gut, sondern nur noch taktisch miteinander umgehen.

Das zeigt, wie Wahrheit und Interesse eng verbunden als Paar durch die Welt gehen. Gut und Böse lassen sich nicht ausrechnen, weil die Existenz des Ich, das rechnen kann, hier selbst auf dem Spiele steht. Nur gibt es eben nicht bloß das Interesse. Zwar ist sachliche Richtigkeit eine einfache Form der Wahrheit, aber daß sie existiert, ist Voraussetzung dafür, daß es Wahrheit in der umfassenden Form des Friedens zwischen allen Interessenten gibt. Warum also können sich zwei Leute unabhängig von ihrem Interesse und ihrem Weltbild auf eine Tatsache einigen? Beim Duell muß man sich wenigstens einig sein über Ort und Zeit der Aufführung, sonst scheitert der Austrag selbst des größten Streites an einer verfehlten Uhrzeit. An der Tatsache einer Einigung unter Feinden sind zunächst einige Abstriche zu machen. Rechnen und messen will ich nicht gerne unter unsympathischen Leuten. Ich vermeide möglichst den Kontakt mit ihnen. Und auch die Zustimmung zu den sachlichsten Ergebnissen macht Schwierigkeiten, wenn die Folgen das eigene Weltbild stören. Mit welcher Energie hat Einstein sich geweigert, die Ergebnisse der Quantentheorie anzunehmen! Dennoch läßt es sich nicht leugnen, daß es viel Sachlichkeit und Objektivität in der Welt gibt. Von der Uhrzeit bis zur Landkarte benutzen Freund und Feind die gleichen Maßstäbe. Wie taucht also die Objektivität aus dem Meer der Interessen auf?

Philosophisch gesehen ist die Objektivität die Möglichkeit, sich zu einigen, theologisch gesehen ist sie eine Spur aus dem Paradies, als sich alle einig waren und ohne Konkurrenz lebten. In der gegenwärtigen Lage des Menschen ist die Einigkeit nur begrenzt möglich, weil es ein subjektives Interesse gibt, das sich von anderen Interessen bedroht sieht. Damit ergibt sich die Lösung wie von selbst. Warum es Objektivität gibt? **Das Objekt ist die unbeweglich gemachte Andersheit des anderen.** Und darauf können sich auch zwei verschiedene Ich einigen, da die Unbeweglichkeit neutral ist und den Interessen der einen wie der anderen Seite das gleiche erblichene Antlitz zeigt. Deshalb der unbewegte Beweger bei Aristoteles! Dieser sollte die Objektivität der Welt garantieren, ohne daß die Subjektivität mit ihrem Interesse darin einfallen könnte. Die vollkommen mechanisch gedachte Natur ist ebenfalls eine solche Welt des Friedens und der Verständigung, sie ist der Friede des Friedhofs, auf dem jede Feindschaft begraben ist. Das heißt, vielleicht gilt das nur für die erträumte Weltformel, denn der reale Ablauf der Welt, auch wenn er vollkommen in dieser Formel abgebildet wäre, bringt ein Element der Störung in die kristallklare und eiseskalte Reinheit der Weltformel. Warum muß sich das Universum dem Ungemach der Existenz unterziehen, warum hat es sich nicht damit begnügt, in der Form einer Formel zu existieren?

Die Weltformel hätte tatsächlich die Erlösung gebracht, wenn es sie geben könnte. Ihr Determinismus weist allen Dingen einen Platz zu und macht die Idee der Konkurrenz zu einem Phantasiegebilde. Auch den Tod gäbe es nicht. Wenn es kein wirkliches Ich gibt, das sterben kann, gibt es auch keinen Tod. Das Ich wäre angesichts der Weltformel eine Illusion minderen Ranges, wie auch jede Andersheit des Anderen abgeschafft wäre. Und wenn Konkurrenz und Tod nicht mehr sind, ist dann nicht die Welt erlöst? Zum Glück ist diese Friedhofserlösung selbst eine Illusion. Nicht alle Wirklichkeit ist Natur, deshalb gibt es keine Weltformel, deshalb ist die Zukunft nicht in der Gegenwart enthalten, deshalb gibt es das Ich in Distanz zur Natur, und es gibt den Anderen in seiner hohen Göttlichkeit und in seiner niedrigen Armut, in Einzahl und Vielzahl.

Teil II
Die Wahrheit der Geschichte

5. Vom Primat der praktischen Vernunft

5.1 Das Band zwischen Wissen und Wollen

These 5.1: Das Leben bewegt sich in den Bahnen von Wissen und Wollen. Ich besitze kein volles Wissen, das mein Wollen sicher zum Ziel führen könnte. Das Wollen geht dem Wissen und das Wissen dem Wollen voraus.

Das Lob des Handelns. Das biblische Gleichnis von den ungleichen Söhnen beleuchtet das Dilemma zwischen Wissen und Wollen. Ein Vater hatte zwei Söhne, heißt es in der hl. Schrift. An beide richtet er die Forderung: ›Mein Sohn, geh' und arbeite heute im Weinberg!‹[1] Der erste Sohn hört die Forderung und stimmt ihr zu, aber nur theoretisch. Vielleicht erkennt er ihre Berechtigung an, oder er will dem Vater zu Gefallen reden, oder er ist ein schwacher Charakter und wagt nicht zu widersprechen. Dann aber löst er sein Versprechen nicht ein. Der zweite Sohn weist die Forderung zunächst unwillig zurück, um ihr später doch Folge zu leisten. Was ist mit dem zweiten Sohn passiert? Was ist ihm in den Sinn gekommen?

Das klassische Dilemma zwischen Wissen und Wollen besteht darin: **Ich weiß, was gut ist, und tue es nicht. – Ich muß handeln und habe doch den Überblick nicht.** Deshalb rede ich anders, als ich handle. Das Dilemma ist vielleicht schon ein Streit in meinem Wollen selbst, da ich nicht ganz will, was ich zu wollen meine. Manchmal ist es auch ein Mangel im Wissen, da ich die Dinge nicht genügend kenne, um sie nach meinem Willen zu lenken. Jedenfalls gibt es Widerstand auf beiden Seiten. Vor allem aber ist die Brücke schwankend zwischen dem Verstand, der weiß, und dem Willen, der handelt. Von welcher Art ist sie? Was taugen die Pfeiler, die eine solche Brücke tragen? Mit unserer Vorstellung von Wahrheit und Interesse versuchen wir das dunkle Feld zwischen Wissen und Wollen auszuleuchten.

Zur Übung in den Erscheinungen im Umfeld dieser Brücke bleiben wir zunächst bei den biblischen Erzählungen! Im Gleichnis von den Arbeitern im Weinberg erhalten die Arbeiter des ganzen Tages den gleichen Lohn wie die Arbeiter der letzten Stunde.[2] Denn die Letzten glaubten dem Gutsbesitzer wie die Ersten, das war ihr Tun. Im Falle des Synagogenvorstehers, der um seine Tochter bangt, wird das Handeln noch weiter verdrängt. Der Vorsteher hört als wirksames Heilmittel gegen die Krankheit einzig: *Glaube nur!* Der Apostel Paulus setzt den Glauben sogar ausdrücklich dem Handeln voran, wenn er ihn nicht sogar jedem Handeln entgegen stellt. Gerechtigkeit kommt aus dem Glauben, nicht aus den Werken, ruft er aus! Gerechtigkeit, so ethisch und praktisch ihre Aura erscheint, erweist sich bei Paulus als Erkenntnis Gottes, und nur nachträglich erhält sie eine praktische Seite. Der Glaube an die Gnade fordert zwar nicht zuerst zum Handeln auf, aber zur Erkenntnis des Handelns Gottes, auf welches dann das eigene Handeln folgen kann. Mein Handeln beginnt mit der Anerkenntnis fremden Handelns! Wo immer wir die Bewegung auf der Brücke untersuchen, sehen wir den Primat zwischen Wissen und Wollen in Bewegung. Einen Augenblick lang wohnt er in der theoretischen Vernunft, dann wechselt er zur praktischen Vernunft, um alsbald, wenn wir uns fest für seinen Platz entschieden haben, den Platz zu wechseln. Eine Überordnung von Wissen und Wollen, von Glauben und Handeln, von theoretischer und praktischer Vernunft läßt sich aus den biblischen Geschichten nicht entnehmen. In höchster Ekstase ruft Jesus die Gleichheit von Wissen und Wollen aus: ›Der Sohn kann nichts von sich aus tun, sondern nur, wenn er den Vater etwas tun sieht. Was nämlich der Vater tut, das tut in gleicher Weise der Sohn.‹[3] Dieser visionäre Ausruf steht am Rande der Wahrnehmung, sie kann die Aufklärung des reichen Übergangsfeldes zwar beflügeln, aber nicht leiten. Denn das Einswerden von Wissen und Wollen wäre das Tor zum vollendeten Leben, vor dem bekanntlich ein Engel mit einem Flammenschwert steht.

Auch der Alltag läßt keinen beständigen Vorrang erkennen: Ohne Wissen kann ich kein Ziel wählen, nie aber habe ich in meinem Wollen ein solches Wissen vom Ziel, daß ich alle Ursachen zur gewollten Wirkung bringen könnte.

Wege des Sokrates. Die Wege vom Erkennen zum Handeln und zurück sind seit Jahr und Tag unübersichtlich. Das läßt jeder unverstellte Blick in die Welt erkennen. Von Sokrates erzählt die Überlieferung, er habe sich das Leitmotiv des Orakels von Delphi zu eigen gemacht: ›Erkenne dich selbst!‹ Daher kann man ihm reichlich den Fehler der Neugierde ankreiden, bis hin zu dem Mißverständnis, er sei der Meinung gewesen, aus guter Erkenntnis folge gutes Handeln. Um Erkenntnis hat Sokrates sich allerdings bemüht, denn um gut zu handeln, meinte er, muß man auch gut wissen, das heißt überhaupt wissen, was das Gute ist. Aber bekanntlich hat er den Versuch, zu einem letzten Wissen zu kommen, für gescheitert erklärt, weil das Wissen zwar immer fortschreitet, aber seinem Ziel nicht näher kommt, alles zu wissen. Umgekehrt hat er aus dem Scheitern eine Methode gemacht, weshalb alle Erkenntnis für ihn eine Ersatzhandlung und zweite Seefahrt ist.[4] Er erkannte, daß von Natur aus ein Verlangen nach letzter Erkenntnis den Menschen antreibt und zugleich zum Scheitern verurteilt ist. Das heißt, er hat die Erkenntnis des Scheiterns systematisch betrieben, so daß er seinem Trieb zur Erkenntnis beständig den Bescheid beifügen mußte: ›Ich weiß, daß ich nichts weiß.‹ Nicht vor, sondern nach der Prüfung der Sachlage fällt er dieses Urteil. Also folgt bei ihm aus der Erkenntnis keine Weisung für das Handeln, weil ihm die sichere und direkte Erkenntnis fehlt. Allerdings, das im Nichtwissen mitgewußte Wissen reicht aus, um gewaltige Entscheidungen zu treffen und den Tod nicht mehr zu fürchten.

Nachdem ihn die Athener Bürger verurteilt haben, richtet er seine Worte an sie: ›Aber jetzt ist es Zeit zu gehen, ich, um zu sterben, und ihr, um zu leben. Wer von uns beiden zur besseren Sache geht, das ist allen verborgen außer Gott.‹[5] Im Nichtwissen den Tod annehmen, den man im Wissen fürchtet! Bis zum letzten Atemzug sieht Sokrates das Endziel im Dunkeln liegen, aber das Nichtwissen ist vertrauenswürdig, da die natürliche Vernunft, wie eine Laterne in der Nacht, nur örtlich begrenztes Licht wirft. Das Vertrauen ist nicht aus dem Mißtrauen am Leben, sondern aus dem Mißtrauen am Wissen geboren, es kündet von der Fülle des Lebens und der Dürre des Begriffs. Diese Fülle beendet den Aufschub in der Zeit, den das Leben allezeit betreibt, und bricht als Ewigkeit in die Zeit ein.

Was also läßt sich vom Primat der praktischen oder theoretischen Vernunft berichten? Was weiß das Denken darüber? Die Lage ist unübersichtlich und das Band zwischen Wissen und Wollen ziemlich verwickelt. Das erste Ideal war die reine Theorie, denn sie versprach eine wirksame Praxis zu ermöglichen. Zuletzt aber hat das Denken die Interessen selbst in der theoretischen Vernunft aufgedeckt und sie in ihre Grenzen verwiesen. Das Ideal strahlt, aber es verheißt keine

Realisierung mehr. Ist das ein Widersinn? Die Erkenntnis ist wie das Leben selbst: Das hohe Ziel leuchtet voran, aber das Leben, das nichts als Leben und keine Grenzen will, kommt mit seinem Tod so wenig zum Ziel wie die Erkenntnis, die nichts als grenzenloses Wissen will.

Bei Kant wird die praktische Vernunft zur ersten Vernunft erhoben, was den Gegenschlag von Hegel bis zu den Naturwissenschaften ausgelöst hat, die sich alle bestimmen lassen durch den Primat der theoretischen Vernunft. Sie bestreiten das Interesse im Erkennen und meinen, das Wissen lasse sich unabhängig von seinem Gebrauch begründen und liefere nur nachträglich praktischen Nutzen. Viele hielten bis ins 20. Jahrhundert das Postulat von der Objektivität der Natur für den Grundpfeiler der wissenschaftlichen Methode. Das Objektivitätspostulat sei, hieß es oft, ›mit der Wissenschaft gleichzusetzen. Es hat ihre außerordentliche Entwicklung seit dreihundert Jahren angeführt.‹[6]

Hier ist Vorsicht geboten: Wenn die Objektivität der Herzenswunsch des Subjektes ist, sollten dann diese Interessen das Ideal unberührt lassen? Der Zweifel am Ideal wird genährt durch die neuere Physik, in der die Begriffe, die den Zustand der Natur beschreiben, nur im Moment der Beobachtung einen vollgültigen Sinn haben. Der Glaube an die objektiven Naturgesetze war der Glaube an die heile Welt einer Natur, die vom Subjekt unberührt ist. Dieser Glaube hat sich zerstreut. Der Grund aber für die gewisse Objektivität, die möglich ist, bleibt rätselhaft, da dieses Postulat das wissenschaftliche Handeln zwar leitet, aber sich in der Wissenschaft nicht begründen kann.

Einmal aufmerksam geworden können wir das Objektivitätsideal der theoretischen Vernunft nicht mehr halten. Zu deutlich erweist es sich als ein Wunsch, der gegen die Erfahrung der Wirklichkeit steht. Die Geschichte zwischen Theorie und Praxis bewegt sich wie eine Schaukel, in der ein Primat den anderen ablöst. Für einen Augenblick schwingt sie sich auf der einen Seite in die Höhe, um sogleich umzukehren und zur Höhe auf der anderen Seite zu streben, so daß keine Seite einen endgültigen Vorteil für sich buchen kann.

Beispiel Platons. Das Schaukeln zwischen Theorie und Praxis läßt sich durch Beispiele aus Platon, Aristoteles, Augustinus und anderen vermehren. Platon etwa stellt in seinen Schriften die Idee des Guten vor; sie ist ihm die höchste Aufgabe des Denkens. Aber das Gute ist zugleich der Maßstab des Handelns, was ihn dazu führt, das Ziel des

Lebens als Angleichung an Gott zu bestimmen. Damit der Mensch den Weg zu diesem Ziel einschlagen kann, muß er sich fragen: Was ist die letzte Wirklichkeit, was ist das Göttliche? Platon antwortet: Die letzte Wirklichkeit ist die Gerechtigkeit. Aber Gerechtigkeit ist ein Tun und kein Erkennen. Wie kann Gerechtigkeit eine Aufgabe des Denkens sein? Im *Theaitetos* sagt Platon, Gott sei niemals und auf keine Weise ungerecht. Niemand also ist Gott ähnlicher, als wer ganz und gar gerecht ist.[7] Nun muß diesem praktischen Leitbild das theoretische beigefügt werden. Den Weg der Gerechtigkeit betritt nur derjenige Mensch, der eine Umkehr im Denken erfahren hat. Man kann für diese Umwälzung der Denkungsart das Höhlengleichnis anführen, das zuerst den Aufstieg zur höchsten Erkenntnis beschreibt und dann den Abstieg zum Handeln in der Welt. **Primat des Erkennens, der zum Primat des Handelns wird, der wiederum das Erkennen lehrt!**

Die Sonne, sagt Platon, ist das Gleichnis für das Gute, sie ist die Erscheinung der Idee des Guten. Wenn der Mensch aus der Höhle zu ihr gelangt ist, so wünscht er, für immer in ihrer Gegenwart zu leben und alle Dinge in ihrem Lichte zu sehen. Aber wer das Höchste geschaut hat, liebt das Lebendigste. Er wendet sich zurück um der anderen willen, um die vielen, die von den Schatten verwirrt in der Höhle sitzen, über das Licht aufzuklären. Im Abstieg durchläuft der Aufgestiegene die Stufen zurück bis dorthin, wo er sich von neuem an die alte Stelle setzt. Er sieht dieselben Schatten wie vormals, doch sieht er sie anders, weil er anderes gesehen hat. Er weiß vom Wissen und vom Nichtwissen. Er sieht im Lichte der Schatten das schattenhafte Leben und in ihm das erlöste Leben in seiner Urgestalt.

Eindrücklich für den Auf- und Abstieg ist das Beispiel des Sokrates im *Phaidon*, da es statt Mythologie eine Biographie erzählt. Der junge Sokrates verlangte nach umfassendem Wissen, nach Naturwissenschaft würde man heute sagen. Ihn beeindruckte in Jugendtagen, was er aus dem Buch eines gewissen Anaxagoras vorlesen hörte. Dieser meinte, die Vernunft sei der Ordner und Urheber aller Dinge.[8] Die Vorstellung weckte das Begehren des jungen Sokrates und ließ ihn träumen: ›Alles läßt sich mit der Vernunft verstehen, alles ist von der Vernunft verursacht, alles kann ich mit der Vernunft in die Hand bekommen!‹ Das ist ein verlockendes Versprechen! Das Andere, das Fremde, das Bedrohliche – kann ich es durch das Paar *Ursache und Wirkung* in meinen Horizont bringen, wenn ich der Vernunft vertraue, die alle Dinge mitteilbar und handhabbar macht? Aber als er dieses frühe Programm einer Weltformel durchführen will, scheitert er. Er findet Ereignisse, die sich nicht unter einen Begriff bringen lassen. **Im Scheitern wird Sokrates die Berufung zuteil, sein titanisches Verlangen auf einen neuen Weg zu lenken.** Da er selbst die Versuchung des Scheins verspürt hat, soll er jetzt prüfen, wie es mit dem Schein und Sein bei Politikern, Wissenschaftlern, Dichtern, Erziehern steht. Sie wissen tatsächlich viel in ihrem Fach, aber ihre Meinungen über den Sinn des Lebens oder die Ordnung im Staat sind von undurchschauten Interessen durchzogen. Da ist sie wieder, die Verschränkung von Erkennen und Handeln! Zuerst weiß Sokrates, daß er zu wenig weiß, erste Stufe. Dann muß er handeln und prüfen, zweite Stufe. Dann zeigt sich, dritte Stufe, das mangelnde Wissen im Handeln der vielen Leute, ein Handeln, das ihn wissend um den Tod macht, zu dem es ihn treibt, vierte Stufe. Und so, Stufe um Stufe, im Wechsel immerfort! Im Wissen des Nichtwissens erscheint ein volles Wissen, durch das ein Handeln möglich wird, dem die Angst vor dem Tod genommen ist.

Weitere Beispiele. Eine ähnliche Verschränkung von Theorie und Praxis findet sich bei Aristoteles. Dieser versteht unter Praxis ein Leben, das seinen Zweck in sich selbst hat, im Gegensatz zum Machen, das seinen Zweck außer sich hat. Praxis ist damit ein Handeln, das seinen Wert in sich selbst trägt. Nach Aristoteles aber ist der höchste Wert die reine Anschauung der Wahrheit, die Theorie, die vita contemplativa.[9] Für ihn ist also die Theorie die höchste Praxis, das Tun ist ein Schauen.

In den *Confesssiones* schildert Augustinus seine Verfehlungen im praktischen Leben, die ihn auf dem Weg zur Wahrheit gehindert haben. ›Weit weg haben mich meine Sünden von Deinen Geheimnissen verschlagen.‹[10] Ich kann die Wahrheit nicht erkennen, solange ich mich weigere, sie zu tun. Wenn ich das wahre Leben nicht führe, kann ich zur Wahrheit nicht gelangen, mir bleiben die Wege Gottes in der Welt verborgen. Aber das richtige Leben führen kann nur derjenige, der die rechte Erkenntnis hat. Als ich auf verstockte Weise nach dem Bösen fragte, stockte ich selber, sagt Augustinus. Die Verstockung ist eine Behinderung im Denken und Handeln. Aus der Rückschau kann er erkennen: ›Ich fragte auf böse Weise und sah das Böse in meinem Fragen nicht.‹ In den vielen Fragen wollte er der einen Frage ausweichen: Führst du ein Leben in der Wahrheit, oder läßt du dich durch deinen Ehrgeiz und deine Lust treiben?

Eine letzte Verschränkung von Wissen und Wollen aus der Zeit der Hochscholastik! In seinem Spätwerk *De Malo* untersucht Thomas von Aquin die Frage, ob der Mensch einen freien Willen hat. Wie ist die Freiheit mit den Vorgaben der geschaffenen und ungeschaffenen Welt in Einklang zu bringen? Thomas führt ein Beispiel an: Jemand denkt über seine Gesundheit nach, er weiß, wie wichtig sie für das Leben ist und faßt den Entschluß, etwas für sie zu tun. Auf das Wissen folgt ein Wollen! Er erkennt, wie sehr für den Augenblick ein Schluck Wasser seiner Gesundheit förderlich wäre. Ein Wissen! Er führt das Glas zum Mund, in das er Wasser gegossen hat. Ein Wollen! Er nutzt dabei seine Erkenntnisse über den Brunnen vor dem Haus. Noch einmal Wissen! ›So geht also die Überlegung dem Willen voraus, den Trank zu nehmen; die Überlegung wiederum kommt aus dem Willen, etwas überlegen zu wollen.‹[11] Weil die Kette im Wechsel von Wissen und Wollen nicht abbricht, ist es nicht erlaubt zu sagen, der Wille des Menschen sei ganz und gar frei, denn es geht dem Wollen immer ein Wissen voraus, an das der Wille gebunden ist. Aber man darf auch nicht sagen, der Wille sei unfrei, denn das Wissen kann vom Willen auf verschiedene Weise gebraucht werden.

Der Begriff des Primats. An dieser Stelle wird es nötig, die Vorstellung vom Primat genauer zu fassen. Noch vorweg ist zu klären, warum diese Frage so bedeutsam ist. Von Rangfragen strömt in demokratischen Zeitaltern ein Museumsduft aus, und das Interesse an solchen Fragen läßt den Frager selbst museal erscheinen. Aber im Verborgenen steht das Interesse an Titeln und Rangfolgen wie eh und je in voller Blüte, nur wird es in demokratischen Zeitaltern zugleich verdrängt und geschmäht. Die Anerkennung, die mir der andere abfordert, leiste ich nicht gerne, die mir zugedachte Ehre aber nehme ich ohne weiteres an und stelle mich dafür am rechten Platz auf.

Noch einmal also: Warum ist die Frage nach dem Primat wichtig? Welche Klärung bringt sie für das Verhältnis von Wahrheit und Interesse? Die Grunderkenntnis im Blick auf dieses Verhältnis lautet: **Handeln braucht Wissen, und Wissen ermöglicht Handeln.** Im Wissen nehme ich die Wirklichkeit so in mich auf, wie sie ist; im Handeln bringe ich eine Wirklichkeit hervor, die bisher nicht wirklich war. Dabei spaltet sich mein Handeln in zwei Ziele auf, die als Motiv immer gefunden werden. Zum einen soll mir das Handeln mehr Wissen bringen, es ist Handeln aus Neugier und bringt die Erkenntnis von Gestalt durch das Schaffen von Gestalt! Zum anderen erzeugt das Handeln eine vorher nicht vorhandene Gestalt, die durch eine vorgängige Erkenntnis geprägt ist. Das Leben sucht die Erkenntnis, um mehr Leben zu haben. Leben ist ein erkenntnisgewinnender Prozeß, wie die Verhaltensforscher im 20. Jahrhundert gesehen haben.[12]

Ein Beispiel! Im technischen Experiment wird das Wissen eingesetzt, um einen neuen Gegenstand zu bauen und damit neues Wissen zu gewinnen. Ein neues Motorenöl für leistungsstärkere Motoren soll entwickelt werden. Nichts ist ganz neu an dem geplanten und getesteten Öl, die Schmiereigenschaften und die Leistung des Motors sind nur quantitativ neu. Man muß den guten Willen mitbringen und die neue Quantität als neue Qualität anerkennen. Ein anderes Beispiel: Was war so neu am Automobil, als es an der Wende zum 20. Jahrhundert das Licht der Welt erblickte? Fuhrwerke gab es schon vorher, Dampfmaschinen ebenfalls. Die zugtierlosen Fahrzeuge sind ein kleiner Schritt für den Menschen, sie sehen nur wenig anders aus als die Pferdekutschen, denen die ersten Automobile ziemlich ähnlich waren. Doch ein gewaltiger Schritt für die Menschheit, mit dem alle Lebensgewohnheiten rund um den Erdball in wenigen Jahrzehnten umgestürzt wurden!

Technik als manipulierte Zukunft. Warum diese Doppelanstrengung von Wissen und Wollen, von Erkennen und Handeln, von Theorie und Praxis, mit der das Leben die Erde durchrast? Im Wissen setze ich mich in ein Verhältnis zur Wirklichkeit. Zunächst gehe ich auf Abstand, schaffe eine Distanz zur Wirklichkeit, das heißt, ich objektiviere die Welt, soweit das möglich ist. Dann bringe ich mir das Objekt wieder nahe, indem ich seine Eigenschaften und seine Bewegung beobachte. Je mehr ich von der Bewegung weiß, um so besser kann ich den erkannten Gegenstand in meine Interessen einbinden. **Das Wesen der Technik ist die durch Bewegung manipulierte Zukunft.** Deshalb die Anstrengung der Wissenschaft! Je mehr ich von der Zukunft weiß, desto mehr kann ich sie nach meinem Wunsch einrichten.

In diesem Feld ist der Sinn des Primates zu klären. Grundsätzlich gilt: Das Erkennen möchte sein Ziel erreichen und das Handeln möchte sein Ziel erreichen. Welches natürliche Ziel haben beide? Sie vereinigen sich in dem Wunsch, das Ich des handelnd Erkennenden zu erhalten. Warum soll es erhalten werden, warum will es sich erhalten? Oder besser gefragt: Wer gefährdet mein Dasein, so daß ich mich ständig gegen die Gefahr der Vernichtung wehren muß? Die Gefahr ist das, was ich nicht bin, was nicht zu mir gehört, das Andere in seiner vielfältigen Gestalt. Durch die objektivierende Erkenntnis halte ich es auf Distanz und bringe es mir auf handhabbare Weise nahe.

Deshalb die Frage nach dem Primat! Sie ist einfach die Frage, ob die Anstrengung von Objektivierung und Aushorchen der Gesetzmäßigkeit ihr Ziel erreichen wird oder nicht. Wer den Primat der theoretischen Vernunft proklamiert, wünscht die Selbsterhaltung durch umfassende Erkenntnis und universales Handeln durchzusetzen. Dieser Primat kann sowohl in religiöser wie in säkularer Form auftreten; religiös erscheint er in Gestalt einer dogmatischen Metaphysik, säkular in Gestalt einer physikalischen Weltformel. Wer dagegen den Primat der praktischen Vernunft verkündet, hält die Rettung des Ich durch Erkennen nur für zeitweise erfolgreich, auf Dauer aber zum Mißerfolg verurteilt.

Also, auch der erkenntnistheoretische Primat hat ein praktisches Ziel, er ist nur scheinbar an interesselosem, objektivem Wissen interessiert. ›How wonderful are facts‹, ruft er begeistert aus. Der wunderbare Zustand fragloser Tatsachen verdeckt zwei Interessen: zum einen die Lust, sie ungestört genießen zu können, zum anderen die Sorge, nicht zum letzten Ziel zu kommen. Wer umgekehrt den praktischen Primat proklamiert, stimmt dem zu, womit alle Welt sich auch ohne Zustimmung abfinden muß: Ich muß handeln, bevor ich im Wissen genügend Überblick habe. Das ist gleichwertig mit dem Primat der praktischen Vernunft.

Legalität und Moralität. Der Primat der praktischen Vernunft meint nicht, alles Wissen werde um seiner weltverändernden Folgen willen gesucht. Es gibt ein Verlangen nach Erkenntnis, das von keinem Interesse weiß. Die Mönche des frühen Christentums wollten nichts verändern, sie wollten nur Gott erkennen und dem Unfrieden der Welt entfliehen. Der Mönch gleicht dem Wissenschaftler. Beide haben eine ähnliche Leidenschaft: Sie verschmähen die unruhige Welt und suchen die reine Gestalt des Friedens in einem unerschütterlichen Wissen. Bei der Wahl eines Faches wie Astronomie oder theoretische Physik kann einem jungen Menschen nichts ferner liegen als Weltveränderung; er will in seiner Neugier wissen, was es gibt, wie alles zugeht, was die Welt im Innersten zusammenhält. So läßt sich der Eros Platons, die Frömmigkeit Keplers und das naive Genie Einsteins verstehen. Der Mönch durch seine kontemplative Versenkung in Gottes Offenbarung wie der Wissenschaftler durch seine Versenkung in die objektive Natur feiern ihren Gottesdienst. Aber Wissen ist Macht, im einen wie im anderen Fall, auch wenn das Wissen nicht um der Macht willen gesucht wurde. Je reiner das Wissen als Wissen erstrebt wurde, um so mehr entsteht dabei Macht. Denn Macht ist Möglichkeit; sie ist nicht die veränderte Wirklichkeit, sondern die Möglichkeit zur Veränderung der Wirklichkeit. Und diese wächst durch die unverstellte Wahrnehmung der Wirklichkeit mehr als durch die interessierte Wahrnehmung.

Hier zeigt die Psychologie die allgegenwärtige Bindung an das Interesse. Auch das Verlangen, in einer Welt ohne rasende Interessen zu leben, ist in der endlichen Welt ein Interesse, das sich nur in einer Gestalt verwirklichen läßt. Jeder bekommt am Ende, was er, dem Bewußtsein unbewußt, im Grunde gewollt hat. Wenn die Eltern in der reinen Absicht der Wissensvermittlung ihrem dreijährigen Kinde zeigen, wie man ein Streichholz ganz objektiv anzündet, und bei der Rückkehr vom Spaziergang das Haus in Flammen finden, so hat nicht das Kind die Streichhölzer mißbraucht, sondern die Eltern wollten ihr Haus in Schutt und Asche legen, obwohl sie nicht wußten, was sie taten, als sie ihrem Kind den Umgang mit den Hölzern beibrachten. Der Ehrgeiz, ein frühreifes Kind vorzeigen zu können, überwog alle anderen Interessen.

Die Wissenschaft ist für die Folgen ihrer Erkenntnisse nicht legal verantwortlich, wohl aber moralisch. Die Unterscheidung von Legalität und Moralität ist eine der wichtigsten Errungenschaften des Abendlands. Sie liegt dem Rechtsprinzip zugrunde, daß nur bewiesene Taten bestraft werden, nicht aber Gesinnungen. Die Unterscheidung befreit von der unlösbaren Aufgabe, dem Mitmenschen ins Herz schauen zu müssen. Legal, vor dem Gesetz, ist der Unternehmer, der Techniker, auch der Forscher, für die Folgen seines Handelns verantwortlich, die in einem definierten Rahmen von seiner Entscheidung abhängen. Legalität gibt es vor dem Gesetz, Moralität vor Gott. Die moralische Verantwortung entspringt der Asymmetrie zwischen dem Ich und dem, was ich nicht bin. Sie erzeugt die Vorwürfe, die ich nicht anderen Leuten machen kann, sondern nur mir. Wer nicht allezeit den Balken in seinem Auge für größer hält als den Splitter im Augen seines Nächsten, beginnt einen autokatalytischen Prozeß: Er wird so werden, wie er dem Gegner vorwirft zu sein. Werden meine Freunde angegriffen, dann stehe ich zu ihnen. Bin ich aber unter ihnen, dann spreche ich von all den Folgen, die wir durch *unsere* Taten auslösen, das heißt ich sollte am besten von *meinen* Taten sprechen. Frieden gibt es einzig im Bekenntnis der eigenen Schuld.

Andersheit des Anderen. Von dem Anspruch des Anderen ist jeder Mensch betroffen, weil er nicht allein in der Welt lebt. Weil ich das Ganze nicht bin, fordert der eine Andere oder fordern die vielen anderen durch ihr Dasein, daß ich sie beachte in Freundschaft oder Feindschaft. Noch während der Zeit, da ich den Primat des Handelns geleugnet und mich bemüht habe, alle Wirklichkeit in den Überblick zu bekommen, hatte ich sorgsam acht auf alles, was die anderen taten. Der Andere fordert durch die Wirklichkeit seine Rechte selbst dann ein, wenn ich sie ihm verweigern will: Aus dem Mund der Kinder und Säuglinge schaffst du dir Lob, heißt es in Psalm 8!

Übrigens stehen die Chancen für ihn gegen mich sehr gut, hundert zu null. Die Zeit der Weltgeschichte hat nicht ausgereicht, die Andersheit und die vielen anderen wegzuschaffen. Noch immer gibt es andere und nicht nur mich! Wenn ich aber eingesehen habe, daß der Andere bleibt, ja daß mir die anderen neben der Bedrohung, die von ihnen ausgeht, auch die Fülle des Lebens bieten, fange ich an, sie aus meinen Entwürfen zu entlassen und gestehe ihnen Freiheit zu. **Vom Augenblick, da ich meinen Mißerfolg einsehe, achte ich den anderen als Zweck an sich.** Durch den Mißerfolg des Egoismus wird das moralische Bewußtsein in mir erweckt, das sich als Faktum der reinen Vernunft erweist, weil die Vernunft nicht mehr annehmen kann, mit ihrem Kräften die Andersheit abschaffen zu können. Diese Tatsache ist die Grundlage des Primats der praktischen Vernunft. Der unbedingte Anspruch des Anderen, der im Bewußtsein als moralisches Gesetz auftritt, schlägt die theoretischen Ansprüche der Vernunft nieder und verweist sie auf den zweiten Platz. Dieser Anspruch weckt die metaphysischen Vorstellungen der menschlichen Vernunft. Er weckt die Fragen, die unserer Vernunft durch die Natur aufgegeben sind; die Vernunft will das Andere an sich ziehen, dieses Begehren aber überschreitet alles Vermögen der Vernunft. Eine Vernunft, die sich ihrer selbst gewiß wäre und ihre Erkenntnis durch sich selbst begründen könnte, bedürfte keiner Beziehung auf Anderes, weil sie das Andere im eigenen Selbst untergebracht hätte. Aber wäre das noch das Andere? Die Sprache verrät mich: Das Selbst läßt sich nicht als ein Anderes denken, außer es ist wirklich ein Anderes und geht über das Erkennen und Handeln des Selbst hinaus. Das Selbst, das sich ein Anderes denkt, hätte es im Denken schon wieder seiner Andersheit beraubt. Letztbegründete Erkenntnis taucht zwar immer von neuem als Traum auf, sie tarnt sich als Physik, Biologie oder Systemtheorie, ist aber der allzeit gleichen metaphysischen Anlage des Menschen entsprungen, den Horizont des eigenen Wissens für den Horizont aller Wirklichkeit zu halten.

Physik statt Metaphysik? Als die Neuzeit den Entschluß faßte, die Metaphysik in Physik zu verwandeln, da ging den Naturforschern wie Galilei, Torricelli und Newton ein Licht auf. Sie begriffen, daß die Vernunft nur das einsieht, was sie nach eigenem Entwurf erzeugt hat. So lautet das berühmte Wort bei Kant.[13] Damit taten die Physiker nur deutlicher den Schritt, den die alten Metaphysiker schon vorher hatten tun wollen: alle Wirklichkeit in den eigenen Horizont ziehen. Das verschärfte Programm der Neuzeit beruhte auf der Einsicht, daß sich einige Dinge zwar von selbst zeigen, aber nicht alle. Der neuzeitliche Entwurf der Wirklichkeit sollte den Widerstand brechen, damit auch diejenigen Dinge offenbar werden, die sich nicht zeigen wollen. Von dem gewalttätigen Charakter des Entwerfens scheinen viele Wissenschaftler bis heute nichts gespürt zu haben, wohl aber Kant, dem darüber der Primat der praktischen Vernunft aufging.

Das verschärfte Programm der Neuzeit hat die Unmöglichkeit einer totalen Physik hervorgebracht. Einigen Denkern ist daher der Sinn für die Metaphysik wieder aufgegangen, das heißt für eine Metaphysik, die noch nicht zur Physik geworden ist. Eine solche Metaphysik bietet nicht Naturwissen, ja sie ist überhaupt mehr ein Nichtwissen als ein Wissen. Sie ist ein Begehren über den Horizont hinaus; sie ist ein Wissen darum, daß ich mich selbst nicht überschreiten kann, obwohl die Einschläge von jenseits meines Horizontes kommen. Das Licht der Unendlichkeit geht der Vernunft an der beweglichen Grenze des Wissens auf.

Das neue Licht zeigt zunächst, wie fahl das Licht bloßen Naturwissens ist. Dort erkennt die Vernunft nur das an, was sie nach ihrem Entwurf hervorbringt, und läßt es zu Natur gerinnen. Das neue Licht macht deutlich, daß der Vernunft in der Naturerkenntnis Bedingungen zugrunde liegen, die nicht wie ihre Gegenstände selbst objektivierbar sind. Die von der Natur verschiedene transzendente Wirklichkeit bleibt jedem fremd, der seinen Verstand nur empirisch gebrauchen und über die Quellen der Erkenntnis nicht nachdenken will. Die Fremdheit steigert sich zur Feindschaft, wenn sich der Verstand mit der spekulativen Vernunft über jede Grenze hinaus wagt. Feindschaft ist gesteigerte Fremdheit. Sie entsteht, wenn die Einfügung des anderen in meinen Horizont mißlingt, obwohl ich der Meinung bin, ein Recht auf den Überblick zu haben.

5.2 Von der theoretischen zur praktischen Vernunft

These 5.2: Das Verlangen nach sicherem Wissen stößt auf den Primat der praktischen Vernunft. Das macht den Menschen wesentlich religiös.

Schicksal der Vernunft. Die menschliche Vernunft hat ein edles Schicksal zu erleiden. Sie stellt Fragen, auf die sie aus eigenem Vermögen keine vernünftigen Antworten geben kann. In triebhafter Gewohnheit gibt sich der Mensch zwar zu jeder Frage einen Bescheid, aber die Prüfung zeigt, wie wenig die Antwort oft auf die Frage paßt. Die Vernunft belästigt sich selbst mit Problemen, die sie nicht abweisen kann. Zugleich ist sie diesen nicht gewachsen, denn sie übersteigen alle ihre Kräfte. So hat es Kant in der Vorrede zur ersten Auflage seiner *Kritik der reinen Vernunft* dargestellt. Wie erscheint diese Kluft, wenn wir sie unter dem Blickwinkel von Wahrheit und Interesse anschauen?

Die Vernunft beginnt ganz gesund mit der Erfahrung von endlichen Gegenständen. Sie kann sich allerdings auf diesen Bereich nicht beschränken, weil sie im Dienst eines Interesses steht, zu dessen Natur es gehört, unbegrenzt zu sein. **Das Ich will die Unendlichkeit, weil es unendlich gefährdet ist**. Die Vernunft ist gedrängt, sich zu verkennen und diese Verkennung auch noch zu verschleiern. Ohne kritischen Einspruch betätigt sie ihren Verstand nach Grundsätzen, die allen Erfahrungsgebrauch übersteigen, um hier auf die gleiche Weise tätig zu sein, wie sie es in der endlichen Welt gewohnt ist. Auf eine andere Art zu handeln, ist die Vernunft zunächst nicht gewohnt.

Das Überschreiten der Erfahrungsgrenzen heißt üblicherweise *Transzendieren.* Nach den Vorstellungen des Alltags beginnt die Erkenntnis bei den Sinnen. Sie geht von dort weiter zum ordnenden Verstand und endet bei der urteilenden Vernunft, über welche hinaus keine höhere Instanz angetroffen werden kann. Die Vernunft bewegt sich zu Anfang im Bereich der endlichen Erfahrung und ist darin halbwegs erfolgreich. Sie sucht immer höhere Bedingungen ihres Erfolges zu erkunden und wagt sich am Ende über die Erfahrung hinaus, da die Erfahrung allein das unbegrenzte Interesse des Ich nicht befriedigen kann. Sie *muß* tun, was sie *nicht tun kann*. Das ist die paradoxe Lage der Vernunft. Sie gelangt zu scheinbaren Vernunftbegriffen, deren höchster mit klassischem Namen Gott genannt wird. In der Gottesidee kommt die rastlose Vernunft zur Ruhe. Allerdings wieder nur scheinbar und zeitweise, bis ihr aufgeht, daß sie auf einem falschen Gebiet agiert hat und Gott sich mit Begriffen nicht erjagen läßt, wie sonst der Erfolg auf Erden erjagt wird. Es kommt zur Krise, es kommt zur Reinigung des Gottesbildes. Erst kommt es zum Aufstand gegen Gott, weil das Ideal sein Versprechen nicht gehalten hat, dann kommt es zum Aufstand gegen den Aufstand, also zur Besinnung, weil die Vernunft merkt, daß sie sich auf falsche Weise der letzten Wirklichkeit genähert und sich verschätzt hat.

Notwendiges Ideal. In der Besinnung merkt die Vernunft, wie sehr die Idee Gottes ein *transzendentales Ideal* ohne Vergleich ist. Sie kann faktisch, wenn auch nicht rechtmäßig, jeden Inhalt tragen, der geeignet ist, dem Begehren eine Befriedigung zu verschaffen. **An Gott glaubt jeder,** erstes Ergebnis der Besinnung, **– es fragt sich nur, an welchen Gott!** Das heißt, notwendig lasse ich mich von einem höchsten Ideal leiten, das ich in der Erfahrung nicht voll rechtfertigen kann; und notwendig gebe ich dem Ideal einen Inhalt, da ich anders keine Vorstellung von ihm haben kann. Nach irgendeinem Stabe muß die Hand des Menschen greifen. Der Inhalt kann ein transzendenter oder immanenter Gott sein, er kann die Materie oder die Weltformel sein, er kann die Evolution oder der Fortschritt sein, jeder Inhalt ist für das Ideal geeignet, der dem Interesse nach Selbsterhaltung einige Befriedigung verspricht. Da ein Mensch nicht leben kann, ohne leben zu wollen, ist das mit Inhalt aufgefüllte transzendentale Gottesideal notwendig in ihm vorhanden.

Allerdings verliert die Vernunft durch den spekulativen Weg in die Grenzenlosigkeit ihre fraglose Gewißheit. Sie verstrickt sich in endlose Streitigkeiten, die ein Reflex des schlechten Gewissens sind, einen verbotenen Bereich betreten zu haben. Unter dem Titel *Antinomie der reinen Vernunft* hat das Gewissen seinen klassischen Namen gefunden. Jede Seite findet ihre Verfechter: Ewigkeit und Anfang der Welt, Idealismus oder Materialismus der Erkenntnis, Sterblichkeit und Unsterblichkeit der Seele, jede Meinung hat ihre Belege. Die Vernunft erzeugt sich eine Wissenschaft, die objektiv und allgemein angelegt ist. Ihre Verstrickung in endlose Streitigkeiten ist die elende Lage, in der sich die Metaphysik seit ihren Anfängen befindet und aus der sie durch keine Siege, sondern nur durch Selbstbesinnung befreit werden kann. Innerhalb der endlichen Erfahrung ist zwar objektive Erkenntnis möglich, aber zur Erfahrung bedarf es der Anschauung. Im Bereich des Unbegrenzten aber gibt es keine Anschauung. Begriffe des Verstandes müssen sich stets auf sinnlich gegebene Bilder beziehen, wenn ihnen eine Bedeutung zukommen soll. Deshalb ist der Begriff ohne Anschauung leer und die Anschauung ohne Begriff blind. Das Ideal des Unendlichen zeigt sich im Endlichen und drückt seine Spuren in die Bewegung der Gestalten, die als Schatten an der Höhlenwand vorbei getragen werden. Das ist die große Kunst des Sokrates in der zweiten Seefahrt; das ist auch die Kunst des Immanuel Kant, unabweisbare Fragen verantwortlich zu beantworten, da sie sonst unverantwortet sich selbst beantworten. Die Gottesvorstellung der Ontologie wie die Weltformel der Physik sind Grenzüberschreitungen, in denen Träume für Wirklichkeit ausgegeben werden.

Gott, Freiheit, Unsterblichkeit. Welches sind die überschwenglichen Ideen, in denen die Vernunft über ihr Maß hinaus zu glänzen versucht und widersprüchlich wird? Klassisch sind dies die Vorstellungen von Gott, Freiheit, Unsterblichkeit oder, genauer gesagt, die Vorstellungen vom Dasein Gottes, von der Freiheit des Willens und von der Unsterblichkeit der Seele. Diese Ideen sind nicht Begriffe im eigentlichen Sinne, da die Vernunft ihrem Inhalt nicht gewachsen ist. Eine einfache Überlegung zeigt, daß diese Ideen das endliche Vermögen übersteigen, was immer der Inhalt der Vorstellungen auch sein mag: Ich kann mich nicht über Gott aufstellen, weil ich mich nicht über das Ganze von Sein und Welt erheben kann; ich benutze schon immer meine Freiheit im Handeln, gerade wenn ich mich entschlossen habe, über Gott, Freiheit und Unsterblichkeit zu sprechen; ich mache Anspruch auf die Gültigkeit meiner Einsicht über den bloßen Augenblick hinaus, obwohl ich aus mir heraus keine Dauer garantieren kann. Dennoch ist es möglich, die transzendentale Funktion der Vernunftbegriffe zu überschreiten und von ihren Bedeutungen zu handeln, wenn auch nicht naturhaft oder begrifflich.

Die drei Postulate spiegeln die Situation des endlichen Lebens wider: In der Freiheit meines Willens schaue ich auf die von mir verschiedene Wirklichkeit, auf die begrenzte Welt der anderen und auf die unbegrenzte Welt des Anderen, Gott genannt. In dieser Weise bin ich ohne Zeit mit Gott verbunden, was hier die Unsterblichkeit der Seele genannt wird. Mein zeitliches Leben lebt vom ewigen Leben des Anderen, kann aber dieses nur indirekt im Andenken erfassen. Im praktischen Leben stehe ich mit dem Rücken zu seiner Wirklichkeit, sie überspannt die Natur und ermöglicht sie, daher komme ich ihr im theoretischen Zugriff nicht näher. Die Andersheit bleibt so anders, wie der Horizont ein Horizont bleibt. Der transzendente Gehalt der Ideen verlockt die Vernunft, den Bereich der Erfahrung zu verlassen und ins Schwärmen zu geraten. Das muß sie sich verbieten, obwohl der transzendente Gehalt wirklicher ist als der begrifflich erfaßte Gehalt der Natur. Mehr als dieses merkwürdige Resultat, das formal positiv ist, aber inhaltlich negativ, bringt die Vernunft am Rande ihres Vermögens nicht zustande. Diese Erkenntnis kann ihr zur vornehmen Aufgabe werden, für die Sehnsucht einen Platz freizuhalten, den sie gleichwohl nicht besetzen kann. Sehnsucht gibt es alltäglich, dennoch reicht sie weit über den Alltag hinaus, denn im Kern will alle Sehnsucht tiefe, tiefe Ewigkeit.

Regulativität der Ideen. Für die theoretische Vernunft kann die objektive Erkenntnis des Übersinnlichen nur scheinbar der höchste Triumph sein. Sie hätte sich im Moment des Erfolgs vergriffen, im Ringen nach dem unendlichen Leben das Unendliche mit dem Endlichen verwechselt und sich selbst den Tod gegeben. Sie hätte kundgetan, wie sehr sie über sich selbst im Unklaren geblieben ist. So scheint die Idee des universalen Naturgesetzes dieser Mißgriff zu sein, wie in früheren Zeitaltern die Vorstellung eines bewegungslosen Gottes, der alle Bewegungen auf sich hin lenkt, ein solcher Scheintriumph war. Die Ideen der Weltformel und des unbewegten Bewegers entlassen ein fahles Licht, das schon auf den ersten Blick ihre Verwandtschaft dokumentiert. Ihr Verhältnis läßt sich als Versuch zur Beerbung der Metaphysik durch die Physik verstehen. Die ältere Metaphysik war beobachtend, die neuere Physik war experimentell und hielt ihre aus der Natur geschnittenen Meßergebnisse in mathematischen Gesetzen fest. Durch die Unmöglichkeit, die Zukunft vorweg zu wissen, ist diesem Ideal seine Endlichkeit gezeigt worden.

Die regulative Bedeutung der Ideen ist entscheidend für ihre richtige Einschätzung, weil es für die Vernunft hier nichts Objektives zu erkennen gibt. Unter dem Vorzeichen einer objektiven Erkennbarkeit betrachtet, ist das Ding an sich sowohl in seinem Wesen wie in seiner Existenz gänzlich unbestimmt. Objektiv existieren kann weder die Materie noch Gott. Hier tritt die zweifache Bedeutung der Negation zutage, die bei jedem Denken zu beachten ist. Das klassische Bild von der Fledermaus macht die doppelte Art von Negation anschaulich. Wie sich das Auge des Nachtvogels zum Tageslicht verhält, so verhält sich das Auge unseres Geistes den Dingen gegenüber, die am offenkundigsten sind, sagt Aristoteles.[14] Umwölkt von den Illusionen der Sinne, meint das Auge nichts zu sehen, wenn es ins höhere Licht gelangt. Es versteht nicht, warum die plötzliche Dunkelheit eine Erleuchtung ist, bis ihr durch Übung die Dunkelheit als Licht erstrahlt.

Platz für den Glauben. Die spekulative Vernunft bringt keine positive Erkenntnis. Daher ist das Land der objektiv erkennbaren Wahrheit eine Insel, die umgeben ist von einem wilden Meer, das für den Begriff unerreichbar bleibt. Das Unbedingte objektiv denken zu wollen, erzeugt die Widersprüche der bloßen Vernunft. Das Scheitern der Spekulation ist nicht nur ein Scheitern, es ist auch die Öffnung auf eine größere Wirklichkeit hin. **Die Kritik der Metaphysik ist die Existenzbedingung der Metaphysik.** Die Kritik öffnet den Blick über die bloße Natur des Endlichen hinaus ins Transzendente. Vor der Krise hatte die Spekulation ihre Endlichkeit vergessen und damit den Sinn des Unendlichen wider Willen bedroht. Nach der Krise kann Kant sie mit den Worten neu begrüßen: ›Ich mußte also das *Wissen* aufheben, um zum *Glauben* Platz zu bekommen.‹[15]

Zu klären bleibt, wie die Grenze der Erkenntnis gewußt werden kann, wenn die spekulative Vernunft selbst an ihren Rand kommt. Würde die Vernunft sich selbst ihre Grenze zeigen, so wäre die Grenze keine Grenze mehr. Eine erkannte Grenze wird früher oder später überstiegen, der Weg zum Absoluten oder zum Anderen ist frei. Wäre ich vom Anderen durch eine Grenze getrennt, würde ich zum Idealisten werden oder auch zum Spötter des Idealismus, zum Materialisten, weil ich ganz zurecht eine solche objektive, sich philosophisch nennende Supererkenntnis als Naivität bezeichnen könnte. Mit gutem Recht und mangelnder Einsicht! Die metaphysische Grenze ist keine Grenze zwischen zwei gleichartigen Wirklichkeiten. Für die menschliche Vernunft ist die Grenze *zum* Absoluten eine Grenze *vor dem* Absoluten. Zwar legt sich mir aus der Endlichkeit der Erkenntnis das Streben nach dem Unendlichen nahe, aber weder kann die endliche Vernunft sich selbst begründen, noch kann sie die Andersheit des Anderen aufheben. Wenn ich die Grenze zum Unendlichen überschreite, habe ich eine Grenze *im* Endlichen überschritten, stehe also immer noch *vor dem* Unendlichen.

Primat der praktischen Vernunft. Hier muß die Vernunft dem Verstand, der sich um solche Widersprüche nicht kümmern will, Zaum und Zügel anlegen. Im Alltag von Wissenschaft und Philosophie tritt der Fehler der Grenzüberschreitung zumeist in der Form der vagen Hoffnung auf, einmal in Zukunft werde der Mensch alles wissen und können. Im 20. Jahrhundert konnte das Credo eines Wissenschaftsgläubigen etwa so lauten: ›Wir können wissen, wir wollen wissen, wir werden wissen.‹[16] Hier muß die Vernunft für Klarheit sorgen und das metaphysische Verlangen der Naturforschung darauf hinweisen, wie sehr das praktische Interesse auch das theoretische Wissenwollen bestimmt. Wenn wir die Zukunft kennen würden, dann wäre das träumerische Hochgefühl berechtigt. Aber die Wirklichkeit ist nicht so, sie beugt sich diesen Wünschen nicht.

Der Traum scheint übermächtig zu sein, weshalb die Vernunft nicht beschäftigungslos wird und dem Verstand täglich auf die Finger schauen muß. Die Vernunft hat das Scheitern der Erkenntnis des Unbedingten bemerkt, deshalb zieht sie dem Verstand enge Grenzen, was wie eine schmerzliche Umkehr im Denken und Handeln wirkt. Das Bekenntnis zum Nichtwissen kann dem Verstand in seinem rastlosen Lauf zum Horizont nur mit großem Widerstand abgerungen werden. Solange der Verstand mit seinen Zielen beschäftigt ist und sich bemüht, neue Teilziele zu erreichen, treten Grenzen nicht auf und Fragen gelten als hinderlich. Bei diesem Lauf wird aber auch das Unbedingte oder das vollständige Wissen nicht erreicht, das geruhig in ewigem Abstand als Horizont verbleibt.

Woher kommt der Gedanke nach dem Unbedingten und Vollständigen, von dem ich wissen will? Er entspringt dem wilden Verlangen der theoretischen Vernunft, die erkennt: Ich muß mich zum letzten Sein irgendwie verhalten, obwohl ich von ihm nur negativ weiß. So hält die Vernunft den Platz zum Glauben für das Unbedingte frei. Das bringt den Frieden, da ich die unnützen Kämpfe nicht mehr kämpfen muß.

Woher kommt der große Friede, den dieser Fund der Vernunft bringt? Er befreit mich vom Kampf und gibt mir, was ich mir im Kampf selbst nicht geben konnte, den sicheren Platz an der Sonne. Eine Grenze anerkennen zu können ist eine unverdiente Gabe, die das Begehren ernährt. Die Hoffnungen werden wie bei jedem echten

Geschenk überraschend von der anderen Seite erfüllt. Sie erfüllen sich nicht mit dem ergreifenden Tun der Vernunft, sondern ich werde ergriffen. Da mein Handeln eine Reaktion auf das Verhalten des Anderen und der anderen in der Welt ist, zeigt mir jede Handlung den ekstatischen Anteil des Lebens. Jedes Tun ist auch eine Reaktion, mit der ich mich aus mir selbst heraus ziehen lasse, selbst wenn die mich ergreifende Aktion weit entfernt liegt.

Die Heiligkeit. Die Entscheidung über den Primat ist wie ein Orakel, das *ein* Rätsel löst und *tausend* neue in die Welt setzt. Wenn das Interesse in der Spekulation die objektive Erkenntnis ist, die bis zu den Prinzipien a priori dringt, und wenn der Gebrauch der Vernunft der Entschluß des Willens zu einem letzten und vollständigen Ziel ist, dann wird einsichtig, daß die spekulative Vernunft dem praktischen Gebrauch untergeordnet bleibt. Ihre Wünsche, Ziele und Träume, die ihr als Trieb von Natur innewohnen, können nicht anders, sie müssen übertreiben und über die Grenze ihres Horizontes hinaus schwärmen.

Doch erfüllen sich die Hoffnungen der menschlichen Vernunft nicht so, sondern durch ein fremdes Angebot, das nicht auf eigenem Boden gewachsen ist. Die Erfüllung geschieht durch die Andersheit des Anderen; sie geschieht nicht begrifflich, sondern durch die Umkehrung des Begriffs: Nicht mehr ich ergreife durch meine Vernunft die Dinge bis zu den letzten Ursachen, sondern ich werde durch ein mich gebendes und mich nehmendes Faktum der Geschichte bewegt. Die Erfüllung sieht anders aus, als die Menschenvernunft sich ausgemalt hatte.

Deutlich wird der Vorgang im zentralen Postulat der reinen praktischen Vernunft, in der Unsterblichkeit der Seele. Weil sie die beiden anderen Pole miteinander verbindet, ist sie von den drei kantischen Postulaten das grundlegende. Das Postulat erfüllt keine schwärmerischen Hoffnungen für die Zeit nach dem Tod, sondern befestigt den Dienst für den anderen über jede Zeit hinaus. **Weil meine Verantwortung vor dem Anderen nicht abzulegen ist, deshalb erstreckt sie sich von jetzt bis in alle Ewigkeit.** Das Denken ist eine Tätigkeit des Ich, die filtern, klären und an die Grenze der Erfahrung führen kann. Der Tod ist umgekehrt die Schwelle, in der das Ich, das ich selbst bin, gefiltert und geklärt wird. Das führt zu einer Erkenntnis, die begrifflich schwer zu rechtfertigen ist, die aber in der ekstatischen Hinnahme ihre Wahrheit kundtut: Seligkeit ist nicht nach dem Tod, sondern in der Wirklichkeit, die auch den Tod geschaffen hat.[17]

Der Wille zum Weiterleben kehrt sich ekstatisch um und wird zur Forderung an mich, heilig zu leben. Ich soll in der vollendeten Wahrheit leben, in der ich den anderen so sehr leben lasse wie mich selbst, und im Falle des Konflikts noch etwas mehr. Die Hoffnung auf ein Leben nach dem Tode erfüllt sich als unendliche Annäherung an die Heiligkeit. Weil das Postulat die natürlichen Wünsche des Subjekts umkehrt, waren Verstand und Vernunft in der Natur durch sich selbst nicht in der Lage, das zu finden, was ihnen schließlich gegeben wurde. Ja, sie wußten nicht einmal richtig nach dem Ziel zu suchen und verstrickten sich in endlose Aporien der Physik und Metaphysik. Heiligkeit kann die Vernunft nicht als einen Entwurf ihrer selbst suchen. Heiligkeit ist eine Gabe, dem sich die Vernunft in einem unendlichen Fortschreiten annähern soll, ohne es aus eigener Kraft zu vermögen.

Als endliches Lebewesen bin ich kontingent, ich komme nach dem Anderen, weshalb ich von ihm nichts zu fordern habe. Mein Dasein ist prekär und auf Bitten angelegt. Wird die Forderung in eine Bitte umgekehrt, erhält der Mensch wieder Hoffnung. Der Primat der praktischen Vernunft ändert das Urteil der theoretischen Naturanlage, die anders als zunächst vermutet, die Aufgabe übernimmt, ihre eigene Unvollständigkeit einzusehen.

Der Mensch ist wesentlich religiös. Wissenschaft ist die Bindung der Wirklichkeit an den Menschen, Religion ist die Bindung des Menschen an die Wirklichkeit. Der Streit zwischen ihnen ist aller Voraussicht nach nicht zu schlichten. Im Ergreifen der Wirklichkeit ist der Mensch in einem beständigen Wachstum, da er sich immer neue Teile der Naturwelt im wissenschaftlichen System zueignen kann. Das Wachstum wirkt wie eine Droge, vergleichbar mit dem Erfolg des Erfolgreichen, der sich daran berauscht, keine Grenze mehr zu kennen. Bis ihn eine wesentliche Niederlage zur Besinnung zwingt! Die Religion ist aus dieser Ernüchterung und Besinnung geboren. Ich sollte handeln im Blick auf eine Wirklichkeit, die mich umgreift und die ich nicht genügend kenne, um sie im voraus berechnen zu können. Das heißt, ich handle aus Achtung vor Gott oder ich gehe an seiner Wirklichkeit zugrunde.

Nun kommt es darauf an, auf vernünftige Weise oder, besser gesagt, auf angemessene Weise religiös zu sein, da es zwar im Letzten nur das eine Gute als Gott gibt, aber dieser Grund noch in keinem bestimmten Verhältnis zu der endlichen Wirklichkeit meiner Naturwelt steht.

5.3 Von der praktischen zur theoretischen Vernunft

These 5.3: Die praktische Vernunft erzeugt die Theorien des sicheren Wissens und bestimmt die Grenzen dieses Wissens. Ihr Ergebnis lautet: Es gibt kein sicheres Wissen der Zukunft. Ihre ewige Stimme ruft: Lebe heilig!

Der Ruf aus der Trennung. Das höchste Gut spricht den menschlichen Willen unmittelbar an und befiehlt ihm, nach diesem Gut als dem wahren Endzweck des Lebens zu streben. Hinter tausend Wollungen steckt das eine Wollen nach dem Guten für sich selber, für den Anderen, für die vielen anderen. Erst nachträglich bricht das Streben auseinander, wenn das Selbst den Bruch vollzieht und seine Geburt aus der Trennung vom Anderen erkennt. Diese Trennung ist so vollständig, daß das Selbst sich für einige Zeit allein in der Existenz wähnt, ohne Teilhabe an seinem Ursprung. Von Natur aus ist der Bruch nicht aufzuheben, denn er wird erzeugt durch objektivierende Naturalisierung; das Selbst ist höchstens fähig, der Wirklichkeit des Anderen in der Form des Glaubens anzuhangen. Der Glaube nimmt die Trennung des Atheismus zurück, ohne dessen Möglichkeit anzutasten. Ich lebe außerhalb von Gott, ich bin bei mir zu Hause, ich bin Ich, getrennt vom einen Anderen und von den vielen anderen. Im Vollgefühl meines Selbst spreche ich zu mir selbst: Dies ist mein Platz an der Sonne, niemand soll ihn mir nehmen! Mein Selbst ist seiner Natur nach atheistisch, wie alle endliche Natur atheistisch ist. Der Atheismus ist nicht eine mentale Entscheidung für oder gegen das Göttliche, er ist der seinsmäßige Bruch mit dem Anderen, in dem ich geboren bin.

Die Differenz ruft zum Guten, sie ist der Ruf in eine Ferne und vor ein Angesicht, das sich noch nicht gezeigt hat, aber seine Stimme in den Horizont meines Selbst gesandt hat. Von Natur aus ist der Ruf zum Guten leer, denn in meinem Blickfeld liegt die Natur, und diese gibt mir nur Inhalte, die ich selbst herausrufen kann. Die Leere des Befehls zum Guten gibt ihm einen Vorrang vor jedem Inhalt. Der Imperativ besagt: Handle gut, handle unbedingt auf das Gute hin, wie auch immer der Inhalt beschaffen sein mag! Du kannst dies tun oder das, nur immer das Gute! In welche Richtung dich die Güte drängt, das laß dir sagen, das ist im Einzelfall zu entscheiden! Für die höchste Unbedingtheit aber sieh ab von dir, von deinen besonderen Umständen in Ort und Zeit, von deinen Fähigkeiten, von den Ängsten und Hoffnungen. Stelle dich in deiner Freiheit vor Gott dem Höchsten auf und sprich: Da ist kein Punkt, wo ich ungesehen bin, ich muß mein Leben ändern, ich will gut sein! Da ich nicht ohne Streben leben kann, will ich zusehen, was ich an dem Ort, wo ich jetzt stehe, tun soll.

Wie fülle ich den unbedingten Befehl angesichts der Vielheit der Dinge aus, wie gebe ich ihm einen Inhalt? Vor meinem eigenen Handeln ergreift mich eine Bewegung, deren Art und Weise ich nicht kenne, aber doch kennen möchte. Diese Bewegung soll hier der ekstatische Modus heißen. Er geht meinem Handeln voraus, so unbedingt, daß ich ihn nicht einholen kann. Welchen Inhalt aber wähle ich für mein Handeln? Wenn das letzte Gute in Gott auch keine Verdunkelung kennt, so gibt es doch zu viele vorletzte Güter, als daß sie unbesehen Anspruch auf Gehorsam machen dürften. Sie rufen mir allzu häufig zu: Folge mir nach! Ahme mich nach als Vorbild, nimm mich nicht als Rivalen, dann geht es dir gut, dann bist du auf dem Weg zum Glück und zum Guten! Ich muß also prüfen, um dem besten Aufruf zum Guten folgen zu können. Wie aber soll ich diese Prüfung vornehmen, da die theoretische Erkenntnis nur das einsieht, was sie selbst nach ihrem Entwurf hervorgebracht hat? Wie ist eine Anknüpfung der theoretischen an die praktische Erkenntnis möglich?

Doppelgesichtiges Sein. Es leuchtet ein, daß die Theorie alles, was zur Sinnenwelt gehört, in Natur verwandelt, das heißt in eine gesetzmäßige Abfolge von Ereignissen. Daher können wir die Unsterblichkeit der Seele, die Freiheit des Willens und das Dasein Gottes nur in praktischer Absicht erkennen. Diese Ideen bleiben für die theoretische Vernunft doppelgesichtig. Mit dem einen Gesicht treten sie uns schwach und nichtig vor Augen; sie scheinen ohne dasjenige Sein zu sein, nach dem wir Ausschau gehalten haben, um es unseren Gesetzmäßigkeiten zu unterwerfen. Mit dem anderen Gesicht aber triumphieren sie über uns, werfen ihren Bettelmantel fort und vertreiben uns von unserem Königsthron. Ihre Ungesetzlichkeit ist keine Unfähigkeit vor dem rationalen Gesetz, sondern eine Übergesetzmäßigkeit: Sie erzeugen die Gesetze. Das ist der Grund, warum sie am Sein der natürlichen Gesetze nicht teilnehmen. Darin zeigen sie ihre Stärke und beweisen, wie sehr sie unserem Zugriff voraus sind.

Nehmen wir ein Beispiel! Die Rationalität verlangt wiederholbare Ereignisse! Doch der Urknall in der Kosmologie kann nur ein einmaliges Ereignis sein. Der singuläre Punkt existiert nicht für die allgemeinen Gesetze der Physik, aber zugleich sind durch ihn die allgemeinen Gesetze erzeugt worden. Nur, wie soll das rational ausgedrückt und begründet werden? Die Existenz des singulären Punktes schwankt doppelgesichtig zwischen Nichtsein und Übersein.

Mit den doppelgesichtigen Ideen der Vernunft nähern wir uns einer Antwort auf die Frage, wie der Primat dieser Vernunft die theoretische Vernunft begründet. Die Metaphysik in ihrem inhaltlichen Teil hängt einerseits vom Auftreten eines unbedingten Anspruchs ab, andererseits von der Antwort dessen, der diesen Anspruch hört und ihm gehorcht. Die metaphysische Naturanlage ist kein Besitz und fördert keine Besitztümer, sondern stellt die Vernunft vor die Aufgabe des Handelns. Während das Wissen eine Macht ist und ruhig macht, bewegt das Wollen das Herz und macht es unruhig bis zum Ende der Tage. Die Vernunft denkt in den praktischen Ideen etwas Besseres, als sie zu denken vermag.

Ein Beispiel: Die Andersheit des Anderen ist mir ursprünglicher gegeben als ich mir selber gegeben bin. Deshalb kann ich sicher sein, daß der Andere den Sieg über mich davon tragen wird. Seine Andersheit fällt nicht in meine Verfügung, deshalb werde ich sterbend an ihn fallen. Die für die theoretische Vernunft hinterwäldlerische Transzendenz wandelt sich in der praktischen Vernunft in die Avantgarde des Lebens um. Was weit über ihr war, was fern und unwirklich aussah, zieht in die Vernunft ein. Sie ist ihr voraus und folgt ihr nach. Die Transzendenz ist verläßlicher als die Immanenz. ›Wenn ich nicht fortgehe, kann ich euch den Geist nicht senden‹, heißt es in der hl. Schrift.[18]

Im doppelten Verhältnis der Vernunft zum Transzendenten wird deutlich: **Was für die spekulative Vernunft transzendent ist, wird in der praktischen immanent.** Indem in den Ideen mehr und Besseres gedacht wird, als spekulatives Denken zu denken vermag, erregen diese Gedanken nicht mehr den übermütigen Stolz, wie ein gelungener Einfall es gewöhnlich tut, sondern versetzen den Menschen in ein demütiges Zutrauen, das sich als Bewunderung und Ehrfurcht ausspricht. Die metaphysische Naturanlage der menschlichen Vernunft ist in jedem Augenblick von dem Bewußtsein gespeist, von einer unendlichen Vernunft getragen zu sein und ihr mehr zu verdanken als sich selbst.

Kopernikanische Wende. Die Revolution der Denkungsart läßt sich als kopernikanische Wende in der Metaphysik bezeichnen ist. Sie ist wie jene eine doppelte Wende: In der Astronomie der Neuzeit hatte der Mensch den Anspruch aufgegeben, im Zentrum der Gestirne zu stehen, sich aber zugleich als Erkennender in die Mitte aller Erkenntnisse gerückt. Auf diese Weise hat er objektives Wissen von der Bewegung der Dinge gewonnen und maximiert. Der doppelten Bewegung entsprach eine doppelte Art der Erleuchtung. Im ersten Schritt mußte sich der Mensch von der Naivität befreien, außer sich und bei den Dingen zu sein. Immer ist in der Erkenntnis ein Erkennender, der das Erkannte erkennt. Die Naturwissenschaften übersehen diese Subjektivität häufig und meinen, der richtige Begriff passe zu hundert Prozent auf die Wirklichkeit. Das Bewußtsein der Subjektivität in der objektiven Erkenntnis heißt bei Kant die transzendentale Wende, mit der er die Reichweite der theoretischen Vernunft begrenzt und ausgemessen hat.

Der zweite Schritt führt ihn aber wieder nach außen und vom Subjekt weg. Er erkennt das Unbekannte im Anderen an, das heißt, er erkennt an, daß das Andere nicht unbedingt objektiv genannt werden kann, da es von ihm nur ein beschränktes endliches Wissen gibt. Die Hoffnung von Anhängern der Wissenschaft, daß es eines Tages eine vollständige physikalische Erklärung für alle Wirklichkeit geben kann, ist im 20. Jahrhundert erloschen und verlangt nach einer Umkehr zur Anerkennung des Anderen. **Die Anerkennung der Endlichkeit des Wissens ist der Primat der praktischen Vernunft.** Die Erkenntnis übertrifft sich selbst, insofern sie gutheißt, was sie vorher nicht einmal angemessen erkennen konnte. Eine Vernunft, die mehr Wirklichkeit erkennt, als sich in Natur verwandeln läßt, wäre die angemessene Vernunft und hätte unsere Anerkennung verdient.

Bestirnter Himmel und moralisches Gesetz. Die Anerkennung einer Wirklichkeit, die über die Erkenntnis hinaus geht, gießt ein Füllhorn von Gefühlen über mich aus. Ein Gefühl nimmt die Wirklichkeit indirekt wahr und beläßt das Andere in seiner Andersheit. Das Gefühl ist die Rationalität des Irrationalen, da es eine Gesamtwahrnehmung der Wirklichkeit ist, die sich des begrifflichen Zugriffs enthält.

Aber wie die Einzelheit kann auch die Gesamtheit täuschen. Der Preis der Rationalität ist die Beschränkung der wahrgenommenen Wirklichkeit, der Preis des Gefühls ist die Inhaltsleere. Die Metaphysik ist gespeist von Bewunderung und Ehrfurcht, da ohne diese das Bewußtsein des moralischen Gesetzes nicht geweckt wird. Dies ist eine doppelte Erweckung: ›Der bestirnte Himmel über mir und das moralische Gesetz in mir‹ erfüllen ein waches Gemüt mit anhaltender innerer Bewegung.[19] Hier ist die Wahrnehmung an den Puls des Lebens gelangt, weil ihr die Befruchtung zwischen den beiden Polen des Lebens aufgegangen ist. Das Leben bewegt sich zwischen Wissen und Wollen. Ein Wissen ohne Wollen bleibt ziellos, ein Wollen ohne Wissen wird beliebig.

Der Blick auf den Himmel über mir wird mich zunächst erschrekken, da die Systeme und Übersysteme von Sternen mich zu vernichten scheinen. Sie machen mich zu einem Geschöpf, dessen materieller Körper als bedeutungsleerer Punkt dem Weltall wieder erstattet wird. Aber die schwankende Identität des Weltalls und die Endlichkeit der naturwissenschaftlich beschriebenen Natur enthüllen die Autosuggestion des Gedankens. Nur solange ich als Naturwesen über die Natur herrschen wollte, erschien sie mir übermächtig; wenn ich davon ablasse, erwacht in mir das moralische Gesetz. Die Achtung der Andersheit erstattet mir die Selbstachtung zurück und erfüllt mich mit einem unendlichen Wert, der mir von der Unendlichkeit des Anderen schon vor aller Zeit angeboten wurde.

Hier hört gewöhnlich das Nachdenken über das Verhältnis von theoretischer und praktischer Vernunft auf. Es werden noch zwei Ermahnungen angehängt, dann hat sich die Beziehung erschöpft. Die Erhebung des Gemüts durch den bestirnten Himmel verwandelt sich in die Mahnung zur Bewahrung der Schöpfung; aus der Erhebung durch das moralische Gesetz wird der erhobene rauhe Zeigefinger, die Kultur des Dialogs und den Dialog der Kulturen zu pflegen. Aber allzu leicht verdirbt die Moral das Wasser an der Quelle. Die Sachzwänge des Alltags und des Wissenserwerbs führen alle Ethik auf den Stand von Sonntagsreden zurück, solange sich der Primat der praktischen Vernunft nur einer großen Enttäuschung verdankt. Seien wir ehrlich! Lieber hätten wir es anders gehabt! Lieber hätten wir die Welt in den Griff genommen und alle Wirklichkeit unserem theoretischen Blick unterworfen. Leider ist die Ausfahrt aufs Meer der Unendlichkeit nicht möglich! Leider, sagt der Physiker des 20. Jahrhunderts, können wir nur Wahrscheinlichkeiten vorhersagen. Die

Physik hat aufgegeben.[20] Wir wissen nicht, wie man vorhersagen kann, was unter gegebenen Umständen passieren würde. Wir glauben heute, daß es für immer unmöglich sein wird. Deshalb gibt es den theoretischen Überblick über die Wirklichkeit nicht. Bin ich nicht betrübt darüber?

Das Negative positiv. Die schwere Aufgabe, das negative Ergebnis positiv zu wenden, muß von Einsichten Gebrauch machen, die früheren Generationen nicht zur Verfügung standen. Weder Platon noch Aristoteles, weder Augustinus noch Thomas von Aquin oder Kant wußten von der geschichtlichen Entwicklung der Natur. Der Mensch in seinem Sein und Denken ist ein Wesen, das mit der Geschichte des Werdens und Vergehens tiefer verknüpft ist, als frühere Jahrhunderte ahnen konnten. Das heißt, die Ahnung können Einzelne schon gehabt haben, wenn sie in göttlicher Erhebung die belebte Schöpfung und den ganzen Kosmos in den messianischen Frieden einbeziehen wollten. Wer den Wolf beim Lamm wohnen und den Panther beim Böcklein liegen läßt, wer den Säugling vor dem Schlupfloch der Natter spielen und das Kind seine Hand in die Höhle der Schlange hineinstecken sieht, der weiß etwas zu sagen von der Einheit aller Kreatur.[21] Alles Einzelne ist vergänglich und wehrt sich im Individuum und in der Gattung gegen die Vergänglichkeit. Darum war auch das Verlangen, sich selbst zu erhalten, für lange Zeit und möglichst für alle Zeit, früheren Epochen nicht unbekannt, aber mehr als Eigenschaft einer Seele, die den Keim des Ewigen in sich fühlte, während der Körper dem Auf und Ab des Naturlebens unterworfen blieb.

Die evolutive Sichtweise des 19. und 20. Jahrhunderts verleiht den Einsichten der Vorzeit eine neue Tiefe. Die Brücken, die vom Sein zum Werden führen, haben sich vielfach vermehrt, und die wichtigste neu entdeckte Brücke zwischen dem beweglichen und unveränderlichen Sein ist diejenige zwischen Wahrheit und Interesse. Der Wirklichkeit des Lebens in der Natur kommt man näher, wenn man sagt: Das individuelle und kollektive Leben ist ein Unternehmen zur Selbsterhaltung, das auf zwei Beinen steht. Es mehrt seine Handlungsfähigkeit durch die Doppelstrategie, Energie und Information zu gewinnen. Dabei fördert der Besitz des einen den Erwerb des anderen. Energie ist die Fähigkeit zur Herstellung von Gestalten unter Gestalten, Information ist die Wahrnehmung von Gestalten unter Gestalten. Kürzer gesagt: Das Leben ist ein erkenntnisgewinnender Prozeß. Der eine Pol heißt Erkenntnis und der andere Handeln, wobei die zwei Pole sich gegenseitig stärken. Aber in beiden Bewegungen, im Erkennen wie im Handeln, findet sich ein Überschuß. Die Fähigkeit zum Handeln wird einerseits dazu benutzt, weitere Informationen zu gewinnen, andererseits aber auch dazu, das Ich am Leben zu erhalten. Diese Selbsterhaltung ist kein Wissensziel, sondern eine Singularität mit technischer Fehleranfälligkeit. Ebenso das Wissen der Information! Mit ihm kann ich handeln, aber auch, in der Reflexion über dieses Wissen, das Handeln unterbrechen und mir die Gestalten als Endergebnis des Handelns anschauen.

Erkenntnis ist die Wahrnehmung von Gestalt durch das Schaffen von Gestalt. Die Vermehrung der Erkenntnis im Wissen vermehrt zugleich das Unwissen, denn es schafft Gestalten, die zwar selbst ein Wissen haben, aber im Blick von außen als neues Unwissen auftauchen, deshalb wiederum neu zu wissen sind. Keine Gestalt ist reduzierbar auf eine naturhafte Notwendigkeit, auf Materie oder ein Naturgesetz, sie steht in ursprünglicher Unableitbarkeit in der Menge der Gestalten da. Die seelische Selbsterfahrung kennt diesen Vorgang seit langem. Denn wir sind auf gewisse Weise unsere eigenen Schöpfer, weil wir uns nach unserem Willen erzeugen, indem wir handeln. Aus eigenem Entschluß bilden wir uns nach dem Bild unseres Wollens. Dieser Vorgang läßt sich nicht nur in der individuellen Geschichte finden, sondern in der Geschichte der Menschheit und in der Geschichte der Natur.

Die belebte Natur bildet zunächst die unbelebte Natur in sich ab, durch den Aufbau der Gestalten, durch das grüne Chlorophyll der Pflanzen etwa, das dem Einfangen der Sonnenenergie dient. Tiere dann bilden neben der unbelebten Welt auch die Pflanzenwelt in sich ab, indem sie die Pflanzen ihrem Stoffwechsel unterwerfen. Die unbelebte Natur trägt Abbildungen in sich – dies kann nur der Naturforscher leugnen, der sein Wissen auf ein festes, unerschütterliches Fundament gründen möchte, das alle anderen Dinge bewegt. Es ist sogar denkbar, daß selbst die physikalischen Gesetze ein Teil der Wirklichkeit sind, entstanden in den ersten Sekunden des Weltalls. Damit wäre eine Brücke zwischen Zufall und Notwendigkeit geschlagen, denn in einem solchen Falle wäre die Kontingenz des Anfangs zur Notwendigkeit einer Folge in der Natur geronnen. Eine empirische oder rationale Entscheidung kann es darüber wohl nicht geben, denn das Denken eines Anfangs oder Nichtanfangs verfängt sich in den bekannten Aporien des Anfangs oder der Ewigkeit der Welt, der Endlichkeit und Unendlichkeit. Das Erkennen der Wirklichkeit ist selbst ein Vorgang in dieser Wirklichkeit und kann sich nicht wie der Baron von Münchhausen am eigenen Zopf aus der Versunkenheit in die Welt herausziehen.

Unsere These lautet also: Alles Wissen entstammt einem ursprünglicheren Handeln, einem Schaffen von Gestalt. Da dieses Schaffen aber eine geschichtliche Bewegung ist, können wir von unserem Standpunkt in der Zeit niemals zu einem positiven Gesamtwissen gelangen.

Ein Einwand stellt sich unserer These entgegen. Es scheint utopisch zu sein, das Wissen aus dem Handeln abzuleiten, wenn der Primat der praktischen Vernunft nur widerwillig anerkannt wurde, wenn er geboren wurde aus dem Mangel an Überblickswissen. Wie sollte das Defizit im Wissen die Möglichkeit des Wissens erklären?

Aber hier ist Vorsicht gegenüber der Vorsicht angebracht, damit aus ihr keine Ignoranz wird. Das Vollmaß des Wissens als volles Wissen von der Natur wäre zwar ein Traum, der etwa in der ›Theorie von allen Dingen‹ geträumt wird, doch zugleich ein Albtraum. Der eröffnete Handlungsspielraum wäre grenzenlos, insofern ich jede Bewegung der Zukunft im voraus wüßte und die Zukunft nach meinen Wünschen einrichten könnte. Zugleich aber wäre kein Spielraum mehr vorhanden, da sich all mein Handeln durch die im Wissen nachgewiesene Notwendigkeit als Schein erwiesen hätte.

Symbol und Realität im Wechsel. Hier hat das 20. Jahrhundert in der Quantentheorie eine Wende eingeleitet, die alle Unzufriedenheit über das mangelnde Wissen an den Grenzen des Wissens in Staunen verkehrt und das Gemüt mit anhaltender Bewunderung erfüllt. Den Mangel im Wissen gibt es zwar, und die Wissenschaft wächst weiter, um dem Mangel abzuhelfen und mehr zu wissen. Aber ihr Wachstum ist nicht ganz realistisch, die Zunahme hat etwas Surreales an sich, weil das Wachsen sein Ziel nicht erreicht. Weder kann das Wissen in der Theorie zum Überblick und Abschluß gelangen, noch kann es sein praktisches Ziel in der Selbsterhaltung erreichen. Das Wissen kann weder seine theoretische noch seine praktische Grenze überwinden. Wenn es nicht zu seinem Ziel kommt, wie können wir dann von Wachstum sprechen? Ich nenne den Sinn der Wissenschaft symbolisch. **Realität und Darstellung der Realität kehren sich durch den Übergang vom Primat der theoretischen zur praktischen Vernunft um.**

Was ist die Realität?, fragen wir den Wissenschaftler, und er antwortet: Was ich weiß und was ich wissen kann, das nenne ich Realität, das ist die Natur; und alle Wirklichkeit ist Natur, wie ich vermute und hoffe. Mit einer solchen Einstellung gelingt es ihm, viel Einsicht in die Wirklichkeit zu gewinnen, die er zurecht Natur nennt, weil er mit seiner Methode die Wirklichkeit objektiviert und sich als Natur vor Augen führt. Entsprechend war die Naturwissenschaft der harte Kern der Neuzeit. Aber ist alle Wirklichkeit Natur, läßt sie sich in Natur verwandeln? Was ist, wenn nicht alle Wirklichkeit zum Gegenstand gemacht, wenn nicht alle Wirklichkeit mit dem mathematischen Naturgesetz beschrieben werden kann? Was ist dann der Sinn der Wissenschaft, deren Grenzen sich praktisch und theoretisch gezeigt haben? Wenn es eine Wirklichkeit gibt, die nicht mit dem Begriff der Wissenschaft dargestellt werden kann, dann ist diese Wirklichkeit ursprünglicher als die dargestellte, in üblicher Redeweise also realer. Denn da der Begriff unterscheiden muß, zerschneidet er die Wirklichkeit, die daher im unversehrten Zustand ursprünglicher ist. Aber es ist im Alltag üblich, das Handhabbare real zu nennen, das dann in der Wissenschaft methodisch verfeinert den Gegenstand ausmacht.

Galilei hatte zu Anfang der Neuzeit das Programm aufgestellt, die Natur zu zerschneiden.[22] Der Forscher muß, sagt Kant, die Natur mit seinen Fragen nötigen, weil die Vernunft nur das einsieht, was sie selbst nach ihrem Entwurf hervorgebracht hat. In dieser Nötigung wird die Natur mit Pumpen und Zangen behandelt, bis das Vakuum da ist, in dem alle Körper gleich schnell fallen, die Vogelfeder wie der Stein.

Hier beginnt ein Streit um Worte, der gleichwohl ein Streit um die Sache ist. **Der Streit ist entschieden, wenn es eine Wirklichkeit gibt, die sich nicht objektivieren läßt, die also nicht zu einer Natur gemacht werden kann.** Diesen Streit halte ich für entschieden. Er ist so entschieden wie die Tatsache, daß im Vakuum alle Körper gleich schnell fallen, daß Lichtstrahlen an der Sonne vorbei auf ihrem Weg abgelenkt werden, daß ein einzelnes Radiumatom nach Zufall zerfällt, mit einer Halbwertszeit von 1620 Jahren. Oder wird man in 400 Jahren ein anderes Fallgesetz haben als das von Galilei? Was aber folgt aus einer Wirklichkeit, die für alle Zeit nicht zu einer Natur gemacht werden kann? Welche neue Brücke zwischen Wissen und Wollen tritt aus dem unbestimmten Nebel hervor, wenn wir noch ein paar Schritte tun?

Zuerst ist eine sprachliche Folgerung zu ziehen, sie ist die schwerste, obwohl sie nur ein Wort ändert. Der Gegenstand der Wissenschaften kann nicht einfach mehr *die Realität* genannt werden. Die sogenannte objektive Realität steht mit einer anderen Wirklichkeit in Verbindung und lebt von ihr, ohne diese andere Wirklichkeit darstellen zu können. Das heißt, die Realität ist Symbol einer anderen Wirklichkeit, auf die sie bisher nur sehr unwillig verwiesen hat, gegen den Willen der meisten Zeitgenossen, die eine umfassende, nicht objektivierbare Wirklichkeit am liebsten geleugnet hätten. Das hätte auch Kant gerne getan, der das Land der objektiven Wahrheit – ein reizender Name, wie er meinte – umgeben sah von einem weiten und stürmischen Ozean. Aber er konnte nicht anders. Sein edler Geist ließ sich von der Wahrheit umstimmen. Außerhalb der Insel mit der objektivierten Natur sitzt der Schein, wo manche Nebelbank und manches Eis neue Länder lügen, denn landen läßt sich in der Scheinwelt des unendlichen Ozeans nicht. Im Objektivieren schneidet die Wissenschaft eine Realität aus der Wirklichkeit heraus, die sie Natur nennt, obwohl diese Natur nicht alle Wirklichkeit ist. Damit wird die Wissenschaft zum Symbol einer anderen Wirklichkeit, deren Gegenwart sie erkennt und auf ihre Weise darstellt. Erkannt wird dieser Symbolcharakter des Wissens und der Wissenschaft in dem Moment, wo der Primat der praktischen Vernunft anerkannt wird. Das ist der Augenblick, in dem ich die passiven Momente im Modus meines aktiven Ergreifens erkenne, durch den das Ergreifen ins Ergriffenwerden umgekehrt wird. Dann wird aus regionaler Wissenschaft universale Weisheit.

Wissenschaft und Weisheit. Die Wissenschaft stellt fest, daß es eine Verbindung zwischen mir und dem Anderen gibt, denn sie versucht die Unkenntnis von der Andersheit des Anderen in Wissen zu verwandeln. Da Wissen stets begrifflich ist, geht echte Wissenschaft digital vor, auch wenn sie vom Kontinuum in der Geometrie oder in der Materie handelt. Deshalb wird etwa der Begriff einer kontinuierlichen Linie digital gewonnen: Jeder Punkt zwischen zwei beliebigen Punkten der Linie gehört wieder zur Linie; dann ist sie kontinuierlich. Das ist eine begriffliche, weil digitale Definition.

Um etwas zu wissen, muß ich also einen Begriff gebrauchen, der besagt, was der Fall ist oder was nicht der Fall ist. Digital heißt die Notwendigkeit, zwischen Ja und Nein zu entscheiden. Die Wissenschaft kann über die zweiwertige Logik nicht hinaus kommen, denn alle anderen Arten des Wissens sind nicht das, was man üblicherweise Wissen nennt. Wenn ich also das Nichtwissen oder den Zufall der

Natur zuschlage, dann ist das nicht die Vorstellung von Natur, wie sie die klassische Physik hatte.

Die Weisheit allerdings enthält mit dem Wissen von der Realität zugleich ein Wissen von den Grenzen des Wissens, deshalb ist Weisheit mehr ein Ergriffenwerden als ein Ergreifen. Die Wirklichkeit des Anderen verwehrt seine digitale Zerlegung; seine Kontinuität überstrahlt meine begrifflichen Bemühungen. Der ekstatische Modus ist der Modus der praktischen Vernunft, in dem ich aus einem Antrieb heraus handle, der meinem Überblick voraus liegt.

Jetzt können wir fragen, ob wir den Verlust der ersten Stelle für die theoretische Vernunft beklagen sollen. Der junge Sokrates hatte nach umfassendem Naturwissen verlangt, und bei der Wahl von Astronomie, Mathematik oder Physik kann einem jungen Menschen von heute nichts ferner liegen als praktische Weltveränderung. Er möchte wissen und sich vom Anblick der Harmonie des Kosmos das Gemüt erheben lassen. Erst später wird aus dem Trieb zum Wissen entweder der Ehrgeiz zum Erfolg oder der Aufruf zur Verantwortung.

Natürlich gibt es auch psychologische Erklärungen dieses Vorganges, wie etwa die Erschöpfung der Kräfte. Wenn der Mensch sein fünfzigstes Lebensjahr überschritten hat, steht er gewöhnlich seinem Todestag näher als seinem Geburtstag. Da kann er nicht mehr hoffen, während seiner Lebenszeit den Überblick zu bekommen, um alle Wirklichkeit in Natur zu verwandeln. Was wird er ersatzweise tun? Die Psychologie raunt uns ein Motiv zu und nimmt ihm damit die Echtheit: Da ich das Ganze der Wirklichkeit schon nicht in die Hand bekommen kann, gebe ich mich dem Ganzen hin, lasse mich von ihm in die Hand nehmen und nenne meine neue Leitlinie Gott, Seele und Unsterblichkeit. Tugend mangels Jugend, das ist hier der Ideologieverdacht! Allerdings, im Aussprechen stellt sich der Kritiker der Ideologie selbst unter Verdacht, da er sein eigenes Interesse gegen ein anderes setzt. Jedes Motiv ist psychologisch auflösbar und sagt am Ende nicht mehr, als daß da jemand ist, der leben will. Das aber gilt für jede Gestalt. Also bleibt nichts übrig, als wieder sachlich zu werden und über die Motivation des Interesses hinaus auf die Wahrheit zu blicken, die das Interesse des Anderen ist und zugleich die Auflösung jedes partikularen Interesses.

Praktische Vernunft ein Defizit? Warum also ist der Verlust des theoretischen Primates kein Verlust? Die Antwort sollte lauten: Hier liegt ein Verlust nur unter bestimmten Bedingungen vor, und es ist auf Dauer unklug, an solchen Bedingungen festzuhalten. Es ist von Vorteil, viel zu wissen und die Wirklichkeit objektiv im Wissen abzubilden. Aber sollte das die einzige Weise sein, sich zur Wirklichkeit zu verhalten? Sollte es die beste sein? Klassisch ist das Retorsionsargument, das die vollständige Objektivierung der Wirklichkeit für absurd erklärt, weil es in dem Fall kein Subjekt mehr gäbe, für das die Wirklichkeit objektiv sein könnte.

Dieses Argument überzeugt allerdings den harten Naturalisten nicht, dem das Verschwinden des Subjekts, des Ich oder der Seele nichts ausmacht. Der harte Naturalist wird angesichts dieser Worte seine Stimme scharf erheben und etwas von Mentalismus, Supranaturalismus und anderen morbiden Kulturen reden. Besser ist es schon, einem solchen Naturalisten zu zeigen, daß sein Programm von innen sinnlos geworden ist, weil es sich nicht durchführen läßt; daß seine Hoffnungen, die einmal verheißungsvoll waren, ihre Grundlage verloren haben. Die Quantentheorie hat das Notwendige dazu getan. Sie hat gezeigt, in welchem Maße sich die Wirklichkeit als objektives Wissen abbilden läßt: Die Zukunft ist nicht vollständig wißbar, und eine objektive Wirklichkeit gibt es nur für ein Subjekt, das nicht alle Wirklichkeit als Bild in sich darstellen kann.

Man kann das bedauern, man kann an dem Objektivitätspostulat gegen alle Vernunft festhalten, aber eine ethische Überlegung sollte diese Lage der Dinge eher begrüßenswert machen. Denn das Leben wäre sinnlos, guter Wille und jede Verantwortung wären bloßer Schein, wenn sich darin *nur* eine objektivierende Notwendigkeit kund täte.

Fällt das Bedauern weg, dann ist es sinnvoll, die neue Situation mit neuen Augen anzuschauen. Was für einen Sinn soll es haben, daß der natürliche Drang des Menschen nach Wissen nicht zum Ziel kommt? Das Ziel lautete: Alles wissen, alles erklären, alles herstellen, mein Leben erhalten. Warum soll die Begrenzung zu begrüßen sein? Warum wird der Mensch erst durch eine Begrenzung im Wissen frei? Das ethische Argument von der Würde des Menschen kann jetzt eine feste Grundlage im Sein der Wirklichkeit bekommen. Diese Grundlage heißt: **Erkenntnis ist die Wahrnehmung von Gestalt durch das Schaffen von Gestalt.**[23]

Wir haben eine neue Brücke zwischen Wissen und Wollen entdeckt, die den Sinn des Wissens um eine Erkenntnis bereichert. Alles wirklich gewußte Erkennen arbeitet begrifflich oder digital: Liegt der

Fall vor oder liegt er nicht vor? Die Wirklichkeit hat aber zugleich einen kontinuierlichen Zug, der den Begriff in die Aporien des Unendlichen stürzt, wenn er grenzenlos gebraucht wird. Was also wird gewußt? Daß Wissen gewollt wird und daß das gewollte Wissen eine Gestalt erzeugt! Das ist der Moment der Schöpfung.

Wissen und Wollen sind seelische Vermögen im Blick auf die Wirklichkeit; sie halten sich selbst in der Wirklichkeit auf, die ihnen als Natur erscheint, also als begriffliche Wirklichkeit. Sie selbst nehmen sich nicht so wahr. Die Möglichkeit zur begrifflichen Wahrnehmung läßt sich passenderweise mit dem Wort Seele oder Geist bezeichnen. Im Wissen will ich eine begreifbare Gestalt durch den Begriff an mich bringen, im Wollen setze ich eine solche Gestalt aus mir heraus.

Die Forderung: Lebe heilig! ist eine unmittelbare Folge aus der Tatsache, daß es vollständiges Wissen nicht gibt. Heiligkeit heißt, in der Wahrheit leben, und Wahrheit meint die Fähigkeit, mich und den anderen am Leben zu erhalten. Das ist unmöglich in einer begrifflichen Naturwelt, da der Begriff die Konkurrenz erzeugt. Deshalb nennt die Religion die Welt zugleich gut geschaffen und durch den Sündenfall verdorben. Die gute Schöpfung als Leben für alle ergibt sich im Denken durch die Erkenntnis, daß die vielen anderen durch den einen Anderen gehalten werden. Da ich seine Andersheit nicht beerben kann, kann ich sie nur bejahen. Die Bejahung ist mir in vollendeter Form nicht möglich, deshalb erfahre ich mich als Sünder, der vom anderen Leben lebt, um sein eigenes Leben zu steigern. Das ist die Verbiegung des Ich in sich selber, die *Curvatio in se ipsum*! Die Umkehr ist einfach: Da Egoismus unmöglich ist, ist nur Heiligkeit möglich. Aber wie kann sie wirklich werden?

Hier schaue ich aus nach einem Ereignis, das auf meine Frage zu antworten verspricht. Das achte Kapitel wird den Übergang von der Philosophie zur Theologie vollziehen.

6. Mathematik und Toleranz

6.1 Die Verzauberung durch Wissenschaft

These 6.1: Die Wissenschaft gebraucht den Begriff, die Philosophie nimmt dessen Grenze wahr. Die Mathematik scheidet die Philosophie von der Wissenschaft.[1]

Restlose Erklärungen. Titanen sind Kämpfer mit Vergangenheit, sie versuchen, ihr altes Reich noch einmal aufzurichten. Deshalb wollen sie von der vergangenen Niederlage nichts wissen. Die Neuzeit bietet das nächstgelegene Beispiel für einen titanischen Geist, der die Erinnerung an frühere Epochen lieber vermeiden wollte. Jede Eroberung beginnt mit dem Blick nach vorn auf den begehrten Gegenstand, sie ist zunächst Ausschau und Anschauung. In der Theorie hatte die Neuzeit ihre Höhepunkte im 17. und 18. Jahrhundert gefeiert, im 19. und 20. begann sie ihre praktischen Wirkungen zu ernten. Der Eroberungsgeist stützte sich wesentlich auf den harten Kern des neuzeitlichen Denkens, auf die Naturwissenschaften. Titanische Pläne bedürfen einer unbefragten Plausibilität, um ausreichend Schlagkraft zu entwickeln. Nicht zufällig bieten sich die Wissenschaften für diesen Zweck an, denn ihr Sinn ist es, Einigkeit unter streitenden Parteien zu schaffen. Das Mittel dazu ist die Objektivität. Sie gilt an allen Orten und zu allen Zeiten, und sie gilt für alle Beteiligten. Was früher oder später, was schwerer oder leichter, was weiter oder näher ist, das zu entscheiden bedarf unabhängig von parteilichen Meinungen nur eines Maßstabes, den alle gleich ablesen. Welches Handeln aber zu welchen Zielen führt, was als gut oder böse gilt, das erfordert ein Bekenntnis, das bis in den Kern der Person reicht. **Das Sosein der Welt erzeugt keinen Streit, wohl aber das Seinsollen.** Die Vergangenheit ist abgeschlossen, die Zukunft offen.

Der Gedanke, objektiv und meinungsfrei urteilen zu können, mußte eine starke Verführungskraft entfalten, nachdem er einmal entdeckt war. Sollte es nicht möglich sein, flüstert die Stimme in mir, die überwältigende Kraft der Objektivität aus den Wissenschaften auf das eigene Bekenntnis überzuleiten, zu diesem oder jenem Zweck? Wenn meine Vorstellungen vom Leben allgemeine Gültigkeit erlangten, wenn sie zur Wissenschaft aufstiegen, wenn sie anerkannt würden, dann wäre ich von der Last befreit, die mir das Bekenntnis mit seiner Entscheidung abverlangt. **Verantwortung drückt, Objektivität trägt ihre Last von selbst**. Sogar umkehren könnte ich in diesem Fall die Belastung, da ich von anderen ein Bekenntnis verlangen dürfte, denn Objektivität ist allgemeingültig. Damit wäre das Ziel erreicht: Was gut oder böse ist, hätte ich nach dem Bandmaß entscheidbar gemacht, Gut und Böse wären dasselbe wie Richtig und Falsch.

Die Faszination der Naturwissenschaften in der Neuzeit lag in dem Versprechen, alle Fragen objektiv entscheidbar zu machen, sie handlich zu formen und den Konsens zu erzwingen. Die Unruhe um die Frage, was gut und böse ist, hätte dann wegfallen können. Natur ist das, was objektiv gemacht werden kann. Warum sollte nicht alle Wirklichkeit objektivierbar sein, da es dem Erdenbewohner so überaus wünschbar erscheint? Das ist die Stimme der titanischen Versuchung. Im Kern aller erfolgreichen neuzeitlichen Philosophien steckt der Versuch, die Kraft der Wissenschaften für die eigenen Ziele in Dienst zu stellen und sie mit Unwidersprechlichkeit auszustatten. Das Streben nach wissenschaftlicher Gewißheit war der Versuch, die Verantwortung überflüssig zu machen. Dies hat sich als unmöglich erwiesen. Es bleibt dabei: Die alte Last erneuert sich täglich. Indem wir leben, entscheiden wir uns, und da die Zukunft nicht feststeht, können wir die Entscheidung nicht delegieren.

Aber war der Glaube an eine Wissenschaft, die eines Tages das personale Selbstverständnis des Menschen auflösen wird, noch Wissenschaft, oder war er eine schlechte Philosophie?[2] Selbst wer sich gegen den Szientismus wehrte, stand unter dem Schatten der Naturforschung. Die existentielle Philosophie im 20. Jahrhundert etwa wollte die Wissenschaften weder zum Ausgangspunkt noch zum Endpunkt ihres Denkens nehmen, aber das Wesen dieses Denkens bestand darin, sich gegen diesen Schatten zu wehren. Wenn sie die Wirklichkeit wahrnahm, sah sie die maßgebliche Rolle der objektiven Wissenschaften, ohne sie zum Halten bringen zu können. Sie konnte die Sorge des Daseins erkennen, sie konnte die Seinsvergessenheit beklagen, sie konnte auf einen epochalen Umschwung warten, nicht aber konnte sie auf die Wirkung des eigenen Denkens hoffen. Die

Denker der Existenz vermochten den Szientismus zwar als oberflächlich zu durchschauen, als eine ideologische Verzerrung unter dem Deckmantel der Ideologiefreiheit, als Quelle der Absurdität, dennoch war ihre Kritik einer solchen Schicksalswelle nicht gewachsen.[3]

Das Schicksal fällt wie das Licht am Morgen über dem festen Gehölz des Waldes ein. Es breitet sein Ansehen aus und steigt zum Mittag auf, bis die Sonne in der Höhe ihr volles Licht zu Boden sendet; dann verliert es sich im Untergehen und läßt nach dem Abend richtungslose Wege im Holz zurück. Bevor das Tageslicht an sein Ende gekommen ist, gibt es nur das Wissen von seinem Vergehen, bis dahin ist das Auflehnen gegen die Plausibilität des Lichtes eine unnütze Form des Wartens.

Titanische Planungen. Titanen sind also Schicksalmächte. Sie haben wie die Plausibilitäten der Lichtung kein Gesicht; sie sind keine Personen, auch wenn sie Namen tragen wie Okeanos oder Kronos. Die Titanen der Vorzeit sind Naturmächte mit wandelnder Gestalt. Nicht anders sind die Titanen der Neuzeit. Auch sie tragen kein Gesicht, wenn sie eine Naturkraft in Dienst stellen, um den Menschen von seiner Verantwortung abzulösen. Der eine Titan wollte sich auf die Evolutionslehre stützen und den Übermenschen schaffen, der andere versuchte, alle Humanität als angewandte Naturwissenschaft auszugeben und den Dialektischen Materialismus zum einzigen Gesetz auszurufen, der dritte wollte in der Entwicklung der Geschichte ein Dreistadiengesetz erkennen, nach dem die Menschheit notwendig verschiedene Epochen durchlaufen mußte. Auf solche Weise sollte sich der Mensch in der Wissenschaft neu erschaffen und als Schöpfer seiner selbst vollenden. Das erste Stadium sollte das theologische oder fiktive heißen, das zweite das metaphysische oder abstrakte Stadium, das dritte schließlich das wissenschaftliche oder positive Stadium. Die ersten Eroberer der Erde waren Theoretiker und Stubengelehrte, deshalb konnte ihr Hilfsmittel nur das allgemeine Gesetz sein. Wenn der Theoretiker das Ganze denkt, hat er ein Herrschaftserlebnis, das berauschender wirkt als das Erlebnis eines wirklichen Herrschers, der durch die reale Verantwortung beständig von sich abgelenkt ist. Deshalb waren die Titanen der Neuzeit allesamt Theoretiker, auch wenn für das Publikum die politischen Herrscher als die wahren Titanen erschienen. Eine genauere Betrachtung zeigt aber, daß sie nur das Werkzeug eines denkerischen Entwurfs waren, nicht das Subjekt dieses Denkens selbst.

Ein Titan muß ausrufen, das letzte Zeitalter sei eingetreten, auf das kein weiteres mehr folgen werde. Da er die Herrschaft nicht in Händen hält, muß er einen letzten und endgültigen Wandel ankünden, einen einmaligen Wechsel, damit er nicht selbst wieder ausgewechselt wird. Die letzte Ausgießung des Geistes war bei den Titanen der Neuzeit von besonderer Einfachheit, weil sie meinten, daß es nur Körper gäbe und nichts als Körper, die einer Anzahl von unveränderlichen Naturgesetzen unterworfen seien.[4] Andere Wirklichkeiten könne es nicht geben, meinten sie, insbesondere keine Seele und keinen Geist. Diese seien überholte Randphänomene von bisher unerklärten materiellen Erscheinungen. Die Hochschätzung des Grundsatzes, daß alle Wirklichkeit nichts als Natur sei, läßt sich durch die außerordentlichen Erfolge der Naturforschung verstehen. Sie hat den zu allen Zeiten vorhandenen Traum der Weltherrschaft mit kräftigem Leben erfüllt und mit neuen Mitteln ausgestattet, ohne allerdings bis zum Ende der Neuzeit ins Ziel gekommen zu sein. Der Traum wird in dem Maße verfliegen, als sich die Grenzen einer Forschung zeigen, die sich ihre Objekte schafft, statt auf ihre Objektivität zu bauen.

Probe der Naturgesetze. Das 20. Jahrhundert hatte manche Gelegenheit, den theoretischen Entwurf der Naturwissenschaft zu verwirklichen und den Grundsatz von der alleinigen Geltung der Naturgesetze zu überprüfen. Hat der Entwurf gehalten, was er versprochen hat? Das Ergebnis ist doppeldeutig in hohem Grade. Aus der vorgegebenen Natur ging der rasende Lauf in die gewollte und gemachte Ökonomie hervor wie eine Feuersbrunst, er entzündete in der zweiten Hälfte des 2. Jahrtausends vom abendländischen Europa aus die ganze Welt mit dem Geist der Wissenschaft und Technik. Die Naturergreifung konnte viele Erfolge verzeichnen, sie wird auch in Zukunft viel zu feiern haben, aber ihrer Erfolgsgeschichte fehlt die eindeutige Helligkeit. Ihre Ergebnisse werfen Schatten, sie sind immer Fortschritt und Rückschritt zugleich. Die Wissenschaft taugt daher schlecht zu einem Heilsprinzip, zu dem das Dreistadiengesetz sie im 19. Jahrhundert machen wollte. Vorteilhafte Fortschritte gibt es viele, aber auch massive Rückschläge. Die Atomforschung schafft billige Kernenergie, aber nebenher die Kernwaffen; die Menschheit kommt wirklich voran, die Medizin und die Ökonomie verdoppeln die Lebenszeit des westlichen Menschen, aber der nicht-westliche Mensch macht vierfünftel der Menschheit aus und bald noch mehr; neue Epidemien verzehren die Hälfte der Erfolge gegen die alten Menschheitsgeißeln; der Fortschritt bringt die Demokratie hervor, aber beiläufig auch despotische Systeme wie den Faschismus und den Bolschewismus. Diese haben ein solches Massentöten entfacht, daß das 20. Jahrhundert zum Kandidaten für das dunkelste Jahrhundert in der christlichen Zeitrechnung aufgestiegen ist, nicht gewollt, aber ermöglicht durch Wissenschaft und Technik. Zur Wahrnehmung der Realität gehört neben dem Willen zur guten Absicht auch die Wahrnehmung der bösen Wirkungen aus der guten Absicht.

Die Wissenschaften hatten sich in der Neuzeit die Aufgabe gestellt, die Geschichte zu lenken, weil nach Ansicht ihrer führenden Geister ganz besonders die Wissenschaften geeignet sein sollten, das endgültige Wissen von der Natur zu finden. Wir können das Ergebnis sehen: Die Geschichte bewegt sich weniger im linearen Fortschritt nach vorne, sondern eher nach Art der Echternacher Springprozession, zwei Schritte nach vorn, einen zurück, und manchmal auch umgekehrt. Die einfache Berufung auf die Wissenschaften kann zur Legitimierung eines Handelns nicht mehr ausreichen. Die Wissenschaften liefern kein vollständiges Wissen von der Wirklichkeit, was alle Beteiligten zugestehen, aber sie wächst auch nicht auf ein vollständiges System des Wissens zu, was nur erst wenige eingestehen wollen. Was anderes sollte die Stelle von Wissenschaft einnehmen? Was könnte es geben, das Wissenschaft vollwertig ersetzt, lautet die besorgte Frage? Allerdings, Wünsche erschaffen nur kleine Inseln des Wissens in der Wirklichkeit, nicht das ganze Wissen, noch weniger die Wirklichkeit selbst. Die Trauerarbeit steht der Wissenschaft noch bevor.

Es reicht nicht aus, die Gesetze der Gravitation und der Statik zu kennen, um hohe Türme zu bauen. Wie der Babylonische Turm in der Alten Welt ist der Doppelturm des Welthandels in der Neuen Welt eingestürzt.[5] Unter ihren Benutzern, Besuchern, Beschauern war ein Streit aufgetreten, der sich durch kein Ausrechnen beseitigen ließ. Keiner verstand mehr die Sprache des anderen, heißt es in der hl. Schrift. Was Natur ist, läßt sich verstehen, denn das ist ihre Definition. Natur ist diejenige Wirklichkeit, die mit den Mitteln der Naturwissenschaft berechenbar, brauchbar und mitteilbar ist. Aber was ist mit einer Wirklichkeit, die nicht unter das mathematische Naturgesetz fällt, die sich nicht berechnen läßt? Kann es sie geben? Oder umgekehrt, wer garantiert die Gültigkeit des Prinzips, daß alle Wirklichkeit mathematisierbar sei? Diese andere Wirklichkeit zeigt sich im Streit des Alltags; sie zeigt sich im Kampf der Kulturen um das, was als das Böse und als das Gute gelten soll; sie zeigt sich solange in Krieg und Terror, als ihre Wirklichkeit geleugnet wird.

Theorie der Griechen. Gründlicher noch als die Praxis ist die Theorie der westlichen Vernunft- und Willenswelt im 20. Jahrhundert ins Wanken geraten. Leise, wie auf Taubenfüßen, ohne Pauken und Trompeten, hat sich eine Revolution ereignet, die erst mit langer Verspätung eine größere Zahl von Herzen und Köpfen erreicht hat und noch immer nicht die Mehrzahl. Ich meine die Physik des 20. Jahrhunderts, die all den neuzeitlichen Ideen die Festigkeit entzogen hat, die sich im 17., 18. und 19. Jahrhundert auf die bloße Geltung von Naturgesetzen berufen hatten und die mit diesen den Menschen zum Herrn und Meister über die Natur einsetzen wollten. Die Verzauberung des Denkens durch die Naturwissenschaften beginnt langsam zu weichen, und in dem Maße, wie sie verblaßt, kann die Stellung der Wissenschaften im Rahmen des Lebens mit mehr Nüchternheit betrachtet werden.

Woher kam die Verzauberung? Die Naturwissenschaft wird nicht viel geliebt, aber sie hat widerstandslos alle Länder der Erde siegreich durcheilt. Woher kommt überhaupt diese Wissenschaft? Läßt sich ihr Wesen besser verstehen, wenn wir ihre Herkunft kennen? Unbestritten scheint zu sein, daß die Wiege der Wissenschaften im antiken Griechenland gestanden hat. Jedenfalls lassen sich dort ihre Väter wesentlich eher finden als bei den babylonischen Chaldäern oder den ägyptischen Priestern, die viel von den Sternen und von der Geometrie der Landvermessung wußten, aber die entscheidende Entdekkung nicht getan hatten. **Der einzigartige gedankliche Schritt der Griechen war die Mathematik.** Genauer gesagt, das antike Griechenland hat die beweisende, logisch zwingende, die aus Prinzipien denkende Mathematik erfunden. Pythagoras war ein Grieche, und nach ihm ist ein elementarer Satz der Geometrie benannt, der zum Grundmuster vernünftigen Denkens aufsteigen konnte. Pythagoras rechnete nicht nur gut in rechtwinkligen Dreiecken, – das taten auch die Chaldäer und Ägypter –, er bewies seinen Satz auch. Das konnten jene nicht, da sie vom Beweisen keine Vorstellung hatten. Was die Ägypter und Chaldäer an Kunst des Rechnens zeigten, war keine Wissenschaft, sondern eine Könnerschaft im Messen. Die Pythagoräer entdeckten, daß unsere Alltagswelt von Elementen mit zwingender Notwendigkeit durchzogen ist oder, wie Pythagoras selbst wohl getraumt haben mag, einzig und allein davon beherrscht ist. Damit hat er zwar den Bogen überspannt und ist der Verführung erlegen, die von jeder bedeutenden Erkenntnis ausgeht, aber ohne Einseitigkeit wird kein Licht geboren.

Erfindung der Logik. Ebenso läßt sich sagen, die Griechen hätten die Logik erfunden und damit eine Weltrevolution vollbracht.[6] Gelegentlich wird das in der Form erzählt, die Logik sei auf dem Marktplatz von Athen entstanden. Zeitweise war Athen der freieste Staat in der Antike. Erhob jemand auf dem Areopag seine Stimme, um etwas zu behaupten, so antwortete ihm ein anderer: Das glaube ich dir nicht. Der erste: Das mußt du mir glauben. Der andere: Du bist nicht der Perserkönig, du hast mir nichts zu befehlen. Der erste wieder: Ich kann es dir beweisen, dann mußt du es glauben. Der andere: Bitte sehr, fang an mit deinem Beweis!

Wahrheit an sich ist zwar intolerant, aber zu ihrer Erkenntnis bedarf es eines Raumes an Freiheit, der Irrtum und Korrektur möglich macht. Die Demokratie in Athen und die Entdeckung der beweisenden Mathematik verwirklichen eine solche Forderung. Demokratie und Wissenschaft sind eng miteinander verwandt. Sie sind nicht alle Wahrheit, aber eine notwendige Station auf dem Weg zu ihr. Der Hinweis auf den Perserkönig ist erhellend. Die frühen Großreiche des Orients wurden despotisch regiert, deshalb waren sie zunächst erfolgreich; nur in einem streng zentralisierten Staatswesen ist ein schnelles und kompaktes Handeln möglich. Das Handeln aber schränkt die Wahrnehmung ein. Wenn nur einer die Wirklichkeit deuten darf, der Perserkönig allein, dem alle anderen nachreden, was sie für seine Meinung halten, so geht das nicht lange gut. Eine Vielzahl von freien Köpfen erkennt mehr von der Wirklichkeit als ein einziger. Die vervielfachte Erkenntnis kann allerdings nur dann zu einer Macht werden, wenn die Köpfe sich einigen. Die neuzeitliche Demokratie ist trotz verzögerter Entscheidungen zur Meinungsbildung aus diesem Grunde effizienter als alle sonstigen Staatsformen, weil in ihr mehr Wirklichkeit wahrgenommen wird. Entschlossene Despoten können sich nur solange halten, wie ihre demokratischen Gegner uneins sind. Die Erfahrung der Geschichte spricht hier in alter und neuer Zeit ein deutliches Wort.

In angelsächsischen Ländern ist die These verbreitet, die Verzauberung der Griechen durch die Theorie sei ein Hindernis auf dem Weg zur echten empirischen Wissenschaft gewesen. Als Standardbeispiel dafür wird Galilei und sein Kampf gegen die aristotelische Scholastik angeführt. Die These ist eine falsch angewandte Halbwahrheit. Richtig ist die Aussage, daß die scholastische Philosophie in der Wahrnehmung weitgehend unfruchtbar geworden war, aber nicht weil sie zuviel, sondern weil sie zuwenig theoretisch war. Sie war zur buchstäblichen Exegese des Aristoteles oder anderer Autoritäten geworden. Sie untersuchte die Lehre von der Hinwendung des Intellekts zur Erscheinung, die *conversio ad phantasma*, aber sie gebrauchte sie selbst nicht, sie selbst wandte sich nicht den Erscheinungen zu. Die Aristotelesschüler zur Zeit Galileis wagten anders als Aristoteles keinen theoretischen Entwurf zur Erklärung der Erfahrung. Ihre Theorien dienten ihrer Wissenschaftstheorie und der Verteidigung ihres leitenden Prinzips, daß Aristoteles, Ptolemäus und einige wenige die einzig legitimen Autoritäten in der Naturforschung seien. Aber Naturforscher waren die Aristoteliker kaum mehr. **Der Defensive ist die Niederlage gewiß, weil sie keinen Blick mehr auf die Wirklichkeit, sondern nur noch auf den Gegner wirft**.

Gerade umgekehrt wagte Galilei, theoretische Konzepte aufzustellen, die gar nicht den Erfahrungen des Augenscheins entsprachen. Er stülpte sie seinen Beobachtungen über und hatte mit einigen von ihnen großen Erfolg, mit anderen weniger. Vor allem ließ er sich nicht irre machen, wenn einzelne Erfahrungen seinem Konzept zuwider liefen. Ein Merkmal schöpferischen Denkens ist es, sich durch Gegenbeispiele nicht irre machen zu lassen. Galilei entwarf neben vielen richtigen auch eine Anzahl von falschen Theorien, etwa die Erklärung von Ebbe und Flut. Er weigerte sich, die Existenz von zwei Flutbergen zur Kenntnis zu nehmen, weil diese nicht in sein Konzept paßten. In seinen richtigen wie in seinen falschen Entwürfen verhielt er sich wie die Meister der griechischen Wissenschaft, nicht aber wie ihre Schüler, die ihn deshalb zum Gegner wählten.

Wissenschaft und Grenze. Die griechische Entdeckung besagt im Kern, daß es gedankliche Ordnungen von unabsehbarer, unausweichlicher und unwidersprechlicher Notwendigkeit gibt. Sie erlauben eine Deutung der Wirklichkeit, der sich niemand entziehen kann. Sie heißen gewöhnlich Begriff, Prinzip, Theorie, System, Methode, Konzept. In keiner der großen Kulturen außerhalb Europas und vor dem 20. Jahrhundert, mit Ausnahme der arabischen Philosophie im Mittelalter, die jedoch in der Tradition der Griechen stand, läßt sich diese

Sicht der Wirklichkeit finden. Eine Kultur wandelt sich radikal, wenn sie davon ergriffen wird.

Es gibt eine zweite Kraft, die diese Verwandlung mit und gegen die Wissenschaft betreibt, das ist die Religion. Diese handelt von der Grenze, die Wissenschaft hofft auf die Grenzenlosigkeit. Wer die Idee einer auf notwendigen Gesetzen beruhenden Erkenntnis in sich aufgenommen hat, für den steht jeder Gedanke unter der vorher undenkbaren Forderung der Überprüfbarkeit. Die Überprüfung kann zu keinem befriedigenden Abschluß kommen, weder global als vollendetes wissenschaftliches System, noch lokal für das individuelle Leben. Aber schon die Existenz des Gedankens und ihre teilweise Verwirklichung läßt den menschlichen Geist in eine neue Richtung schreiten.

Die neue Richtung heißt Wissenschaft. Religion hat es immer gegeben, denn seine Grenze spürt der Mensch zu jeder Zeit. Die Wissenschaft ist eine spätere Erfindung, sie verspricht, die Grenzen hinaus zu schieben und sie vielleicht alle niederzulegen. Sie hat viele ihrer Versprechen wahr gemacht, nur das Prinzip nicht, die Grenzenlosigkeit. Im Geisterkampf der westlichen Kultur, – und es gibt auf dem Erdball nur noch die westliche Kultur –, geht es darum, ob die Wissenschaft alle Grenzen niederlegen und bis zu einer Keine-Grenzen-Theorie vordringen kann, wie manche Anhänger des Glaubens an die Wissenschaft meinen. Die Vorstellung, seine eigene Grenze, das heißt seinen Tod zu vertagen, hat den Alltag des Menschen revolutioniert und die Welt der Religionen unter den Druck gesetzt, ihrerseits Beiträge im Kampf um die Selbsterhaltung zu leisten. Aber als endliche Gestalt in der Welt ist die Wissenschaft nicht ohne Gefahr. Wie sie gefährlich ist, so ist sie auch gefährdet. Die Entdeckung der Notwendigkeit gibt dem Menschen ein scharfes Werkzeug in die Hand, sie macht ihn zum Homo faber seiner Welt, aber sie erzeugt auch neue Gefahren links und rechts seines Weges. Auf der einen Seite lauert die Gefahr, alle Wirklichkeit für notwendig zu halten, also alle Wirklichkeit dem Begriff zu unterwerfen und zu mathematisieren. Was aber, wenn nicht all Wirklichkeit auf den Begriff gebracht werden kann? Da bisher *alle* Versuche, die Wirklichkeit total zu erfassen, gescheitert sind, sollte man Visionen in diese Richtung eher für Illusionen halten, wenn nicht sogar für Fremd- und Selbstbetrug. Auf der anderen Seite lauert eine Wissenschafts- und Technikfeindlichkeit, die sich unter verschiedenen Namen zu erkennen gibt, als Humanismus oder Nationalismus, als Ökologismus oder Islamismus.

Die schrillen Stimmen auf der einen wie auf der anderen Seite dürfen nicht vergessen machen, daß hier eine halbe Erkenntnis der Wirklichkeit als ganze ausgesagt wird. Der Mensch kommt als Person in der Wissenschaft nicht vor. Konsequent, wenn auch fälschlicherweise, hielt Einstein im letzten Jahrhundert das persönliche Ich des Menschen für eine Illusion.[7] Er wollte alle Wirklichkeit auf der einen Seite unterbringen, in die logische und ontologische Notwendigkeit des Naturgesetzes, und die andere Seite vergessen. Man darf sein Schicksal tragisch nennen, und er selbst hat von seinen tragischen Erlebnissen in der Physik gesprochen.[8] Wenn der Mensch sich mit dem Verlust seines Ich vor der Wissenschaft nicht abfinden will, schreitet er angesichts der technisch-ökonomischen Systeme von der Empörung zur Verweigerung oder zum Terror weiter. Auch das ist eine geschrieene Halbwahrheit, sie ist verständlich, wenn auch nicht gerechtfertigt.

Hier zeigen sich die zwei Seiten der Wirklichkeit, die mit Vorsicht balanciert werden müssen. Jede Erscheinung, die sich vor mir aufstellt, zeigt zwei Gesichter, je nachdem, wie ich sie ansehe. Ich kann sie als Gegenstand betrachten oder, besser gesagt, zu einem Gegenstand machen. In dem Maße, wie ich die Erscheinung auf Abstand halte, erkenne ich ihre Notwendigkeit sowie die Gesetze ihrer Bewegung. Steine und Sterne, Pflanzen und Tiere, ja auch der Mensch, der vor mir steht, hat diese Seite der Wirklichkeit an sich, mit der ich an ihm eine Naturnotwendigkeit ausmachen kann, und in dieser Hinsicht ist er als Gegenstand in meine Gewalt gegeben. Jede Person ist verletzlich, insofern ich sie zum Gegenstand machen kann. Träumerisch kann ich mir ihre Andersheit zwar als unendliche vorstellen, aber praktisch und theoretisch ist mein Vermögen begrenzt. In der Idee der Weltformel kommt diese Gewaltvorstellung auf ihren Höhepunkt. Aber Sterne und Steine, Elektronen und Quarks bewegen sich nicht so, daß ich den Überblick behalten könnte. Selbst die objektivsten aller objektiv gemachten Gegenstände lassen sich nicht ganz zum Gegenstand machen. Noch weniger die Pflanzen, die Tiere und am wenigsten der Mensch, vor dem ich stehe!

Jede Erscheinung zeigt und verbirgt etwas. Sie hält mit ihrem Gesicht zurück. Das Gesicht präsentiert nur die Außenseite und will die Innenseite nicht preisgeben, kann es auch nicht. Gesichter zu lesen ist deshalb eine Kunst, die so erfolgreich wie erfolglos ist. Kein Vergleich mit der Feststellung des Gegenstandes, dem die Wissenschaft die verborgenen Seiten erfolgreich abjagt! Das Gesicht einer

Person aber kündet von einer Freiheit, die nicht die meinige ist. Dinglichkeit und Personalität sind die beiden Pole meines erkennenden Aufenthaltes in der Welt. Sie sind die Erscheinungsformen zwischen dem Selbst und der Andersheit. Es scheint, daß es Spuren der Personalität in jedem materiellen Gegenstand gibt, weil er nicht gänzlich objektivierbar ist. Und umgekehrt läßt sich jede Person, an deren Freiheit ich nicht heranreiche, zum Gegenstand machen. Wie sieht das breite Übergangfeld zwischen Person und dinghafter Sache aus? Wie läßt es sich erkennen? Wie ist darin zu handeln?

6.2 Toleranz und Intoleranz

These 6.2: Intoleranz ist die Wahrheit der Dinge, Toleranz die Wahrheit der Personen. Von der intoleranten Sachwahrheit steigen vier Stufen zur universalen Toleranz hinauf, in der keine Person mehr die andere bedroht.

Die erste Stufe. Intoleranz ist die Wahrheit der Dinge, Toleranz die Wahrheit der Personen. Zu dieser Erkenntnis führt eine Leiter von vier Stufen. Die Intoleranz des Gegenstandes heißt die Richtigkeit. Die Toleranz des Gegenstandes heißt das Lernen. Die Intoleranz des Lebens heißt das Interesse. Die Toleranz des Lebens heißt die Wahrheit.

Die erste Stufe ist beherrscht von der Intoleranz des Gegenstandes. Sie befiehlt durch Richtigkeit und verteilt Erfolg oder Mißerfolg nach rigorosem Maßstab. Das sollte niemanden verwundern, denn der Gegenstand ist das hergestellte Ding, auf das sich vernünftige Menschen einigen können. Der Sinn der Sachwahrheit ist die vollständige Intoleranz. Sie fragt: Was ist das? Wo ist das? Wie groß ist das? Alle diese Fragen lassen nur eine einzige Antwort zu, denn sie wollen mit einem Begriff entscheiden, ob der Fall vorliegt oder nicht. Jede Unbestimmtheit stört hier; allerdings nur den Vernünftigen und Gutwilligen, der Böswillige kann aus der Ungewißheit seinen Vorteil zu ziehen hoffen. Bei Gutwilligen lassen sich auf vernünftige Fragen meist auch befriedigende Antworten finden. Die drei Fragen oben und viele andere lassen sich beantworten, weil sie einen Sachverhalt untersuchen, der alle Fragenden und den Gegenstand auf denselben Punkt versammelt.

Der Sinn der Intoleranz ist die Verläßlichkeit, deshalb liebt der Techniker enge Toleranzgrenzen, sie gelten ihm als hohe Kunst des

Handwerks. Wer bei Gewichtsangaben tolerant ist, wird vielleicht seinen Vorteil finden, aber ebenso wahrscheinlich auch seinen Nachteil. Deshalb ist die Waage das Symbol der Gerechtigkeit im Ausgleich der Interessen. Das Mittel zu dieser Gerechtigkeit ist die Intoleranz, die zwar die Interessen nicht zum Frieden bringt, aber doch eine gefährdete Balance erreicht, indem sie jedem Interesse einen genau umschriebenen Platz anweist.

Fast bin ich versucht, die Kategorienlehre des Aristoteles als Maßstab für die intolerante Sachwahrheit vorzuschlagen. Ich meine die eine Kategorie der Substanz und die neun Kategorien der Akzidentien. Der Sinn dieser Lehre dürfte darin liegen, so viele Bestimmungsstücke wie nötig an einem Gegenstand zu finden, um ihn daran zu erkennen und sich auf ihn zu einigen. Dadurch wird wie im Gerichtsverfahren ein Urteil möglich, weshalb das Wort *Kategorie* auch die Anklage vor Gericht meinte. Die Lehre von den Kategorien ist eine ursprüngliche Leistung des Aristoteles, um ein Ding dingfest zu machen.[9] **Die eindeutige Feststellung des Gegenstandes ist der Sinn der zehn aristotelischen Kategorien.**

Dennoch habe ich einige Bedenken. Das zweifelhafteste Bestimmungsstück unter den Kategorien ist die Zeit. Natürlich kann man die Frage stellen: Wann war das? Aber die Antwort ist von anderer Art als die Antwort auf die Frage: Wo ist das? Die Frage nach der Zeit ist nicht so zu beantworten wie die anderen Fragen. Die Ortsfrage läßt sich durch die Versammlung aller Beteiligten im selben Punkt der Gegenwart überprüfen, die Frage nach der Zeit nicht. Alle Zeugnisse einmaliger Ereignisse sind unsicher, weil die Zeugen falsch aussagen können und niemand an die Quelle in der Vergangenheit zurückkehren kann. Der Zeitpfeil läßt sich nicht umkehren. Für einen überzeitlichen Geist, und an den wird Aristoteles gedacht haben, ist auch die Zeit einer intoleranten Genauigkeit fähig. Der höchste Gott kehrt als unbewegter Beweger leicht in jeden Zeitpunkt ein, aber auf diesen göttlichen Geist und auf seine Fähigkeiten sollte sich kein Mensch berufen. Die Zeitreise gelingt nicht. Der Wunsch nach Genauigkeit gebiert hier die Ungenauigkeit, und Wille und Vorstellung zielen an der Wirklichkeit vorbei, die frei über die leichtfertigen Wünsche triumphiert.

Das legt die Vermutung nahe, daß jedwede Liste von Sachkategorien einen starken Einschlag von Transzendentalität besitzt. Ich muß auch von den Ereignissen der Vergangenheit meinen, daß ich sie genau bestimmen kann, sonst leidet die Genauigkeit meiner Weltkenntnis. Die Erkenntnis eines Gegenstandes außerhalb meiner selbst ist die Fähigkeit, ihn wiederzuerkennen und darüber eine Mitteilung zu machen. Daß die Wirklichkeit ganz und gar so eingerichtet ist, daß ich in ihr Gegenstände festellen kann, ist ein nicht sehr frommer Wunsch meines Gemütes, der zum leitenden Maßstab in mir geworden ist. Die Welt ist in beträchtlichem Maße der Objektivierung unterworfen, so daß ich in ihr Gegenstände ausmachen, diese wiedererkennen und mitteilen kann; das steht außer Frage. Daß ich sie ganz und gar und alles in ihr zum Gegenstand machen kann, ist unwahrscheinlich, ja ausgeschlossen nach den wohl endgültigen Ergebnissen der Quantentheorie.

Erneuerung der Retorsion. Die Quantentheorie hat dem alten philosophischen Argument der Retorsion ein festes Fundament verschafft. Die Retorsion läßt den Menschen nicht in der Natur versinken, sie zieht ihn mit dem Hinweis heraus, daß es nur dann objektive Aussagen geben kann, wenn es ein Subjekt gibt, das hier aussagt. Selbst wenn man in dem Subjekt etwas Objektives findet, kann dies wiederum nur für ein Subjekt objektiv sein. Und so weiter, ohne daß wir bei einer bloß objektiven Natur stehen bleiben könnten, in der alle Subjektivität in Objektivität übergegangen wäre. Die Retorsion konnte gegen den Materialismus und Naturalismus immer einwenden, daß die Reduktion des Menschen auf ein Objekt ein Subjekt erfordert, das bei jedem Schritt der Reduktion neu erzeugt wird.

Diese Retorsion hat in der Quantentheorie ein festes Fundament bekommen, weil diese alle vermeintlich festen Fundamente des physikalischen Determinismus beseitigt hat. Die mechanische Wissenschaft hat keinen Erfolg gehabt bei dem Versuch, alle Subjektivität auf Objektivität zu reduzieren. Ein solches, in sich selbst bestehendes, fest bestimmbares Objekt, unabhängig von der Beobachtung, gibt es nicht. Das Ergebnis ist selbst durch Beobachtung zustande gekommen. Damit hat der alte Gedanke der Retorsion seine Pflicht getan und kann mit Dank verabschiedet werden. Er muß nicht mehr auf die Bahn eines unendlichen Zirkels geschickt werden. Gleich der erste Schritt des Naturalismus scheitert, wenn er versucht, das Subjekt als Objekt zu beschreiben. Also ist auch kein zweiter und dritter Schritt notwendig. Der unendliche Zirkel entfällt.

Der Grad der Transzendentalität ist nur schwer zu bestimmen, noch weniger kann er numerisch ermittelt werden. Niemand kann sagen, in dieser Erkenntnis vermischen sich 30% Objektivität mit

70% Transzendentalität oder umgekehrt. Es gibt objektive Erkenntnis, und es gibt Bedingungen dieser Erkenntnis, diese liegen zum Teil im Subjekt, zum Teil im Objekt. Aus dieser Beklemmung verlockt immer einmal wieder ein Sirenenruf, endlich reinen Tisch zu machen und die Erkenntnis auf ein einziges unerschütterliches Fundament zu stellen. Es gibt den sirenenhaften Ruf in zwei Gestalten, in der Physik und in der Metaphysik.

Die Versuchung der Physik hieß Weltformel, die es nach ihren Anhängern am Ende dazu bringen sollte, jede experimentelle Erfahrung aus der Theorie herzuleiten. Absolute Objektivität, die vom Subjekt ohne Störung durch zufällige Ereignisse festgestellt wird! Wenn die Weltentwürfe vom Typus der Keine-Grenze-Theorie zuträfen, hätte der Erbauer der Welt bei den Anfangsbedingungen der Welt keine Wahl gehabt. Deshalb braucht es ihn nicht zu geben. Deshalb auch kann es nicht mehrere Weltentwürfe geben, sondern nur genau einen. Die Welt übernimmt die Notwendigkeit Gottes, seine Existenz kann entfallen, der Zufall in der Welt ist gebannt. So die Träume einiger kosmologischer Weltenbauer.

Die Versuchung der Metaphysik verlockt zur anderen Seite, bringt aber dasselbe Ergebnis hervor. Nach dieser Versuchung ist die Welt nur als Inbegriff von Vorstellungen denkbar, deren vorläufiger Wert darin besteht, das Subjekt an seine eigenen Möglichkeiten zu erinnern, die in seinem Inneren liegen. Auch in solchen hier und da vertretenen spätidealistischen Entwürfen gelten die Erfahrungen und Ereignisse in der Welt als zweitrangig. Sie stehen der Freiheit des Subjekts entgegen, das sich nicht von der Fremdheit anderer Ereignisse außerhalb seiner selbst abhängig sehen möchte.

Der Sinn der völligen Subjektivität wie der völligen Objektivität ist der gleiche: Das Selbst will den anderen und seine Andersheit in Besitz nehmen. Das ist das allbekannte Ziel und der Sinn der Intoleranz, die Inbesitznahme des fremden Gutes, technisch, ökonomisch, politisch, religiös.

Wieviel von der Wirklichkeit in Besitz genommen werden kann, ist schwer zu bestimmen. Das Maß hängt ab vom Verhältnis der Objektivität zur Transzendentalität. Was sich zum Objekt machen läßt, geht in meinen Besitz über, aber auch nur dieses. Von einer Wirklichkeit, die nicht Objekt sein kann, gibt es keinen Begriff und keinen Besitz. Es liegt nahe, die Mathematisierbarkeit als Grenze zu bestimmen, wie schon Kant die Mathematik den Kern des wirklichen Wissens genannt hat. Die Mathematik ist wesentlich intolerant. Der Königsberger Philosoph meinte, daß in jeder Naturlehre nur so viel *eigentliche* Wissenschaft angetroffen werden kann, als in ihr *Mathematik* anzutreffen ist.[10] Einzig die Erkenntnis der Naturdinge a priori, so lautet seine Begründung, kann wirkliches Wissen sein, nicht die empirische Erkenntnis, da sie den Zufall eines äußeren Ereignisses bei sich führt. Nur wenn das einzelne Ereignis auch von vornherein einsehbar ist, kann es als gesichertes Wissen gelten, da jede Erfahrung durch eine Gegenerfahrung korrigiert werden könnte. Kant hat dieses Ideal der Wissenschaft gekannt und es hoch gehalten, war aber auch bereit, die Wirklichkeit anzuerkennen, wenn sie sich anders zeigte, als er wünschte. Lieber noch als die ideale war ihm die echte Wissenschaft, die wirklich weiß und nicht nur vom Wissen träumt. Eben an der Andersheit der Wirklichkeit, die sich im Zufall äußert, hat das Wissen eine Grenze.

Die Mathematik steht an der Grenze von Objektivität und Transzendentalität und schlägt eine Brücke zwischen dem Innen und Außen, zwischen dem Selbst und dem Anderen, zwischen dem Subjekt und dem Objekt. Sie ist ein freier, transzendentaler Entwurf des Geistes und dennoch an objektive Regeln gebunden, die ihn leiten, womöglich an die objektivsten, die vorstellbar sind. Deshalb eignet sich die Mathematik vorzüglich als Mittel zur Erforschung der physischen Welt, sie ist das Instrument, das wirkliche Wissen von den Gegenständen festzuhalten. Ihr Sein hat Teil am Subjekt wie am Objekt der Erkenntnis und geht in keinem von beiden auf. So läßt sich der Satz erproben: **Die Wirklichkeit in ihrem dinghaften Charakter zeigt sich als Mathematik, in ihrem personhaften Charakter als Offenbarung.**

Ein Problem stellt die mangelnde Selbstbegründung der Mathematik dar. Wenn sie ein Maß der intoleranten Objektivität ist, warum leidet sie dann selbst an einem Mangel von Objektivität? Für jede beliebige widerspruchsfreie Menge von Formeln gilt, daß ihre Widerspruchsfreiheit in dieser Menge von Formeln nicht beweisbar ist.[11] Eine Antwort, die zugleich keine Antwort ist! Die Einheit und Verschiedenheit zwischen Objektivität und Transzendentalität erhebt auch in der Mathematik ihr Haupt. Die mangelnde Selbstbegründung zeigt hier die schwächste aller Spuren der Andersheit im Selbst an. Das Selbst macht zwar einen Entwurf in Richtung auf die Andersheit, stößt dabei aber auf einen Widerstand, der die Objektivierung zugleich ermöglicht und in Grenzen hält. Diese Objektivität verwehrt es, die Mathematik rein in der Transzendentalität aufgehen zu lassen. Wer über fast 400 Millionen Kilometer, das ist die tausendfache Entfernung des Mondes von der Erde, eine Sonde weich auf dem Mars landen lassen, wer damit Fahrten über den Marsboden steuern und dessen photographische Abbilder zur Erde holen kann, der muß etwas anderes von der Wirklichkeit verstanden haben als bloß seine transzendentale Subjektivität, der muß wirklich die mathematisch formulierten Bewegungsgesetze der Körper und der Lichtwellen kennen. Umgekehrt gilt ebenso: Es gibt Erkenntnis nur für Erkennende. Die Wirklichkeit ist weder rein subjektiv, noch rein objektiv zu erfassen, sie ist umfassender als die eine oder die andere Seite. Wenn sich auch Subjekt und Objekt gegenseitig erklären, weil die eine Seite nicht ohne die andere entstehen kann, so ist doch die eine nicht auf die andere Seite reduzierbar und damit ersetzbar. Ihre Einheit muß in einem dritten gesucht werden, in einer Wirklichkeit, die zugleich Subjekt und Objekt umfaßt und diese als alle Wirklichkeit aus sich entläßt.

Die zweite Stufe. Das nötigt uns, die zweite Stufe zu betreten. Die Toleranz des Gegenstandes ist das Lernen. So eindeutig der Gegenstand objektiv und nicht verhandelbar ist, so sehr ist seine Wahrnehmung der Freiheit angeboten und der Willkür ausgesetzt. Wenn Lernen die Erkenntnis des Gegenstandes ist, dann muß dieses selbst ein Akt der Freiheit und Einsicht sein. An und für sich ist der Gegenstand intolerant. Die Unduldsamkeit wird ein Schüler solange dem Lehrer zuschreiben, bis er zur Reife gelangt ist und merkt, daß die Festigkeit zum Gegenstand gehört und eine Bedingung seiner eigenen Freiheit ist. Nur mit der Intoleranz des Gegenstandes kann mein Wille Gestalt gewinnen. Wenn ich weiß, daß 3 mal 3 gleich 9 ist, kann ich als Lehrer zwar schweigen, wenn ein Schüler anderes behauptet. Aber ich kann nicht ehrlich zugeben, das Ergebnis könne im Namen der Toleranz auch 10 sein. Wenn das Wohl des Lebens davon abhängt, daß 3 mal 3 gleich 9 ist, so muß ich für die unduldsame Richtigkeit dieser Wahrheit eintreten. Toleranz als Gleichgültigkeit gegen Richtigkeit ist tödlich. Aber da Wahrheit nicht unter Zwang, sondern nur in Freiheit anerkannt werden kann, ist die Toleranz der Raum, den ich anderen Personen gewähren muß, bis sie die Wahrheit gefunden haben. Dieser Raum heißt gewöhnlich Schule.

Eine gute Schule beruht auf den beiden Pfeilern Wahrheit und Freiheit, sie ist der Raum für die freie Suche zur Bindung an die Wahrheit. Die Schule ermöglicht die Wahrheit in Freiheit. Es gibt keine Rechtfertigung von Gewalt durch Berufung auf den Besitz der Wahrheit, außer in den Fällen, in denen die Toleranz zur Katastrophe würde. Ein Kind darf einmal die Hitze einer heißen Herdplatte erproben, ich kann es also einmal einen Augenblick in der Küche allein lassen, aber ich darf es nicht am steilen Rand einer Kiesgrube spielen lassen. Vom Versagen im ersten Fall gibt es ein Zurück, vom zweiten nicht. Das eine Ereignis kann das Kind durch Erfahrung verwerten, das andere nur indirekt über das Wissen der Eltern. Um die gesammelte Erfahrung zu erlernen, bedarf es der Freiheit, in der ich dem Kind solche Situationen vor Augen stelle.

Die Toleranz des Gegenstandes im Lernen zeigt über den Gegenstand hinaus. Sie verweist nicht allein auf das Subjekt oder den Erkennenden, sondern auch auf eine gemeinsame Wirklichkeit, in der sich beide bewegen, ohne in einer von ihnen ganz zu erscheinen. Oder vielleicht doch? Das Wechselspiel zwischen Transzendentalität und Objektivität oder die Verzahnung zwischen dem Erkennenden und Erkanntem ist die Darstellung einer Einheit der Natur, die mehr ist, als der gewöhnliche Name *Natur* besagt. Die üblicherweise so genannte Natur ist Gegenstand der Naturwissenschaften. Diese andere Natur, die man besser nicht Natur nennt, um Verwechslungen zu vermeiden, ist die Einheit aller Wirklichkeit. Sie erscheint weder im Subjekt, noch im Objekt vollständig, auch nicht vollständig im Lernen des Subjekts am Objekt, aber doch im Ansatz. Am farbigen Abglanz haben wir das Leben! Der Raum, in dem die Erkenntnis sich bewegt, stellt diese Wirklichkeit dar, die mehr ist als Natur. Da die eine und vielfältige Andersheit sich weder subjektiv noch objektiv reduzieren läßt, ist diese Wirklichkeit irreduzibel und wächst im Wechselspiel von Subjekt und Objekt. Sie macht den Reichtum der Geschichte aus. Was von dieser Wirklichkeit auf die eine oder andere Seite reduziert werden kann, stellt gewisse Momente an dieser göttlichen Wirklichkeit dar, die sich in den endlichen Teilen nicht zu einer Gesamtheit vereinigen läßt. Das ist der Grund für die beschränkte Wahrheit oder Unwahrheit des Materialismus und ebenso des Idealismus, die sich in ihrem Gegensatz so sehr ähneln, daß sie jederzeit die Seiten wechseln können.

Verschiedene Typen von Wahrheitstheorien gehören mit auf diese Stufe. Als Beispiel nenne ich den Pragmatismus. Diese Handlungstheorie will möglichst von der Theorie wegführen, ihr ganzer Antrieb ist gegen das gerichtet, was sie entsetzt als Metaphysik bezeichnet. Dennoch stellt sie sich die Aufgabe, universale Bedingungen möglicher Verständigung zu finden. Das pragmatische Element ist hier die Suche nach einer möglichen Einigung im Urteil und im Handeln. Ihre eingeschränkte Sichtweise wird klar, weil sie ganz in unserer zweiten Stufe aufgeht. Ihr Sinn ist die Toleranz, nur am Rande nimmt sie die Möglichkeit des Gegenstandes und seine Intoleranz wahr, am Rande dasjenige auch, wodurch sie selbst ermöglicht ist und ihre Plausibilität gewonnen hat.

Die dritte Stufe. Das führt zur dritten Stufe, zur Intoleranz des Lebens, die sich im Interesse kundtut. Das Interesse verknüpft Subjekt und Objekt in einer Weise, die auf den beiden ersten Stufen nicht erkennbar war. Diese wußten nur von Erkenntnissen, welche die Dinge und die erkennenden Subjekte hinnahmen. Jetzt treten wir aus dem Intellektualismus heraus und gehen von der Theorie zur Praxis über. Das Subjekt hat ein Interesse, die Natur umzuschaffen, weil es die Bedrohung in der Welt erkennt, die ihm Freiheit und Leben rauben will. Auf die Bedrohung meines Ich antworte ich selbst mit einer Drohung, um mir einen Freiraum zu verschaffen. Das ist mein Sein unter den Dingen, mein **Inter-esse**.

Kommt das Handeln nach der Erkenntnis? Oder geht es ihm voraus? Zeitlich gesehen gibt es wohl keinen Primat der Vernunft, weder einen praktischen noch einen theoretischen. In der Zeit lassen sich Handeln und Erkennen nur miteinander wahrnehmen: Eine Bewegung auf der einen Seite erzeugt eine entsprechende Bewegung auf der anderen Seite und umgekehrt. Man könnte also auch unsere vierte Stufe zur ersten erklären und dann von oben herab steigen, statt wie hier von unten nach oben. Es ist nur nötig zu wissen, daß die Leiter in zwei Richtungen begangen werden kann.

Die Intoleranz des Lebens erwächst aus der Gewalt, die sich alle endlichen Dinge in der Welt antun.[12] **Gewalt ist Selbsterhalt gegen Selbsterhalt**. Sie entströmt allen Dingen wie der Duft von jeder Haut. Aufs höchste gesteigert wohnt die Gewalt im Menschen, aber als erstes Lebewesen ist er auch des Friedens fähig, da er erkennt, wie unmöglich der Selbsterhalt in der Natur ist. Es gibt die Gewalt in verschiedenen Formen, unbewußt und bewußt, gewollt und ungewollt. Wir sind Enkel von Siegern im Kampf ums Dasein, und schon lange, bevor dem Menschen diese Tatsache bewußt geworden ist, handelt er instinktiv nach ihr, wie auch das vormenschliche Leben nach diesem Grundsatz verfährt. Die Wahrheitsdefinition der dritten Stufe ist von der Gewaltbereitschaft des Lebens geprägt, sie ist der

Reflex auf ihre Herrschaft. Wahrheit wird hier zur Eröffnung eines Lebensraumes. So milde sich diese Bestimmung anhört, so sehr führt sie eine scharfe Drohung mit sich. Der Lebensraum ist nicht an sich und für sich geöffnet, er bestand in der Vergangenheit nicht schon immer, sondern wurde erkämpft. Wird er in Zukunft bestehen?

Die Gewalt der dritten Stufe ist äußerst intolerant. Diese Stufe schleudert das Leben ins Dasein und räumt es wieder ab, ohne auf die Stimmen derer zu hören, die kurzfristig triumphieren und mit den Zähnen knirschen, wenn die Zeit ihrer Abräumung gekommen ist. Allerdings kennt diese Stufe eine kleine Toleranz, sie kennt den Aufschub. Die Freiheit des endlichen Lebens ist dieser Aufschub. Das Leben gibt Zeit, und dem Leben ist Zeit gegeben. Die Stufe des umkämpften Lebens läßt sich Zeit mit der Abräumung des Individuums, und sie gibt kollektive Überlebensprämien für die erfolgreiche Anpassung an die Lebensbedingungen in der konkurrierenden Natur.

Erweiterung der Konsenstheorie. Führt dieser Erfolg zur Wahrheit? Erfolg ist keiner der Namen Gottes, antwortet der religiöse Geist. Das ist eine spitze Teilwahrheit, die ihre Überzeugungskraft aus dem Paradox bezieht. In der Natur wie in der Kultur gibt es Erfolg auf Zeit, weil Lebewesen verleiblichte Informationsträger ihrer Umwelt sind. Sie bilden die Natur und Kultur zunehmend genauer ab, was allerdings kein Wachsen in der Wahrheit bedeutet, denn durch ihre eigene Existenz stören sie das wachsende Wissen von der Welt. Die Existenzen, welche die Essenzen der Dinge erfassen, vermehren durch sich selbst das Unwissen. Dadurch entsteht eine neue harte Konkurrenz auf dieser Stufe. Mein Erfolg, der mich vor der Drohung des anderen schützen soll, erzeugt neue Gefahren. Jeder Erfolg muß beschützt werden, da er eine Neigung hat, zur anderen Seite überzulaufen. Die neu erfundene Waffe hat bald auch mein Gegner in der Hand, und eine Erfindung ohne Patentschutz nutzt sofort auch mein Konkurrent. Die Konkurrenz ist aber schon nicht mehr nur bloße Gewalt, sie erhebt sich über sich selbst und erkennt, daß ein völliger Egoismus des Subjekts tödlich ist, also das Gegenteil dessen erreicht, was es erreichen will. Partielle Bündnisse sind notwendig, und die unbewußte Natur in Pflanzen und Tieren nimmt dieses Mittel seit je zu Hilfe. In Familien und unter Verwandten ist die Gewalt des Selbsterhaltes durch den Verzicht auf das eigene Interesse stark eingeschränkt, als ob dort ein einzelnes Subjekt seine Pläne zur lokalen kollektiven Erhaltung verwirklicht. Das egoistische Gen ist ein

Kunstprodukt der Evolutionsbiologie, aber es erklärt eine Reihe von Erscheinungen, die mit einem bloßen Interesse von Individuen nicht zu verstehen sind. Das heißt, der krasse Egoismus der Selbsterhaltung verbindet sich hier mit Formen der Selbstentäußerung, die ein noch erfolgreicheres Leben möglich machen. Hoch entwickelte Kulturen kennen den Heiligen, der sein Leben hingibt für die vielen. In der höchsten Form kennt diese Hingabe keine Grenze mehr. Gottes Stimme spricht zu ihm: ›Es ist zu wenig, daß du mein Knecht bist, nur um die Stämme Jakobs wieder aufzurichten und die Verschonten Israels heimzuführen. Ich mache dich zum Licht für die Völker; damit mein Heil bis an das Ende der Erde reicht.‹[13]

Was sich als Konsenstheorie der Wahrheit gibt, gehört wegen des kollektiv gebändigten, aber dennoch vorhandenen Interesses auf diese dritte Stufe, jedenfalls in den meisten Fällen. Um wirklich universal zu werden, müßte die Konsenstheorie ihren dämonischen Charakter ablegen, mit der sie das Leben aus sich selbst verspricht. Sobald ein Vertreter der Konsenstheorie über seinen Schatten springt, weitet sich sein Blick. Er erkennt dann: Ein Diskursteilnehmer müßte selbst dann als Partner mit Stimm- und Lebensrecht zugelassen werden, wenn er noch gar nicht geboren ist; wenn seine Realität am runden Tisch des Diskurses darin besteht, später einmal auf einem Stuhl dort sitzen zu können. Das gleiche Recht muß jemand haben, der dort schon einmal gesessen hat und jetzt durch den Tod gehindert ist. Das wäre ein Schritt, der aus dem Kreis des bloßen Interesses der hier und jetzt und für sich selbst Lebenden heraus führt. Der Embryo am Diskurstisch ist der Statthalter all derer, die an diesem Tisch einmal teilhaben können oder einmal teilhatten. Eine auf diese Weise begonnene Universalisierung des Lebens kennt keine Grenzen mehr. Jede mögliche Besetzung des Tisches ist eine reale Besetzung, deren Verwirklichung allerdings weit über die Möglichkeiten des Menschen hinaus geht. **Das Gastmahl des ewigen Lebens, das ist der vollendete Diskurstisch.** Wenn die Konsenstheorie messianisch wird, überschreitet sie die Schwelle und gelangt zur vierten Stufe.

Der Gang der Geschichte wird nicht durch Meinungen, sondern durch die Probe auf die Wahrheit entschieden. Dieses harte Gesetz hat schon viele Völker, Herrscher, Religionen und Weltanschauungen in den Abgrund geschickt. Goethe ruft dem Imperator Napoleon nach:

›Doch was dem Abgrund kühn entstiegen,
Kann durch ein ehernes Geschick
Den halben Weltkreis übersiegen,
Zum Abgrund muß es doch zurück.‹[14]

Was heißt hier Probe auf die Wahrheit? Die Wahrheit ist im Abgrund als Schatten anwesend und spiegelt sie sich in den Katastrophen der dritten Stufe wider. Wenn das bloße Interesse in der Welt haltbaren Erfolg hätte, gäbe es keine Wahrheit und keine vierte Stufe. Im Augenblick aber, da das Interesse in den Abgrund sinkt, strahlt ein Schein von der vierten Stufe auf die dritte Stufe nieder und hält Gericht über sie.

Die vierte Stufe. Das volle Licht der Wahrheit erstrahlt auf der vierten Stufe. Sie heißt die Toleranz des Lebens oder einfach das Leben, in dem niemand mehr den anderen bedroht, in dem Löwe und Kuh sich anfreunden und der Säugling vor dem Schlupfloch der Natter spielt.[15]

Die Dinge sind intolerant, weil sie keiner Toleranz bedürfen. Nichts ist dort zu erhalten, wo kein Selbstsein bedroht ist. Die Wüstenruhe vor dem Leben gleicht der Friedhofsruhe nach dem Leben. Erst Personen müssen die Toleranz lernen, weil sie ihre bedrohte Natur erkennen und deshalb zur Intoleranz neigen. Das Leben beginnt mit der Drohung, indem es sich als bedroht empfindet. So sehr ist die Drohung eine universale Existenzbedingung des Lebens, daß sie auch von den leblosen Dingen auszugehen scheint und Naturkatastrophe heißt, obwohl der Natur dabei keinerlei Schaden zugefügt wird.

Wenn er von der Blindheit des Ich erlöst ist, erkennt der Mensch, wie er am göttlichen Leben selbst beteiligt ist. Er will jetzt nicht mehr nur sich selbst oder seine Gattung am Leben erhalten, sondern alles Leben. Der Mensch ist das Lebewesen, das die Universalität des Lebens zu denken vermag und dabei seine Grenze entdeckt. Die Grenze ist die Unmöglichkeit, universal handeln zu können und alles Leben zu retten. Den eigenen Tod möchte auch der natürliche Mensch vermeiden. Ist er aus der Blindheit erwacht, möchte er zusätzlich den Tod des anderen vermeiden, weil er sein eigenes Leben tief verwurzelt findet im Leben des Anderen. Das Ich trifft eine Entscheidung: Wenn ich die Konkurrenz des anderen annehme oder mit ihm taktische Bündnisse schließe, dann bewege ich mich auf der dritten Stufe, auf der Stufe der Interessen. Dann versuche ich, im Bereich der Natur vom Leben zu erraffen, soviel mir möglich ist. Nehme ich sie aber nicht an, dann setze ich auf größere Kräfte, das heißt ich setze auf das Handeln des einen Anderen, das weit über meine eigenen Möglichkeiten hinaus geht. Die Gnade ist das Handeln von der anderen Seite meines Selbst. Sie geht auch über die Naturkraft hinaus, wenn Natur das ist, was ich verstehe und mir im Prinzip zur Hand ist. Wenn aber nicht alle Wirklichkeit Natur ist, dann ist die Gnade ebenso realistisch wie die Naturkraft, ja sie ist realistischer als sie, da die Natur den Tod nicht vermeiden kann. Die Erde ist nicht treu, deshalb gibt es keine Treue zur Erde. Auf der Ebene der natürlichen Konkurrenz nehme ich den Gegensatz zum Leben der anderen wahr und versuche, meinen Vorteil daraus zu ziehen, aber der Hellblick sagt mir, daß alle Anstrengungen ins Leere laufen.

Ist es da nicht realistischer, sich an die Wirklichkeit zu halten, die vorhanden ist, und sie in einen Horizont zu übersetzen, der den eigenen übertrifft? Da sind vor allem zwei Elemente zu übersetzen: Erstens die Abkehr vom bloßen Kampf um Selbsterhaltung, der seit Anbeginn das Leben erschafft und verschlingt; zweitens die Wirklichkeit eines Seins, das Subjekt und Objekt nicht in den Gegensatz treibt, sondern dem konkurrierenden Treiben vorausgeht und von diesem erstrebt wird. Die Abkehr vom bloßen Interessenkampf strebt einen Frieden in einer Wirklichkeit an, in dem die Konkurrenz aufgehoben ist. Nur gelingt die Aufhebung auf der Naturebene nicht, weil die eigenen Kräfte aller Erfahrung nach dafür nicht ausreichen.

Politische Toleranz. Zuletzt eine politische Frage: Gibt der Entwurf über die Toleranz und Intoleranz des Seins einen Wink in den Fragen der Globalisierung? Wenn Wahrheit die Fähigkeit ist, sich und alle anderen am Leben zu erhalten, was heißt das für die Politik? Toleranz hat politisch ihren Sinn in der vollendeten Lebensmöglichkeit, die für den Menschen ebenso unrealisierbar wie notwendig ist.

Welchen Wert kann eine solche Vorstellung haben? Eine regulierende Idee kann nicht in Gesetzesform gegossen werden, dennoch erweitern wir ständig unser Wissen von den Gegenständen. Unser Vertrauen auf das Wachstum objektiver Erkenntnis ist selbst keine objektive Erkenntnis, sondern eine regulierende Idee. Dennoch fällt von ihr ein Licht auf die empirischen Sachverhalte, sie macht diese deutlicher und deutbar. Das ist die wesentliche Unterscheidung: Eine begriffliche Idee ist ihrem Gegenstand gleichwertig und verleitet dazu, ihn zu ergreifen. Eine regulierende Idee ist dazu nicht in der Lage, ihr Realitätsgehalt liegt oberhalb der Wirklichkeit, in der sich Subjekt oder Objekt zeigen.

Ein Bild verdeutlicht die Vorstellung: Wer seinen Lebensraum im Wasser hat, wird nicht viel über die Sonne wissen, weil er sie nur verschwommen erkennen kann. Aber soviel kann den klügeren Wasserbewohnern deutlich werden, daß das Licht für das wimmelnde Leben unter Wasser eine notwendige Bedingung ist. Für Fische ist die Sonne eine messianische Idee. Ebenso ist für den Menschen die Wahrheit eine messianische Idee, von der ihn viele Stufen trennen, weshalb sie ihm auch nur verschwommen deutlich wird, von der er aber indirekt als Quelle des Lebens weiß.

Wer die messianische Idee der Wahrheit annimmt, wird als erste Wirkung erkennen, daß ein Mensch als Person nicht mit seinen Funktionen verwechselt werden darf. Die Toleranz oder die Intoleranz ist ein Teil seines Lebenswillens, der sehr unklar sein kann. Wer eingeengt ist, wird leicht Gewalt anwenden, aber wer nicht weiß, daß endliches Leben immer eingeengt ist, wird noch leichter Gewalt gebrauchen, besonders wenn ihm vom Ende fast nichts bekannt ist. Deshalb gibt sich der Terror von Wohlstandskindern gern als der verlängerte Arm aller Unterdrückten in der Erde aus. Die utopisch schale Hoffnung lautet, daß niemandem eine Einschränkung zugemutet werden darf. Das heißt, das Leben von Personen wird wie die Konkurrenz der Dinge behandelt. Auch der Polizeistaat behandelt die Personen als Dinge und trifft auf die Unmöglichkeit, ihre Konkurrenz zu kasernieren und die Gesellschaft zur Ruhe zu bringen.

Solange der Mensch nicht als Person behandelt wird, gibt es keinen Frieden. Das ist die zweite Wirkung aus der Erkenntnis der Wahrheit: Der Mensch ist Person. Er hört die Stimme der anderen und des Anderen in seinem Horizont, ohne sie darin einschließen zu können. Wer den Menschen mit dieser Situation versöhnt, bringt ihm den Frieden.

7. Das Interesse der Psychologie

7.1 Befriedung eines alten Streites

These 7.1: Das Denken wird seit seinem Beginn begleitet vom Psychologismus. Dessen Wahrheit ist das Interesse, das die Heiligkeit der Person bedroht. Frieden findet der Psychologismus durch die Anerkennung seiner endlichen Wahrheit.

Erster Schlag. Kühne Entdeckungen in der Natur haben der Neuzeit ihren Schwung verliehen. Zuerst wurde Amerika entdeckt, dann die Kugelgestalt der Erde, dann ihre Bewegung um die Sonne, dann die Dampfkraft, die Elektrizität, die Evolution mit einer Geschichte der Natur von Milliarden von Jahren, die Atomspaltung und vieles mehr. Die Naturfunde hatten eine merkwürdige Rückwirkung auf ihre Entdecker: Sie triumphierten und mit ihnen die Menschheit, aber der Mensch selbst geriet in Platznot. Er wußte am Ende nicht mehr, wo er zu Hause war. Er konnte sein Leben in den neu erschlossenen Räumen des Kosmos, des Lebens, der Seele nicht unterbringen. Was ist also der Mensch, fragte das besorgte Herz? Ein Nichts vor dem Unendlichen, ein All gegenüber dem Nichts, war die Antwort, auf jeden Fall ohne einen sicheren Platz an der Sonne. Das Ich hat mit unermeßlichen Anstrengungen unerhörte Siege errungen, aber schließlich versuchten die Hirnforscher das Ich zu leugnen, weil sie in der Großhirnrinde kein eindeutiges Kontrollzentrum für das Subjekt finden konnten.[1] Was bedeuten dieser Triumph und diese Verleugnung?

Zwar ist zu allen Zeiten alles anwesend, aber geherrscht hatte in der Neuzeit in besonderem Maße die Freiheit und die Konkurrenz. Die eine Idee ist die Folge der anderen. Freiheit war der helle Grundsatz ihrer Philosophie und Konkurrenz ihr dunkler. Grenzenlose Freiheit in der Welt war von höherer Stelle nicht vorgesehen, deshalb mußte sich der Mensch den Platz an der Sonne selbst erobern. Weil Freiheit in der Welt kein Geschenk ist, sondern eine Siegesprämie, deshalb ist der Kampf ums Dasein endlos.

Hier beginnen die Widersprüche der Freiheit. Wer alle Wirklichkeit als Natur ansieht, für den ist die Herrschaft in der Natur zugleich der Verlust der Herrschaft über sich selbst. Die zentralen Triumphe des Ich waren zentrale Schläge gegen das Ich. Drei, die schon Siegmund Freud bemerkt hat, lassen sich auf den ersten Blick unterscheiden.

Kopernikus hatte zu Anfang der Neuzeit die Erde aus der Mitte der Welt gerückt. Das All erhielt durch die Umstellung seines Zentrums eine unermeßliche Ausdehnung, aber zugleich wurde der Raum unter der neu aufgestellten Sonne knapp. Absurdität des Lebens! Durch den Triumph der Erkenntnis schrumpft der Mensch in der Natur, und am Ende geht ihm als Zigeuner am Rande des Universums der Platz aus. Aber welch ein Triumphzug bis hin zu dieser Erkenntnis! Der antike Bewohner mit der ruhenden Erde in der Weltmitte konnte sich von göttlichen Kräften umsorgt und versorgt sehen, der neue Randbewohner des Weltalls mußte sich selbst den Tisch gedeckt halten. Die natürliche Vorsehung konnte für einen so abständigen Planeten wie die Erde nur wenig Vorsorge treffen. Mit Kopernikus begann die Reduktion der Schöpfung auf die Natur, und für die Natur ist der Mensch ziemlich gleichgültig; sie liebt bewohnte Planeten nicht mehr als unbewohnte. **Da die Natur in der Neuzeit alle Wirklichkeit sein sollte, war der Mensch keine Wirklichkeit mehr.**[2] In seiner eigenen Vernunft hatte er sich gefangen gesetzt, weil sie ihn zum Triumph über die Natur verlockt hatte. Das heliozentrische Weltbild des Kopernikus hat die Bodenlosigkeit der irdischen Existenz aufgedeckt und dem erstaunten Erdenbewohner seine Fremdheit in der Natur mit Wucht vor Augen geführt. Dieser Bewohner weiß im Bewußtsein der schönen Wahrheit, daß die Erde gegen allen Augenschein nicht stille steht, sein Leben nicht mehr unterzubringen. Unentwegt kämpft er um Fristverlängerung und arbeitet für ein Ziel, das in der Natur nicht vorgesehen ist, für das unbeendliche Leben.

Wer kein Ziel außerhalb seiner selbst kennt, legt es in sich hinein. Das ist die bekannte Umkehrung der Teleologie in der Neuzeit. Nur spaltet diese das Bewußtsein, weil der Mensch ein Ziel hat und zugleich weiß, daß er es nicht erreichen kann. Wenn das Ich sich selbst zum Ziel nimmt, will es sich in der Natur erhalten, in der es keinen Halt hat.

Zweiter Schlag. Einen ähnlichen Schlag empfing das persönliche Ich im 19. Jahrhundert durch Darwin. Obwohl die Weltallkälte schon im Kopernikanischen System die göttliche Vorsehung nachhaltig gedämpft hatte, ließ sie sich noch weiter dämpfen. In der unbelebten Natur hatte der Mensch den kosmischen Vorzugsplatz verloren, durch die Evolutionslehre verlor er ihn auch in der belebten Natur. Darwin und die neue Biologie machten ihm das Vorrecht zunichte, Krone der Schöpfung zu sein. Die neue Biologie zeigte ihm seine Abstammung aus dem Tierreich, die auf keine Weise auszulöschen ist. Das ließ den Mensch als eine Durchgangsstation erscheinen: Tier – Mensch – Übermensch. Die Helden der Epoche dachten: Wie der Mensch von heute im Zoo über seinen Vetter von gestern lacht, so wird der Übermensch von morgen über den Menschen von heute lachen. Aber wem nützt es? Es wird dem künftigen, gentechnisch erzeugten Übermenschen wenig helfen, sein Ich zu erhalten. Zwar wäre der Abstand zum Tierreich verdoppelt, wenn er den Menschen zwischen sich und das Tier geschoben hätte, aber zugleich hätte er ihn aufgehoben. Was in einer Reihe mit anderen Exemplaren steht, ist nur mehr äußerlich, nicht mehr wesentlich verschieden. Die schöne Wahrheit Darwins ließ ihren Entdecker zum Konkurrenten der Tiere im Kampf ums Leben werden, während er vordem der Herr und Patron der Schöpfung war. In der neuen biologischen Welt ist der Mensch ohne Heimat, weil er sein Lebensinteresse in der Evolution der Lebewesen nicht unterbringen kann.

Im praktischen Leben änderte das zunächst nicht viel, da durch die technische Beherrschung der Erde der humane Lebensraum sogar vergrößert wurde. Die gleiche Paradoxie wie in der Kosmologie! Der physische Raum wächst, der geistige schwindet dahin. Den Raum, den der Mensch bewohnt, nimmt er vom Kopf her in Besitz, und vom Kopf her wird der Platz an der neuen Sonne noch einmal knapper. Das ist der Weg der Objektivierung: Die Welt wird größer; aber das Subjekt, das die Objektivierung betreibt, macht sich selber zum Gegenstand, dadurch raubt es sich den Lebensraum in der Natur.

Dritter Schlag. Den dritten und schwersten Schlag teilte die Psychologie aus, als sie das Subjekt ganz in der Objektivität verschwinden ließ. Der Mensch geriet mit seinem vornehmsten Organ, mit dem Denken, in den Verdacht, nichts Besonderes zu sein! War der Mensch ein betrogener Betrüger, wenn er versuchte vernünftig zu denken? Aristoteles hatte den Menschen das vernünftige Lebewesen genannt und ihn auf den Thron einer universalen Herrschaft gesetzt. Aber in der Neuzeit geriet diese Vernunft trotz einzigartiger Verehrung in den Strudel der Auflösung. Vernunft, Geist, Seele des Menschen, alle diese adligen Distinktionen wurden so stark in Mißkredit gezogen wie der Geburtsadel auch. Das Denken wurde psychologisch, das heißt, die Psychologie versuchte den Geist auf Stimmungen und Triebe zu reduzieren, um ihn objektiv erfassen zu können. Wenn Kopernikus und Darwin draußen in der Natur dem Menschen keine Sonderstellung einräumen wollten, so konnte er sich in seinem Inneren, in seinem Geist, noch sicher wähnen. In der Reflexion dieses Geistes mochte er sich über alle belebte und unbelebte Natur weit erheben und seine Sonderstellung erahnen, erfahren, erleben, erträumen, erdenken. Da mochte er kühn sein Haupt empor heben zu den drohenden Felsengebirgen der Fixsterne und Galaxien, zu dem tobenden Wassersturz der biologischen Evolution und zu den am Horizont fliegenden Wolken. Er mochte zu sich sprechen: Ich bin doch ewig, ich trotze eurer Macht! Mein Wille allein soll kühn und kalt über den Trümmern des Weltalls schweben. Ich habe meine Bestimmung im Geist ergriffen, und die ist dauernder als ihr. Sie ist ewig, und ich bin ewig, wie sie.[3]

So konnte der Geist in idealischer Begeisterung reden und war doch vom Pathos der Rede selbst nicht sonderlich erbaut. Im Rausch des Selbstbewußtseins zwar konnte er sich von der Endlichkeit zur Unendlichkeit aufschwingen, aber dann geschah der dritte Schlag. Da wurde ihm auch der Weg nach innen abgeschnitten, der ihn durch Selbstanschauung über die Natur erheben sollte.

Idealismus und Psychologismus. Nach dem Rausch des Idealismus ist mit einem Male alles Denken von der Psychologie infiziert. Der höchste Selbstbesitz schwankt zwischen Denken und Psychologie, zwischen dem besitzenden Selbst und dem besetzten Selbst. Der Umschlag des Idealismus in den Psychologismus und Materialismus erstaunt immer wieder, ist aber recht einfach zu erklären. Radikaler und ungescheuter Idealismus ist die Auffassung, alle Objektivität in der Welterfahrung habe ihren Ursprung im Subjekt und seiner Selbstwahrnehmung. Psychologismus, Naturalismus und Materialismus machen es umgekehrt. Bei ihnen soll das Subjekt ganz vom Objekt erklärt werden. Wer nur diese beiden Möglichkeiten kennt, wechselt leicht einmal die Seiten.

Das ansteckende Virus versuchte den Gedanken aufzulösen und

ihn in Wallungen des Befindens zerfließen zu lassen. Eben das ist die Versuchung des Besitzes. Die Vorkämpfer der Psychologie sagten: Ein Reiz kann positiv oder negativ oder auch neutral empfunden werden, je nachdem, wie die Auslöser wirken. Was soll uns noch das Denken, was scheren uns die Gedanken, was wollen wir mit der Wahrheit? Das eine Wohlbehagen, so meinten die harten Psychologisierer, löst dieses Gefühl aus und dann diesen Gedanken, das eine Mißbehagen das andere Gefühl und den anderen Gedanken. So in einem fort entstehen alle Weltanschauungen, Philosophien und Religionen durch die aufgehäufte Mischung von positiven und negativen Wahrnehmungsreizen! Die einen beginnen mit diesem Gedankengefühl, die anderen setzen es ähnlich fort, anderen mißbehagt das Gefühl, sie verlangen etwas Neues, wollen aber das Alte nicht ganz verwerfen, und verbinden beides. So entsteht ein drittes, viertes, fünftes, zehntes, hundertstes und tausendstes Weltbild, ebenso alle Philosophie und alle Religion. Was erklärt ist, ist reduziert und nicht mehr das, als was es sich selbst wahrnimmt. Es ist für sich selbst oder für andere handhabbar geworden.

Nur der Besitzer dieses Besitzes, der sein Selbst in Denken, das Denken in Gedanken, die Gedanken in Stimmungen und die Stimmungen schließlich in Gehirnströme aufgelöst und in Besitz genommen hat, wo ist er geblieben? War da nicht einer, der ein hartes Programm betrieben hat? Bewahrt er sein Selbst jetzt etwa als Computerprogramm auf?[4]

Intentionalität des Denkens. Seit dieser Schlag am Ende des 19. Jahrhunderts geschehen ist, gehört es zu den Anfangsaufgaben eines jeden Philosophen und Theologen, der etwas auf sich hält, den Psychologismus zu widerlegen. Erst dann hat er dem Denken und seinem Beruf freie Bahn geschaffen. Diese Aufgabe wird meistens auf die Weise erledigt wie in Kapitel 1, wo der Wahrheitsfreund dem Skeptiker mit dem Gedanken der Intentionalität zumindest die Waage hält. Intention heißt Absicht oder Meinung. Weil auch der Psychologe etwas meint, wenn er sagt, Gedanken seien nur Gefühle, ist der Meinende der gemeinten Sache immer schon einen Schritt voraus. Die psychologische Reduktion ergreift ihn erst, wenn er seinen Platz schon wieder verlassen hat. Niemals also holt die Psychologie die eigenen Vorgaben ein, wenn sie eine Behauptung aufstellt, die gelten soll. Trotzdem bleibt es der Psychologie unbenommen, die geräumten Stationen Stück für Stück einzunehmen.

Die Meister dieser philosophischen Anfangsaufgabe sprechen von der Intentionalität des Denkens. Es gibt nicht nur zahllose Bedeutungen in der Welt, sagen sie, die im Prinzip alle gleichwertig sind, sondern einige dieser Bedeutungen habe ich immer schon ausgewählt und behaupte von ihnen, daß sie gelten sollen. Im gleichen Augenblick, wo ich eine Bedeutung in Geltung setze, hört die Psychologie auf, die einzige Quelle meines erkennenden Hantierens zu sein. Dieses klassische Argument soll das Denken vor einer Auflösung in bloße Reize und Reaktionen bewahren.

Die einzelnen Schritte der Widerlegung lassen sich verfeinern. Nimmt man die in der Neuzeit herrschende Trennung zwischen Subjekt und Objekt an, so ist die Psychologie eine Tatsachenwissenschaft. Als solche kommt sie zu empirisch begründeten Regeln, die zu Gesetzen über das Bewußtsein führen. Ohne Zweifel läßt sich das Bewußtsein zu einem Gegenstand in der Natur machen, aber der Versuch, die idealen und überzeitlichen Bedeutungen der Logik auf Eigenschaften des psychischen Geschehens zu beschränken, es *nur* mit Regeln der Natur zu beschreiben, führt zu einem Widerspruch in der Theorie. Die Beschreibung müßte abgeschlossen sein, wenn sie widerspruchsfrei sein soll. Dann aber verstößt sie gegen die Regeln der Reflexion, da nicht einmal in der Logik die Widerspruchsfreiheit eines Systems zusammen mit der Vollständigkeit nachgewiesen werden kann.

Als seelisches Erleben ist ein logischer Satz zwar auch ein reales Geschehen in der Zeit, und als solches hat es einen Anfang und ein Ende. Der Satz vollzieht sich in einer Vielzahl von einzelnen Urteilsakten, wie ich an mir selbst wahrnehmen kann. Er ist auch von Stimmungen des Mißbehagens oder des Gefallens begleitet. Dennoch ist der logische Satz nicht das alleinige Produkt dieser naturalen Prozesse. Der Gehalt einer Aussage bleibt in den vielen zeitlichen, individuellen, psychischen Vollzügen derselbe, ohne anzufangen oder aufzuhören. Er ist im Reich des Geistes identisch, allzeitlich und überzeitlich, wie zum Beispiel der erste aller logischen Grundsätze, der Satz von der Identität A = A. Er ist mir im Bewußtsein nicht immer präsent. Aber sollte ich an seiner Gültigkeit zweifeln, wenn ich gerade nicht an ihn denke? Oder wechselt seine Gültigkeit, indem er einmal gültig ist, wenn ich auf ihn achte, und ungültig, wenn ich das nicht tue?

Das alles kann man zur Abwehr gegen den Einbruch der Psychologie ins Denken vorbringen, um sich dann der Reflexion in den gesicherten Gebieten zuzuwenden.

Bleibender Verdacht. Aber der Psychologieverdacht bleibt, die Infektion will nicht weichen. Wir schwimmen im Meer der Interessen. Der Pluralismus ist der Spiegel der vom Interesse angesteckten Wahrheit, in der jeder Gedanke von außen angeschaut und als Interesse beschrieben werden muß. Der Psychologie untreu zu werden hieß am Ende der Neuzeit, den weltlichen Gott zu verlassen, der die Quellen des Lebens sprudeln ließ. Seit seinem ersten Auftreten wächst der Verdacht der Psychologie beständig, besonders bei den Leuten, denen das Denken immer schon eine verdächtige Sache war, entweder weil es ihnen zu unnatürlich oder weil es ihnen zu unpraktisch oder weil es ihnen zu schwer war. Denken stört tatsächlich das Handeln, denn es bringt eine Verzögerung in den Ablauf der Dinge.

Was unterscheidet Erklären von Denken? Im Erklären führe ich eine mir nicht verständliche Erfahrung auf eine bekannte Erfahrung zurück, indem ich das Neue am Alten messe. Das Denken kann auch nicht viel anderes tun, es fügt dieser Reduktion nur einen einzigen Gedanken bei. Es weiß, daß eine Erklärung nicht vollständig sein kann, deshalb ist Denken die Kunst weiter zu fragen. Erklären ist leichter als Denken, meist auch vergnüglicher. Im Erklären kann ich meiner Meinung freien Lauf lassen, ohne die Rückfrage zu stellen, ob der Maßstab, den ich anlege, angemessen ist. Der wird zwar im Denken auch nicht gefunden, aber im Denken darf das Unbekannte ein Unbekanntes bleiben, bis es selbst sich bekannt macht. Dann erst feiert das Denken sein Fest, noch vergnüglicher, als wenn es sich in den Erklärungen freien Lauf gelassen hätte.

Auch auf den höheren Stufen des Denkens ist der Verdacht nicht geschwunden. Ich muß gestehen, richtig überzeugt hat mich die intentionale Widerlegung noch nie. Zu sehr ist das Argument hausgemacht und getragen von dem Abscheu des humanistischen Geistes gegen naturalistische Geschmacklosigkeiten, die mit ihren simplen Argumenten eine Totalerklärung der Welt beanspruchen. Das Argument der Retorsion ist edler und hellsichtiger als der Psychologismus, der eine Proletenphilosophie ist und nur urteilt und urteilt, ohne sich selbst unter das Urteil zu stellen. Allerdings ist der psychologische Verdacht dem intentional voraus eilenden Gedanken immer dicht auf den Fersen. Freiheit durch die Flucht nach vorn? In die unendliche Reflexion? Die Widerlegung des Psychologismus verschafft dem Denken keine wirkliche Ruhe, keine Heimstatt, von der aus wir uns fragen können, was denn am Psychologismus echt ist, welches Partikelchen an Wahrheit er in sich trägt. Ihn als Möglichkeit zu bestreiten, also ihn insgesamt zu verwerfen, ist dem schärfsten Gegner bisher nicht eingefallen. Der Mensch ist in der Welt, deshalb sind es sein Geist und sein Denken auch, die zum Gegenstand der Naturforschung werden können. Der Psychologismus bezieht seine Sicherheit durch die Naturwissenschaft, indem er ihre Methoden auf das Subjekt anwendet und es zu einem Gegenstand macht. Aber kann ein Subjekt ein Objekt sein? Ganz im Rahmen der Trennung zwischen Subjekt und Objekt wechselt der Psychologe die Seiten und schaut sich selbst mit seiner Subjektivität als Objekt an. Gewiß eine bedenkliche Methode, aber vielleicht mit einem Wahrheitskern, jedenfalls für viele Zeitgenossen eine bequeme Deutung des rätselhaften Lebens von Subjekt, Individuum und Person, von Freiheit und Verantwortung, von Dasein und Tod in der Welt.

Durch intentionale Abwehr bleibt der Mensch in seinem Geist, in seiner Einmaligkeit, in seiner Gottebenbildlichkeit eine Wirklichkeit bis auf weiteres, bis zum Widerruf, bis zum neuen Forschungsprogramm. Immer noch und auf alle Zeit kann der Naturalist ein Tabu brechen, weil das Subjekt nie ganz zum Objekt werden kann, weil es seine Sonderstellung in der Natur immer wieder neu erschafft und als Tabu darbietet.

Die Sequenzierung des menschlichen Erbgutes um die zweite Jahrtausendwende hat ihren Verfechtern große Enthüllungslust beschert. Fünfhundert Jahre nach Kopernikus konnten sie sich noch einmal rühmen, den Menschen vom Thron seiner Gottebenbildlichkeit gestoßen zu haben. Wie oft war das eigentlich in der Neuzeit schon geschehen? Zu den drei Kränkungen können wir die Sequenzierung als die vierte nehmen. Oder war sie doch bloß eine Variante der Kränkung durch Darwin, der in der Evolutionslehre den Affen zum Vetter des Menschen erklärt hatte? Der Gedanke der Intentionalität und folglich der Retorsion hat nicht die Kraft, dem Verdacht ein Ende zu setzen, er erzeugt den Lästerungsreiz immer von neuem. **Wer auf der Flucht ist, will entkommen und löst, ganz gegen seinen Willen, den Jagdinstinkt aus.** Wer defensiv handelt, erwartet als Schicksal die Niederlage. Er ist nur verwundert, wieviel Zeit sich die Hunde lassen, um den Hasen zur Strecke zu bringen. Bis ihm einfällt, daß die Hunde den Hasen nie zur Strecke bringen werden, weil die Jagd die Lebenslust dieser Tiere ist. Diese Jagd ist der eine Schritt, den die Geltung immer der Erklärung voraus ist oder das Denken der Psychologie.

Hier muß ein anderer Streich den gordischen Knoten zerschlagen. Oder, besser gesagt, es muß ein anderes Schwert den Laokoon und seine Söhne aus der Schlangenumarmung befreien. Warum läßt sich das Denken nicht als reine, unbefleckte Marmorgruppe aufstellen? Warum zieht es magisch den Verdacht an? Warum scheint der Verdacht mit ihm geboren zu sein? Auf der einen Seite der an sich gültige und von Interessen freie Gedanke! Der Identitätssatz in der Logik, der Satz vom Widerspruch, der Satz vom ausgeschlossenen Dritten, der Satz des Pythagoras! Welch eine Erholung aus der Welt des Begehrens! Auf der anderen Seite das Interesse, das sein Mäntelchen über jeden Gedanken wirft, um ihn in Gebrauch zu nehmen, kaum, daß er ausgesprochen ist. Aus der Entdeckung wird eine Erfindung, aus der Erfindung ein Patent, aus dem Patent eine Maschine. Wie seltsam verhält sich doch die Wahrheit zu ihrem Gegensatz, zum Interesse! Beide wollen nicht zu gleicher Zeit in der Welt vorhanden sein, sie schließen sich von ihrem Wesen her aus. Die Wahrheit will Leben für alle, das Interesse nur für sich selbst. Aber wenn einer das eine vorträgt und damit Beifall erringt, ist das andere gleich zur Stelle und macht die Zustimmung zunichte. Wie siamesische Zwillinge sind die beiden aneinander geboren! Versöhnt treten sie nicht auf, immer stehen sie im Krieg und können doch voneinander nicht lassen. Ein enges, endloses, unauflösliches Band hält sie zusammen. Niemand kann das Wort **Wahrheit** in den Mund nehmen, ohne mit einem **Interesse** seine Hand zu beflecken, und niemand kann von der Lust des reinen **Interesses** fabulieren, ohne mit seinen Händen auf die praktische Beständigkeit und die **Wahrheit** der Dinge zu vertrauen.

Definition des Psychologismus. Ich versuche eine Definition des Psychologismus in den Begriffen von Wahrheit und Interesse. **In seiner harten Form meint der Psychologismus: Jede Wahrheit ist ein Interesse und jede Behauptung von Wahrheit verdeckt ein Interesse.** Unter solchen Umständen, wenn der Verdacht zurecht besteht, ist die empörte Frage berechtigt: Warum nicht lieber gleich die Lüge? Eine Frage ist das eigentlich nicht, es ist ein trotziger Schlachtruf. Das Ich will sich schadlos halten für einen fernen Schaden, der ihm einmal angetan worden ist. Wahrheit kann unter den harten Umständen des Weltlebens nur die erfolgreiche Lüge sein. Mir und den anderen, die ich zu den Meinen zähle, verhilft sie zu einem nützlichen Fortschritt. Im Gegenzug wird man die Lüge die erfolglose oder weniger nützliche Wahrheit nennen. Mit Lüge oder Wahrheit, mit dem einen wie dem anderen oder, besser gesagt, mit dem einen als dem anderen, bewegt sich das egoistische Individuum durch die darwinische Welt der universalen Konkurrenz, die egoistische Klasse durch den Klassenkampf und das egoistische Gen durchs Leben. Nicht umsonst wurden der Kapitalismus, der Kommunismus und der Darwinismus im gleichen Jahrhundert geboren. Es verbindet sie der gleiche Blick auf die Welt: Die universale Konkurrenz ist bei ihnen zur ersten aller Denkkategorien aufgestiegen. Von ihr kommt alles, durch sie geschieht alles, alles hat sie zum Ziel. Die Differenzen in den drei großen Bewegungen, die bis zur blutigen Feindschaft gegangen sind, beginnen erst auf der zweiten Stufe. Sie sind Bruderkonflikte der gleichen Herkunft. Der Glaube an die universale Konkurrenz geht im säkularen Denken allen anderen Gedanken vorweg. Der dunkle Bruder der Freiheit ist die Konkurrenz, in der die Freiheit erschlagen wird.

Die gepredigte Solidarität kann nur Gruppensolidarität sein, also nützlich geminderter Eigennutz, aus dem die Toten, die Ungeborenen, die Lebensschwachen herausfallen. Unverhülltes Motiv des Interesses: Die Schwachen und Mißratenen sollen zugrunde gehen! Natürlich wird sich jeder öffentliche Redner für die Solidarität mit den Ausländern und Randständigen, für die Sensibilität gegenüber fremden Leiden aussprechen, aber wer sich gegen die westliche Pluralitätsordnung wendet, wer den Konsumismus für eine Kultur des Todes hält, verliert die Achtung und wird mit Krieg bedroht, zuerst von den Pluralitätstheoretikern.[5] Das ist nur folgerichtig, denn die Liebe ist die einzige Form der Wahrheit. Wenn ich keine Wahrheit für möglich halte, sondern nur Interessen, werde ich nicht lieben können und folglich alle, die mir nichts nützen, aus meinem Frieden ausschließen. Diejenigen besonders werde ich vernichten wollen, die mit der Wahrheit gegen meine Interessen auftreten.

Hier hilft kein undurchschauter Affekt oder Gegenaffekt, sondern nur ein klarer Gedanke. Es ist wahr, ich darf dem Feind der Freiheit keine Freiheit lassen, wie ich dem Mörder im Augenblick seiner Tat kein Recht zugestehen darf. Höchstens darf ich für mich selbst auf Verteidigung verzichten, nicht aber für den anderen. Es gibt eine legale, ja sogar eine notwendige Gewalt der Gesellschaft, wenn das Leben des anderen bedroht ist. Allerdings tritt sie nicht ohne Beimischung von illegitimer Gewalt auf, denn sie ist eine weltliche Erscheinung. Im Alltag lassen sich Wahrheit und Interesse nicht trennen, aber im Denken lassen sie sich unterscheiden. Wenn der andere und ich nur Interessen haben, sind wir gleichwertig, und ich könnte nicht im Namen von Freiheit, Gleichheit und Brüderlichkeit oder anderen Werten sein schändliches Tun unterbinden. Trotz der Gleichheit der Interessen tritt bei dem, der für Loyalität und Sensibilität wirbt, eine größere Wahrheit auf, eine Wahrheit für das Leben – am Ende kann man es auch eine größere Nützlichkeit nennen. Der vollendete Nutzen und die vollendete Freiheit vom Nutzen fallen zusammen, wenn Wahrheit und Interesse eins geworden sind. In dem Maße, wie der andere gegen die Achtung für den anderen verstößt, darf ich ihm die Niedertracht verwehren, wenn es mir möglich ist. In diesem einzigen Fall ist die Macht nicht allein für mich gebraucht, sondern auch für den anderen, selbst wenn er als Feind des anderen auftritt.

Beschränkte Konkurrenz. Was sich auf solche Weise historisch einordnen läßt, büßt an schlichter, unbefragter Gültigkeit ein. Die harte Form des Psychologismus erweist sich durch bloße Namhaftmachung als gewalttätige Reduktion, die zur Voraussetzung nimmt, was sie behauptet. Die Formel von Thomas Hobbes am Anfang der Neuzeit: ›Bellum omnium contra omnes – Der Krieg aller gegen alle‹, oder die spätere von Darwin: ›Survival of the fittest – Der Beste überlebt‹, sind Beispiele dieser harten Reduktion. Sie ziehen sich wie ein roter Faden durch die Neuzeit. Wer statt Wahrheit nur Interessen sieht, hat die Schöpfung auf Natur reduziert. Statt ehrfürchtig angeschauter Schöpfung will ein solcher die Natur handhabbar machen. In einer geschaffenen Welt, und sei sie noch so bewohnt, garantiert der Schöpfer dem Leben einen Platz, um den es nicht zu kämpfen braucht, für einige Jahre in der Zeit, für alle Zeit in der Ewigkeit. In den Psalmen spricht der Beter: ›Aller Augen warten auf dich, und du gibst ihnen Speise zur rechten Zeit. Du öffnest deine Hand und sättigst alles, was lebt, nach deinem Gefallen.‹[6]

Dagegen ist kein Fortschritt in der Welt geeignet, den Lebensplatz zu garantieren. In einer bloßen Natur ohne Schöpfer, in einer bloßen Zeit ohne Dauer, ist dem Menschen ein solcher Platz nicht bereitet. Höchstens noch, wenn man ihn als Naturding betrachtet, das sich seine Sonderstellung in der Natur einbildet, das aber nichts anderes ist als eine materielle Gestalt. Dieser Materie möchte die Wissenschaft Bestand in der Zeit garantieren oder auch dem Leben der Geschlechter, das sich über Hunderte von Millionen Jahren hält. Aber vor dem Ich, das ich selber bin und das mich zur Person macht, steht eine solche Wissenschaft ratlos da. Deshalb die Rede vom Tode

Gottes in der Neuzeit! **Wer Gott für tot erklärt, will sich selbst für tot erklären.** Aller Haß ist Selbsthaß. Die postmodernen Philosophen ziehen daraus den Schluß und erklären das Subjekt für nicht vorhanden. Das leuchtet ein: Das Ich kann sich in der bloßen Realität der Welt nur zu Tode stürzen. Gültigkeit, sagen diese Weisheitslehrer, gibt es nicht, selbst rationale Maßstäbe sind verlogen, alles ist abzubauen, denn alles ist Interpretation von Interpretation, Entwurf von Entwurf. Ein Entwurf dient dazu, sich ein wenig länger am Leben zu erhalten, sich beim Wein etwas besser zu unterhalten oder – etwas eleganter – seine Biographie zu erfinden.[7] Die Konkurrenz frißt ihre Kinder, und der postmoderne Philosoph hat sich darein ergeben. Er entwirft Szenarien, die ihn angenehmer bei einem gepflegten Glas Wein auf den Tod warten lassen.

Diese Weisheitsbesitzer wissen nicht, welchen Dienst sie dem Gott der Offenbarung erweisen, den sie endgültig vertrieben wähnten. Oder erst wenige ahnen es. Sie bereiten ihm den Weg und legen ihm von neuem den Teppich aus, nachdem sie ihn auf eine weite Reise geschickt haben, von der er als neueste Nachricht mitbringt: Die Natur ist nicht alle Wirklichkeit. Die postmoderne Leugnung der Vernunft macht die enge Verwandtschaft wieder deutlich: Mensch und Gott leben nur gemeinsam. Der eine ruft den anderen. Der enge Glaube an die Wissenschaft, die eines Tages die Personalität des Menschen objektiv erklärt und abgelöst haben wird, ist nicht Wissenschaft, sondern Ignoranz der Tatsachen. Aber was soll den Menschen über die Natur erheben? Der Erhebende hat den alten Namen: Der eine Gott. Er führt als Schöpfer der Welt den neuesten Namen: Nicht alle Wirklichkeit ist Natur. Dieser naturtranszendente Gott kann einzig in der Lage sein, den Menschen als Person in der Welt zu halten. Er selbst wird auch nur erkannt durch ein Wesen wie den Menschen, der seine Heimatlosigkeit auf der Erde anerkannt hat. Treue zur Erde? Die autonome Vernunft hat sich in tausend Vernünfte und Sprachspiele zerlegt, die eines nicht können: Jedem Leben den Platz zu geben, den es zum Leben braucht.

Vom Interesse zur Wahrheit. Ohne Bild gesprochen: Wie sieht der Weg aus, der von der Konkurrenz zur universalen Versöhnung führt? Wenn die Konkurrenz der *alleinige* Maßstab sein sollte, nach dem das Leben der Welt abläuft, dann schneidet sich das Leben selbst von seinen Quellen ab. Der Lohn der universalen Konkurrenz ist der Tod.

Wir wenden den Maßstab der Konkurrenz auf sich selbst an. Wir gehen vor wie bei der intentionalen Widerlegung des Psychologismus. Nur beschreiben wir die Rekursion nicht als Bewußtseinsakt, sondern als umfassende Handlung des auf Selbsterhalt bedachten Lebewesens. Wenn allein die zufällig stärkeren Subjekte leben dürfen, die ihren Willen zum Leben als allgemeinen Maßstab durchgesetzt haben, warum gibt es dann die schwächeren Subjekte? Um verschlungen zu werden in mein Selbstsein? Wenn ich in dieser Absicht Erfolg hätte, würde ich mir selbst die Quelle des Lebens verschütten, denn die Andersheit wäre damit verschwunden. Am Ende wäre ich so einsam, wie jeder Tyrann einsam ist. Das Leben aber ist die Bewegung zwischen dem eigenen Ich und den vielen anderen und dem einen Anderen. Das Leben existiert nach einem Maßstab, der größer ist als derjenige, den ich gerade anlegen wollte, um die Andersheit der anderen in mein Selbstsein zu ziehen. Ich weiß zwar nicht, wie es in der Seele des anderen aussieht, denn Personsein ist im Kern unmitteilbar, sonst wäre die Person nur Natur. Aber in dem Maße, wie die anderen an meinem Leben zerren, nehme ich an, gibt es in den anderen die gleichen Kräfte des Egoismus wie in mir. Auch für sie bin ich verantwortlich, denn indem ich sie in den Blick nehme, fallen sie in meinen Horizont. Sie versuchen, mich zum Opfer zu machen, denn auch sie beziehen ihre Lebenskraft aus dem Leben ihrer Umgebung.

Universaler Bund. Es ist also gut, mit meinem Konkurrenten in einen verträglichen oder vertraglichen Zustand zu treten, um im Konsens mit ihm den beiderseitigen Vorteil zu suchen. Natürlich kann unser Bund gegen einen Dritten gerichtet sein, der wiederum Bündnisse gegen uns zu schließen im Begriff steht. Also muß ich bestrebt sein, wenn ich vernünftig bin, den Bund universal werden zu lassen. Ein Bündnis gegen mich ist zuerst eine Drohung mit dem Tod und dann mein sicherer Tod. Mein Egoismus wird erst in einer universalen Bejahung all derer, die es ebenfalls gibt, völlig lebensfähig. Kann es in meiner Zustimmung eine Grenze geben? Mein Glück kann nur das Glück für alle wollen, sonst bin ich gefährdet. Ob ich die Universalisierung leisten kann, ist eine andere Frage, das heißt, sie ist sicher zu verneinen: Aus mir kann ich nicht das Leben für alle vollbringen. Aber meine vernünftigen Kräfte fordern, daß ich das können müßte, wenn es mir um das geht, um was es mir immer geht, um mein Leben. Solange allerdings noch ein einziger Gegner in der Welt besteht, und sei es die kleinste Malariamücke, ist mein Platz an der Sonne nicht gesichert und mein Glück nicht genießbar. **Der kon-**

sequente Egoist, wenn er über sich selbst Klarheit gewonnen hat, bekehrt sich zur universalen Liebe. Die Schrumpfform der Wahrheit, das Interesse, weitet sich durch Anwendung des Interesses auf sich selbst zur vollen Form der Wahrheit. Diese Wahrheit leuchtet auf, auch wenn ich sie nicht in Besitz nehmen kann. Wer nur einen Atemzug tut, muß mit seinem Tun das Leben aller in einer Welt ohne Konkurrenz anerkennen und seine Unfähigkeit zur Realisierung seines eigenen und des universalen Lebens eingestehen.

Dennoch gibt es das partikuläre Interesse, das sich der Universalität der Wahrheit widersetzt. Wie steht diese begrenzte Welt vor der unbegrenzten Welt der Wahrheit? Wenn wir einmal den Weg von der Partikularität zur Universalität gegangen sind, können wir dem Psychologismus begrenzte Rechte zugestehen, die er auf ungezwungene Weise hat, so wie das Endliche vor dem Unendlichen nicht einfach ein Nichts ist. Das Interesse *kann* gegen die Wahrheit gestellt werden, *muß* aber nicht notwendig. In der Notwendigkeit, als ob sie naturgegeben sei, waren sich Freunde und Feinde einig. Dadurch wurden sie zu Gegnern in einem Bruderkampf, der sie in den Streit um den Besitz dieses Zwanges führte. Entfällt der Zwang, entfällt der Streit.

Eins und alles. In Goethes Gedicht ›Eins und Alles‹ ist die Konkurrenz scharf und schmerzlich empfunden. Der Dichter bietet eine klug berechnete Lösung an, die man pantheistisch nennen könnte. Pantheismus ist im 18. Jahrhundert eine Parole aus der Schule des Spinoza und ein Angebot zur Erlösung des Gegensatzes von Wahrheit und Interesse. Die Offerte unterziehen wir hier einer kleinen Korrektur, um auf die volle Höhe ihrer Wahrheit zu gelangen.

Das Gedicht hat vier Strophen zu sechs Zeilen. Die erste Strophe schildert das Elend des weltlichen Lebens in der Konkurrenz und die Sehnsucht nach Erlösung.

1. Im Grenzenlosen sich zu finden
Wird gern der Einzelne verschwinden,
Da löst sich aller Überdruß;
Statt heißem Wünschen, wildem Wollen,
statt läst'gem Fordern, strengem Sollen,
Sich aufzugeben ist Genuß.

Die Quelle der heißen Wünsche ist das Ich des Einzelnen, ist mein Ich, das mit scharfen Forderungen auftritt und auf eben solche Forderungen trifft. Die Verheißung winkt von ferne als Land ohne Grenzen, als ein Reich der aufgehobenen Rivalität: Wo das Ich auf sich selbst verzichtet, grenzt es sich nicht mehr ab. Das ist der Preis für die Rationalität dieser dichterischen Verheißung. Kein unbegrenzter Raum für jedes Ich, einen solchen Platz kann Goethe nicht schaffen, sondern umgekehrt: Es gibt kein Ich, das mit seiner Gestalt eine Grenze zu bewachen hätte. Der Dichter hat die volle Wahrnehmung für die Herkunft der Schmerzen, die dem Lebenswillen des Ich entspringen. Er stellt wie Buddha die Fragen: Was ist das Leiden? Was ist die Ursache des Leidens? Was ist die Aufhebung der Ursache des Leidens? Das Leiden entspringt dem Ich und seinem Durst nach Leben. Das Ich kann auf Dauer nicht bestehen und sollte deshalb von sich aus auf den Fortbestand verzichten. Wie schwer der Verzicht fällt, beschreiben die nächsten sechs Zeilen.

2. Weltseele komm uns zu durchdringen!
Dann mit dem Weltgeist selbst zu ringen
Wird unsrer Kräfte Hochberuf.
Teilnehmend führen gute Geister,
Gelinde leitend, höchste Meister,
zu dem der alles schafft und schuf.

Der einfache Willensentschluß reicht zur Erlösung nicht aus. Der Wille ist das Organ, das die Identität des Ich in der Natur betreibt. Selbst wenn das Ich in seinem Willen den Verzicht auf sich selbst beschlossen hätte, geht es ihm noch um das Wohlergehen dieses Ich, nämlich um seine Loslösung aus den Widersprüchen des Lebens. Mit meinem Willen kann ich mich nicht aus mir heraus ziehen. Es muß etwas von außen in mich eindringen, das ich zugleich als zu mir gehörig begrüße: Weltseele, komm! Die Umwandlung geschieht nicht plötzlich, auch wenn der Weg zur Lösung in einem einzigen Augenblick klar wird. Ihn zu gehen ist ein Prozeß, der solange dauert, bis ich das Fremde als mein Eigenes anerkannt habe. Deshalb die Teilnahme der guten und gelinden Geister! Der Prozeß zur Gesundung erzeugt immer neue Widersprüche in mir, am schärfsten diesen, daß der sehnlich erwartete Besuch der Weltseele zu einem Ringkampf mit dem Weltgeist wird. Die Weltseele ist das kosmische Ganze als gefühlte Kraft, der Weltgeist ist die Gesetzlichkeit. Und in der Gesetzesform ringt tatsächlich die Naturwissenschaft mit dem Weltganzen, aber eben nach Goethe auf keine erlösende, sondern die Schmerzen vermehrende Weise. Der Arzt des Körpers verordnet wie der Arzt des Lebens manchmal schmerzliche Arzneien. Der Mensch ringt in sich selbst um sein Leben, weil er es nicht gefunden hat.

3. Und umzuschaffen das Geschaffne,
Damit sich's nicht zum Starren waffne,
Wirkt ewiges, lebendiges Tun.
Und was nicht war, nun will es werden,
Zu reinen Sonnen, farbigen Erden,
In keinem Falle darf es ruhn.

Wenn der Allerschaffer das Geschaffene umschafft, bringt er dem Geschöpf das Leiden. Es gehört zu den wesentlichen Erkenntnissen des Lebens, daß das Leiden, von dem ich Heilung suche, selbst ein Mittel der Heilung ist. Ich muß das Leiden anerkennen als Weg des Heils, sonst werde ich starr. Das Leiden erfaßt mich auch bei der Verweigerung immerfort, nur zerbricht es mich, wenn ich mich ihm widersetze. Durch den Verzicht auf das Wohlbefinden wird das Leben produktiv und bringt das hervor, was vorher nicht da war. Aus der Konkurrenz wird das erlöste Leben in der Fülle des farbigen Lebens. Über den tausendfältigen Dingen, die früher verwirrten, steht jetzt eine reine Sonne, die allem Leben einen Platz gibt. So beschreibt Goethe das paradiesische Leben.

4. Es soll sich regen, schaffend handeln,
Erst sich gestalten, dann verwandeln;
Nur scheinbar steht's Momente still.
Das Ewige regt sich fort in allen:
Denn alles muß in Nichts zerfallen,
Wenn es im Sein beharren will.

Hier kommt es zu dem Rückfall, der auch den Erlöser Goethe noch der Erlösung bedürftig macht. Eigentlich hat sich das Leben nicht verwandelt. Ich bin jetzt nur mit ihm einverstanden, was sehr viel ist, aber nicht alles und nicht die Erlösung. Goethe kann an keine Verwandlung des Seins glauben, weil er zu neuzeitlich ist und das Sein vom Bewußtsein getrennt hält. Das Bewußtsein kann sich ändern, es kann sich durch sich selbst verwandeln, obwohl die hohen Meister schon zu Hilfe gerufen sind. Das ist nötig, denn auch im Bewußtsein ist der Mensch nicht Herr im eigenen Haus, noch weniger allerdings im ganzen Sein. Was fehlt, ist die Verwandlung des Seins. Das ist die kleine Korrektur, die wir am Pantheismus anbringen müssen. **Die Verwandlung des Bewußtseins ist durch Selbsterlösung möglich, die Verwandlung des Seins nicht.**

Das erklärt die geschrumpfte Form des Jesus-Zitates, mit dem das Gedicht endet. Mit traumwandlerischer Sicherheit kann Goethe den Kern der religiösen Erfahrung bezeichnen, stutzt sie aber zurecht.

Jesus sagt: ›Wer sein Leben zu bewahren sucht, wird es verlieren; wer es dagegen verliert, wird es gewinnen.‹[8] Warum fällt der Gewinn fort? Goethe kann nur dem Ewigen die ewige Fortregung zuerkennen, denn nur in ihm kann er sich die Befreiung von der tödlichen Konkurrenz vorstellen. Dafür fällt das individuelle, persönliche Leben ins Nichts zurück. Die Konkurrenz der Subjekte kann er nicht wirklich aufheben, weil das sein Vermögen überschreitet. Was ist das für ein erlöstes Ich, das auf sich selbst verzichtet, um erlöst zu sein? Es ist Selbsterlösung! Auch Goethe, der Erlöser, bedarf noch der Erlösung.

7.2 Das Leben zwischen Wahrheit und Psychologie

These 7.2: Das Ich findet in den objektiven Sicherheiten der Psychologie keinen Platz. Was folgt, ist der stumme Schrei des Ich im leeren Universum, solange es nicht in den Störungen der Sicherheit das Leben findet.

Ermunternder Selbstbetrug. Um die Versöhnung der alten Gegner Denken und Psychologie zu befestigen, sollte der Raum genauer bestimmt werden, wo die partikulären Interessen ins Universale ausgeweitet werden können. Zunächst: Was bewegt ein Individuum, sich selbst für den Mittelpunkt zu halten und alles andere Leben von Welt, Natur und Geschichte auf sich hin zu vereinigen? Der Psychologismus erklärte diese Absicht für eine Illusion, und zwar für eine berechtigte. Er nannte sie den Willen zum Leben. Der raffinierte Kenner des Lebens weiß zwar um seinen Selbstbetrug, hält ihn aber für ermunternd und meint damit jenseits von Gut und Böse zu stehen, weil er das sogenannte Böse als Lebenslust durchschaut hat.

Dem Nachdenken hält diese Deutung nicht stand, sie ist eine *Petitio principii.* Sie muß den Willen zum Leben als oberstes Prinzip einsetzen, bevor sie ihn in allen Dingen wiederfindet. Das Objektive, die Natur, die Ethik werden unter solchen Voraussetzungen zu heuchlerischen Phänomenen, die es zu entlarven gilt, was die alte Lust des Psychologismus ist. Wer dies einmal erkannt und ausgesprochen hat, löst die Obsessionen auf und beläßt den Einsichten der Psychologie ihre Rechte. Diese Erkenntnis wird zur Förderin einer Wahrheit, die nicht mehr im Gegensatz zum Interesse steht.

Warum nicht beide erwählen? Die einseitige Wahl hatte den Bruderkampf erzeugt, sie kann nur mehr flüchtige Gründe für die eine oder andere Seite auf den Tisch legen. Beide haben recht! Das sollte die Lösung für das psychologistische Rätsel sein! Das Interesse hat im Endlichen recht, die Wahrheit im Unendlichen! In jeder ausgesprochenen Wahrheit schwingt ein Interesse mit, das zu einer Heiligkeit drängt, die auf der Erde keine Lebensgestalt findet. Vielleicht mit Ausnahme des Opfers des eigenen Lebens, was aber kein Kampf ums Leben mehr ist, sondern seine Verwandlung! Das Individuum hält sich für einzigartig und will die Welt auf sich hin vereinigen. Wachträume, Wahnträume, Wahrträume! Es spricht mit dieser oder jener intendierten Wahrheit zugleich auch ein einmaliges, unverwechselbares Ich aus oder, genauer gesagt, es spricht im Aussprechen, aber es spricht nicht sich selbst aus. Immer spielt dort ein Ich mit, immer ist eine Aussage begleitet von einem Ich, das spricht, und sei die Aussage das Objektivste vom Objektiven. Im Personkern sitzt eine unsagbare Existenz, die so unaussprechlich ist, wie dieser Satz von der Existenz eines solchen Ich unaussprechlich ist.

Die Alten nannten die Einigungsfähigkeit der Subjekte gelegentlich die Weltseele, um damit den organischen Charakter der Vernunft zu betonen. Jede Vernunft wird aus einer anderen geboren, jede Vernunft lernt von der anderen, jede Vernunft einigt sich mit einer anderen. In der Neuzeit hatte sich diese allgemeine Vernünftigkeit eindrucksvoll in den Wissenschaften entfaltet. In der *Scientific community* hatte es sich ein passendes Großsubjekt geschaffen, dem die Objektivität der Gegenstand war. Etwa in der Vorstellung von der Weltformel! Die allwissende Weltformel, wenn es sie geben könnte, wäre die vollständige Objektivität für die vollständige Subjektivität eines Publikums, das gewöhnlich wissenschaftlich-technische Kultur genannt wird. Der Sieg dieses Subjekts wäre seine Auslöschung, da es alles objektiv ergriffen hätte, mit Einschluß seiner selbst. Eine Theorie aller Dinge wäre das Ende allen Lebens in der Welt.

Erste Störung. Der Traum hat sich nicht erfüllt. Wie die Vernunft zwar immer wächst, aber ohne Selbstbegründung bleibt, so bleibt die objektive, wissenschaftliche Welterklärung ohne Vollendung. Die Störungen des Allerklärungsmodells zeigen sich nicht selbst wieder in der Form von Subjekt oder Objekt. Sie zeigen sich als Störung zwischen diesen beiden Polen. Die erste dieser Störungen ist der Psychologismus oder Naturalismus selbst. Er wollte die Störung zwar beseitigen, indem er das Subjekt zum Objekt erklärte, hat sie aber nur verstärkt. **Weil die Objektivität der Natur nicht gesichert ist,**

kann die Subjektivität nicht auf eine objektive Natur reduziert werden. Mit dieser Erkenntnis ist die intentionale Widerlegung des Psychologismus durch die Retorsion ans Ziel gelangt.

Was sich in der Störung zeigt, ist das Ich, die individuelle Seele, der persönliche, unverwechselbare Geist. Wir begehen in diesem Augenblick zwar einen logischen Fehler, weil wir über eine Wirklichkeit sprechen, die nicht in der Form von Subjekt oder Objekt erscheint, allenfalls als Störung zwischen ihnen. Aber als Störung der Beziehung kann sie auch unter den Bedingungen dieser Welt erscheinen, die sich als Subjekt und Objekt einrichten will. Unser Fehler besteht darin, über das Abbild und nicht über das Urbild zu sprechen. Aber sollte nur das Wirklichkeit sein, worüber wir in klaren, von uns entworfenen Begriffen sprechen können? Fällt alle Wirklichkeit in meinen Horizont? In der Weise der Störungsbetrachtung können wir von der wirklicheren Welt sprechen, die der Trennung von Subjekt und Objekt voraus liegt, abgewandten Gesichtes zwar, geschieden vom Licht der Lichter, den Blick auf die Schatten gerichtet, die als Störung eines ungestörten Weltlebens erscheinen, aber eben doch.

Höhlengleichnis Platons. Ähnlich sprach Platon von den Schatten an den Höhlen der Wand. Seiner höheren Welt der Ideen können wir mit der Störungstheorie einen Inhalt geben. Er wollte mit der Sonne, die dort unabhängig von den Meinungen leuchtet, die Möglichkeit der Erkenntnis klären, die aus einem dauernden Hin und Her zwischen Erkennendem und Erkanntem besteht, ohne je zu einem Abschluß zu kommen. Weder aus dem Pol der Subjektivität, noch aus der Objektivität allein ist sie erklärbar. Die vielen Versuche, alle Ereignisse monopolistisch zu deuten, zu sagen, diese Welt sei nichts als dies oder nichts als das, der Furor, ein für allemal reinen Tisch machen zu wollen, ist eine Flucht vor der Wirklichkeit. Die Reduktion auf den objektiven Pol könnte man **Essentialismus** nennen, weil die Objektivität für die immer noch weit verbreitete Meinung steht, alle Ereignisse der Wirklichkeit ließen sich wesentlich in einem objektiven Naturgesetz abbilden. Der **Holismus** stünde auf der anderen Seite als die Überzeugung, daß es überhaupt nichts sicher Wißbares über die Außenwelt des Subjekts gebe, daß die Welt ein großes Ganzes sei, ein Holon, dem unsere Begriffe von vornherein nicht gerecht werden. Deshalb sei das Reden über Menschenrechte so subjektiv wie das Reden über Naturgesetze. Solange genügend viele Leute einer solchen Rede anhängen, könne man sich daran halten, sonst wird die Meinung gewechselt.

Die bloße Benennung läßt die Einseitigkeiten von Essentialismus und Holismus sichtbar werden. Die Wirklichkeit liegt diesseits und jenseits davon, vor und nach der Trennung. Deshalb lehrt Platon zuerst einen Aufstieg dorthin, wo die Trennung zwischen Subjekt und Objekt ein Ende nimmt, dann einen Abstieg in die getrennte Welt. Eine unmögliche Lehre zwar, da sie in jeder ihrer Bewegungen und im Sprechen über diese Bewegung von neuem Subjekt und Objekt trennt, aber nicht unmöglicher als der Versuch, alle Erkenntnis auf den Pol Essentialismus oder den Pol Holismus zu beschränken.

Auch der Zwischenbereich hat seine Gestalten, die sich in Spuren und Bildern zeigen. In diesem Sinne redet Platon über Ideen und nicht, wie ihm seine mißverstehenden Gegner unterstellen, über geistige objektive Dinge in einer Hinterwelt. In jeder Gegnerschaft steckt ein Wille zum Mißverstehen, um den Gegner besser ins Auge fassen und bekämpfen zu können. Die Ideen also sollen das Gemeinsame sein, das im Erkennenden wohnt und auch den Kern des Erkannten ausmacht. Damit endlich verlassen wir den Kreis der bloßen Meinung, deren Quelle die Ungewißheit der Beziehung zwischen Subjekt und Objekt ist.

Platon hatte Schwierigkeiten, seine Lehre zu begründen, da sie selbst wiederum als Meinung unter Meinungen auftritt. Schaut sie von einem weltlosen Stern auf das weltliche Verhältnis von Erkennendem und Erkanntem? Welche Weltferne muß sie für ihre Reflexionen in Anspruch nehmen? Wie kann Platon nach dem Schritt aus der Welt hinaus wieder heimkehren? Aber Platon ist weder Essentialist noch Holist. Die beiden Haltungen stehen in ewigem Widerstreit, und aus den skeptischen Fragen von oben entspringt leicht die Überzeugung von der rationalen Lesbarkeit der Welt, von der Integrität von Subjekt und Objekt und von ihrer zwar schwierigen, aber doch klärbaren Beziehung. Alles Leben ist Problemlösen, lautet das Leitwort dieses Optimismus.

Dagegen muß Platons Höhlengleichnis als Mystik erscheinen, als dunkle Lehre mit privilegiertem Zugang, die nicht wissenschaftsfähig ist und deshalb vergessen werden sollte, wie die Pragmatisten meinen. Als Quelle der Mystik hat sie tatsächlich in der abendländischen Kultur gewirkt. Wie läßt sich eine mystische Erkenntnis im Kampf der Mächte und Gewalten verständlich machen? Gar nicht! Jedenfalls nicht direkt! Die Mächte und Gewalten der Welt kann es nur unter der Voraussetzung der Trennung von Subjekt und Objekt geben. Die mystische Einsicht aber sieht ihre Einheit oder wenigstens ihren Zusammenhang. Wer nicht guten Willen mitbringt, wird es nicht fühlen; wer es nicht fühlt, wird es nicht erkennen; und wer es nicht erkennt, wird es nicht anerkennen! Deshalb hat Platon vor allem im Untergrund des Geistes gewirkt. Wo er öffentlich wurde, zeigte sein Denken eine Neigung zur Totalisierung, dort konnte er zu den Feinden der offenen Gesellschaft gezählt werden.[9] Aus verständlichem Mißverständnis! Die Neigung zur Totalität entsteht, wenn die Ideen als objektive geistige Seinsmächte genommen werden, anstatt, wie sie nur gemeint sein können, als Möglichkeit der Objektivität für eine Subjektivität. Den Zugang zur Wissenschaft haben viele, den Zugang zur Weisheit nur wenige. Bei Platon sollen diesen Zugang die Philosophen haben, die wissen, daß sie nichts wissen, gemessen an der Sonne der Wahrheit, die das Leben für alle ist. Öffentlich wirksam wird von ihm bis heute ein an Aristoteles angelehntes Denken, der zu wissen behauptet, was er weiß.

Natürlich, auch der Alltag hat sein Recht. Wir wollen es ihm nicht streitig machen. Aber was ist es mit dem Kampf der Mächte und Gewalten? Welcher Wille zum Leben drückt sich dort aus? Wer will dort leben? Es ist das Ich, mein Ich, das seinen einzigen Kampf ausficht. Natürlich gibt es das Ego der Gene, das Ego der Staaten, Völker und Klassen, das Ego von Familien. Aber darüber hinaus wölbt sich das Ego des Einzelnen, mein Ego, das souverän auf die anderen Egos nieder blickt und sie in Dienst stellt. Dieses Ego, das ich ganz allein bin, in dem ich in wüstenhafter Einsamkeit von mir erfüllt bin, will nicht aufgehen in der Welt, will sich nicht aufgeben in einem allgemeinen Subjekt oder naturhaften Objekt, will sich selbst als etwas Besonderes, Einmaliges, zu Schützendes, zu Achtendes, zu Huldigendes, zu Heiligendes, zu Opferndes aufstellen. Diese exzeptionelle Stellung ist gefährdet in den Kämpfen der Mächte und Gewalten, so daß es selbst in der Gefahr steht, zur Gewalt zu greifen, um sich Geltung zu verschaffen.

Freiheit des Ich. An dieser Stelle wird die Freiheit des Ich geboren oder verloren. Das Ich fühlt seine Fremdheit in der Welt und sieht sich zum Handeln gezwungen. Wie wird es handeln? Das heißt: Wie werde *ich* handeln? Ich bemerke meine Einzigartigkeit, da ich noch nie ein anderer war. Ich bin mir der letzten Einsamkeit meines Ich bewußt, das durch keinen Kanal als Information mitgeteilt werden kann. Ich bemerke, daß die radikale Abgeschiedenheit eine Voraussetzung jeglicher Kommunikation ist. Wenn der Sender selbst auf Wanderschaft zum Empfänger ginge, wie könnte er noch senden! Aber ich kann meine Einsam-Einmaligkeit weder durch die Wissenschaft beweisen noch durch die Ökonomie erhalten. Platon hat im Höhlengleichnis den Weg gebahnt, als er die Umkehr zur wesentlichen Bedingung für die Freiheit des Menschen aus der Versunkenheit in Meinung und Interesse erklärt hat. Meinung und Interesse sind, für sich genommen, Verfallsformen des Erkennens und Handelns, die falsche Ich-Haftigkeit, welche die Heiligkeit als Egoismus versteht. Das gelöste oder erlöste Ich schaut nicht nur auf sich, sondern sieht die Verbundenheit und sogar die Einheit des Erkennenden mit dem Erkannten. Damit wird ein grenzenloser Friede gegenwärtig, der allem Dasein einen Lebensplatz bereitet. Nur ist diese Einheit nicht *von* dieser Welt und nicht ganz *in* dieser Welt. Den Frieden mit den Mächten und Gewalten wird der Mensch in dieser Welt nur ausreichend bekommen, wenn er freiwillig auf seinen Platz an der Sonne verzichtet. Das wäre die gelebte Heiligkeit in der Welt; die gelebte Unheiligkeit wäre der Versuch, das Ich in die materielle Natur einzutauchen und darin auszulöschen, also der Versuch, das Ich als ein unverwechselbares Zentrum zu leugnen.

Lob der Störung. Das Leben in der Welt bewegt sich zwischen Glauben und Unglauben, sagen Augustinus und Goethe in Eintracht.[10] Ins Persönliche gewendet: Das Leben bewegt sich zwischen Heiligkeit und Verbrechen. In der Heiligkeit sage ich ja zu der Last, die mir das Leben der anderen auferlegt, im Verbrechen sage ich nein und versuche die Last abzuwerfen. Die anerkannte oder verleugnete Heiligkeit ist das Band, das die Pole des einzigartigen Ich und des vielfältigen Lebens in der Welt zusammen hält. Wie sollen wir die Methode nennen, die in den Störungen der Subjektivität und Objektivität das heilig-unheilige Leben studieren will?

Der Wort *Methode* ist vielleicht nicht gut gewählt. Eine Methode setzt eine sichtbare Objektivität und eine planende Subjektivität voraus. Der Herold der neuzeitlichen Klarheit hatte zu diesem Zweck den Raum zwischen den beiden Polen Subjekt und Objekt leer geräumt und die Pole selbst mit einer Festigkeit aufgeladen, die jeden Zweifel an ihrer Identität beseitigen sollte. Descartes handelte von der *res extensa* und von der *res cogitans* als den letzten Pfeilern der

Erkenntnis, die tatsächlich für Jahrhunderte die Methode als Leitbild der Wissenschaft begründet haben. Daraus entstanden die Ideale von Objektivität und Subjektivität, die beide methodenverliebt waren, weil eine Methode im voraus Übersicht und Sicherheit in unbekannten Gebieten verspricht. In den Systemen von Philosophie und Wissenschaft sollte diese Sicherheit gesammelt, gehäuft und geschärft werden.

Der Weg hat allerdings nicht ganz zum Ziel geführt, die Erfolgsgeschichte der neuzeitlichen Wissenschaft ist schließlich versandet. Die vierhundert Jahre der Objektivität und sichernden Methode haben viel Wissen gebracht und werden noch mehr Wissen bringen, aber zugleich haben sie die Fundamente der Gewißheit erschüttert, auf der dieses Wissen ruht. Zum einen ist die Zukunft nicht wirklich wißbar und die doppeldeutigen Wirkungen des Handelns in der Technik sind nicht zu beseitigen. Im Erkennen und Handeln ist die Unbestimmtheit zur ständigen Begleiterin der Wissenschaft geworden. Sollten wir deshalb nicht lieber in der Störung des endlichen Lebens das höhere Leben suchen oder besser in der Sicherung zusammen mit der Störung? Die Erwartung, die Angst, der Traum, die Trauer sind Störungen des Lebens, in denen die Herrschaft des Ich gedämpft, aber nicht ausgelöscht wird. Das Leben auf der Erde sucht – mit mäßigem Erfolg – diesen Störungen auszuweichen.

Die Wissenschaft der Neuzeit läßt sich als großer Versuch verstehen, aus der Verstörung in die Eindeutigkeit durchzubrechen. Aber der doppeldeutige Ausgang des Versuchs zeigt, daß erst die persönliche Entscheidung zum Durchbruch führt. **Das Leben hat einen Sinn, es hat die Wahl zwischen Verbrechen und Heiligkeit**. Wie werde ich mich entscheiden? Die Bürger aller Zeiten und Länder halten sich gleich weit von den Extremen entfernt und verrufen diese Gestalten als ungesund. Sie streben zur Mitte, wo im starken Gedränge die Gestalten sich mischen, in denen Verbrechen und Heiligkeit, Sünde und Wohltätigkeit Seite an Seite bestehen. So mische ich denn: Der andere ist mir lästig, doch erkenne ich seine Wirklichkeit an, manchmal ist er mir angenehm, wenn auch nicht im Grunde, oder er ist mir zuwider, aber ich schließe taktische Bündnisse mit ihm.

Sinn der Störung. Hier entfaltet sich das Leben in der Welt. Die Versuchung dort ist der Versuch, die Spannung abzubauen und entweder mich selbst oder die Andersheit der anderen abzuschaffen. Die Heiligkeit kennt nur eine Gestalt, das ist die Anerkennung der Andersheit; das Verbrechen zeigt tausend Gesichter bei dem Versuch, den anderen wegzuschaffen. Kann es der Sinn des Lebens sein, die Versuchung zu beseitigen? Wer sich selbst oder den anderen abschafft, schafft das Leben ab. Das wird zwar manchmal als Fortschritt ausgegeben, aber die Störung bleibt und der Fortschritt stockt auf halbem Wege. Vielleicht liegt der Sinn des Lebens in seiner Störanfälligkeit! Klarer und schärfer formuliert: Der Sinn der Geschichte besteht in ihrem Unsinn und umgekehrt. Wie schon oft gehört und noch mehr gesehen: Die Ersten werden die Letzten, und die Letzten werden die Ersten sein.[11] Die nicht abbaubare Spannung zwischen mir und der Andersheit außerhalb von mir ist der Unsinn, weil das Leben der Welt der Atheismus ist. Dieser will die Spannung mindern und darin seinen Sinn finden, kommt aber zu keinem Ziel. Ein Horizont ist nicht zu erlaufen, deshalb erweist sich der Sinn der Welt als Unsinn. Der Unsinn aber wird zum Sinn, wenn ich die Störung zwischen mir und der Andersheit begrüße, wenn ich sie vollziehe, darunter leide und aus ihr lebe.

Descartes wollte die Beziehung zwischen Subjekt und Objekt beruhigen und zu vernünftiger Klarheit bringen! Die Objektivität sollte die Wirklichkeit außerhalb von mir sicherstellen und für meinen Zugriff bereit halten. Das Selbst ist tatsächlich immer von der Wirklichkeit des Anderen gestört und kann diese Störung als Gefahr für sein Leben fürchten. Wer die Sicherung vor dem Anderen verlangt, ist mit seinem Leben unzufrieden.

Wie die Erfahrung von vier Jahrhunderten zeigt, hat die von Descartes gelehrte methodische Beziehung den sicheren Gang der Wissenschaft nicht erreichen können. Immer war ihr Fortschritt gefährdet durch Katastrophen und Rückschläge, durch wissenschaftliche, durch technische, durch politische Kalamitäten. Der Ursprung des Übels liegt auf der Hand: Die technische Katastrophe entspringt der unruhigen Objektivität, die sich in keiner übersichtlichen Natur feststellen lassen will; die politische Katastrophe der unruhigen Subjektivität, die vergeblich ihren Platz in einer objektiven Natur sucht. Die Katastrophen sind der Ausdruck der Unruhe und des mangelnden Überblicks, den das Subjekt über seine Subjektivität und über die von ihm entworfenen Objekte hat.

Sollten wir nicht vermuten, daß die Störungen ihren Ursprung in einer Wirklichkeit haben, die mehr ist als objektivierbare Natur? Eine solche Wirklichkeit verdient den Namen Transzendenz. So bezeichne ich jene Wirklichkeit, die in der Unterscheidung von Subjekt und Objekt nicht vorkommt, die dort nicht vorkommen soll und die sich doch immerfort zeigt. Die Religion ist die Unterbrechung des Alltags, weil die Transzendenz beständig die Immanenz stört, so lange bis alle Wirklichkeit auf die beiden Pole Subjekt und Objekt aufgeteilt ist, und dann stört sie erst recht, weil die Aufteilung nicht gelingen will. Das einsame Subjekt steht vor der Objektivität und zählt widerwillig die Einschläge der Kontingenz, wie ein Geigerzähler den Zerfall der radioaktiven Teilchen zählt. Die Transzendenz ist die Unendlichkeit, die Subjekte und Objekte als endliche Gestalten gebiert. Das Endliche läßt sich auf Distanz bringen, das Unendliche kennt diesen Abstand nicht. Deshalb ist Gott nahe und doch nicht zu ergreifen.

Das Wort *objektive Wahrheit* ist widersprüchlich, weil die Wahrheit nur unendlich sein kann und auch die Subjektivität umfaßt. Wahrheit gibt es nur für Subjekte! Aber daraus zu schließen, sie sei bloße subjektive Meinung, ist Ausdruck einer schändlichen Verblendung. Die Transzendenz oder der lebendige Gott tut sich durch die Störung der Objektivität hervor, die selbst eine Funktion des Subjekts ist. Gott stört den Lebensplan; das ist die Art, wie er seine Stimme erhebt. Die Störung ist die Quelle des Lebens, wie jede Geburt eine Störung ist; sie ist mir lieb oder leid, aber ohne sie gibt es kein Leben. Vielleicht ist *Störung* nur solange das richtige Wort, wie jemand auf seinem Willen besteht, in einer letztbegründeten Welt von Subjekt oder Objekt zu leben. Die Störung ist die nicht anerkannte, Gott die anerkannte Gegenwart der Andersheit in meinem Leben.

Beispiele der Störung. Es gibt zwei Arten von Störungen, die eine ist aussagbar, die andere nicht. Insofern die Störungen den Kreis beeinträchtigen, den ich um die objektivierte Welt gezogen habe, sind sie bemerklich und können in Worte gefaßt werden. Unwissenheit, Irrtum, Lüge sind aussagbare Störungen in der Erkenntnis; Krieg, Krankheit, Tod aussagbare Störungen im Handeln. Verstörung und Zerstörung im Verhältnis von Subjekt und Objekt! Das sind zweifellos Ereignisse, die sich in Worte bringen lassen. Aber zugleich zeigen sie eine andere Seite: Sie zerstören die Aussagbarkeit, weil sie einer Quelle entstammen, die vom Zufall regiert ist. Eine Störung kann nur wahrgenommen werden, wenn sie nicht alles zerstört, wenn sie auf den Schultern einer Ordnung steht, deren Wanken sie gerade noch anzeigen kann.

Der Zufall ist der Erzfeind von Subjekt und Objekt, wenn sie ihre

Sicherstellung betreiben wollen, aber noch mehr ist er ihr Urfreund, weil der Zufall sie zuvor ins Leben gesetzt hat. Er ist in der Natur der große Erzeuger und Vernichter. Wie sehr hat mich nicht der Zufall meiner Geburt erzeugt und bisher am Leben erhalten! Wie sehr aber bedroht er in der Gestalt vieler Ereignisse meine Sicherheit in der Zukunft. Die Vergangenheit ist sicher, aber der Januskopf der Zeit zeigt sich in der Zukunft, die nicht sicher gemacht werden kann.

Die Zufallsereignisse sind das zweite Beispiel für die Störung der Sicherheit. Die Zufälle des Lebens schütten den aufgeworfenen Graben zwischen der Subjektivität und Objektivität nicht zu, sie sind wie Pfeile, die von hüben nach drüben geschossen werden. Sie weisen auf eine Einheit hin, die realer und tiefer ist als die Einheit der Natur. Die Einheit der Natur, wie sie von der Neuzeit erträumt war, hätte objektiv sein sollen, oder auch subjektiv. Der Traum, den Naturwissenschaften und Philosophie so gern in den Tag gerettet hätten, ist zu Ende. **Die Einheit der Natur sollte handhabbar sein, die Einheit der Wirklichkeit ist es nicht**. Diese Einheit ist nur vom Rücken her sichtbar; wird die Brücke mit planvoller Absicht betreten, stürzt sie ein.

Ein drittes Beispiel der Störung ist die Liebe zur Wahrheit! Frage ich einen ehrlichen Menschen, ob ihm die Wahrheit lieber ist als die Lüge, dann zögert er keinen Augenblick und wird antworten: Natürlich! Nur wenn er eine Neigung zur Hinterlist in sich trägt, wird er ausweichen und trotzig rufen: Was ist schon Wahrheit! Warum nicht lieber gleich die Lüge! Dem Trotz, der in dieser Antwort steckt, läßt sich auf die Schliche kommen. Zwar sagen einige Leute, die sich für modern halten und von der Religion loskommen wollen, daß sie an einem ewigen Leben nicht interessiert sind. Aber das ist eine unwirsche Haltung, die sich mit dem Aufwand der modernen Gesellschaft für die Gesundheit selber Lügen straft. Das verlängerte Leben ist der Wille zum Leben, der Ersatz für das durch eigene Kräfte nicht erreichbare unbeendliche Leben. Von Natur aus streben alle Menschen zum ewigen Leben. Sie wollen das unverwechselbare Ich, für das sich in der Natur kein Beweis und kein Platz findet, für immer behalten.

Ich kenne viele Leute, die betrügen wollen, aber niemanden, der betrogen sein will. Wenn einer trotzig fragt: Warum nicht lieber die Lüge, so ist diese Liebe zur Lüge nur in einer Richtung gemeint: Selbst will der Trotzige nicht belogen sein, sondern als raffinierter Entlarver der Heuchelei Beifall finden. Also lieben alle die Wahrheit, die nicht betrogen sein wollen. Woher stammt der Trotz? Warum erzeugt die Wahrheit den Lästerungsreiz?

Auch die Leugner der Wahrheit lieben das selige Leben und die Freude an der Wahrheit, die allen das Leben gibt. Darum lieben sie mit mir die Wahrheit, die wir nicht lieben würden, wenn wir keine Kenntnis von ihr hätten. Wir lieben das verlängerte Leben, das gesunde Leben, das gefüllte Leben, das erfolgreiche, das schöne das gerechte Leben, und all das ist die Vorfreude an der Wahrheit. Wer nicht betrogen sein will, aber zurecht an keine gesicherte Wahrheit in der Welt glaubt, weil es diese Sicherstellung nicht gibt und dann trotzdem dort nach Sicherheit verlangt, der wird zum Skeptiker der Wahrheit, zum Pragmatisten, Pessimisten oder Nihilisten.

Deshalb läßt sich über den Skeptiker sagen: Weil er die Wahrheit liebt, haßt er die Wahrheit.[12] **Er liebt an der Wahrheit das Licht, er haßt an der Wahrheit das Gericht.** Wer nicht betrogen sein will, aber selbst das Interesse vor die Wahrheit setzt, liebt die Wahrheit, wenn sie ihm etwas zeigt; er haßt sie, wenn er selbst von ihr angezeigt wird. Wer von der Wahrheit nicht enthüllt werden will, den wird sie gegen seinen Willen enthüllen, während sie selbst ihm verhüllt bleibt. So ist das menschliche Herz, so blind, so träge, so folgerichtig! Als schmachvoll will es verborgen bleiben, aber daß ihm selbst etwas verborgen bleibt, bemerkt es nicht. Selig wird es sein, wenn es ohne Hindernis sich allein an der Wahrheit freut, durch die alles Leben das Leben hat.

8. Die Anrede Gottes

8.1 Die Anrede an Gott

These 8.1: Die Rede ist die Gegenwart eines anderen im Horizont meines Lebens. Sie ist Anrede, indem sie mich beim Namen nennt; sie ist Inhalt, indem sie mein Verhältnis zur Welt beleuchtet. Die Anerkennung solcher Gegenwart bereitet auf die Anrede Gottes vor.

Vernunft und Verstand. Die Philosophie lehrt den vernünftigen Gebrauch der Vernunft oder den unvernünftigen, wenn sie aus der Art schlägt. Die Vernunft wiederum lehrt die vernünftige Wahrnehmung der Wirklichkeit, soweit sich diese als vernünftig zeigt. Philosophie und Vernunft lassen sich auch vereinen, dann ist es die Aufgabe einer vernünftigen Philosophie, sich selbst zu kontrollieren und die Wirklichkeit als wirklich wahrzunehmen. Die Aufgabe ist nicht einfach zu erfüllen. Woher nimmt die Philosophie den Maßstab, die Vernunft als vernünftig zu bestimmen? Wann erkennt sie die Wirklichkeit als wirklich? Vernünftig ist das Wissen von der Wirklichkeit der Welt zusammen mit den Möglichkeiten und Grenzen dieses Wissens. Aber diese Bestimmung kann mir kaum als Maßstab dienen, denn der Überblick über Möglichkeit und Wirklichkeit ist das Ziel der Vernunft. In dieser Weise ist sie auch ein ferner Maßstab, der mir hier und jetzt nicht zur Verfügung steht. Wirklichkeit und Vernunft! Beide kann ich in Gebrauch nehmen, aber sie sind so umfangreich, daß ich mehr von ihnen gemessen werde, als daß ich mit ihnen messe. Die Vernunft ist ein Werkzeug, das mich vom Nichtwissen zum Wissen fortschreiten läßt, sie warnt mich aber zugleich, die Wirklichkeit nicht mit dem Wissen von der Wirklichkeit zu verwechseln.

Die Vernunft ist in ihrem Gebrauch gefährdet, und sie ist selbst eine Gefahr. Wer meint, die Erfolge im Wissenserwerb seien so wunderbar, daß die Wissenschaft alle Wirklichkeit erfassen kann, wenn nicht gleich jetzt, so später einmal, der beschränkt Philosophie auf Wissenschaft. Er entwirft ein Bild von der Welt, das Platz in seinem

Kopf finden soll. Ganz unbeschwerte Gemüter träumen von der Weltformel allen Wissens. Die mag es geben, aber dann ist sie die Formel allen möglichen Wissens, nicht die Formel aller Wirklichkeit. Wer die Wirklichkeit auf seinen Horizont beschränkt, mindert die Vernunft und versucht, mit der verminderten Wirklichkeit ein übersichtliches Leben zu führen, was zuerst gelingt und dann ins Unglück treibt.

Der Verstand ist nach üblichem Verständnis das Werkzeug für den Alltag, er ist ein Teil der Vernunft. Der Verstand kann erfolgreich Begriffe gebrauchen, aber ebenso oft scheitert er damit, weil er seine Grenzen nicht wahrnimmt. Eine auf den Verstand beschränkte Vernunft neigt dazu, alle Wirklichkeit für Natur zu halten, wenn wie üblich mit Natur diejenige Wirklichkeit bezeichnet wird, die durch Begriffe und Naturgesetze erfaßt werden kann. Obwohl ich weiß, daß es den identischen Fall nicht gibt, auf den ein Begriff paßt, staune ich, wie erfolgreich ein Verfahren glückt, das dies zur Voraussetzung hat.

Entartung ins Grenzenlose. Nicht schwer zu sagen, was einen Menschen antreibt, die Vernunft als Handwerkzeug zu nehmen, um sich *alle* Wirklichkeit untertan zu machen. Es ist das gefährdete Leben! Doch selbst wenn ich mich als Meister einiger Werkzeuge bewährt habe, warum sollte ich der Meinung sein, der Meister über *alle* werden zu können? Warum auch sollte ich mit meinen Werkzeugen *alle* Wirklichkeit beherrschen? Eher umgekehrt, es kommt mir in den Sinn: Da ich die Dinge als Werkzeug benutze und alles als Werkzeug dienen kann, bin ich nicht vielleicht selbst ein Werkzeug? Jedenfalls sollte ich mir diese Frage stellen, da ich nicht ohne Ursprung bin, diesen aber nicht in mir finde. Sollte es eine Wirklichkeit geben, für die ich selbst ein Organ bin? Da ich die Wirklichkeit nicht begründet habe, sehe ich keinen Grund, warum meine Vernunft der Maßstab aller Wirklichkeit sein sollte, außer das lebenstüchtige und zugleich wahnhafte Begehren in mir, Herr über alle Wirklichkeit zu sein.

Eine Entartung beginnt ganz gesund. **Der Wahn ist ein schönes Bild, das immer schöner zu werden verspricht**. Wie eine Zelle beginnt der Wahn zu wachsen, erst langsam und noch immer schön, aber dann überschwemmt er wie ein Karzinom alle Grenzen und erstickt das Leben. Das heißt, der Wahn möchte ins Grenzenlose wachsen. Er möchte ins Meer der Unendlichkeit eintauchen, wo alles Gesundheit und Schönheit und Wohlbefinden ist, wo alles Leben ohne

Grenze ist, wo … Es stocken mir die Worte, das Paradies zu beschreiben, das am Anfang so gesund war. Der Wohlstand ist zuerst der kleine Vorrat, mit dem ich den Winter überstehe. Der Wohlstand wächst und gestattet, die Triebe der Bequemlichkeit, des Hungers und der Sexualität über ihren Nutzen hinaus zu erfüllen. Er wächst weiter und weiter, und schließlich bringt er mich um. Es ist eine Verlockung in der Welt, die mich zu einem grenzenlosen Leben treibt und mir das Leben raubt. Das Glücksgefühl eines erfüllten Interesses entartet zum Wahn, wenn es seine Grenzen nicht kennt. Die aber sind beweglich und maskiert wie jede Verlockung. Wahrheit und Interesse sind eng verwandt, denn die Wahrheit ist die Unendlichkeit, nach der das Interesse strebt. Wer nur glücksorientiert und nach seinem Interesse lebt, wird von der Wahrheit unsanft eingeholt und in das Gegenteil seines Interesses gestoßen, in den Tod.

Weisheit und Wissen. Die gesunde Vorstellung ist aus dem Recht und der Pflicht des Alltages erwachsen, Herr im eigenen Hause zu sein. Aber meine Herrschaft ist gefährdet durch die Herrschaft im Nebenhaus. Deshalb will ich meine Sicherheit erhöhen, erst durch die Herrschaft in zwei, drei, dann in allen Häusern der Welt. Die Vernunft hat eine Anlage in sich, alle Grenzen niederzulegen, sie will das offene Meer der unbegrenzten Möglichkeiten befahren. Dann ist sie zwar nicht mehr vernünftig, aber auch die Unvernunft steckt als Lebensdrang in ihr. Das Vernünftige an der Unvernunft ist die Wahrnehmung einer von der Vernunft unerfaßbaren Wirklichkeit, die in mein Leben dringt. Ich mußte das **Wissen** aufheben, um zum **Glauben** Platz zu bekommen, rief Immanuel Kant in dieser Situation aus. Das ist gut bemerkt und witzig gesprochen. Von Natur aus strebt der Mensch nach Wissen, und Kant macht da keine Ausnahme. Er steht an der Spitze derer, die wissen wollen, mit dem Willen allerdings, wirkliches Wissen von Scheinwissen zu trennen. Nebelbänke wollte er nicht für festes Land nehmen. Gegen ein vermeintliches Wissen sollte sein kritisches Denken das Gegenmittel liefern. Deshalb wollte er das dogmatische Meinen in Physik und Metaphysik aufheben, das sich als Wissen ausgibt, um es in engen Grenzen als wirkliches Wissen neu zu begründen.

Wissen verbraucht sich. Die Erfahrungen der Wirklichkeit verlieren mit der Zeit ihre Wahrheit, weil sie nicht nur Erfahrungen sind, sondern auch recht haben wollen. Ein aphoristisch begabter Freund von mir sagt gern: ›Eine Wahrheit, dreimal ausgesprochen, wird zur Lüge.‹ Dies Paradox ist mit den Begriffen Wahrheit und Interesse unschwer aufzuklären. In der Welt wird jede Gestalt der Wahrheit mit einem Interesse geboren. Insofern die Wahrheit einen Sachgehalt enthält, bleibt dieser bestehen. Aber wenn ich zum Beispiel meinem Nachbarn einen Fehltritt immer und immer wieder vorhalte, will ich keinen Sachverhalt aufhellen, sondern ein Schuldbewußtsein erzeugen, das mir gelegentlich von Nutzen ist. Am Anfang dient die Vorhaltung der Wahrheit, am Ende ist sie immer noch wahr, aber weil sie meinem Interesse dienen soll, ist sie zur Lüge geworden. Insofern also die Wahrheit am Interesse teilnimmt, verbraucht sie sich. Kant spricht ironisch über den Glauben, weil ihm ein volles Wissen lieber gewesen wäre. Er ist aber kein Ideologe, der Wunsch und Wirklichkeit verwechselt. Er hat sogar viele Gründe angeführt, warum eine sich unbegrenzt dünkende Vernunft in den Widerspruch laufen muß. Seine Antinomie erklärt, warum ein unbedacht gebrauchter Begriff an der Unendlichkeit scheitert. Der Glaube ist immer vorhanden, weil die ungewußte Wirklichkeit immer vorhanden ist.

Der Versuch, alle Grenzen zu überschreiten, kommt durch eine Beschränkung zustande. Erst die Grenze erweckt das Begehren. Nur wer beschränkt ist, will unbeschränkt sein, für jeden anderen hat das Überschreiten keinen Sinn. Die Beschränkung ist in diesem Fall der Gebrauch der Vernunft als Verstand, um sich die Welt als Wille und Vorstellung einzurichten. Das ist möglich, bis sie ganz unerwartet eine Grenze aufrichtet, an der Wille und Vorstellung zuschanden werden.

Erkenne Dich selbst. Eine vollständig durch den Verstand abgebildete Welt ist eine Traumwelt, die sich an der Wirklichkeit stößt. Der entartete Alltag führt in die Katastrophe, was die Vernunft entweder fördern oder verhindern kann. Die Philosophie, wenn sie sich besinnt, deckt die Unvernunft der gemutmaßten Grenzenlosigkeit auf. Das Verlangen danach nennt die Theologie die Sünde, weil die Grenzenlosigkeit ein Platztausch mit Gott wäre. Der Glaube lenkt den Blick nach innen und ruft: Erkenne dich selbst, kehr um! Erst mit der Selbstwahrnehmung wird die Wahrnehmung des anderen möglich, da der bloße Blick nach außen nur Objekte sieht, die zum Besitz verlocken.

Ursprünglich nehme ich die Schuld wahr: Ich selbst war es, der mit dem Kopf durch die Wand wollte, der sich ein Recht auf diesen

Willen zuschrieb! Die Stimme des Gewissens ist beständig in mir, denn alle geistige Regung ist Selbstwahrnehmung, die in jedem Augenblick in Schuld übergehen kann. Dann erkenne ich: Mein Elend habe ich selbst verschuldet. Das Ich ist die Quelle der Schuld, weil es sich mit Gewalt einen Platz an der Sonne verschaffen will. Das Ich ist aber auch der Adressat der Erlösung. Wenn ich die Schuld anerkenne, komme ich frei von ihr, weil ich meinen Platz nicht mehr für gefährdet halten muß. Die Fähigkeit zum Wissen vom anderen ist eine Naturausstattung des Selbst. Von Natur aus neigt der Mensch dazu, die Andersheit der Wirklichkeit als Ärgernis zu empfinden. Als Folge seines Ärgers will er zunächst, solange er unerlöst ist, diese Andersheit wegschaffen. Nicht umsonst wurde die Philosophie aus der Weisheit geboren, die ein solches Verlangen skeptisch betrachtet, weil es erfolglos ist. Vor der Entdeckung der Grenze war Philosophie bloße Naturphilosophie oder einfach Naturwissen. Auch die echte Philosophie verlangt danach, denn alle Menschen streben von Natur aus nach Wissen, wie der Philosoph sagt.[1] Aber zugleich weiß sie von den Grenzen: Ich weiß, daß ich nichts weiß.

Fortschritt und Rückschritt. Eine völlige Ruhe bringt die Erkenntnis der Grenze allerdings nicht, denn im Kampf um die Wahrheit ist diese Grenze umkämpft. Sie hat die Eigenschaft, beweglich zu sein, deshalb gibt es Streit um sie. Üblicherweise heißen diejenigen, die Grenzen festhalten wollen, konservativ, diejenigen, die sie erweitern wollen, fortschrittlich. Die bewegliche Grenze des Endlichen erzeugt die beiden Haltungen. Die Endlichkeit wächst und wächst, sie soll den Horizont erreichen und überschreiten, aber sie bleibt im Wachsen endlich. Was gilt also? Bleibt die Grenze oder hebt sie sich fort?

Die Evolution ist ein Wachstum in der Zeit, das alte Grenzen aufhebt und neue aufrichtet. Wer alle Wirklichkeit für Natur hält, wird seine Hoffnung auf das Unendliche in das unbeendbare Wachstum der Evolution setzen. Wer eine Differenz zwischen Wirklichkeit und Natur sieht, der erkennt ebenfalls das Wachstum der Evolution, aber er erkennt auch, daß die wachsende Endlichkeit durch den immer gleichen Abstand vom Unendlichen getrennt bleibt.

Von ihren frühen Anfängen her heißt deshalb die Philosophie die Liebe zum Wissen, da sie zwar wissen will, aber auch ihre Grenzen anerkennt. **Das Wissen von der Grenze des Wissens ist Weisheit.** Gewöhnlich weiß die Wissenschaft nicht, was sie weiß, denn sie will von ihren Grenzen nichts wissen, weil das ihren Willen zum

Wissen schwächen würde. Die Weisheit überschreitet diese Grenze, nicht in der Weise des Begriffs, sondern in der Form des Empfangs. Das Wissen für grenzenlos zu halten und es in einer objektivierenden Wissenschaft zu suchen, einer solchen bewußtlosen Haltung steht die Entdeckung der Philosophie immer neu bevor.

Philosophie und Dogmatik. Die Entdeckung, daß das grenzenlose Verlangen nach Wissen nicht zur Erkenntnis aller Dinge führt, daß sich die Wirklichkeit auch in der Form der Nicht-Wißbarkeit zeigt, macht das Wesen der Philosophie aus. Sie ist ein Aufschub, sie ist eine Bewegung auf dem Punkte, sie ist eine unendliche Reflexion, sie ist ein Wissen vom Wissen, sie ist ein Weiterfragen, oder bei welchem Namen man sie sonst rufen mag. Im Wissen selbst liegt keine Grenze, es macht nur Appetit auf mehr Wissen. ›Zwar weiß ich viel, doch möcht' ich alles wissen‹, ruft der unreif gebliebene Zögling der Wissenschaft aus.[2] Wenn Wissen wie Macht ist und Macht wie Geld, dann ist das Begehren nach Wissen so grenzenlos wie das Begehren nach Geld.

Nicht ohne Vorzeichen, aber immer zu wenig beachtet, bricht das Ende herein. Wer der Warnung vertraut, erlebt das Ende auf andere Weise, er entgeht dem Untergang, da er die Achtung auf die Vorzeichen schon als Untergang, als Ende, als Tod oder als Umkehr erlebt hat. Jedenfalls scheint das der Kern der religiösen Erfahrung zu sein: ›Wer sein Leben bewahren will, wird es verlieren; wer es dagegen verliert, wird es gewinnen.‹[3] Das endliche Leben wächst grenzenlos und bleibt jederzeit begrenzt. Darin zeigt sich die Tragik der Vernunft, die theoretisch in der Antinomie des Denkens und praktisch in den Katastrophen des Alltags auftritt. Das Leben ist endlich, aber die bloße Vernunft weiß nichts davon. Die Philosophie wird durch die ungeprüfte Dogmatik des Lebens unterbrochen. Eine hellsichtige Philosophie erkennt das tragische Verlangen der Welt, sich selbst begründen zu wollen, eine dunkle Philosophie will davon nichts wissen. Das heißt, sie gleitet ab zur bloßen Wissenschaft, die viel weiß und immer mehr wissen wird, die aber ihre Grenze nicht kennt und deshalb auch nicht ihre Sünde.

Sünde der Physiker. Zwar hat einige Jahre nach dem Abwurf der Atombombe ihr geistiger Vater von der Sünde gesprochen, die jetzt auch die Physiker kennen gelernt hätten.[4] Aber die Bekanntschaft mit der dunklen Seite ist für die meisten Wissenschaftler eine Episode geblieben. Sie wollten die Erinnerung an das Böse im Wissen loswerden, um wieder handlungsfähig zu werden. Sünde ist die verweigerte Anerkennung der Andersheit, deshalb ist sie der Mißerfolg vor dem Anderen, einmal in der Zeit mit Aufschub, und einmal in der Ewigkeit ohne Aufschub, weil die Andersheit sich dem Zugriff nicht beugt. Die Religion erkennt im Tod hellsichtig den Lohn der Sünde.[5] Die Abwendung vom Anderen in seiner singularen oder pluralen Gestalt sowie der Versuch, ihn zu erobern, scheitert vor der Hoheit seiner Andersheit.

Die Philosophie steht am Scheideweg und nötigt zur Entscheidung. Ihrer ganzen Natur nach entscheidet sie nicht, sie ist Weiterfragen. Eine Entscheidung setzt dem Fragen ein Ende. Das ist Glanz und Elend der Philosophie. Ihre Entartung ist die unendliche Reflexion, mit der sie auf der Stelle tritt und Letztbegründungen verlangt. Das verzögert die Entscheidung oder will sie vermeiden. Nach klassischem Modell steht die Philosophie zwischen der Naturwissenschaft und der Theologie und wehrt sich gegen beide Seiten. Sie ist hin und her gerissen zwischen der vermeintlichen Sicherheit der Wissenschaften, und schon oft hat sie diesen Gang verlockend vor sich liegen sehen, und der Anerkennung der Andersheit eines Gottes, der sich nicht beerben läßt, womit sie zur Theologie würde. Die unbeerbbare Wirklichkeit des Anderen verbürgt die Freiheit und bringt dem Leben die Vollendung, da sie der mißbrauchten Freiheit ein Ende macht.

Dogmatik ist die Anerkennung der Wirklichkeit des Anderen, die ich nicht umschaffen kann. ›Als ich fünfzehn Jahre alt war,‹ schreibt John Henry Newman, ›ging eine große Änderung in meinem Denken vor. Ich kam unter den Einfluß eines festen Glaubensbekenntnisses, und mein Geist nahm dogmatische Eindrücke in sich auf, die durch Gottes Güte nie mehr ausgelöscht oder getrübt wurden.‹[6] Das ist die volle Wahrnehmung der unbeerbbaren Andersheit und ihre Anerkennung. Man kann es die Entdeckung Gottes nennen. Mit ihr endet die Aufgabe der Philosophie. **Die Philosophie ist ein Durchgang vom Wissen der Wissenschaft zur Weisheit des Glaubens, vom Begreifen zum Empfangen.**

Imitation der Philosophie. Die unendliche Reflexion der Philosophie ahmt die beiden Verhaltensweisen von Wissenschaft und Glaube nach, deshalb steht sie in der Mitte zwischen ihnen. Die Wissenschaft nimmt sich die Dinge, der Glaube läßt sie sich geben. Die Reflexion will Sicherheit im Endlichen und Sicherheit vor dem Unendlichen.

Das Verlangen nach Sicherheit ist sinnvoll, denn es ist eine Form des verantwortlichen Lebens, gepaart allerdings mit dem Versuch zum Rausch, in dem alle Verantwortung abgeworfen werden soll, wenn die Last übergroß zu werden droht.

In der Haltung der Philosophie, nichts ungeprüft hinzunehmen, steckt der Keim einer Tragik. Die erstrebte Sicherheit im Endlichen behindert die Wahrnehmung der unbegrenzten Wirklichkeit, an der das endliche Leben scheitern wird. Jede Reflexion wird durch den Gang des Lebens abgebrochen, keine Entscheidung ist vollständig geprüft. Volle Freiheit hätte ich nur, wenn alle Wirklichkeit in meinem Besitz wäre. Aber vor der Hoheit des Anderen habe ich mich immer schon entschieden und sie anerkannt, weil die Prüfung nicht abschließbar ist.

Wenn ich die Endlichkeit der Welt anerkenne, entdecke ich das Göttliche als **Person.** Subjekt und Objekt sind Gestalten des Lebens, deren Herkunft sich in ihrem Wachstum zeigt. Evolution ist die in Subjekt und Objekt zerlegte Weise der Offenbarung des Göttlichen. Umfassender als das Subjekt bin ich, unvertretbar und einzig, zur Stellvertretung für alles Leben aufgerufen, und tiefer als das Objekt ist die Andersheit des Anderen. Wenn Natur nicht alle Wirklichkeit ist, dann tritt Gott von jenseits meines Horizontes in diesen hinein und hebt an zu sprechen. Gott enthüllt sein Du und ich antworte ihm.

8.2 Die Rede Gottes

Gott spricht. Was höre ich von Dir, was sprichst Du, Herr mein Gott? Ich erkenne Deine Stimme, aber ich höre keinen Ton. Du sprichst ohne Inhalt, wie kann das sein? Jetzt erst bemerke ich es, Du redest mich an, Du redest nicht über dies oder das. Nur das eine ist da, Du und Ich, Dein Name und mein Name. Das ist Dein erstes Wort an mich, Du rufst mich an und sprichst: Du dort, mache Dich auf und sei bereit zu hören! Aber vielleicht, ich zittere, ist das auch schon der ganze Gehalt. Wie sollte bei Dir etwas getrennt sein, da Du alle Wirklichkeit bist, die Einheit vor und nach jeder Spaltung. Du bist die Wirklichkeit, die ich stumm gemacht hatte, als ich mit der Wissenschaft auf Dich zugreifen wollte. Damals meinte ich, alle Inhalte der Wirklichkeit würden von der Wissenschaft aufgelistet. Jetzt merke ich, welches Leben ich dabei verloren habe, denn ohne Anruf von Dir bleiben die Dinge leer. **Du, o Gott, bist die Wirklichkeit, die**

nicht in meine Identität fällt. Anruf, Anrede, Ansprache von Du zu Du, all das fehlt in der Welt, wenn Du nicht rufst, wenn ich nicht Deinen Anruf vernehme. Du brauchst keinen besonderen Inhalt, o Gott, da Dein Leben nicht gespalten ist. Dein Leben zeigt sich im Anruf, und der Inhalt, mit dem Du sprichst, breitet diesen Anruf aus.

Die Alten sagten, bei Dir können Sein und Wesen nicht getrennt werden. Das klingt gut und ist richtig gesagt, aber wie ist diese Rede grau gegenüber der Wirklichkeit, die ich jetzt schaue! Dein Sein ist Dein Leben, es ist mit dem Sein in der Welt nicht zu vergleichen. Die Welt erschrickt, Du gibst Frieden. Du rufst mich, damit ich Antwort gebe, damit auch in mir Sein und Leben eins werden und ich nicht die Eintagsfliege bleibe, die ich ohne Dich bin. Meine Antwort sagt dasselbe wie Deine Anrede: Ja, alles ist sehr gut![7] Wer diese Stimme gehört und ihr beigestimmt hat, der hat Deinem Ruf standgehalten, der hat Antwort gegeben und lebt in Verbindung mit Dir.

Aber noch mehr höre ich jetzt, es ist ein zweiter Schritt, nachdem Du mein Ohr aufgetan hast. Ich weiß noch immer keinen Inhalt zu nennen, nur das eine weiß ich, daß Du mir von neuen Taten in der Zukunft sprichst, aber auch von alten Geschichten der Vergangenheit, die Du in neues Licht tauchen wirst. Ich werde durch Dich kein Wahrsager, dennoch weiß ich von der Zukunft. In Deiner Gegenwart sind Vergangenheit und Zukunft gesammelt. Diese Sammlung ist das große Ja: Alles ist sehr gut geschaffen!

Das ist der dritte Schritt, zu dem Du mich jetzt bewegst. Ich weiß in jedem Augenblick, was gut und was böse ist, vor aller Begründung. Deine Gegenwart begründet alles, Du sprichst als Quelle des Lebens. Nie werde ich vollständig Deine Rede kennen, ich brauche sie nicht zu kennen, obwohl ich nach ihr begierig bin. Da ich einmal Deine Köstlichkeit erfahren habe, bin ich sehnsüchtig in berauschter Nüchternheit. Deine Fülle ist die Unendlichkeit, und selbst in der Ewigkeit werde ich ewig von Dir zehren. Zusammen mit dem Inhalt höre ich Deine Stimme. Was ich mir selbst nehmen kann, ist wenig; was Du geben kannst, ist alles. Du hast mir das Ohr aufgetan, so laß mich antworten: ›Rede, Herr, Dein Diener hört!‹[8] Laß mich dieses Wunder betrachten, da ich Deine Anrede entdeckt habe. Ich habe entdeckt, wie Du mich angeredet hast, nun suche ich Dein Angesicht und finde es im Suchen. Seit Ewigkeiten sprichst Du zu mir, aber erst seit kurzer Zeit vermag ich Dich zu hören, vermag ich Deine Stimme zu vernehmen, die nicht mehr vom Lärm übertönt wird. Vor dem Tumult der Welt bin ich geflohen und halte mich vor ihm verborgen. Gut hört, wer gut verborgen lebt. Ich weiß jetzt, warum die Welt vom Morgen bis zum Abend diesen Lärm veranstaltet: Sie will Deine Stimme nicht hören, die ihr allgegenwärtig ist! Aber auch im Tumult höre ich Dich jetzt, der Lärm stört mich nicht mehr, denn mit dem Lärm redet die Welt zu Dir, ohne von Dir zu wissen.

Deine Stimme ist die Freiheit der Wirklichkeit, da ich vor Dir mich selbst entdeckt habe. Ich kann nicht bei mir sein ohne Dich, denn immer neu trittst Du mir nahe. Du überraschst mich, weil Du die volle Wirklichkeit bist und alle Neuheit bringst. Die Gier nach dem Neuen ist von mir abgefallen; was kann neuer sein als Du? Du nimmst mir den Schrecken, so daß die qualvolle Wahl, in der ich mich entweder an die Zukunft oder an die Vergangenheit klammern mußte, wegfällt. Ich glaube weder an die gute, alte Zeit, noch an eine strahlende Zukunft in der Welt. Davon hast Du mich erlöst. **In Deiner Gegenwart lebe ich in Zeit und in Ewigkeit.** Du bist in meinen Horizont nicht einzuschließen, weil Du alle Wirklichkeit bist. Du bist das Andere, du bist der Andere, aber Du bist auch in meinem Selbst, denn ich habe mich nicht selbst erzeugt. Seit ich Dich kenne, darf ich Dich und mich in einem Atemzug nennen, ohne fürchten zu müssen, den Fehler der Welt zu begehen, die sich mit Dir in den gleichen Horizont einschließen will. Das ist die Sünde, die nicht zum Ziel gelangt. Würde ich dem nacheifern, hätte ich Dich verfehlt, weil ich mich hätte glauben machen, Dich in Besitz nehmen zu können. Du hast mir Besitz gegeben, mich selbst zuerst und einen Anteil an der Andersheit, so daß zwischen mir und dem Anderen, der Du bist, ein festes Band geknüpft ist, da es aus Dir stammt, der Du Derselbe und der Andere bist. Darum auch hat der Mensch eine Sehnsucht nach Dir. Deine Andersheit ist Deine Heiligkeit und Hoheit, die arm und machtlos aussieht und die dem Menschen das Leben gibt. Noch in der Abwendung von Dir preisen sie Dich, weil sie Deine Unendlichkeit wollen: Sie wollen Dich ohne Dich.

Die Beter, zu denen Du sprichst und die zu Dir sprechen, haben sich lange Zeit vor der Öffentlichkeit verborgen gehalten. Sie haben ihr Gespräch in die Stille des Herzens oder des Gotteshauses verlegt wie in beschützende Werkstätten. In der Neuzeit konnte das Gebet öffentlich nichts gelten, weil die Wissenschaft damit beschäftigt war, die Andersheit der Wirklichkeit erst theoretisch und dann praktisch wegzuschaffen. Nach richtiger Einsicht ist die Wissenschaft in ihrer Methode atheistisch und fragt nicht nach Dir, o Gott. Deine Andersheit ist ihr lästig, sie erscheint ihr als bloßes Unwissen, das sie in

Wissen verwandeln möchte. Weder im Atheismus noch im Pantheismus kann mein Herz zu Dir sprechen, denn der Kopf verbietet es mir. Aber weder bist Du ganz abwesend, noch verschmolzen mit der Welt, sondern als der Andere bist Du nahe.

Dinge und Zeichen. Zeige mir deutlicher, was es heißt: Gott spricht! Lehre mich verstehen, was es heißt: Eine Person spricht! Dich zu verstehen und einen Menschen zu verstehen, das ruft die gleiche Bewegung in meiner Seele hervor. Ich erkenne es durch Deinen Anruf: **Eine Person redet, ein Ding redet nicht**. Du redest, weil Du nicht ich bist, und ich bin nicht Du. In der Andersheit zu meinem Selbst hebst Du an zu sprechen, und in der gleichen Weise hebt jeder zu sprechen an. Die Sprache ist Gegenwart des einen beim anderen, ohne daß wir beide im Sein verschmelzen.

Damit steht jeder Mensch näher bei Dir als bei den Dingen. Der Andere ist mein Gott; nur das eine unterscheidet Dich, mein Gott, von den vielen Menschen, daß ich Dir Deine Andersheit nicht rauben kann, ich kann Dich nur leugnen; zu einem Ding oder Sklaven kann ich Dich nicht machen. Ein Sklave ist für mich zum Besitz geworden, denn ohne Freiheit kann er keine Person sein. Ich kann mir keinen Gott in Dienst stellen, weil nicht alle Wirklichkeit Natur ist, deshalb zerbrechen meine Begriffe an Dir. Dich zu leugnen, o Gott, ist nur im Kopf möglich, wenn sich das Bewußtsein vom Sein getrennt hat. In der Wirklichkeit bleibst Du der Andere als der Hohe und Niedrige, der mich fordert und mir dient.

Natürlich, den anderen Menschen kann ich zum Sklaven machen, ich kann ihn töten. Aber Du läßt mich nicht triumphieren. Dem Sklaven raube ich sein Personsein, aber da er Person bleibt, ruft Deine Stimme aus dem Grab mich an: ›Wo ist dein Bruder Abel?‹[9] Nur scheinbar konnte ich den Bruder töten. Durch die Tötung hat er seine Dinglichkeit an mich verloren, nicht seine Andersheit, die mich meine Hand gegen ihn aufheben ließ. Unauflöslich ist Deine Person mit seiner Person verbunden. Nur deshalb kann Gott ein Mensch werden, weil der Mensch auch Gott werden kann, denn Du hast ihn berufen, an Deinem Leben teilzunehmen. Gott werden heißt nicht, Dich oder die Welt in Besitz zu nehmen, sondern Deiner Wahrheit beizutreten, die Leben für alle ist.

Es bedarf keiner Schallwellen, um Deine Rede zu hören. Wie könntest Du, o Gott, Dich auch darauf beschränken? In der Welt kenne ich viele Zeichen, die zu mir reden, nur die Dinge selbst reden nicht. Ich muß sie als Zeichen erkennen, dann reden sie. So rede ich mit Leuten, und Leute reden mit mir, wir einigen uns auf Dinge als Zeichen. Es tritt etwas in meinen Horizont, das ich Information nenne. Aber die Andersheit der Person bleibt außerhalb meines Horizontes, und daran erkenne ich Deine Gegenwart. Eine Person gibt es nur in Dir.

Die Sprache verkündet mir Deine Gegenwart als Person, die nicht in meinen Horizont fällt und doch vor meinem Angesicht erscheint. Du sprichst als Unendlicher, nachdem ich Dich erkannt habe. Die Dinge, wenn sie nichts als Dinge sind, liegen in meinem Horizont und sind stumm. Wenn Du in ihnen sprichst, können sich Dinge in Personen wandeln. Auch von dieser Seite erkenne ich Dich wieder: Die Erkenntnis der Bewegung aller Gegenstände der Welt mußte das Ziel der Wissenschaft sein. Es ist ihr nicht gelungen, die Bewegungen der Zukunft alle anzusagen, also ist Deine Gegenwart nicht in Besitz zu nehmen.

Die Augenfarbe des Nächsten. Als Sprache und Logos teilst Du Dich mit und bleibst der Andere. Wenn ich von Deiner Andersheit außerhalb meines Blickes nichts wissen will, höre ich nichts von Dir. Du verstummst, aber auch alle Rede der Menschen verstummt; ich registriere einzig das Echo meiner Stimme, das mir Informationen von außen zuträgt. Am besten erkenne ich Dich, o Gott, wenn ich nicht einmal von der Augenfarbe meines Nächsten weiß. Mit der Kenntnis von der Farbe der Pupillen bin ich in der Versuchung, ihn auf Abstand zu bringen, um ihn dann als Gegenstand an mich zu nehmen.

Du, o Gott, sprichst zu mir in doppelter Weise. Du teilst Dich selbst in Deiner Existenz mit, indem Du sprichst, und Du teilst mir dies und das als Inhalt mit, den ich ergreifen kann. Jede Rede, ob sie von Dir oder von meinem Nachbarn kommt, hat den doppelten Charakter, weshalb ich Dich in jeder Rede höre, als Anruf und Inhalt. Deine Rede bringt das unendliche Leben nahe, das sich nicht beerben läßt, durch das endliche Leben, das sich beerben läßt. Scheinbar! Denn Du, o Gott, hast dem gemordeten Leben eine Auferstehung bereitet und ihm eine Stimme noch im Grab verliehen.

Es hat schon viele Versuche gegeben, Deine Gegenwart in der Welt in Besitz zu nehmen. Ja, in allem weltlichen Leben sehe ich die Ökonomie als geplante oder abgewehrte feindliche Übernahme, als Beerbung oder Besetzung. Wo auch wäre ein Land auf dem Erdball zu finden, das keine Vertreibung kennt! Verstehen kann ich den Zusammenhang nicht, wie Du als Besitz erscheinen kannst und Dich in Besitz nehmen läßt, und dann bricht der Besitz zusammen. Unruhig bleibt mein Herz über Dich, warum Du dem Gegenwillen soviel Raum gegeben hast. Wenn ich mein Leben dem Nachdenken über Dich geweiht habe, dann nicht, weil ich zu einem Abschluß kommen will, sondern weil ich den groben Fehler vermeiden will, Dein Angesicht zu verlieren. Du wirst nicht im Leben oder im Leiden verloren, o Gott, sondern im Kopf und mit Willen.

Du bist Person und nimmst Gegenwart in Deinem Wort vor mir, Du selbst verbleibst außerhalb meines Blickes. Deine Selbstmitteilung geht nicht im Sein der Welt auf, denn Dein Selbst ist Person, Sprache und Offenbarung. Dein Sohn erklärt durch sein Leben und Lehren die Unauflösbarkeit von Anruf und Inhalt. Er ist der Weg, der die Wahrheit des Rufes mit dem Inhalt des Lebens verbindet. Wie verhält sich dabei der Anruf der Person zum Inhalt des Lebens in der Welt? Bei Dir, o Gott, überwiegt die Anrufung des Namens: Ich habe Dich bei deinem Namen gerufen, du bist mein.[10] Mit Deinem Anruf gibst Du zugleich auch den Inhalt des Lebens. Dagegen werden Person und Sache in der Welt zu Gegensätzen, je mehr es dem Menschen um sein Überleben zu tun ist. **Die Person kann die Sachen in sich vereinen, die Sachen aber nicht die Personen.** Daher der göttliche Funke, o Gott, den Du in jeden Menschen gelegt hast! Er ist der Anruf, es Dir gleich zu tun.

Deine Rede, o Gott, kann auch dem Interesse der endlichen Welt dienen. Dazu hast Du die Gebote gegeben, so die Zehn Gebote Deines Dieners Mose, damit der Einzelne seine scharfen Interessen zügelt, um auch seinen Nachbarn leben zu lassen. Aber vor allem hast Du mich von dem Druck befreit, Ziele in der Welt erreichen zu wollen, die alle zusammen nur ein einziges sein können, die Selbsterhaltung. Ich kann nicht mein eigenes Ziel sein, weil es mir nicht gelingt, alle Dinge auf mich hin zu bewegen. Die Freunde der Fremdwörter sprechen von der Inversion der Teleologie in der Neuzeit. Das ist ein Konkurrenzprogramm zu Dir, o Gott. Daher der Bazillus der Sinnlosigkeit in der Neuzeit: Wenn ich mein Ziel auf mich selbst richte, verliere ich Ziel und Sinn zugleich, da mir der Tod vor Augen tritt.

Das war Dein stärkstes Wort, das Du an mich gerichtet hast: Du wirst sterben! Mit ihm hast Du mir den Boden unter den Füßen weggezogen: Alles Streben in der Welt will Selbsterhaltung, will tiefe, tiefe Ewigkeit. Dieses Ziel kann ich als Mensch nicht erreichen, noch kann es die Menschheit. Damit hast Du zugleich meine Füße leicht gemacht. Wie konnte ich diese bitterste aller Wahrheiten trinken? Warum schmeckte sie mir auf einmal so süß? Für einen Augenblick war mir das Leben fremd geworden, mit Schrecken war ich erfüllt von dem Wort, dann bin ich gefallen und gefallen, gefallen in Deine Unendlichkeit; und in der Schwerelosigkeit des Falles habe ich das Licht gesehen, mit dem Du allem Leben das Leben gibst. Das ist die Weite der Wahrheit, in der ich mir meinen Platz an der Sonne nicht mehr freihalten, mein Interesse nicht mehr gegen andere Interessen verteidigen muß.

Gott der Eine. An dieser Stelle gibst Du mir, o Gott, einen Wink auf Dein Leben und das Leben der Welt. **Es gibt Dinge, und es gibt Personen.** Das ist die Unterscheidung, die alle Erkenntnis vom Leben begründet. Deine Gegenwart gibt mir Kunde davon; beide waren mir schon bekannt, nur kannte ich ihr Verhältnis nicht. Die Dinge liegen in meinem Horizont, ich ergreife sie nach meinen Wünschen und will sie noch weiter ergreifen; die Personen liegen nicht in meinem Horizont, sie erscheinen in ihm nach ihrem eigenen Wunsch, dann kann ich sie begrüßen. Dinge werden begriffen, Personen werden begrüßt.

Auch das Umgekehrte gibt es in schwer bestimmbarem Maße. Die Dinge sind definiert nach dem Maß, wie ich sie ergreifen kann, doch sie behalten einen Rest von Unbestimmtheit an sich, so daß ich ihre Bewegungen nicht in den Überblick bekomme. Als ob die Dinge eine Reserve gegen meinen Zugriff behielten, um in Deinen Dienst treten zu können! Umgekehrt haben die Personen ihren Dingcharakter, weil sie in meinem Horizont erscheinen und ich der Versuchung erliegen kann, sie zu einem Ding zu machen.

Auch das Leben, das zwischen den Dingen und den Personen liegt, kann ich unter Deinem Anruf verstehen. Pflanzen und Tiere nehmen teil an dem doppelten Charakter des Seins als Ding und Person und warten, wie es Dein Apostel formuliert, ›sehnsüchtig auf das Offenbarwerden der Söhne Gottes‹.[11]

Ich könnte versuchen, Dich oder einen Menschen in meinen Horizont einzuschließen. Aber was passiert dann? Auf welche Wirklichkeit treffe ich, o Herr? Mein Können würde sich ins Gegenteil verkehren, es würde zum Verkennen. Der Triumph eines solchen Könnens führt in eine schändliche Niederlage. In dem Moment, in dem ich versuche, eine andere Person in meinen Gesichtskreis einzusperren, wäre seine Einmaligkeit erloschen. Deshalb läßt Dein

Sohn so deutlich erklären: Wer einen bösen Gedanken gegen den Bruder hegt, der versucht ihn zu töten. Was hat ein solcher zu erwarten? Wer jemanden tötet, ist nach dem alten Gesetz dem Gericht verfallen. Nach dem neuen Gesetz der Liebe verfällt jeder schon dann dem Gericht, wenn er auch nur zornig ist auf seinen Bruder und ihn einen Dummkopf nennt.[12]

Den Schein des Triumphes hast Du in der Welt zurück gelassen, die Realität des Triumphes hast Du Dir vorbehalten. Du bleibst der Herr über Tod und Leben, Du bleibst der Schützer des Lebens. In dem Augenblick, in dem ich meinen Wunsch in die Tat umsetze, ist mir der Nächste schon entflohen. Gewiß kann ich ihn töten, aber ich treffe nur seinen Schatten. Er ist so wenig tot wie Du, o Gott, tot sein kannst. Ich kann den Nachbarn töten, wie ich einen Hasen jage oder einen Baum fälle, doch dann habe ich ihn nur als Element der Welt ergriffen. Aber seine Andersheit, auf die ich mein Begehren gerichtet hatte, konnte ich nicht ergreifen. Ich habe ihn ergriffen in meinem Horizont, aber er war gar nicht darin! Er hatte sich vor mir nur sehen lassen, und sein Bild habe ich zu Boden gestoßen. Ich kann ein Abbild töten, wie ich ein Porträt verbrennen kann, und der alte Mythos hatte ganz Recht, als er darin schon den ganzen Akt des Tötens erkannte. Mehr als das Bild, das ich mir gemacht habe, vermag ich von Dir nicht zu zerstören und von niemandem sonst, denn Du bist in ihm. Die Probe zeigt es: Im Töten könnte ich meinem Bruder nicht ins Gesicht schauen, es würde mich daran erinnern, daß ich ihn nicht töten kann. Ich kenne die Versuchung zur totalen Negation, denn Du, o Gott, hast mir die Freiheit gegeben, das Leben des anderen ebenso zu bejahen wie mein eigenes Leben. Deshalb ist die Wahrheit ganz und gar Deine Fähigkeit, mich und den anderen am Leben zu erhalten. Aber zustimmen soll ich Deinem Liebesstreben: In der Unendlichkeit des Versuches zu töten und in der Unmöglichkeit dieses Tuns ermesse ich die Gegenwart Deines ungeheuren Angesichtes. Dem anderen von Angesicht zu Angesicht gegenüber zu stehen heißt, ihn nicht töten zu können. Das ist meine Freiheit, den Tod des anderen nicht zu wollen. In dieser Freiheit begrüße ich ihn und erkenne seine Unverletzlichkeit an, die ich gar nicht gefährden kann.

Im Gruß erkenne ich an, daß mir eine Person entgegen tritt und ich es nicht mit einem Ding zu tun habe. Deshalb erscheinst Du, o Gott, als der Eine und der Dreieine. Als der Eine bist Du keine Person, sondern die ewige Gottheit. In dieser Form wollen Dich viele anerkennen, ja ich meine, wenn ich ihren Reden richtig zugehört habe, in dieser Form erkennen Dich alle an. Deine göttliche Einheit garantiert die Vernunft in der Welt, und noch der unvernünftigste Mensch macht gelegentlich Gebrauch von ihr, womit er Dich als den Urheber der Vernunft preist. Solange wir an die Grammatik glauben, werden wir Gott nicht los! Ja, wir werden Dich nicht los, außer im Hinterzimmer der Hölle, wo bei allem Lärm keine Grammatik gebraucht wird, weil alles Sprechen verstummt ist. Wo der eine den anderen bejaht, bist Du, o Gott, gegenwärtig, und diese Bejahung ist Sprache. Noch das krudeste Begehren beginnt mit einer Bejahung und sucht nur sein Ende in der Verneinung des anderen Lebens, um sich seiner selbst ganz sicher zu sein.

Die Vernunft, die zum bloßen Verstand absteigt, macht den Menschen einsam und verbiegt sein Leben. Niemand wird einsam geboren, und niemand wird einsam gemacht, außer er macht sich selbst dazu. Verlassenheit ist kein Schicksal, denn wen, o Gott, würdest Du je verlassen! ›Kann denn eine Frau ihr Kindlein vergessen, eine Mutter ihren leiblichen Sohn? Und selbst wenn sie ihn vergessen würde: ich vergesse dich nicht‹, läßt Du Deinen Propheten verkünden.[13] **Im Besitz bin ich einsam, denn besitzen kann ich nur Dinge, und die sprechen nicht zu mir.** Oder das Ding spricht als Geschenk zu mir, dann aber spricht die Person zu mir, von der ich es erhalten habe. Ob ich alles oder gar nichts oder nur etwas besitze, ob ich im Besitz bin oder in den Besitz kommen will, alle diese Fälle halten mich in meinem Horizont gefangen. Was ich besitze, bin ich selber, nichts anderes über mich hinaus. Ein Sklave oder Diener kann meine Einsamkeit nicht aufheben, weil ich ihn nicht als Person anerkenne. Die Fähigkeiten eines Dieners sind meine Fähigkeiten, und die Reden eines Dieners sind meine Reden. Er könnte es nicht wagen, gegen mich zu reden, da ihm der Eigensinn die Stellung und mehr kosten würde. Mit ihm also wäre ich immer noch bei mir, als Diener hebt er meine Einsamkeit nicht auf.

Gott der Dreieine. Weil ich die Welt nicht in Besitz nehmen kann, deshalb bist Du, o Gott, nicht nur der Eine. Ganz als der Eine wärest Du der Gott, der nicht würfelt oder die Gottnatur des *Deus sive natura*. Das bist Du auch, denn was sich vollzieht, vollzieht sich nach Deinem Willen. Wenn Du nur der *eine* Gott wärest, dann könnte ich Dich nicht von der Welt unterscheiden. Du wärest ihre Gesamtheit, ihre Wirklichkeit in einem Sein ohne Zeit, ohne Vergangenheit, Gegenwart und Zukunft.

Aber welch ein Widersinn! Gerade in dem Moment, da ich Dich anrede, zeigst Du mir die Einheit in Dir. Ich rede Dich von außen an als den Einen, also bin ich von Dir verschieden. Doch kann ich nicht außerhalb von Dir stehen, da Du der Eine und Ganze bist. Ich mache in der Anrede davon Gebrauch, daß es eine wirkliche Bewegung gibt, die ich nicht durch einen Begriff still stellen kann. Die Anrede an Dich ist zugleich eine Bewegung von Dir weg und zu Dir hin. Auch in Dir, der Du die Horizonte überstrahlst, gibt es den Unterschied zwischen Dir und mir. Unsere Horizonte verschmelzen nicht, ich gehe nicht auf in Dir, ich bin mehr als ein Teil von Dir; mein Horizont ist von Deinem verschieden, da ich in Dir von Dir verschieden bin. Solch ungeheuren Besitz hast Du mir gegeben! Weil Du in Dir Person bist, dreifache Person, deshalb bin ich außerhalb von Dir Person und dennoch nicht außerhalb von Dir, der Du als der Eine alles umfaßt, aber den ich nicht anreden könnte, wärest Du nicht auch Person in Dir. Weil ich Dich als Person erkenne, kann ich auch außerhalb von Dir Personen erkennen, menschliche Personen, in denen ich Dich anschaue, ehre und liebe.

Wenn ich zu Dir spreche, spreche ich wie zu einem Vater, ja wie ein Sohn zu seinem Vater. In ihm hast Du mich geschaffen, und alle Wirklichkeit wird in dem Unterschied des Vaters vom Ewigen Sohn erkannt. Weil Vater und Sohn nicht ineinander aufgehen, gibt es Freiheit und Verantwortung in der Welt. Vergangenheit, Gegenwart und Zukunft unterscheiden sich ohne Illusion, weil es ohne Zeit keine geschenkte Freiheit gibt. Die Zeit spiegelt Deine Fülle wieder, sie läßt Deine Fülle anwachsen, die allezeit schon vollendet ist. Die Flucht in die Wissenschaft war nicht nötig, um das Ich loszuwerden, denn das Ich hat mehr Wirklichkeit an sich als das dinghafte Es der Wissenschaft. ›Alle Wirklichkeit ist Natur‹, dieser Satz leugnet mit einem lebendigen Gott auch den lebendigen Menschen. Er hat insofern Recht, als Du auch der Eine bist, und diese Einheit mit dem Begriff erfaßt werden kann. Weniger einseitig und angemessener sollte ich sagen: ›Alle Wirklichkeit ist Person‹. Allerdings ist auch das einseitig gesagt, denn es fehlt der dingliche Charakter der Wirklichkeit. Wenn nicht alle Zukunft in meiner Gegenwart enthalten ist, dann fällt eine Wirklichkeit in meinen Horizont, ohne in ihm aufzugehen. Das aber ist das Kennzeichen des personalen Lebens. Staunend stehe ich vor Dir und erkenne, was seit der Erschaffung der Welt als Deine unsichtbare Wirklichkeit an den Werken der Schöpfung erkannt wird, die keine menschliche Unvernunft verderben kann, und die Deine ewige Macht und Gottheit wahrnehmbar macht.[14]

Offenbarkeit und Offenbarung. Wieso kann ich Dich in der Natur erkennen? Soll ich Dein Personsein, Deine übergroße Wirklichkeit aus einem Satz verstehen, der da lautet: ›Nicht alle Wirklichkeit ist Natur?‹ Kann aus einem Nichtwissen ein Wissen werden? Ja, vor Dir ist solche Umkehrung möglich, der Du das Sein aus dem Nichts gezogen hast. In jedem Nichtwissen gibt es ein Mitwissen, das mir mein Nichtwissen angezeigt hat. Das Gegenteil von richtig ist falsch, aber das Gegenteil einer Wahrheit kann wieder eine Wahrheit sein, weil Du, o Gott, in unseren Begriffen von richtig und falsch nicht aufgehst.

Neben der einen stummen Gottheit bist Du der offenbarende Gott, der sein Leben und seinen Willen kundtut. In dieser Weise zeigst Du Dich als Person in der Welt, auch wenn ich nicht viel weiß über Dein inneres Leben. Du bist Person, eine Gegenwart, die ihr inneres Leben nur von selbst mitteilen kann. Eine solche Selbstmitteilung kann ich empfangen, aber nicht ergreifen; sie würde verderben, wenn ich sie in Händen hielte. Du hast mir Dein inneres Leben bekannt gemacht. Deine Offenbarkeit bringt in ihrer Wirklichkeit ihre Möglichkeit mit, vorher konnte ich sie nicht erwarten. Die Möglichkeit ist zwar auch eine Wirklichkeit, aber nur in meinem Kopfe. In Dir treffe ich nur Wirklichkeit an, keine Möglichkeit, wie es auch in der Welt nur Bejahung gibt und Verneinung nur in meinen Urteilen über sie.

Zunächst weiß ich von dem Interesse, das den Satz leitet: ›Alle Wirklichkeit ist Natur.‹ Das Interesse besteht darin, die Herrschaft über die Wirklichkeit anzutreten, die wir Natur nennen. Schaue ich Deine Wirklichkeit als Natur an, dann schaue ich Dich von außen an und mache Dich zum Gegenstand. Je mehr ich das tue, umso mehr treten die Gegenstände auseinander, denn sie verlieren ihren Zusammenhang in Dir. Wenn ich will, daß sie sich nach meinen Wünschen bewegen und mir nützen, dann will ich zur Einheit und zurück zu Dir. Wenn ich weiß, wie die Luft sich verhält, kann ich Flugzeuge bauen, und die bislang sich selbst bewegende Luft stellt mir ihre Bewegung zur Verfügung. Wie bei der Verkehrstechnik, so in der Informationstechnik und in anderen Bereichen! Ich schaffe eine einheitliche Welt, in der alles mit allem verbunden werden soll.

Ist das die Einheit und das Leben in Dir? Da der Tod bestehen bleibt, ist das Versprechen der Evolution und des Fortschritts doppeldeutig. Es erzeugt in mir eine Haltung, die das Verfügen ermöglicht und rechtfertigt. Aber die gewünschte Totalität und das zugehörige Bild von der Welt, o Gott, muß ich für falsch halten. Die Geschichte bewegt sich auf Dich zu, wenn sie die Einheit will, in der alle mit allen verbunden sind, aber wenn sie Dich leugnet, wird sie nicht von Dir gezogen, sondern fällt in die Natur zurück, die Konkurrenz und Tod bedeutet.

Wer behauptet: ›Alle Wirklichkeit ist Natur?‹ nenne ich Ideologen, also Leute, die Wunsch und Wirklichkeit verwechseln. Um mich von ihrer Lockspeise abzukehren, muß ich nicht einmal Deine besondere Hilfe in Anspruch nehmen. Das, was Du dem Menschen als Vernunft zu Anfang des Lebens mitgegeben hast, reicht aus, den titanischen Antrieb als falsches Wachstum und Krebsgeschwür zu erkennen. Die bloße Natur ist eine dämonische Angelegenheit.

Aber die Not ist noch nicht gelöst, wenn ich sage: Es ist nicht gelungen, es ist daneben gegangen, die Wissenschaft hat ihr Versprechen nicht gehalten, die Physik kann die Zukunft nicht voraussagen, die Technik kann nicht alle Bewegungen beherrschen. Die Natur ist auch Geheimnis, in ihr erscheint eine Wirklichkeit, die nicht mit den Mitteln der Wissenschaft erfaßt werden kann. Wenn ich mich so vom Naturalismus abgewandt habe, bin ich damit die Enttäuschung, den Ärger oder die Depression noch nicht los geworden. Der Tod eines Lebens wird erst durch Trauerarbeit zu einem neuen Leben. Natürlich kann ich anklagen, daß die Wissenschaft uns so viele Jahrhunderte zum Narren gehalten hat, an der Nase herumgeführt, unterjocht, uns ihren Alleinanspruch auf Wahrheit aufgezwungen hat, aber wenn meine Empörung sich gelegt hat, mache ich im Alltag weiter wie bisher. Keinesfalls werde ich Dich, o Gott, dadurch als Person anerkennen.

Weitermachen und sich nichts dabei denken! Ja, auch eine solche absurde Möglichkeit hast Du in meine Freiheit gelegt, und die beredten Vertreter solchen Verhaltens nennen ihre Position auch absurd. Das Ich der Moderne ist verloren, klagen sie, stets erfolglos auf der Suche nach einem Stichwort, an dem es sich festmachen kann. In der Mitte zwischen der bloßen Natur und Dir liegt die Absurdität. Auf den Erfolg der Wissenschaften und der Technik können sie nicht mehr setzen, denn sie beugt sich nur ungenügend ihren Wünschen, aber Deine Wirklichkeit, o Gott, wollen sie nicht anerkennen, denn Deine Andersheit fürchten sie. Ein tiefer Graben trennt die gute Erkenntnis vom guten Wollen. In dieser Weise schaffst Du Dir auch aus Ihrem Munde das Lob, wie aus dem Mund der Kinder und Säuglinge.[15] Die Bekenner des Absurden schweben in der Mitte, damit halten sie den Platz frei für Deine Gnade. Ohne Dich kann niemand etwas tun, nicht einmal die alten und erkannten Fehler überwinden.

Vom Frieden Gottes. Ich frage also weiter: Wie komme ich von der Erkenntnis, daß nicht alle Wirklichkeit bloße Natur ist, zu der Erkenntnis, daß Du als Person existierst? Nicht nur die Neider, auch gutmeinende Freunde raten mir zur Vorsicht. Sie sagen: Wenn du aus dem Scheitern der natürlichen Erkenntnis die Erkenntnis Gottes gewinnst, welchen Wert hätte dann die Offenbarung? Warum sollte es eine Offenbarung von Dir geben, o Gott, warum hast Du Dich auf so vielfache Weise in der Natur bezeugt, schließlich sogar in der einzigartigen Weise in Deinem Volk Israel und in Deinem ewigen Sohn, wenn schon das Scheitern der Naturerkenntnis die Erkenntnis Deines Lebens bringt?

Auf unerwartete Weise hast Du mir aus dem Dilemma geholfen. Zuerst konnte ich das Bedenken nicht einmal verstehen. Warum, so fragte ich mich, solltest Du mir in Deiner Offenbarung nicht das sagen, was ich mir selbst sagen kann, nachdem ich mit meinem Naturdrang gescheitert bin? Bist Du es nicht, der in mir redet, so daß alle Wahrheit, die ich höre, ob von außen oder von innen, ob von gestern, heute oder morgen, aus Dir stammt? Nicht von Dir allein, aber auch von Dir allein, denn Du kennst keine Konkurrenz. Darum habe ich Dir geglaubt in Deinen heiligen Schriften, weil ich mir selbst geglaubt habe; die eine Wahrheit hätte ich nicht ohne die andere entdeckt. Nicht alles, was ich rede, will ich Dir in den Mund legen, für den Unfug bin ich selbst verantwortlich, für die Wortspielereien und die voreiligen Reden. Nicht selten lasse ich mich hinreißen, und die Zerstreuung bei dem ironischen Spiel mit Worten gefällt mir allzu gut. Das alles gehört zu meiner Schuld, durch die Deine Gegenwart verdunkelt wird.

Aber immer wieder zerreißt Du diese Dunkelheit. Die besseren Einsichten waren, bevor ich sie aussprechen konnte, immer mit einem Aha-Erlebnis verbunden, und diese Eingebungen stammten von Dir, sie kamen mir zugeflogen von jenseits meiner Möglichkeiten. Ich kenne einen Unterschied, aber keinen Gegensatz zwischen Deinen und meinen Reden. Vor allem an eine Konkurrenz habe ich nie gedacht. Wie sollte ich mir die Quelle des Lebens selbst verschütten wollen? Ich bin kein Selbstmörder, weil der Selbstmord vor Dir unmöglich ist. In der Verneinung des Lebens müßte ich Dich, die Quelle des Lebens, noch einmal in Anspruch nehmen. Allerdings, die Neuzeit hat eine Denkweise ausgebreitet, in der eine Konkurrenz zu Dir vorstellbar war. Damit hat sie Dich entstellt, wie jede Gegnerschaft den Gegner entstellt, um ihn schärfer ins Auge zu fassen. Unter solchen Umständen werden die Individuen zu Konkurrenten, und selbst Deine Gegenwart wird dunkel, da sie nicht für möglich gehalten wird. Beschränkte Sichtweisen erzeugen Probleme, da nur Dein Gesichtskreis keine kennt, weil Du in Deiner Unendlichkeit nicht aus dem Gegensatz lebst. Jede Sichtweise in der endlichen Welt erzeugt Grenzen und Probleme. Nun entscheidet es sich: Jede Sichtweise ist begrenzt, aber will ich davon wissen? Das Eingeständnis führt mich zu Deinem Frieden oder in die Verweigerung. Der Friede stammt aus Dir, Du hast ihn freigebig in mein Leben ausgegossen. Du schenkst mir den Frieden, indem ich ihn für möglich halte. Du überhäufst mich grenzenlos mit Frieden, solange ich ihn nicht von mir selbst erwarte.

Von der Natur zur Person. Selbstverständlich lehrt die Kirche seit Urtagen, daß zwischen der besonderen Offenbarung in der Geschichte Deines Volkes Israel und der allgemeinen Offenbarung in der von Dir geschaffenen Natur kein Gegensatz besteht. Das Evangelium steht nicht gegen das Gesetz und die Gnade nicht gegen die Natur. Nur das Gesetz alleine oder die Natur alleine, die sind krank und machen krank. Sie werden geheilt, wenn die Gnade an sie heran tritt. Ohne Gegensatz können Gesetz und Natur sein, als was Du sie erdacht hast, der Lebensraum für die Welt. Jede Vernunft kann sich das selbst sagen, aber die unmittelbare Einsicht in den Zusammenhang, die Du mir geschenkt hast, ist doch noch etwas anderes als das Nachsprechen dieser Lehren. **In der Dunkelheit habe ich an Dein Licht geglaubt, bevor ich erkannte, daß ich es immer schon gesehen habe.** Am Dogma fürchte ich nicht die Entschiedenheit, sondern das Nichtverstehen. Dogma ist alles in der Welt, da es eine volle Objektivität der Natur nicht gibt, bei der jedes Interesse schwiege. Jede Gestalt des Lebens ist durch eine Entscheidung gegangen oder durch eine Nicht-Entscheidung, die sich auch entschieden hat. Jede Gestalt des Lebens ist dogmatisch.

Solange ich in der Dunkelheit stand, war es umgekehrt: Da fürchtete ich die Entscheidung und merkte nichts von meiner Blindheit.

Theologisch müßte ich jetzt von Erbsünde und Erlösung sprechen. Aber ich brauche dieses Wortpaar nicht zu wählen, um das große Licht leuchten zu lassen, das aus Dir strahlt. Wenn ich den Naturalismus beschreibe, seine Verstrickung in sich selbst als die Sünde und die Erlösung als Abkehr davon, strahlt der alte Glaube in neuen Worten und die Schatten vergangener Mißverständnisse fallen ab.

An sich kann ich im Scheitern der Vernunft, die ich als Werkzeug für meine Interessen gebraucht habe, ganz gut Deine Anrede vernehmen. Im Scheitern bemerke ich, daß Du uns die Vernunft nicht nur zum Zweck des eigenen, beschränkten Interesses gegeben hast. Ja, mehr noch sehe ich: Wenn ich der reine Mensch wäre, der nie das Paradies Deiner Gegenwart verlassen hätte, würde ich Dich nicht nur hören, sondern auch schauen, ohne Dich in meinen Horizont zu ziehen. Von meiner belasteten Natur her sitzt mir allerdings das Gegenteil in den Gliedern, so daß ich versucht bin, Deine Stimme, die ich in jedem Augenblick höre, in meinen Horizont zu ziehen. Dann allerdings würdest Du verstummen, das heißt, ich wäre der Meinung, Du wärest stumm geworden und hättest nie existiert. Welche Sünde, welches Verbrechen, welcher Mißerfolg! Du wärest nicht verstummt, aber ich würde Dich nicht mehr hören. Nein, das stimmt nicht: Ich würde Dich hören, aber nicht hören wollen; ja, ich will Dich sogar dann noch hören, selbst in diesem Fall, ich kann Dich aber nicht hören; jetzt muß ich sogar sagen, ich kann Dich auch hören, aber meine Kräfte reichen dazu nicht aus … Wohin soll ich fliehen vor Dir? ›Steige ich hinauf in den Himmel, so bist du dort; bette ich mich in der Unterwelt, bist du zugegen. Nehme ich die Flügel des Morgenrots und lasse mich nieder am äußersten Meer, auch dort wird deine Hand mich ergreifen und deine Rechte mich fassen. Würde ich sagen: Finsternis soll mich bedecken, statt Licht soll Nacht mich umgeben, auch die Finsternis wäre für dich nicht finster, die Nacht würde leuchten wie der Tag, die Finsternis wäre wie Licht.‹[16] Alle Dinge auf Erden reden von Dir, sie hören nicht auf, mit Deiner Stimme zu sprechen, und sie reden mit ihrer Stimme zu Dir. Sie erscheinen dem einen beredt und dem anderen stumm. Deutlich hat es Dein Mund Augustinus gesagt: ›Sie reden zu allen gleich, aber nur die verstehen die Rede, die das äußerlich empfangene Wort innerlich mit der Wahrheit vergleichen.‹[17] Deine Gnade läßt mich erkennen: **Das Scheitern der Vernunft ist kein Scheitern, sondern ein Segen**. Durch den Verlust kann ich die erfolglose Selbstrechtfertigung oder die nicht minder erfolglose Selbsterhaltung meines Ich aufgeben, da ich in Dir mein Leben erhalten kann, und mit Sinn erhalten kann. Aber natürlich, wer möchte, kann auch das Scheitern der Vernunft eine Vernunft nennen.

Die Vernunft hat ein anderes Vermögen, in dem sie nicht nur Verstand ist. Für diesen anderen Teil der Vernunft ist ein Name kaum gebräuchlich, weil die paradiesische Wirklichkeit der unverletzten Natur bisher wenig bekannt ist. Deine Erlösung vom Joch des Gegensatzes, die Du mit Israel begonnen und in Christus vollendet hast, ist nichts Neues in der Welt, sondern die Erneuerung der Welt. Ich weiß nicht, wovon ich mehr getroffen bin, von der allgemeinen oder von der erneuerten Natur. Jedes endliche Leben und jedes begrenzte Sein hat diese beiden Momente in sich: Es gehört zu einer allgemeinen Gattung, und es unterscheidet sich durch einen besonderen Unterschied. Deshalb gibt es keinen Gegensatz zwischen dem Scheitern einer totalitären Wissenschaft und Deiner besonderen Offenbarung in Israel und Christus. In drei Schritten gelange ich zu Dir:

1. Ich kann nicht alle Wirklichkeit in meinen Horizont ziehen, weil nicht alle Wirklichkeit bloße Natur ist.
2. Diese Wirklichkeit verwandelt die Dinge der Natur in personale Gegenwart.
3. Ich anerkenne diese Offenbarkeit Deiner Gegenwart als Geschehen in Israel und Christus.

Jetzt erkenne ich, daß der Gegensatz von oben aus dem unerlösten Leben stammte, das Deine Anrede verstummen ließ. Höre Mich, ruft Deine Stimme, immer spreche Ich zu dir, stets bin Ich dir gegenwärtig. Meine Gegenwart erlöst dich aus der Einsamkeit. ›Ich habe dich bei deinem Namen gerufen, du bist Mein.‹[18]

Die Anrufung des Namens. Das kann ich jetzt verstehen, o Gott. Du rufst mich nicht im Kollektiv, Du rufst mich einzeln an und bei meinem einzigen Namen. Wie es der junge Newman erfahren hat: ›Zwei und nur zwei Wesen gibt es, die absolut und von einleuchtender Selbstverständlichkeit sind, ich selbst und mein Schöpfer.‹[19] Das ist Deine Gegenwart in mir. Wenn ich Dich nicht wahrnehme, wird mir mein Ich zum Überdruß, dann will ich es loswerden, um die heißen Wünsche, das wilde Wollen, die lästigen Forderungen abzuwerfen, die in mir lauern. An Deine Unendlichkeit bin ich gebunden, weil sie meine grenzenlose Freiheit ist. Aber wenn ich Deinen Anruf nicht hören will, dann muß ich mein sorgenvolles Dasein in Dir verstecken, ich muß versuchen, Dich und mich im Schein einer erlöserischen Alleinheit verschwinden zu lassen. Aber Du vergehst nicht, Deine Wirklichkeit überstrahlt meine Versuche, Dich zu überhören und zu übersehen, deshalb vergeht auch mein Ich nicht. ›Das *Ich* ist nichts – damit muß man sich durchdringen,‹ sagte der alte Freiherr von Stechlin. ›Ein ewig Gesetzliches vollzieht sich, weiter nichts, und dieser Vollzug, auch wenn er *Tod* heißt, darf uns nicht schrecken. In das Gesetzliche sich ruhig schicken, das macht den sittlichen Menschen und hebt ihn.‹ Ja, so sieht die Erlösung aus, die in der Welt feilgeboten wird, sie ist die atemlose Kunst, Augen und Ohren geschlossen zu halten. ›Er hing dem noch so nach und freute sich, alle Furcht überwunden zu haben. Aber dann kamen doch wieder Anfälle von Angst, und er seufzte: Das Leben ist kurz, aber die Stunde ist lang.‹[20]

Deine Erlösung, Herr, hat ein Gesicht, sie ist das einzige, was ein Gesicht hat. Sie ist nicht die Erlösung *vom* Ich, sondern die Erlösung *des* Ich. **Du bist alle Wirklichkeit, die ich nicht bin und die mir doch gegenwärtig ist**. Du hast mich aus der Einsamkeit gezogen, mir Gestalt, Gegenwart und Gehör gegeben. Ich gewinne mein Leben aus Dir. Wenn ich Deinen Namen anrufe, gewinne ich den Bestand, den ich wünsche, das feste Leben, das Vergangenheit, Gegenwart und Zukunft umschließt. Ohne Deinen Anruf weiß ich nicht einmal, ob ich der gleiche bin am Morgen und am Abend. Die Materie ist die gleiche, gestern, heute und morgen, sagen die Naturforscher, auch die Naturgesetze sollen diese Eigenschaft haben. Aber wo war ich gestern, ich meine mich selber, mein Ich? Soll ich mein Ich aus Materie und Naturgesetzen beziehen? Das wäre doch merkwürdig, da nicht alle Wirklichkeit bloße Natur ist. Aber ich bin in der Welt, und mein Leben umfaßt nicht Dein Leben, weil ich trotz aller Anstrengungen Deine Andersheit nicht beerben konnte. Wo also gewinne ich Stand? Weder fern von Dir, noch als Teil in Dir! Das sind hoffnungslose Versuche, die Wirklichkeit zu leugnen. Stand gewinne ich allein vor Dir. Wenn ich vor Dir stehe, rufe ich Deinen Namen an, weil Du mich vor Dich gestellt und mich angerufen hast.

Jetzt zeigt sich, was ich tat, als ich Dich, o Gott, beim Namen nannte, als ich Dich als Herr, Meister, Schöpfer, Lenker der Dinge anrief: Ich fand die Gegenwart, die ich mir selbst nicht geben konnte. Eine rabbinische Legende fragt: ›Wann ist heute?‹ Der alltägliche Mensch und der weltliche Philosoph neigen zu der Antwort: ›Heute ist dann, wenn jemand *heute* sagt.‹ Er meint damit den aktuellen Vollzug einer persönlichen Kraft: Wenn ich ›Ich‹ sage, wende ich mich nach außen, bemerke, wie ich mich von mir wegwende, bemerke mich selbst in dieser Wendung, komme zu mir zurück und nenne die ganze Wendung *heute*. Die Psychologen bezeichnen es als Selbsterfahrung, die Philosophen als subjektiven Selbstvollzug. Ebenso suchen sie das *Hier* vom beschränkten Ich aus zu bestimmen. *Hier*, sagen sie, ist immer dort, wo einer steht, der *hier* sagt. Die Gegenwart wird auf diese Weise zur Raum-Zeit-Stelle seines Selbstbewußtseins. Allerdings frage ich sie: Wo war ich gestern? Das Ich von gestern kann ich heute nicht aktivieren, auch nicht das von morgen. Macht ihr mich mit eurer Reflexion im subjektiven Selbstvollzug nicht zu einer Eintagsfliege? Und was bedeutet die Wendung nach außen? Ich bemerke mich nur selbst, wenn ich das andere außerhalb von mir bemerke. Warum kommt diese Andersheit, die ich nicht bin, in der Bestimmung nicht vor, oder nur als flüchtige Größe, von der ich mich wegwende?

Die rabbinische Geschichte antwortet: ›Heute ist, wenn ihr meine Stimme hört.‹ Das variiert den Psalm 95: ›Ach, würdet ihr doch heute auf seine Stimme hören!‹ Erst wenn ich Deinen Ruf vernehme und Dich von meiner Seite anrufe, ist für mich *Hier und Heute*. Erst durch das Gespräch mit Dir, o Gott, gewinne ich den festen Platz im Leben. Andernfalls muß ich fürchten, was alle Menschen fürchten und in der Neuzeit mit Schrecken festgestellt haben, daß jeder Platz an der Sonne umkämpft und ohne Verteidigung bald verloren ist. Mit dieser Furcht werde ich mich nicht lange halten können. Meine Gegenwart im *Hier und Jetzt*, o Gott, gewinnt Bestand durch Deine Gegenwart im Ewigen. Wenn Du mich ansprichst, Gott, wenn ich Dir antworte, erkenne ich mein Leben aus Dir, in Dir und zu Dir hin. Hörend und sprechend trete ich ein in die Beziehung und erkenne im Sprechen Deine Andersheit. Ich finde zu Deiner Gegenwart, und diese Gegenwart ist meine Erlösung. Das war der Grund, warum ich früher, als ich Dich nicht gekannt hatte, mein Leben so mühsam selbst erhalten mußte, der Du mich für alle Ewigkeit erhältst. In der Anrede, Du zu mir und ich zu Dir, erkenne ich, daß ich Deine Wirklichkeit nicht in meinen Horizont ziehen muß. Ja, weil ich Deinen Horizont nicht aufsaugen kann, gibst Du mir ein Leben über meine Enge und Ängstlichkeit hinaus. Du hast meinen Füßen freien Raum geschaffen, denn mein *Hier und Jetzt* hast Du durch Dein *Dort und Später* dauerhaft gemacht. In Deiner Ewigkeit bin ich selbst ewig.

Wenn ich Dich anrufe, Herr, kehre ich die alltägliche Art und Weise des menschlichen Lebens um. Das Wort selbst sagt es aus, weil die Wendung zu Dir auch Umkehr heißt. Wer meint, das *Hier und*

Jetzt werde allein vom Menschen selbst bestimmt, von seiner Subjektivität, der legt den Maßstab des Lebens ins bloße menschliche Dasein. Die räumliche und zeitliche Ordnung der Orientierung in der Welt wird allerdings bestimmt durch unser Selbstbewußtsein. Unser Anschauen und Denken stellt den Schnittpunkt der Koordinaten dar, auf den wir die Inhalte beziehen, die uns begegnen.

Aber, so frage ich Dich weiter, haben das nicht Deine Denker ins allgemeine Bewußtsein gehoben. Waren sie es nicht, die Zeit und Raum in die Subjektivität gelegt haben? Wie hat nicht der hl. Augustinus seine Entdeckung gefeiert, daß Du bist und Du ihn angeredet hast, nicht von außen, sondern von innen in seiner Seele! Da hat er die Zeit der Seele entdeckt. Die Zeit ist das stärkste Band zwischen Dir und mir, zwischen Deinem Horizont, der ohne Grenzen ist, und meinem Gesichtskreis. Die Zeit verbindet mich mit Dir und unterscheidet Dich von mir. Alle wissen, daß Gott ewig und der Mensch zeitlich ist. Deshalb hat Augustinus die Zeit entdeckt, als er Dich als Schöpfer entdeckt hat, der aus freiem Willen die Schöpfung gewollt hat. Um Nähe und Abstand zu Dir besser zu verstehen, hat Augustinus die Zeit im Menschen selbst aufgesucht und sie eine Dehnung der Seele genannt.[21] Was wir in der Welt als wirklich anschauen, sind nach Deinem Lehrer aus Hippo die Schemen und Schatten der eigentlichen Wirklichkeit. Die Natur ist gestaltlos, sie kann mir keine wirkliche Einheit geben, eher bin ich es, der ihr Bestand und Dauer verleiht, wenn ich sie anschaue. Ich gebe den Dingen in der Natur einen Namen, ich kann sie wahrnehmen nur in der Weise, wie ich wahrnehmen kann. Wenn ich sie nicht wahrnehme, sind sie kein Gegenstand für mich und haben auch keinen Namen. Spreche ich sinnvoll von Realität, so spreche *ich* von Realität; spricht niemand davon, so ist von Realität nicht die Rede.

Die Säkularisierung Augustins. Einfach und verlockend durch die Jahrhunderte sind die Töne, die Dein Diener Augustinus spricht, wenn er vor Dir steht und mit Dir redet. Nie vorher hat ein Mensch so auf Dich geblickt, nicht Heraklit, nicht Parmenides, nicht Sokrates, nicht Platon, denen alles am Heil der Seele lag. Dein Augustinus findet die wunderbar einfachen Sätze, die mit wenigen Worten sagen, was vorher nie einem Menschen in den Sinn gekommen ist. Es gibt nicht, sagt er, Vergangenheit, Gegenwart und Zukunft, es gibt nur die Gegenwart, denn Vergangenheit und Zukunft *sind* ja nicht. Es gibt die Gegenwart der Vergangenheit, die Gegenwart der Gegenwart und die Gegenwart der Zukunft. Diese Gegenwart lebt in der Seele des Menschen. Wenn ich mich erinnere und wenn ich in die Zukunft schaue, streift ein Bild der Ewigkeit meine Seele. Mit dieser Entdeckung des weiten Seelenraumes hat er ein neues Zeitalter begründet.

Ähnlich wie er hat mehr als tausend Jahre später ein Jesuitenzögling geredet, aber doch nur ähnlich und am Ende ganz anders. Auch er suchte alle Gegenwart der Welt in die Seele des Menschen zu legen, aus Gründen der Sicherheit, denn was ich klar und deutlich im Überblick sehe, sagte er, gibt mir Sicherheit. Aber liegt nicht alle Sicherheit bei Dir? Ja, Du dienst dem Leben, Du bist der Schöpfer des Lebens, aber nicht so, wie der Philosoph am Anfang der Neuzeit es gewollt hat. Er hat vor Dein Gesicht einen Vorhang gezogen, um die Signale für Fortschritt und Wissenschaft auf freie Fahrt zu stellen. Er rief aus: ›Ich denke, also bin ich.‹[22] Nachdem er Deine Sicherheit zu seiner Sicherheit gemacht hatte, weil er meinte, Dich beerben zu können, wollte er die Welt mit Hilfe der Wissenschaft erobern, um im Überblick das eigene Ich sicher zu stellen. Faust, sein Kompagnon in der Gesinnung, nachdem er die Welt durchzogen und fast erobert hat, ruft am Ende seines Feldzuges aus:

›Vor Augen ist mein Reich unendlich,
Im Rücken neckt mich der Verdruß,
Erinnert mich durch neidische Laute:
Mein Hochbesitz, er ist nicht rein,
Der Lindenraum, die braune Baute,
Das morsche Kirchlein ist nicht mein.‹[23]

Die Erfolge der erobernden Wissenschaft sind groß, denn Du bist großzügig und gibst Deinen Geschöpfen alles, worauf sie ihre Augen werfen. Nur in einem Punkte bist Du ihnen nicht zu Willen, kannst es auch gar nicht, weil Du der Allmächtige bist: Der Mensch wird nicht Gott. Auch das stimmt nicht ganz, im Aussprechen droht es wieder unwahr zu werden. Wiederum gilt das Gegenteil: Der Mensch wird zu Gott, aber er wird es nicht aus eigener Kraft, denn Du bist der Andere. Wäre ich wie Gott geworden, diese unmögliche Vorstellung einmal gefaßt, dann hätte ich zwar alles im Besitz, aber zugleich alles verloren, dann hätte ich kein Gegenüber mehr, das ich als Du anreden könnte. In meiner Einsamkeit besäße ich alles und könnte nichts damit anfangen. Je begreiflicher uns das Universum wird, um so sinnloser erscheint es. Ohne Dich wird die Einsamkeit weltallweit.

In den Träumen des Jesuitenschülers erkenne ich die Gefahren, die in den Reden Deines Augustinus lauern. Wenn ich mich nach der

Entdeckung meiner Seele von Dir abwende, erwacht in mir ein neuer, größerer Dämon. Er übertrifft die Dämonen, die vor der Entdeckung der Seele hätten geweckt werden können. Mit dem Verblassen der Neuzeit erkenne ich die Größe und Gefahr der subjektiven Zeit deutlich. Aber die Entdeckung des Rades wird so wenig durch Vergessen rückgängig gemacht wie die Schrift, die Buchdruckkunst, die Kernspaltung oder wie die Entdeckung der Zeit in meiner Seele.

So sehr Du dort wohnst und ich Dich nur dort antreffe, so wohnst Du auch jenseits meiner Möglichkeiten, wo ich Dich nicht antreffe, wo nur Du selbst mich aufsuchen kannst. Ich will Gott haben, rief Descartes aus, das heißt seine Sicherheit, sein Ich-Sein, seine zwingende Notwendigkeit. Von Deinen Möglichkeiten jenseits seiner eigenen Möglichkeiten wollte er nichts wissen. Das heißt, obwohl er von ihnen wußte, hat er sie still zu legen und einen Vorhang vor Dein Gesicht zu ziehen versucht. Alles für das eine Ziel, die Sicherstellung des Ich durch das Ich! Die Wissenschaft der Neuzeit rief es ihm nach: Wir auch, wir auch, wir wollen in den gleichen Fußstapfen gehen! Sie sieht in Descartes zu Recht den Begründer und Vater ihrer Epoche. Sie träumt mit ihm Dichterträume aus naturwissenschaftlichem Spielmaterial, wenn sie das Ich auf diese Weise sichern will, aber das wesentliche Material hat ihr Dein Augustinus bereit gestellt.

Allerdings, Augustinus spricht zu Dir, er hat das Gebet mit dem Denken verbunden, Cartesius und seine Nachfolger haben die Verbindung getrennt, sie beten nicht. Erst das Gebet öffnet den Blick über den eigenen Gesichtskreis hinaus und reinigt eine Vernunft, die vom Selbst aus zum Übergriff auf alle Wirklichkeit versucht ist. Unsere alltägliche Überzeugung ist durch die lange Tradition einer sicherstellenden Wissenschaft müde und erschöpft. Aber erschöpft sich, so frage ich Dich, o Herr, und dich, den Leser, der Sinn des Ich wirklich darin, den jeweils vollzogenen Akt des Anschauens, Denkens, Empfindens, Urteilens mir selbst zuzuschreiben? Woher stammt die Gewißheit, daß dieses Subjekt, das ich bin, im Wechsel seiner Zustände und Verhaltensformen immer neu als identisch wiedererkannt wird, daß ich mich selbst wiedererkenne? Das Gebet gibt die Antwort: In Deiner Präsenz lebt das Präsens von Raum und Zeit, in Deiner Gegenwart habe ich Gegenwart in der Welt.

Dein und Mein. Noch ein anderer Knoten löst sich in deiner Gegenwart auf, der Gegensatz zwischen Dein und Mein. Wenn ich zu Dir rufe, empfange ich mein Ich. Wieder müßte ich genauer sagen, ich bemerke, daß ich mein Ich von Dir empfangen habe. In der Bestätigung des Empfangs bin ich mit mir selbst einig und einzig, geeint nach innen und einzigartig nach außen. Ich wähle das Dasein, indem ich es bejahe. Wenn ich nur die Gabe des Daseins bejahe, den Geber aber nicht, dann wähle ich das Alleinsein und wähne mich bald auch allein. Die Philosophen des 20. Jahrhunderts nannten diese Selbstbeschneidung die Geworfenheit des Daseins oder gleich das Dasein zum Tode. Wer so sein Leben beschreibt, geht in Distanz zu ihm oder erklärt den Krieg gegen Dich, o Herr, der Du nicht genannt werden kannst, weil die Verkennung Deines Namens diese Kriegserklärung ist. Der Gegensatz zwischen meiner Freiheit, in der ich ›Ich‹ sage, und dem Anderen, der Du bist, besteht nicht, es besteht nur ein Unterschied, keine Konkurrenz. Die selbstbehauptete Freiheit lebt im Gegensatz zu Dir, und in dieser Gestalt ist sie Einsamkeit. Wenn ich Dich nicht höre, Herr, dann höre ich niemanden. Jedes Gespräch, das meine Einsamkeit aufhebt, kommt von jenseits meines Horizontes zu mir, wie Du selbst mich auf diese Weise vor Dich gerufen hast. Deshalb kann ich Dich lieben, wenn ich den Nächsten liebe, ich kann Dich hören, wenn ich den Nächsten höre. Du hast Rede und Anrede in die Welt gegossen, den Besuch des einen beim anderen, die Möglichkeit, daß das Fremde sich nicht fremd bleibt, sondern sich bekannt macht, ohne sich selbst zu verlieren.

Im Bitten und Danken, im Loben und Klagen, vor Dir und vor den vielen anderen, löst sich meine Einsamkeit auf. Was zuerst von Dir getrennt ward, mein Ich, ist nicht mehr von Dir getrennt. Vor Dir ist die eine Seite des Lebens wahr und zugleich die andere. Deshalb schaffst Du mich in Einsamkeit und hebst sie auf, wenn Du mich bei meinem Namen gerufen hast. Deine Wahrheit ist die Fähigkeit, den Gegensatz leben zu lassen, das eine auf dieser, das andere auf der anderen Seite, die Einsamkeit hier und die Gemeinsamkeit im Bund damit. Von Dir habe ich mein Ich empfangen, vor Dir kann ich es leben, wenn ich zu Dir strebe. Der Gegensatz ist bei Dir kein Gegensatz, Feindschaft gibt es nur in der Welt, nicht in Dir. Feindschaft in der Welt ist auch Feindschaft gegen Dich, mit der sich der Mensch in die Einsamkeit stürzt.

Du hast mich auf mich selbst gestellt, soviel erkenne ich, auch wenn ich mich abwende von Dir. Ja, ich bin geworfen in diese Welt, wenn ich von dem Werfer nichts wissen will, wie ein Stein sich einsam dünkt, der willenlos der schleudernden Hand ausgeliefert ist, weil er sie verabscheut. Solange ich von Dir abgewandt war, blieb ich einsam, denn ich mußte die anderen fürchten. Der andere, das ist die Hölle, wie mir durch glaubhafte Berichte aus der Welt der Einsamkeit zu Ohren gekommen ist. Wie in einem Mosaik setzen sich die Bildpunkte der Geschichte vor Deinem Blick zu einem Drama des Abfalls und der Umkehr zusammen. Die Weltgeschichte ist der Kampf zwischen Glaube und Unglaube. Der unwillige Unglaube ist das Merkmal der von Dir abgewandten Welt: Sie will das eine, sie will die Gabe von Dir, ohne Dich als den Geber zu erkennen. Die Welt will die eine Seite, nicht die andere, deshalb bewegt sich ihr Leben auf den Bahnen von Kampf und Konkurrenz. Der Mensch in der Welt will die Gabe, aber Dich als den Geber will er nicht. Dieses Verlangen wird als fortschrittliches Programm verkündet, um vergessen zu machen, wie alt und erfolglos es ist. Der Mensch will sein Leben in der Welt gewinnen, danach richtet er sein Leben aus und verliert es. Er weiß nicht, wie er sich in der Welt ohne Dich schützen soll. Ohne Dich heißt immer gegen Dich, da Deine Andersheit nicht zu beerben ist. Das radikal in der Konkurrenz beanspruchte Ich löst sich auf, in Materie, in Naturgesetze, in Konkurrenzkämpfe. Dennoch bleibt es bestehen und lebt in Angst. ›Das Leben ist kurz, aber die Stunde ist lang.‹

Der Selbstmord vor Gott. Rätselhaft ist der Antrieb solcher Selbsterhaltung gegen Dich. Gib mir Einsicht in dieses Verhalten! Vielleicht kann ich den einen oder anderen Selbstmörder mit Deiner Hilfe vom Kampf gegen Dich abbringen. Die Selbsterhaltung in der Welt erscheint vor Dir wie ein Selbstmord. Ich sehe ein, daß der Aufstand gegen Dich zunächst mehr Leben bringt, der Tod ist der Kunstgriff der Natur, mehr Leben zu haben. Wir sind auch Enkel von Siegern im Kampf ums Dasein, und wir werden Enkel haben und nicht mehr da sein. Die Einsamkeit ohne Dich und die Verzweiflung im Kampf gegen Dich sind die Vorformen des Selbstmordes, der im Kopf seinen Anfang nimmt. Keine Ausfahrt ins Unendliche, obwohl meine Berufung zur Unendlichkeit umso deutlicher zu Tage tritt, je mehr ich Dich leugne. Dorthin *will* ich, müßte ich rufen, wenn ich Dich verleugne, denn nichts anderes will ich ja als Dein Leben. Erst wenn ich Dich leugne, blickt mich Dein Auge als verzweifelte Sehnsucht an. Solange ich auf Dich, die Unendlichkeit warten muß, mache ich mir mein letztes Ziel nicht klar. Aber wenn ich Dich leugne, kann ich alle meine Kräfte aufbieten, um dieses Ziel zu erreichen: Nur *dein* Auge – ungeheuer blickt mich's an, Unendlichkeit. Wie hast Du doch die Spuren Deiner Gegenwart in der Welt ausgestreut! Deine Feinde werden zu Deinen Propheten und verkünden Dein Lob – wider Willen.

Warum erst diese Einsamkeit? Warum dieser konvulsivische Ausbruch aus dem beschränkten Horizont, nachdem ich mich vorher in ihm versteckt hatte? Warum jemand diese Einsamkeit vor Dir wählt, ich weiß es nicht, Herr. Es ist das Rätsel der Rätsel. Woher die Empörung kommt, das ist die dunkle Frage des Menschengeschlechts. Nur soviel sehe ich, daß das Böse erst böse wird vor Dir. In der Welt gibt es kein Böses, da gibt es nur Werden und Vergehen – und ein ewiges Schweigen der leeren Räume. Erst vor Deinem Angesicht oder, ich sage vorsichtiger, vor Dir und Deiner Anrede, wird das Böse sichtbar. Kain erkennt seine Schuld schon vor der Tat, denn Du hast ihm gesagt, daß er Böses im Sinn hat: ›Warum überläuft es dich heiß, und warum senkt sich dein Blick?‹[24]

In seiner Herkunft aus der Natur ist der Mensch verwandt mit den Tieren. Sie leben einzig in ihrem Horizont, sie sprechen nicht. Wenn sie töten, ist es kein Mord, denn sie verneinen kein fremdes Leben, weil sie die Distanz von Bejahung und Verneinung nicht kennen. Erst durch Dich, durch Deine Gegenwart, wird die Sünde möglich. Sie ist von dem schlechten Gewissen dessen begleitet, der weiß, daß Du da bist und die Verweigerung gegen Dich kein Akt des freien Willens ist. Die Revolte gegen Dich ruiniert die Freiheit, denn sie gelangt nicht zu Dir. Im Augenblick des Aufstandes verliere ich meine Freiheit und werde zum Getriebenen, der Deine Gegenwart vertreiben will. So erkennbar in den Geschichten von Kain und Abel wie in der Geschichte des 20. Jahrhunderts!

Wie ganz anders vor Dir! Da Du mir das Leben als ein Ich gegeben hast, läßt Du es nicht allein, wenn ich damit nicht allein bleiben will. Mein Wille zum Leben ist der Wille aus der Einsamkeit zur Gemeinschaft mit Dir und allem Leben, dann lebe ich. Das ist der erlöste Wille zum Leben; der unerlöste Wille ist der Wille zum Willen oder der Wille zur Macht, das heißt der Wille zur Einsamkeit, in der ich mir die Welt unterwerfen muß. Deshalb ist dieser Wille der Wille zum Tode, er ist schon der Tod, denn wie im Tode bricht hier die Verbindung mit allem anderen ab. Ich höre nicht mehr, ich spreche nicht mehr, ich sehe nicht mehr, wenn ich mich in der Dingwelt meines Horizontes bewege.

Neben meiner Einsamkeit gibst Du mir auch Gemeinsamkeit, sie ist die Fähigkeit, die Welt und Dich ohne Konkurrenz zu betrachten. Von Dir habe ich mein Ich erhalten, Du hast in glücklicher Naivität den Gegensatz zu allem, was ich nicht bin, aufgehoben. Vor Dir geben die Gegensätze ihre Feindschaft auf, denn in Dir ist das Gegenteil einer tiefen Wahrheit wieder eine tiefe Wahrheit.

Hören und Sehen. Auf vielen Seiten habe ich, o Herr, in diesem Buch Dein Loblied gesungen, Deine Gegenwart habe ich als meine Erlösung gepriesen. Zuerst habe ich den Weg zu Dir gesucht; dann habe ich erkannt, daß erst Dein Weg zu mir sein Ziel findet. Dennoch sind Einsicht und Arbeit, die ich aufgewandt habe für den Weg zu Dir, nicht verlorene Mühe. Sie konnten mich von den falschen Versprechungen zur Erlösung durch Eroberung abbringen. Allerdings höre ich noch manchmal die Stimme in mir rufen: Nimm Dein Interesse wahr! Setz Deinen Willen durch! Kämpfe um Deinen Platz an der Sonne!

Noch auf eine zweite Weise zeigt mir das Interesse der Welt Deine Wahrheit an, o Gott. So führt mich die Welt wider Willen zu Deiner Wahrheit. Du bist die volle Wahrheit, und die Interessen zeigen als Schrumpfform der Wahrheit die Spuren Deiner Gegenwart. Im Interesse nehme ich meinen Vorteil wahr, niemand kann ohne diesen Instinkt in der Welt leben. Ich als Teil der Welt habe also ein Ziel: die Selbsterhaltung. Warum sollte die gesamte Wirklichkeit, vor der Trennung in die Einzelheiten der Welt, nicht das gleiche Ziel haben, die Selbsterhaltung? Bei Dir aber ist Selbsterhaltung kein Ziel, sondern Gegenwart, und Deine Fähigkeit, alles im Dasein zu erhalten, entdecke ich auf dem Rücken der Unfähigkeit, mich selbst im Dasein zu halten. Daher bist Du die Wahrheit; und die Wahrheit nach den Verwerfungen der neueren Zeit, die Dich beerben wollte, nenne ich die Fähigkeit, den anderen und mich am Leben zu erhalten.

Zuerst habe ich also den Leser angesprochen, um ihn das sehen zu lassen, was ich meine, gesehen zu haben. Zum Schluß bin ich in Deine Gegenwart gekommen, ich habe Deine Anrede vernommen und habe Dir geantwortet. Immer warst Du da, aber nicht immer hatte ich Dich gehört oder nur in Bruchstücken, während ich jetzt weiß, daß Du allezeit gegenwärtig. Über Dich kann ich nicht sprechen, dazu fehlt mir der Blick über Deine Gegenwart. Aber zu Dir kann ich sprechen, weil Du zu mir gesprochen hast. Dein Wort – sie sollen lassen stehen! Das geflügelte Wort hat ganz Recht, besser noch heißt es: Dein Wort – ich will es lassen stehen. Wenn es in meinen Horizont tritt, verlockt mich die Versuchung, es meinem Gesichtskreis ganz einzuverleiben. Das wäre das Verderben Deiner Rede.

Das war die erste und einzigartige Erkenntnis, die Du mir von Dir gegeben hast. Aber da Du in Deinen Gaben keine Grenzen kennst, gibst Du mir jetzt auch noch den anderen Wunsch ein, vor dem ich mich ängstlich gehütet habe, um Deine erste Gabe an mich, um Deine Stimme nicht zu gefährden.

Soll ich Dich auch noch sehen? Das verheißt der Glaube: Dein Wort ist nicht die letzte Erkenntnis für uns, sondern die vorletzte. Dein Apostel sagt: ›Jetzt schauen wir in einen Spiegel und sehen nur rätselhafte Umrisse, dann aber schauen wir von Angesicht zu Angesicht. Jetzt erkenne ich unvollkommen, dann aber werde ich durch und durch erkennen, so wie ich auch durch und durch erkannt worden bin.‹[25] Wie kann das sein, da ich doch keine Möglichkeit sehe, wie Du noch Du selber bleibst, wenn ich Dich mit den Augen ergreife. Ich weiß, das Sehen ist eine tiefere Einswerdung als das Hören, deshalb ist das Hören die tiefere Erkenntnis von Dir, solange ich noch in Versuchung war, mich an Bildern festzuhalten.

Aber noch Deine Verleugnung in der Neuzeit ist der Versuch, in eine Einigung mit Dir zu gelangen, um alles im Überblick zu haben. Dafür wirst Du geleugnet in der Welt, damit man Dich besser sehen kann, da es sonst beim Hören und Antworten bleiben mußte. Aber jetzt versprichst Du mir Deine volle Erkenntnis, Dich von Angesicht zu Angesicht! Wie ist das möglich?

Dein Wort gibt mir den Hinweis. Niemand kann Gott schauen und am Leben bleiben. Das gilt für die Welt. Alle, welche die Wirklichkeit auf ihren Horizont beschränken wollten, sind zu Tode gekommen und sind durch ihren Willen zu Tode gekommen. Das Sehen Gottes ist eine Verheißung über die Welt meines Horizontes hinaus. Leichter zu fassen ist die Vorstellung, daß ich Dich in der Ewigkeit schauen darf, weil in mir dann keine falschen Wünsche mehr sind, die sich gegen Dich richten könnten. Möglich ist auch, daß Deine Verheißung Zeit und Ewigkeit überstrahlt. Das ist zwar schwer vorstellbar, aber ohne den Gegensatz zu Dir wird es denkmöglich. Ich sehe Dich schon jetzt in Augenblicken, weil ich Deine Stimme höre, die in meinen Horizont dringt. Wenn ich diese Stimme beständig höre, dann werde ich Dich sehen, wie Du bist. **Das Sehen ist die beständige Gegenwart, von welcher das Hören der Anfang ist.** Wie das wirklich wird, wem es wirklich wird, und wann es wirklich wird, weiß ich nicht. Ich weiß nur, daß es möglich ist, damit Du mich auf ewig anreden kannst, o Herr.

Nachwort: Das Argument

Der Augenblick des Verdachts. Einen ersten Anstoß, über die Weltmacht des Interesses nachzudenken und ihre Grenzenlosigkeit zu ermessen – ein Widerspruch eigentlich, aber große Gefühle überschwemmen die Begriffe –, empfing ich in einem bestimmten Augenblick, der einige Jahre zurück liegt. Die Banalität des äußeren Anlasses steht in keinem Verhältnis zu der scharfen Wirkung, die das Ereignis in mir ausgelöst hat. Aber sie zeigt, in welchem Meer von Interessen wir zu Anfang des 21. Jahrhunderts schwimmen.

Als katholischer Priester verrichte ich in einem kleinen Dorf bei Paderborn in Westfalen einige wenige Dienste, das heißt ich feiere dort jeden Tag die hl. Messe, sonntags wie werktags. Gelegentlich lade ich in persönlichem Gespräch dazu ein oder ermahne Einzelne auch an die Berufung des Christen, Gott im öffentlichen Gottesdienst die Ehre zu geben. In diesem Sinne redete ich auch vor einigen Jahren zu meinem Nachbarn. Dieser erwiderte abweisend, nein, er wolle nicht. Er hätte vor Jahrzehnten eine Frau gekannt, die wäre jeden Tag in die Messe gerannt, aber wie hat die nicht den Mund über die Leute aufgerissen! Nein, seitdem will er nicht mehr in die Messe gehen. Ich feiere doch auch jeden Tag die Messe, habe ich wohl erwidert, und ich reiße doch nicht so den Mund über andere Leute auf. Ja, aber Sie werden auch dafür bezahlt, Sie müssen ja, war die prompte Antwort.

Das hat mir die Sprache verschlagen. Ich wollte noch etwas erwidern, habe aber den schon halb geöffneten Mund wieder geschlossen. Ich wünschte noch einen Guten Tag und empfahl mich. Ich war verblüfft, denn ich mußte dieser platten, banalen, geistlosen Alltagsrede recht geben, recht gegen mich selbst. Jetzt, im Augenblick, hatte ich wirklich ein Interesse an dem Besuch der hl. Messe, am Wohlergehen der Kirche überhaupt. Und diese Seite meines Lebens hat der gedankenlose Mensch kalt unter Verdacht genommen. Ich werde zwar nicht direkt für den Gottesdienst bezahlt, aber indirekt über die Lebendigkeit der Kirche doch. Außerdem liebe ich die Atmosphäre einer gut gefüllten Kirche, hatte also auch von der Seite des Gefühls ein Interesse zu vertreten.

Warum stand ich plötzlich auf der Gegenseite? Wieso war ich dort angekommen, wo ich gar nicht hin wollte? Hatte ich mich früher nicht ganz anders entschieden? Nicht meinem Interesse sollte die Messe dienen, sie sollte mich gerade aus der Welt der Interessen befreien. Erlösung durch das Opfer des Ich! Und auch theologisch kann der Sinn der hl. Messe – nicht nur, aber eben auch – im Opfer gesehen werden, zuerst im Opfer Christi, dann im Opfer der Kirche, dann in meinem Opfer. Durch die Teilnahme von Priester und Gläubigen am Opfer Christi werden dann im Mahl die Mittel zum Leben bereit gestellt. War einfach durch den Ablauf der Jahre aus dem Opfer ein Interesse geworden? Hier tat sich ein Abgrund auf, in den das Leben zu versinken drohte, besser gesagt, in den ich selbst abzurutschen drohte. Aber ich spürte, es war auch eine Tiefe, aus der das Leben ans Licht drängt. Einem grenzenlosen Urgrund entsteigen, im Joche festgezurrt, Wahrheit und Interesse in die begrenzte Welt auf.

Das Interesse in der Wahrheit. Keiner lebt *nur* für sein Interesse, denn schon die bloße Natur hat den Menschen auch gegen seinen Willen zum nützlichen Diener für andere gemacht. Und *nur* der Wahrheit dient auch niemand. Denn wenigstens hat er gut gefrühstückt, um für den Tag gerüstet zu sein – zum Dienst an der Wahrheit. Und wenn er aus hoher Berufung auch nur Wasser und trocken Brot zu sich genommen hat, kein anderer kann es ihm jetzt entreißen, kein anderer kann auch an seinem Platz in der Sonne sitzen. Noch in der verstecktesten Reflexion lobt er sich selbst über den selbstlosen Einsatz. Dieses Lob ist sogar notwendiger als Brot und Wasser! Es ist die Bestätigung, heute richtig gehandelt zu haben und morgen ebenso handeln zu sollen. Ohne diese Bestätigung durch mich selbst würde ich den Geldbeutel nicht einmal zücken können, um daraus dem Bettler eine Münze in die Hand zu drücken. In der Ausführung meines Tuns habe ich zugleich ein Interesse, mit dem ich dieses Tun jedem anderen Tun vorziehe.

Der peinliche Eindruck des Selbstlobes entsteht erst, wenn ich diesen Antrieb nach außen kehre und meine inneren Worte in äußere umwandle. Woher die Peinlichkeit kommt? Es ist die Lüge im Selbstlob! Das Interesse wird mit der Wahrheit zugedeckt. Nicht die Falschheit ist die Lüge, sondern die mißbrauchte Wahrheit. Vielleicht bin ich wirklich klüger als alle meine Freunde und Bekannten, und natürlich klüger als meine Gegner, aber wenn ich die Tatsache ausspreche, soll sie der Bestätigung meines Ich dienen und diese wiederum der Erhaltung des Ich unter den rauhen Bedingungen der Welt. Das ist auf Dauer nicht möglich, und deshalb ist das Selbstlob schon jetzt eine Lüge. Die Zuhörer sind allerdings nicht besser, wenn sie die Peinlichkeit in meinem Dünkel durchschauen, denn sie möchten sich selbst auch gerne so gelobt wissen. Ihr Hinweis etwa auf den oder den, der es noch besser kann, ist zwar auch richtig und sogar doppelt richtig, dennoch ist er ebenfalls eine Lüge, weil sie damit die Unbrauchbarkeit des Selbstlobes noch nicht auf sich selbst angewandt haben.

Natürlich, es gibt die Depression, es gibt den Selbstmord, wo ich nichts Gutes mehr an mir finde, wo mir alle Welt entglitten ist, aber das ist eine Entartung der ursprünglichen Selbstbestätigung. Oder der religiöse Gehorsam! Auch da gibt es den Antrieb zum Handeln, vielleicht sogar über die eigene Natur hinaus. Aber auch der Gehorsam ist ein Kunstgebilde des Geistes, die universale Bejahung des Lebens und damit die Gegengestalt zum Selbstmord. Im religiösen Gehorsam kann ich auf meine partikuläre Bejahung im Eigenwillen verzichten, weil ich mich und alle Welt schon grenzenlos bejaht finde.

So fing es an, das waren die ersten Gedanken, so jagten sie sich, fanden aber noch zu keiner Gestalt. Auch konnte ich keine Zeit darauf verwenden, diese weiter zu verfolgen, weil ich anderes zu tun hatte. Auch das Stichwort **Wahrheit und Interesse** lag mir noch fern, aber der Gedanke selbst war als Blitz gezündet. Später, später wollte ich den gordischen Knoten näher in Augenschein nehmen, natürlich um ihn zu lösen oder notfalls zu durchschlagen. Zudem beruhigte ich mich bei einem anderen Gedanken. Die Vorsehung, dachte ich, wird unter der Hand ihr Werk schon tun und in mir das Thema zu verborgener Reife bringen. Nun ist es zwar immer noch nicht reif, – wie könnte ich eine solche Aussage wagen –, aber gewagt werden muß es, sonst nimmt der Blitz keine Gestalt an.

Über das gewaltig verschlungene Band also zwischen **Wahrheit und Interesse** galt es nachzudenken, um seine Vernunft und Unvernunft zu erkennen.

Literatur

ARISTOTELES:

- *Kategorien. Lehre vom Satz (Organon I/II).* Hamburg: Meiner, 1974 (Phil. Bibl. 8/9).– 132 S.

BLOCH, Ernst:

- *Das Prinzip Hoffnung.* Frankfurt/M.: Suhrkamp, 1959.– 1657 S.

BLUMENBERG, Hans:

- *Die Legitimität der Neuzeit* (1966). 2., ern. Aufl. Frankfurt: Suhrkamp, 1988.– 707 S.

CAMUS, Albert:

- *Der Mensch in der Revolte. Essays* (1951). Hamburg: Rowohlt, 1991.– 250 S.
- *Der Mythos von Sisyphos. Ein Versuch über das Absurde* (1942). Hamburg: Rowohlt, 1959.– 151 S.

DAVIES, Paul:

- *Die Unsterblichkeit der Zeit. Die moderne Physik zwischen Rationalität und Gott* (1995). Bern u. a.: Scherz-Verl., 1995.– 349 S.

DAWSON, John W.:

- *Kurt Gödel. Leben und Werk* (1997). Springer: Wien u. a., 1999.– 294 S.

DENZINGER, Heinrich:

- *Enchiridion symbolorum definitionum et declarationum de rebus fidei et morum – Kompendium der Glaubensbekenntnisse und kirchlichen Lehrentscheidungen.* Hrsg. von Peter Hünermann. Freiburg u. a.: Herder, 37 1991.– 1706 S. (Abkürzung: DH)

DESCARTES, René:

- *Discours de la Méthode* (1637). Hamburg: Meiner, 1969 (Phil. Bibl. Bd. 261).– 127 S.

FENELON, François de:

- *Oeuvres.* Éd. établi par Jacques Le Brun. Paris: Gallimard, 1983; (Bibliothèque de la Pléiade; 307).– 1637 S.

FEYNMAN, Richard P:

- *Vorlesungen über Physik. Bd. III Quantenmechanik* (1965). Übers. von H. Wessel. München u. a.: Oldenbourg, 2 1992.– 503 S.

FICHTE, Johann Gottlieb:

- *Von den Pflichten der Gelehrten. Jenaer Vorlesungen 1794/95.* Hamburg: Meiner, 1971 (Phil. Bibl. Bd. 274).– LXVI - 204 S.

GADAMER, Hans-Georg:

- *Gesammelte Werke. Bd. 1 Hermeneutik. Tl. 1. Wahrheit und Methode. Grundzüge einer philosophischen Hermeneutik* (1960). Tübingen: Mohr, 6 1990.– 494 S.

- *Bd. 2 Hermeneutik. Tl. 2. Wahrheit und Methode. Ergänzungen, Register.* Tübingen: Mohr, 2000.– 533 S.
- *Der Anfang der Philosophie* (1993). Stuttgart: Reclam, 2000.– 175 S. (UB 9495)

GALILEI, Galileo:
- *Dialog über die beiden hauptsächlichsten Weltsysteme – das ptolemäische und das kopernikanische* (1631). Aus dem Ital. von Emil Strauss. Hrsg. von Roman Sexl u. Karl von Meyenn. Stuttgart: Teubner, ([1]1891) 1982.– 643 S.

GIRARD, René:
- *Das Ende der Gewalt. Analyse des Menschheitsverhängnisses* (1978). Freiburg u. a.: Herder, 1983.– 304 S.

GÖDEL, Kurt:
- *Über formal unentscheidbare Sätze der Principia Mathematica und verwandter Systeme.* In: Monatshefte f. Math. und Physik 38 (1931) 173 198

HABERMAS, Jürgen:
- *Erkenntnis und Interesse* (1968). Mit einem neuen Nachw. Frankfurt: Suhrkamp, [12]1999 (stw 1).– 419 S.

HATTRUP, Dieter:
- *Einstein und der würfelnde Gott. An den Grenzen des Wissens in Naturwissenschaft und Theologie* (2001). Freiburg: Herder, [3]2002.– 304 S.

HEGEL, Georg W. F.:
- *Phänomenologie des Geistes* (1807). Hrsg. von Hans-Friedrich Wessels und Heinrich Clairmont. Hamburg: Meiner, 1988 (Phil. Bibl. 414).– 631 S.

HEIDEGGER, Martin:
- *Holzwege* (1950). Frankfurt: Klostermann, [6]1980.– 370 S.
- *Wegmarken* (1967). Frankfurt: Klostermann, [2]1978.– 478 S.

HOFFMANN, Banesh:
- *Albert Einstein. Schöpfer und Rebell* (1972). Unter Mitarbeit von Helen DUKAS. Aus dem Englischen von Jeanette Zehnder. Zürich: Belser, 1976.– 312 S.

HOFFMANN, Klaus:
- *J. Robert Oppenheimer. Schöpfer der ersten Atombombe.* Berlin u. a.: Springer, 1995.– 307 S.

JAMMER, Max:
- *Einstein und die Religion.* Konstanz: Universitätsverlag, 1995.– 125 S.

KANT, Immanuel:
- *Kritik der reinen Vernunft* (2. Aufl. 1787).
- *Metaphysische Anfangsgründe der Naturwissenschaft* (1786).

KLEIN, Etienne; LACHIEZE-REY, Marc:
- *Die Entwirrung des Universums. Physiker auf der Suche nach der Weltformel.* Aus dem Franz. von Friedrich Griese. Stuttgart: Klett-Cotta, 1999.– 233 S.

KONGREGATION FÜR DIE GLAUBENSLEHRE:
- *Erklärung ›Dominus Iesus‹ über die Einzigkeit und die Heilsuniversalität Jesu Christi und der Kirche.* Rom, 2000.

LEVINAS, Emmanuel:
- *Totalität und Unendlichkeit. Versuch über die Exteriorität* (1961). Übers. von Wolfgang Nikolaus Krewani. Freiburg u. a.: Alber, 1987.– 470 S.
- *Jenseits des Seins oder anders als Sein geschieht* (1974) Übers. von Thomas Wiemer. Freiburg u. a.: Alber, 1992.– 406 S.

LORENZ, Konrad:
- *Die Rückseite des Spiegels. Versuch einer Naturgeschichte menschlichen Erkennens.* München: Piper, 1973.– 338 S.

LUBAC, Henri de:
- *Die Tragödie des Humanismus ohne Gott* (1944). Salzburg: Müller, 1949.– 410 S.

LÜBBE, Hermann:
- *Religion nach der Aufklärung.* Graz u.a: Styria, 1986.– 336 S.

LUKREZ:
- *De rerum natura. – Von der Natur.* Lat.-dt. Übers. von Hermann Diels. Geleitwort Albert Einstein (1924). München: Artemis, 1993.– 711 S.

MARQUES, Marcelo (Hrsg.):
- *Der Tod des Menschen im Denken des Lebens. Georges Canguilhem über Michel Foucault, Michel Foucault über Georges Canguilhem.* Tübingen: Ed. Diskord, 1988.– 72 S.

MONOD, Jacques:
- *Zufall und Notwendigkeit. Philosophische Fragen der modernen Biologie* (1970). Vorwort zur dt. Ausgabe von Manfred Eigen. München: Piper, 1971.– 238 S.

NEWMAN, John Henry:
- *Apologia pro Vita sua. Die Geschichte meines religiösen Lebens* (1865). Nach der 2. Auflage von 1865 neu eingerichtet von Dieter Hattrup. Paderborn, 2002.– 295 S.

PICHT, Georg:
- *Aristoteles' De anima.* Mit einer Einführung von Enno Rudolph. Stuttgart: Klett-Cotta, 1987.– 437 S.

POPPER, Karl R.:
- *Die offene Gesellschaft und ihre Feinde* (1945). *Bd. I: Der Zauber Platons. Bd. II: Falsche Propheten.* Tübingen: Mohr, [7]1992;

POPPER, Karl R.; ECCLES, John:
- *Das Ich und sein Gehirn* (1977). München: Piper, 1982.– 699 S.

RORTY, Richard:
- *Kontingenz, Ironie und Solidarität* (1989). Frankfurt: Suhrkamp, [6]2001.– 323 S.
- *Wahrheit und Fortschritt* (1998). Frankfurt: Suhrkamp, 2000.– 515 S.

SCHOLZ, Heinrich:
- *Glaube und Unglaube in der Weltgeschichte. Ein Kommentar zu Augustins De Civitate Dei.* Leipzig, 1911.– 244 S.

SPAEMANN:, Robert:
- *Fénelon. Reflexion und Spontaneität* (1963). Stuttgart: Klett-Cotta, 1990.– 366 S.

TIPLER, Frank J.:
- *Die Physik der Unsterblichkeit. Moderne Kosmologie, Gott und die Auferstehung der Toten* (1994). München: Piper, 1994.– 605 S.

WEIZSÄCKER, Carl Friedrich von:
- *Die Einheit der Natur. Studien.* München: Hanser, 1971.– 491 S.
- *Der Garten des Menschlichen. Beiträge zur geschichtlichen Anthropologie.* München: Hanser, 1977.– 612 S.

- *Deutlichkeit. Beiträge zu politischen und religiösen Gegenwartsfragen.* München: Hanser, 1978.– 184 S.
- *Wahrnehmung der Neuzeit.* München: Hanser, 1983.– 440 S.

WITTGENSTEIN, Ludwig:
- *Tractatus logico-philosophicus. Logisch-philosophische Abhandlungen* (1921). Frankfurt: Suhrkamp, 1968.– 115 S.

Anmerkungen

1. Wahrheit ohne Interesse

S. 16[1] Die zentralen Begriffe meines Essays lauten Wahrheit und Interesse. Das weckt Erinnerungen an zwei philosophische Werke der 60er Jahre des 20. Jahrhunderts, an *Wahrheit und Methode* von Hans-Georg Gadamer und an *Erkenntnis und Interesse* von Jürgen Habermas.

Mit *Erkenntnis und Interesse* aus dem Jahr 1968 von Jürgen Habermas verbindet mich ein gemeinsames Anliegen. Der Frankfurter Philosoph wollte menschliche Erkenntnis für möglich halten, um sie nicht im Trio von Ökonomie, Evolution, Trieb untergehen zu lassen. ›Solange das Interesse der Selbsterhaltung naturalistisch mißverstanden wird, ist schwer einzusehen, wie es die Form eines erkenntnisleitenden Interesses annehmen könnte, das der Funktion der Erkenntnis selbst nicht äußerlich bliebe.‹ (351) Sein Hauptargument ist die Reflexion. Weil der Mensch diese Fähigkeit hat, sagt Habermas, ist er sehend und erkennend, deshalb muß er über den blinden Kräften der Natur stehen. Bei *dem Drama der Wahrheitssuche* taucht diese Reflexion unter dem Namen Retorsion auf, wird aber nicht mehr wesentlich benutzt, sondern zugunsten der Quantentheorie mit Dank verabschiedet. Habermas wehrt sich gegen die Reduktion des Menschen auf das Interesse. Er sieht richtig, wie das Interesse nur die Selbsterhaltung zum Ziel haben kann, diese aber unmöglich zu realisieren ist. Der Mensch ist sterblich. Die latente Religiosität, die Habermas bis heute zeigt und von der er sich zugleich wegen Unmusikalität distanziert, ist in seinem Frühwerk angelegt. Nur war sie damals eigentlich verboten. Er beklagt vielfach die Bindung der Moderne an den Naturalismus, aber ist er selbst nicht auch sehr an ihn gebunden? Es scheint mir so. Die Erkenntnis, die er für den Menschen reklamiert, ist erst in einer Wahrheit zu finden, die von den Interessen nicht mehr geknechtet wird. Da er aber ganz unter den Bedingungen einer geschlossenen Naturwissenschaft steht, ist ihm die naheliegende Lösung unmöglich. Nur, nach dem Ende des 20. Jahrhunderts kann die Wissenschaft nicht mehr ernsthaft beanspruchen, alle Wirklichkeit darstellen zu können. Niemand braucht mehr an ihren Naturalismus gebunden zu sein, der es nicht will. *Erkenntnis und Interesse* ist ein bewegendes und vielleicht doch vergebliches Beispiel für eine Humanität ohne Gott. Folglich sieht Habermas in seinen späten Tagen in einer aufgeklärten Religion einen verläßlichen Partner für Humanität. Die altertümlich-naturalistische Schicht gibt es in jedem Menschen, und um sie unter sicherem Verschluß zu halten, bedarf es mehr als der Literatur, der Philosophie oder der humanistischen Wissenschaft. Es bedarf der Religion als dem adäquaten Mittel, obwohl auch die Religion als Gestalt in der Welt ein Interesse hat und entarten kann. Daher muß die Religion aufgeklärt sein.

Gadamer untersucht in *Wahrheit und Methode* aus dem Jahr 1960 vor allem hermeneutische Gesichtspunkte. Hermeneutik ist wesentlich Intellektualismus, in dem die Weltmacht des Interesses nicht zur Sprache kommt, sondern verdeckt wird. Ein gemeinsames Anliegen mit *dem Drama der Wahrheitssuche* gibt es nicht. Das unbegrenzte Verstehen wird selbst zu einem unbegrenzten Interesse, wenn es die Begegnung mit der Wahrheitsfrage ausschließt.

S. 16[2] Fénelon schrieb etwa um 1695: ›Im Zustand des kontemplativen oder gottgeeinten Lebens geht jedes interessierte Motiv der Furcht und Hoffnung verloren.‹ (DH 2352) Diesen Satz ließ Innozenz XII. als leichtfertig verurteilen.

S. 18[3] Vgl. Emmanuel LEVINAS: *Jenseits des Seins* (1974); 379.

S. 19[4] Theodor FONTANE: *Der Stechlin.* 3. Kapitel.

S. 19[5] Anregungen dazu von dem Artikel *Über Sprachrelativismus.* In: Carl F. von WEIZSÄCKER: *Die Einheit der Natur* (1971); 84–92.

S. 20[6] Der alte Versuch, Wahrheit auf ein Bündnis im gemeinsamen Interesse zu reduzieren und so selbst zu machen, wird immer wieder neu unternommen. ›Vor etwa zweihundert Jahren faßte in der Vorstellungswelt Europas der Gedanke Fuß, daß die Wahrheit gemacht, nicht gefunden wird.‹ Richard RORTY: *Kontingenz, Ironie und Solidarität* (1989); 21.

S. 29[7] *Dominus Iesus;* Nr. 22.

S. 32[8] So beginnt Richard RORTY in *Wahrheit und Fortschritt* (1998) mit einer Schelte auf die Ausdrücke ›an sich‹ und ›Wirklichkeit an sich‹. (S. 7)

S. 33[9] Vgl. John H. NEWMAN: *Apologia pro Vita sua* (1865); Buch I,2.

S. 37[10] Lk 17,33; vgl. Lk 9,24; Mt 10,39; 16,25; Mk 8,35; Joh 12,25.

S. 38[11] Vgl. Röm 6,4.

S. 40[12] Thomas MANN: *Bekenntnisse des Hochstaplers Felix Krull.* 3. Buch, 9. Kap.

S. 40[13] LUKREZ: *De rerum natura;* 1,110.

S. 42[14] Vgl. Richard P. FEYNMAN: *Vorlesungen über Physik* (1965); 30.

S. 46[15] Immanuel KANT: *Kritik der reinen Vernunft;* B 627. Etwas später: B 294 f.

S. 47[16] Die Formel ›der sichere Gang der Wissenschaft‹ taucht in der Einleitung zu Immanuel KANTS *Kritik der reinen Vernunft* neun Mal auf.

S. 48[17] Immanuel KANT: *Kritik der reinen Vernunft;* B XXX.

S. 52[18] Vgl. zum Beispiel die Abschaffung des Ich, wie sie bei Ernst BLOCH: *Das Prinzip Hoffnung;* vor sich geht. (1379 f.) Der Materialist stirbt, ›als wäre die ganze Ewigkeit sein. Das macht: er hatte schon vorher aufgehört, sein Ich so wichtig zu nehmen, er hatte Klassenbewußtsein. So sehr ist das Personenbewußtsein in Klassenbewußtsein aufgenommen, daß es der Person nicht einmal entscheidend bleibt, ob sie auf dem Weg zum Sieg, am Tag des Siegs erinnert ist oder nicht.‹

S. 56[19] Vgl. dazu Dieter HATTRUP: *Einstein und der würfelnde Gott. An den Grenzen des Wissens in Naturwissenschaft und Theologie* (2001).

2. Interesse ohne Wahrheit

S. 60[1] ›Vor uns liegt ein Paradigmenwechsel, das wird eine kopernikanische Wende, jedenfalls für den abendländischen Teil der Welt. **Die Dramatik ist überhaupt noch nicht begriffen: Die Weltbevölkerung explodiert, aber der Teil, der durch die Aufklärung geprägt ist, der implodiert.** Wir werden in Europa immer weniger und immer älter. Was dieser Prozeß für die nächsten 30 Jahre bedeutet, wissen wir nicht. Für ein Land wie Deutschland ist es von existentieller

Bedeutung, sich damit zu befassen. Aber es geschieht nicht.‹ Kurt BIEDENKOPF, in: DER SPIEGEL, Nr. 43/25.10.99, S. 30f.

S. 60[2] Es hat zwar vor einigen Jahren eine Debatte um die Säkularisierungsthese gegeben, die mit dem Namen von Hans Blumenberg verbunden ist. Er wollte die Neuzeit nicht als Säkularisat einer religiösen Epoche ansehen. Er fürchtete, die Neuzeit könne nicht auf eigenen Füßen stehen, wenn sie Säkularisat sei, deshalb erklärte er sie für erbfrei. Man merkt seine Absicht und ist verstimmt. Er argumentiert nicht, er deklamiert. Vgl. *Die Legitimität der Neuzeit* (1966).

S. 61[3] Entscheidende Anregung zu dem Kapitel 2 habe ich übernommen von Carl F. von WEIZSÄCKER: *Versuch einer Geschichtskonstruktion.* In: DERS.: *Wahrnehmung der Neuzeit* (1983); 221–237.

S. 61[4] Vgl. Mt 10,34.

S. 66[5] Eine gewisse Ähnlichkeit hat diese dritte Wirklichkeit mit der Welt 3 in Poppers Theorie der Drei Welten. Vgl. Karl R. POPPER; John ECCLES: *Das Ich und sein Gehirn* (1977); Kapitel P2. Die erste und zweite Wirklichkeit sind bei Popper die physischen und psychischen Zustände. ›Ich vermute, daß es neben den physikalischen Gegenständen und Zuständen *noch psychische* Zustände gibt, und daß diese Zustände wirklich sind …‹ (61) Dies liegt quer zur Unterscheidung von Wahrheit und Interesse. Popper hängt trotz aller Einschränkungen, die er im Laufe der Jahre gemacht hat, einem wissenschaftlichen Objektivitätsideal an, dem er die Subjektivität mit ihrer Psyche gegenüber stellt. Er beachtet nicht, daß die Physik der Welt 1 auch durch die Subjektivität der Welt 2 und ihre Interessen gebildet wird. Dennoch ist die Welt 3 ein Fingerzeig auf eine Wirklichkeit, die über eine bloße Natur mit ihrer Trennung von Subjekt und Objekt hinaus weist.

S. 70[6] René DESCARTES: *Discours de la Méthode* (1637); VI, 2.

S. 70[7] Vgl. Galileo GALILEI: *Dialog über die beiden hauptsächlichsten Weltsysteme* (1631); 4. Tag, 436.

S. 72[8] Vgl. René GIRARD: *Das Ende der Gewalt. Analyse des Menschheitsverhängnisses* (1978).

S. 73[9] Lk 12,20.

S. 75[10] Röm 6,3.

S. 78[11] Vgl. Robert SPAEMANN: *Fénelon. Reflexion und Spontaneität* (1963); 13.

S. 78[12] Vgl. DH 2374.

S. 79[13] Vgl. Phil 2, 13

S. 80[14] IRENÄUS VON LYON: *Adversus haereses.* IV, 20,7.

S. 81[15] Vgl. 1 Kor 6,7.

S. 83[16] Vgl. Albert CAMUS: *Der Mensch in der Revolte* (1951); 83.

S. 85[17] Vgl. DH 2244 und Ijob 2, 10.

S. 85[18] Vgl. DH 2352; auch in der *Explication des Maximes.* Art. 2. In: *Oeuvres;* S. 1015.

S. 86[19] Vgl. DH 2362.

S. 88[20] Vgl. 1 Kor 13,13.

S. 91[21] Jean le Rond D'ALEMBERT: *Eloge de Fénelon.* In: *Histoire des membres de l'Académie Française depuis 1700.* Paris, 1785–1787, I, 285–307.

S. 95[22] Vgl. Goethes Brief an Knebel vom 3. März 1783 und sein Tagebuch vom 23. Mai 1828.

S. 99[23] So die Schillerschen Schlußzeilen in Hegels *Phänomenologie des Geistes.*

S. 108[24] Vgl. Hermann LÜBBE: *Religion nach der Aufklärung* (1986); 129.

S. 109[25] Joh 1,14.

3. Die Aporie der reinen Wahrheit

S. 111[1] ›Der Darwinismus verlangt, daß wir unser Tun und Sein im Rahmen desselben Kontinuums betrachten, zu dem auch das Tun und Sein von Amöben, Spinnen und Eichhörnchen gehört.‹ Richard RORTY: *Wahrheit und Fortschritt* (1998); 426.
S. 116[2] So auch Kant in einer späten *Reflexion* Nr. 6317; AkA 18,626.
S. 116[3] Immanuel KANT: *Kritik der reinen Vernunft* (2. Aufl. 1787); B XXX.
S. 118[4] Vgl. Carl F. von WEIZSÄCKER: *Der Garten des Menschlichen* (1977); 31, 114, 140, 214, 217.
S. 119[5] ›Nicht die Untersuchung vom Dasein Gottes, der Unsterblichkeit etc. ist der Punkt gewesen von dem ich ausgegangen bin, sondern die Antinomie der r.V.: … diese war es welche mich aus dem dogmatischen Schlummer zuerst aufweckte und zur Kritik der Vernunft selbst hintrieb, um das Skandal des scheinbaren Widerspruchs der Vernunft mit ihr selbst zu heben.‹ Immanuel KANT an Christian GARVE am 21. September 1798.
S. 121[6] Immanuel KANT: *Kritik der reinen Vernunft* (2. Aufl. 1787); B 453.
S. 128[7] Vgl. Immanuel KANT: *Metaphysische Anfangsgründe der Naturwissenschaft* (1786); Vorrede; AA IV,470.
S. 131[8] Vgl. Sigmund FREUD: *Vorlesungen zur Einführung in die Psychoanalyse* (1917).
S. 131[9] Vgl. Hans-Georg GADAMER: *Der Anfang der Philosophie* (1993); 34 f.

4. Definitionen der Wahrheit

S. 139[1] Ein Beispiel für das allergisch entzündete Denken bietet Richard Rorty. In *Wahrheit und Fortschritt* (1998) will er die Projektionsversuche ›vom Relativen und Bedingten zum Absoluten und Unbedingten‹ (12) abschaffen, um das lästige Pendel, das zwischen Dogmatismus und Skeptizismus schwingt, loszuwerden.
S. 139[2] Vgl. die *Confessiones* des hl. AUGUSTINUS im 1. Buch, Nr. 11.
S. 141[3] Vgl. Carl F. von WEIZSÄCKER: *Deutlichkeit* (1978); 173.
S. 144[4] Vgl. zur Herkunft Emmanuel LEVINAS: *Totalität und Unendlichkeit. Versuch über die Exteriorität* (1961); 80: ›Aber obwohl die theoretische Forschung ein bevorzugter Modus derjenigen Beziehung zur Exteriorität ist, die man Wahrheit nennt, ist die Suche nach der Wahrheit ein fundamentaleres Geschehen als die Theorie.‹
S. 145[5] Paul DAVIES: *Die Unsterblichkeit der Zeit. Die moderne Physik zwischen Rationalität und Gott* (1995); 208.
S. 147[6] Vgl. Carl F. von WEIZSÄCKER: *Wahrnehmung der Neuzeit* (1983); 320.
S. 150[7] Ludwig WITTGENSTEIN: *Tractatus*; Nr. 1.
S. 152[8] PLATON: *Euthyphron* 7b.
S. 157[9] Vgl. Thomas MANN: *Bekenntnisse des Hochstaplers Felix Krull*. 3. Buch, 7. Kap.
S. 163[10] Vgl. Martin HEIDEGGER: *Platons Lehre von der Wahrheit*. In: *Wegmarken* (1967); 201–236.

5. Vom Primat der praktischen Vernunft

S. 171[1] Mt 21,28.
S. 171[2] Vgl. Mt 20; dann Mk 5.
S. 171[3] Joh 5,19 f.
S. 172[4] Georg Picht: *Aristoteles' De anima* (1987); 71: ›Der Philosophie des Aristoteles liegt also der Entschluß zugrunde, den deuteros plous – die zweite Seefahrt – des Sokrates zum ersten und maßgeblichen plous, zur Ersten Philosophie, zu machen.‹
S. 172[5] *Apologie* 42a.
S. 173[6] Jacques Monod: *Zufall und Notwendigkeit. Philosophische Fragen der modernen Biologie* (1970); 30.
S. 174[7] *Theaitetos* 176b.
S. 174[8] *Phaidon* 97b; dann: 99cd.
S. 175[9] *Nikomachische Ethik* 1095b.
S. 175[10] *Confessiones* 11,41; dann 7,7.
S. 176[11] *De malo*; quaestio 6.
S. 177[12] Vgl. Konrad Lorenz: *Die Rückseite des Spiegels* (1973); 43.
S. 181[13] *KrV* B XIII.
S. 186[14] *Metaphysik* 993b.
S. 186[15] *KrV* B XXX.
S. 187[16] Etienne Klein und Marc Lachieze-Rey finden die Schwärmereien über die Great Unified Theory oder GUT einiger Astrophysiker ›verdächtig‹. In: *Die Entwirrung des Universums. Physiker auf der Suche nach der Weltformel* (1999); 16.
S. 189[17] Vgl. Carl F. von Weizsäcker: *Der Garten des Menschlichen* (1977); 166.
S. 192[18] Vgl. Joh 16,7.
S. 194[19] Immanuel *Kant*: *KpV* A 288.
S. 195[20] Richard P. Feynman: *Vorlesungen über Physik* (1965); 30: ›Wir können nur die Chance voraussagen! Wenn das wahr wäre, würde es bedeuten, daß die Physik aufgegeben hat bei dem Problem, genau vorherzusagen, was unter bestimmten Umständen passieren wird. Ja! Die Physik *hat* aufgegeben.‹
S. 195[21] Vgl. Jes 11,6.
S. 198[22] ›Später lehrte uns die experimentelle mathematische Physik – um Galileis Worte zu gebrauchen – ›die Natur zu zerschneiden‹.‹ Carl F. von Weizsäcker: *Der Garten des Menschlichen* (1977); 169.
S. 201[23] ›Die Theorie ist … ein Wahrnehmen von Gestalt durch das Schaffen von Gestalt.‹ Carl F. von Weizsäcker: *Wahrnehmung der Neuzeit* (1983); 411.

6. Mathematik und Toleranz

S. 203[1] ›Die neuzeitliche Physik heißt mathematische, weil sie in einem vorzüglichen Sinne eine ganz bestimmte Mathematik anwendet. Allein, sie kann in solcher Weise nur mathematisch verfahren, weil sie in einem tieferen Sinne bereits mathematisch ist. Τὰ μαθήματα bedeutet für die Griechen dasjenige, was der Mensch im Betrachten des Seienden und im Umgang mit den Dingen im voraus kennt.‹ Heidegger: *Die Zeit des Weltbildes* (1938); 76. In: *Holzwege* (1950).

S. 204[2] Ähnliche Worte fand Jürgen HABERMAS am Sonntag, 14. Oktober 2001, in der Frankfurter Paulskirche. In: FAZ 15. Oktober 2001; 9.
S. 205[3] Vgl. Albert CAMUS: *Der Mythos von Sisyphos. Ein Versuch über das Absurde* (1942); 22: ›Da erzählt man mir aber von einem unsichtbaren Planetensystem, in dem die Elektronen um einen Kern kreisen. Man erklärt mir die Welt mit einem Bild. Jetzt merke ich, daß wir bei der Poesie gelandet sind.‹
S. 206[4] Anspielung auf Auguste Comte, der im Jahre 1842 sein sechsbändiges Hauptwerk *Cours de Philosophie positive* abschloß. Vgl. Henri de LUBAC: *Die Tragödie des Humanismus ohne Gott* (1944); 111.
S. 207[5] Vgl. die verblüffenden Parallele zwischen dem 11. September 2001 und der Klage über den Untergang Babylons in Offb 18,9–20. ›In einer einzigen Stunde ist dieser ganze Reichtum dahin.‹ Vgl. den Turmbau von Babel in Gen 11.
S. 209[6] Vgl. Carl F. von WEIZSÄCKER: *Wahrnehmung der Neuzeit* (1983); 398.
S. 212[7] Brief Einsteins vom 15. Januar 1927 an Hedwig Born: ›Lebendiger Inhalt und Klarheit sind Antipoden, einer räumt das Feld vor dem andern. Das erleben wir gerade jetzt tragisch in der Physik.‹ Oder Jürgen Audretsch: ›Gott würfelt nicht‹ lautet die Kurzformel. … Einstein hat Zeit seines Lebens versucht zu beweisen, daß die Quantenmechanik zumindest unvollständig ist. Die Tragik dabei war, daß alle diese Versuche nur zu einem immer besseren Verständnis der Interpretation der Quantenmechanik und damit zu ihrer Stützung beitrugen.‹ In: Max JAMMER: *Einstein und die Religion* (1995); 9 f.
S. 212[8] Vgl. den Brief Einsteins aus den letzten Jahren. ›Ich bin fasziniert von Ihrem Vergil und wehre mich beständig gegen ihn. Es zeigt mir das Buch deutlich, vor was ich geflohen bin, als ich mich mit Haut und Haar der Wissenschaft verschrieb: Flucht vom Ich und vom Wir in das Es.‹ In: Banesh HOFFMANN: *Albert Einstein. Schöpfer und Rebell* (1972); 298.
S. 214[9] Vgl. Hans Michael BAUMGARTNER: Art. *Kategorien.* In: HWP 4 (1976) 714–717. ARISTOTELES: *Kategorien*; 2a: ›Jedes ohne Verbindung gesprochene Wort bezeichnet entweder eine Substanz oder eine Quantität oder eine Qualität oder eine Relation oder ein Wo oder ein Wann oder eine Lage oder ein Haben oder ein Wirken oder ein Leiden.‹
S. 217[10] Vgl. Immanuel KANT: *Metaphysische Anfangsgründe der Naturwissenschaft* (1786);Vorrede; AA IV, 470.
S. 217[11] Kurt GÖDEL: *Über formal unentscheidbare Sätze der Principia Mathematica und verwandter Systeme* (1931); 196. Vgl. John W. DAWSON: *Kurt Gödel. Leben und Werk* (1997); 46–69.
S. 220[12] Vgl. den Spruch des Anaximander: ›Woraus die Dinge entstehen, dahin vergehen sie auch nach der Ordnung der Zeit. Denn sie leisten einander Recht und Strafe für das Unrecht.‹ Frgm. 12 A 9, B 1 nach Diels-Kranz.
S. 222[13] Jes 49,6.
S. 223[14] Jes 11,8.

7. Das Interesse der Psychologie

S. 226[1] So Wolf SINGER vom Frankfurter Max-Planck-Institut für Gehirnforschung, vgl. FAZ vom 14. September 2002.
S. 227[2] Vgl. Marcelo MARQUES (Hrsg.): *Der Tod des Menschen im Denken des Lebens* (1988).
S. 229[3] In dieser Weise etwa redete Johann Gottlieb FICHTE: *Von den Pflichten der Gelehrten. Jenaer Vorlesungen 1794/95*; 31 f.
S. 230[4] So etwa meint es Frank J. TIPLER: *Die Physik der Unsterblichkeit. Moderne Kosmologie, Gott und die Auferstehung der Toten* (1994).
S. 235[5] So geschehen Ende des Jahres 2001. Jürgen Habermas (FAZ vom 4. Dezember 2001; 44) lobt Richard Rorty ganz allgemein für seine Loyalität und Sensibilität, während dieser gleichzeitig seine tiefe Verachtung der nichtwestlichen Kulturen kundtut: ›Von denen haben wir sowieso nichts zu lernen.‹ Wer hier Heuchelei feststellt, wird nicht Unrecht haben, aber er setzt doch einen undurchschauten Affekt gegen einen anderen, ebenfalls undurchschauten Affekt.
S. 236[6] Ps 145,15 f.
S. 237[7] Richard RORTY: *Kontingenz, Ironie und Solidarität* (1989); 14: ›… und uns damit abfinden, die Forderungen nach Selbsterschaffung und nach Solidarität als gleichwertig, aber für alle Zeit inkommensurabel zu betrachten.‹
S. 242[8] Lk 17,33.
S. 223[9] Johann W. von GOETHE: *Des Epimenides Erwachen*. 2. Aufzug, 5. Auftritt.
S. 246[10] Vgl. Karl R. POPPER: *Die offene Gesellschaft und ihre Feinde* (1945). *Bd. I: Der Zauber Platons.*
S. 247[11] Johann W. von GOETHE: *West-östlicher Divan*: ›Das eigentliche, einzige und tiefste Thema der Welt- und Menschengeschichte, dem alle übrigen untergeordnet sind, bleibt der Konflikt des Unglaubens und des Glaubens.‹ (Israel in der Wüste). Vgl. Heinrich SCHOLZ: *Glaube und Unglaube in der Weltgeschichte. Ein Kommentar zu Augustins De Civitate Dei* (1911).
S. 249[12] Vgl. Mt 19,30 u. a.
S. 252[13] Vgl. AUGUSTINUS: *Confessiones* 10,34.

8. Die Anrede Gottes

S. 257[1] So der Beginn in ARISTOTELES: *Metaphysik*; 980a.
S. 258[2] Johann W. von GOETHE: *Faust I; Nacht.*
S. 258[3] Lk 17,33.
S. 258[4] Vortrag *Physik in der gegenwärtigen Welt* von Oppenheimer am 25. November 1947: ›In grober Weise, die keine banale Redensart, kein Scherz, keine Übertreibung hinwegzuwischen vermögen, haben die Physiker die Sünde kennengelernt. Und diese Erfahrung können sie nie mehr loswerden.‹ In Klaus HOFFMANN: *J. Robert Oppenheimer. Schöpfer der ersten Atombombe* (1995); 202.
S. 259[5] Vgl. Röm 6,23.
S. 259[6] John H. NEWMAN: *Apologia pro Vita sua* (1865); Buch I,2.
S. 261[7] Vgl. Gen 1,31.
S. 261[8] Vgl. 1 Sam 3,9.

S. 263[9] Vgl. Gen 4,9.
S. 265[10] Vgl. Jes 43,1.
S. 266[11] Röm 8,19.
S. 267[12] Vgl, Mt 5,22.
S. 268[13] Jes 49,15.
S. 270[14] Vgl. Röm 1,20.
S. 272[15] Vgl. Ps 8,3.
S. 274[16] Ps 139,8–12.
S. 274[17] Augustinus: *Confessiones* 10,10.
S. 275[18] Vgl. Jes 43,1.
S. 275[19] Vgl. John H. Newman: *Apologia pro Vita sua* (1865); Buch I,2.
S. 276[20] Theodor Fontane: *Der Stechlin*; 42. Kapitel.
S. 278[21] Augustinus: *Confessiones* 11,33: ›Inde mihi uisum est nihil esse aliud tempus quam distentionem: sed cuius rei, nescio, et mirum, si non ipsius animi.‹
S. 279[22] René Descartes: *Discours de la Méthode* (1637); IV, 1.
S. 279[23] Johann W. von Goethe: *Faust II*; 5. Akt.
S. 283[24] Gen 4,8.
S. 285[25] 1 Kor 13,12.

Personenregister